荣获黑龙江普通高校教育教学成果奖（二等奖）
省级精品课程配套教材

高职高专"十二五"规划教材
旅游管理系列

中国旅游景观赏析

刘长凤　林占生　主　编
　　王　玉　　副主编

·北京·

本书主要介绍了旅游景观的基本知识，并且对中国旅游景观的旅游功能、美学价值和文化意义作了探讨。全书主要分为上、下两篇：上篇为自然旅游景观，包括山地、特异地貌、水体、生物、大气和天象旅游景观；下篇为人文旅游景观，包括历史遗迹、建筑、园林、城镇村落、宗教文化、古墓葬、民俗文化旅游景观。

全书力求从旅游业的现实出发，着眼于旅游院校旅游人才素质培养的需要，通过解读中国具有代表性的自然景观和人文景观，使学生能够感悟中国旅游景观所蕴含的历史文化和人类文明，以达到提升审美意识与道德修养，强化旅游专业知识和职业素质的目的。

本书融知识性、实用性、新颖性、趣味性于一体，内容新、体例新，图文并茂，可读性强。本书可作为高职高专院校旅游及相关专业的教材，也可作为旅游从业者和广大旅游爱好者的参考读物。

本书有配套的电子资源，电子教案图文并茂，有利于课堂教学和广大旅游爱好者更好地赏析中国旅游景观，电子教案下载地址为：www.cipedu.com.cn。如有教材或图书出版意愿可加qq：53624002。

图书在版编目（CIP）数据

中国旅游景观赏析/刘长凤，林占生主编．—2版．
北京：化学工业出版社，2013.7（2020.10重印）
高职高专"十二五"规划教材——旅游管理系列
ISBN 978-7-122-17671-4

Ⅰ.①中⋯　Ⅱ.①刘⋯②林⋯　Ⅲ.①旅游区-景观-中国-高等学校-教材　Ⅳ.①F592.99

中国版本图书馆 CIP 数据核字(2013)第 134198 号

责任编辑：蔡洪伟　于　卉　　　　　装帧设计：王晓宇
责任校对：宋　玮

出版发行：化学工业出版社（北京市东城区青年湖南街13号　邮政编码100011）
印　　装：涿州市般润文化传播有限公司
710mm×1000mm　1/16　印张18¼　彩插4　字数353千字　2020年10月北京第2版第4次印刷

购书咨询：010-64518888　　　　　　　　售后服务：010-64518899
网　　址：http://www.cip.com.cn
凡购买本书，如有缺损质量问题，本社销售中心负责调换。

定　　价：40.00元　　　　　　　　　　　　　　　　版权所有　违者必究

第二版前言 FOREWORD

中国旅游景观赏析

人类社会自进入21世纪以来，旅游活动日趋活跃，旅游已经成为人们的基本生活方式之一，也成为人们生活质量提高的一个标志。这一发展态势极大地刺激了旅游产业和旅游教育事业的发展。如何提高旅游人的旅游赏析水平和旅游行业从业人员的综合素质，已经成为旅游业管理者和旅游教育工作者十分关注的问题。

本书力求从旅游业发展的现实出发，融知识性、欣赏性、趣味性于一体，着眼于旅游院校旅游人才素质教育的需要，使学生在学习中国旅游景观知识的同时，既能欣赏到祖国自然景观、人文景观的神韵，又能品尝到旅游历史文化的甘冽，从而提高自身的旅游文化修养和审美能力，达到人才培养的目标和提高实际工作能力的需要。

本书自2007年出版以来，受到旅游爱好者，特别是旅游院校师生的热情支持和高度认可，编者在此表示诚挚的感谢！为回馈广大读者的厚爱，编写组对《中国旅游景观赏析》教材进行了修订再版，以充分体现旅游行业的最新数据和旅游专业最前沿的成果。

本书由刘长凤、林占生担任主编。刘长凤负责设置基本框架，确定基本内容，并编写绪论、第一章、第二章、第三章、第四章的内容，以及最后进行了全书的统稿和定稿工作；林占生参与了本书体系的策划和部分书稿的统改工作，并编写了第八章、第九章、第十章、第十二章的内容。王玉担任副主编，参与了部分书稿的统改工作，并编写了第六章、第七章、第十一章的内容。封宗华编写了第五章的内容。此外赵宝义、吕丽辉、陈凯参与了部分章节的资料收集和编写工作。高级编辑赵荣群对全部书稿进行了审校。

编　者
2013年3月

上篇　自然旅游景观

绪论 …… Page 2

- 第一节　概述　2
  - 一、旅游景观的含义　2
  - 二、研究旅游景观的意义　3
  - 三、旅游景观的分类　4
  - 四、旅游景观的功能　6
- 第二节　中国旅游景观形成的环境及特征　7
  - 一、中国旅游景观形成的地理环境　7
  - 二、中国旅游景观形成的人文环境　9
  - 三、中国旅游景观特征　11
- 第三节　中国旅游景观的欣赏　12
  - 一、旅游景观欣赏的意义　12
  - 二、旅游景观美的类型　15
  - 三、旅游景观欣赏的分类　18
  - 四、旅游景观欣赏的方法　20
- 本章小结　22
- 重点内容　22
- 基本训练　23

第一章　山地旅游景观 …… Page 25

- 第一节　概述　25
  - 一、山地旅游景观的含义　25
  - 二、山地旅游景观的类别　25
  - 三、山地旅游景观的特征　27
- 第二节　山地旅游景观的旅游功能及欣赏　28
  - 一、山地旅游景观的旅游功能　28
  - 二、山地景观的旅游欣赏　29
- 第三节　中国著名山地旅游景观　31
  - 一、五岳　31
  - 二、四镇　38
  - 三、传统山水文化名山　39

四、近现代历史名山　　　　　　　　　　43
　　五、高山雪峰　　　　　　　　　　　　　44
本章小结　　　　　　　　　　　　　　　　　46
重点内容　　　　　　　　　　　　　　　　　46
基本训练　　　　　　　　　　　　　　　　　47

第二章 特异地貌旅游景观　　Page 48

第一节　概述　　　　　　　　　　　　　　　48
　　一、特异地貌旅游景观的含义　　　　　　48
　　二、特异地貌旅游景观的类别　　　　　　48
　　三、特异地貌旅游景观的特征　　　　　　49
第二节　特异地貌景观的旅游功能及欣赏　　　50
　　一、特异地貌景观的旅游功能　　　　　　50
　　二、中国特异地貌景观的欣赏　　　　　　51
第三节　中国著名奇特地貌旅游景观　　　　　53
　　一、岩溶地貌景观　　　　　　　　　　　53
　　二、丹霞地貌景观　　　　　　　　　　　54
　　三、火山地貌景观　　　　　　　　　　　56
　　四、风沙地貌景观　　　　　　　　　　　57
　　五、奇特地貌景观　　　　　　　　　　　59
本章小结　　　　　　　　　　　　　　　　　61
重点内容　　　　　　　　　　　　　　　　　61
基本训练　　　　　　　　　　　　　　　　　62

第三章 水体旅游景观　　Page 64

第一节　概述　　　　　　　　　　　　　　　64
　　一、水体旅游景观的含义　　　　　　　　64
　　二、水体旅游景观的类别　　　　　　　　64
　　三、水体旅游景观的特征　　　　　　　　69
第二节　水体景观的旅游功能及欣赏价值　　　70
　　一、水体景观的旅游功能　　　　　　　　70
　　二、水体景观的旅游欣赏价值　　　　　　71
第三节　中国著名水体旅游景观　　　　　　　72
　　一、中国著名的江河景观　　　　　　　　72

目录 CONTENTS

　　二、中国著名的湖泊景观　　　　　　　76
　　三、中国著名的瀑布景观　　　　　　　78
　　四、中国著名的泉水景观　　　　　　　81
　　五、中国著名的海滨景观　　　　　　　83
本章小结　　　　　　　　　　　　　　　85
重点内容　　　　　　　　　　　　　　　86
基本训练　　　　　　　　　　　　　　　87

4 第四章　　　　　　　　　　　　　　Page
生物旅游景观　　　　　　　　　　　　90

第一节　概述　　　　　　　　　　　　　90
　　一、生物旅游景观的含义　　　　　　　90
　　二、生物旅游景观的类别　　　　　　　90
　　三、生物旅游景观的特征　　　　　　　91
第二节　生物景观的旅游功能及欣赏　　　93
　　一、生物景观的旅游功能　　　　　　　93
　　二、生物景观的旅游欣赏　　　　　　　94
第三节　中国著名生物景观　　　　　　　95
　　一、动物旅游景观　　　　　　　　　　95
　　二、植物旅游景观　　　　　　　　　　99
　　三、森林景观　　　　　　　　　　　　101
　　四、自然保护区景观　　　　　　　　　105
本章小结　　　　　　　　　　　　　　　110
重点内容　　　　　　　　　　　　　　　110
基本训练　　　　　　　　　　　　　　　111

5 第五章　　　　　　　　　　　　　　Page
大气和天象旅游景观　　　　　　　　　113

第一节　概述　　　　　　　　　　　　　113
　　一、大气、天象旅游景观的含义　　　　113
　　二、大气、天象旅游景观的类别　　　　114
　　三、大气、天象旅游景观的特征　　　　116
第二节　大气、天象景观的旅游功能及欣赏　118
　　一、大气、天象景观的旅游功能　　　　118
　　二、大气、天象景观的旅游欣赏　　　　119
第三节　中国著名的大气、天象旅游景观　120

一、大气旅游景观　　120
　　二、天象旅游景观　　124
本章小结　　127
重点内容　　127
基本训练　　128

下篇　人文旅游景观

第六章　历史遗迹旅游景观　　132

第一节　概述　　132
　　一、历史遗迹旅游景观含义　　132
　　二、历史遗迹旅游景观的类别　　133
第二节　历史遗迹景观的旅游功能及欣赏　　137
　　一、历史遗迹景观的旅游功能　　137
　　二、历史遗迹景观的欣赏　　138
第三节　中国著名的历史遗迹　　140
　　一、古遗址　　140
　　二、古城遗址　　141
　　三、古战场　　144
　　四、古关隘遗址　　145
　　五、古道路遗址　　147
　　六、名人故居　　149
本章小结　　150
重点内容　　151
基本训练　　152

第七章　建筑旅游景观　　154

第一节　概述　　154
　　一、建筑景观的含义　　154
　　二、建筑景观的类别　　154
第二节　建筑景观的旅游功能及欣赏价值　　158
　　一、建筑景观的旅游功能　　158
　　二、建筑景观的欣赏　　161
第三节　中国著名建筑旅游景观　　164
　　一、宫殿建筑　　164

二、古代伟大工程景观　　　　　　166
三、坛宇、楼阁建筑景观　　　　　167
四、现代建筑典范东方明珠　　　　170
本章小结　　　　　　　　　　　　171
重点内容　　　　　　　　　　　　171
基本训练　　　　　　　　　　　　172

8 第八章 园林旅游景观　　　Page 174

第一节　概述　　　　　　　　　　174
　一、园林旅游景观的含义　　　　174
　二、园林旅游景观的类别与特点　174
第二节　园林景观的旅游功能与欣赏　176
　一、园林景观的旅游功能　　　　176
　二、园林景观的欣赏　　　　　　178
第三节　中国著名园林景观　　　　180
　一、自然园林景观　　　　　　　180
　二、寺庙园林景观　　　　　　　180
　三、皇家园林景观　　　　　　　182
　四、私家园林景观　　　　　　　186
本章小结　　　　　　　　　　　　195
重点内容　　　　　　　　　　　　196
基本训练　　　　　　　　　　　　196

9 第九章 城镇村落旅游景观　　Page 198

第一节　概述　　　　　　　　　　198
　一、城镇村落旅游景观的含义　　198
　二、城镇村落旅游景观的类别　　198
第二节　城镇村落旅游景观的旅游功能与欣赏　199
　一、城镇村落旅游景观的旅游功能　199
　二、城镇村落旅游景观的欣赏　　200
第三节　中国著名城镇村落旅游景观　200
　一、历史古都　　　　　　　　　200
　二、历史名城　　　　　　　　　205
　三、特色小镇　　　　　　　　　209

四、特色村落 213
本章小结 216
重点内容 217
基本训练 218

10 第十章 宗教文化旅游景观 Page 220

第一节 概述 220
  一、宗教文化旅游景观的含义 220
  二、宗教文化旅游景观的类别 220
第二节 宗教文化旅游景观旅游功能与欣赏 221
  一、宗教文化旅游景观旅游功能 221
  二、宗教文化旅游景观的欣赏 222
第三节 中国著名宗教文化旅游景观 222
  一、佛教名山 222
  二、道教名山 225
  三、石窟寺 230
本章小结 236
重点内容 236
基本训练 237

11 第十一章 古墓葬旅游景观 Page 239

第一节 概述 239
  一、古墓葬旅游景观的含义 239
  二、古墓葬旅游景观的分类 244
第二节 古墓葬旅游景观的旅游功能与欣赏 246
  一、古墓葬旅游景观的旅游功能 246
  二、古墓葬旅游景观的旅游欣赏 247
第三节 中国著名古墓葬旅游景观 248
  一、帝王陵墓 248
  二、林 251
  三、崖葬 254
本章小结 256
重点内容 256
基本训练 257

12 第十二章 民俗文化旅游景观 —— 259

第一节 概述 —— 259
    一、民俗文化旅游景观的含义 —— 259
    二、民俗文化旅游景观的类别 —— 260

第二节 民俗文化旅游景观的旅游功能与欣赏 —— 261
    一、民俗文化旅游景观的旅游功能 —— 261
    二、民俗文化旅游景观的旅游欣赏 —— 262

第三节 中国特色民俗文化旅游景观 —— 263
    一、艺术景观 —— 263
    二、民居景观 —— 267
    三、节庆景观 —— 274

本章小结 —— 277
重点内容 —— 277
基本训练 —— 278

参考文献 —— 280

上篇
自然旅游景观

绪论

学习目标

旅游景观是旅游活动的客体，也是旅游活动的前提和基础。全面把握旅游景观，深刻认识旅游景观，对于旅游经济的发展具有重大意义。通过本章教学，使学生了解旅游景观赏析的意义，懂得旅游景观形成的背景，理解中国旅游景观的旅游功能及特点，掌握旅游景观的含义和欣赏方法。

第一节 概 述

旅游景观学是一门建立在广泛的自然科学和人文艺术学科基础上的应用学科，是集旅游资源、旅游生态、旅游文化、旅游美学于一体的综合学科。旅游景观学是以旅游活动的客体为着眼点来研究旅游活动规律的学科。它的主要任务是探讨旅游景观的构景要素和特点、讨论欣赏景观的意义和方式，通过对积淀在旅游对象中的审美价值、历史文化、人类文明进行研究，在形式多样的民俗风情、各类景观的文物以及神话传说中发掘旅游活动的规律。

旅游景观学的研究，需要全方位地把握旅游客体，认识旅游景观。因此旅游景观学研究的内容十分丰富。但是，考虑到教学的需要，本书的研究内容和任务立足于中国旅游景观的赏析，侧重于对中国旅游景观的美学价值欣赏和对中国旅游景观文化价值的分析。

一、旅游景观的含义

要领会旅游景观的含义，必须首先搞清楚什么是景观，什么是旅游。

"景观"一词，本身有景色、景象之意。既是景色，又是景象。景色生成了景象，于是，风景就构成了景观。从美学的角度看，一般指地表上自然存在的景色，具体而言，是指地表上具有观赏价值的风景。从地理学的角度看，它是一定区域的自然要素（如山川、气候、河流、湖泊、海洋、生物、土壤等）与人文要素（如社会、经济、文化、政治等）共同构成的相互联系、相互制约的一个综合整体。

从字面上来理解,景观是由景象和对景象的观看所构成。它包含着"景"与"观"两方面的内容。

从"景"的方面来说,风景有天然的,也有人造的。高山、流水、行云、苍松、怪石、草地等,大自然的造化与恩赐,是天然风景。随着人类社会的发展,文明的进步,人们不但欣赏着大自然的风景,还创造着人们心目中的风景。亭台、楼阁、小桥、花草等,这些匠心独运的风景,是人类智慧的结晶。人们把欣赏自然风景的感受用"巧夺天工"的技术再创造出来,这就是人造的风景。另外,人的活动本身就是一道风景,如庆祝活动中扭秧歌的人们、春节期间的踩高跷活动、正月十五的元宵节灯会等都是一道道亮丽的风景线。天然的风景也好,人造的风景也好,一旦出现,就成为客观的存在,构成景观的基本因素。

"观",是指人们对客观存在的风景进行观赏的活动。所谓观赏价值,具体而言,是指人们观赏之后,能够唤起观赏者美好的情感与想象,产生心理愉悦,有一种美的感受。如果客观存在的风景能引起人的美感,这风景就有了观赏的价值,风景就成了景观。那些不能使人通过欣赏而产生心理愉悦的风景,只能是没有活气的风景,显然不能称之为"景观"。

什么是旅游?说法很多,我们不在这里过多地进行讨论。只是借用较通俗的说法,旅游既是一种社会经济现象,又是一种精神文化现象,前者着重于物质基础,后者产生于意识基础,旅游是二者相互交织的具体表现。美学家叶朗从美学角度看旅游活动:"旅游从本质上说就是一种审美活动。离开了审美,还谈什么旅游?旅游涉及审美的一切领域,又涉及审美的一切形态,旅游活动就是审美活动。"这是站在旅游者的角度,从当代审美层面来说的,说得很深刻。从旅游审美角度看,旅游景观应是旅游审美视野中的景观。

旅游审美是旅游审美者和观赏对象共同构成的复合系统。在审美过程中,观赏对象是审美的客体,而不是实用的客体或认知的客体。审美的客体类型很多。其中"环境综合体"更接近景观的内涵。作为旅游审美的客体,环境综合体应该具有审美价值或者说具有审美潜能。

综上所述,我们把旅游景观的概念定义为:在旅游审美活动中成为审美对象的环境综合体。

二、研究旅游景观的意义

旅游景观是旅游活动的客体,也是旅游活动的前提和基础。没有旅游景观就没有旅游活动,也就没有旅游产业。因此,全面把握旅游景观,深刻认识旅游景观,对于旅游经济的发展具有重大意义。

1. 更好地开发和保护旅游景观

旅游景观和旅游资源含义不同。旅游资源是指吸引旅游者所有"有用"因素的总和，它不仅包括了旅游景观资源和其他观赏资源，还包括适宜的接待设施和优良的服务。从旅游发展的资源条件来说，旅游景观是最重要的资源之一。旅游景观同其他资源一样必须经过开发才能为人们所利用，才能发挥相应的功能，产生相应的效益。如果不研究旅游景观，就缺乏较强的开发和保护意识，不能满足旅游者不断变化的需求和心理要求，使得一些旅游景观终究"藏在深山人未知"。每一个风景区、每一个旅游景点、每一座城市或乡村、每一项工程、每一处具有特色的建筑甚至每一场戏剧、每一处考古发现等，都可以作为旅游景观来开发和欣赏。随着人们对旅游要求的不断变化，使许多如火山、地震等自然灾害造成的景观，以及沙漠、沼泽等条件恶劣的地方，在常人看来这里既无优美的风光，又无出色的文物古迹但也都有可能成为旅游胜地。只有对旅游资源进行适当的开发并对其进行合理的保护，才能创造旅游活动的新内容、新形式，才能造就旅游业空前繁荣的局面。

2. 为旅游业的发展创造条件

旅游景观是旅游业发展的基础。要大力发展一个地区的旅游事业，就必须对本地的自然、人文、经济等基础条件进行深入的研究，尽量结合本地实际增添或完善适当的旅游景观。

3. 更好地发挥经济、社会、生态效益

旅游业作为一个很有潜力的经济行业，正在成为国民经济的重要组成部分。旅游业不但能够赚取外汇，回笼货币，扩大就业，调整产业结构，带动相关部门、行业发展，有力地促进区域经济发展，而且还可以促进国际间、地区间和民族间的经济技术合作和文化交流。良好的经济效益、社会效益和生态效益使得旅游业备受青睐。在当今世界经济大发展的形势下，只有认真研究各地的旅游景观，充分发挥旅游景观的经济效益，才能使旅游业在产业结构中立于不败之地。

三、旅游景观的分类

对中国旅游景观进行赏析，首先需要对旅游景观进行分类。这样才会使分析具有相应的针对性。景观分类较为复杂，因为景观的范围非常广泛，上至天文，下至地理，乃至社会风土人情，都是景观。

按照属性分类，旅游景观可分为以下两大类。

1. 自然旅游景观

自然旅游景观（见图0-1）是指一切具有美学和科学价值、具有旅游吸引和观赏价值的自然旅游资源所构成的自然风光景象。如壮丽的江河、清澈的湖水、浩瀚的大海、幽静的森林、珍奇的动物、宜人的气候等，都可以为旅游者提供美的享受，使人们感到心旷神怡。在今天工业化城市不断发展的时代，人们对自然旅游景观的需求越来越强烈，回归大自然已成为世界旅游爱好者的共同追求。自然旅游景观具有天赋性、美感性、科学性。

自然旅游景观主要包括如下景观。

(1) 山地旅游景观　山地旅游景观这主要包括风景名山、历史文化名山和冰山雪峰等。山地由于受人类影响较少，而较多地保留了原来的面貌。奇峰、怪石、飞瀑等形成的雄、奇、险、秀、幽等美学欣赏特征，具备了观光游览、避暑消夏、度假疗养、登山探险、科考研究和宗教朝觐等旅游价值。山地景观是自然旅游景观的主干，吸引着众多旅游者。

(2) 特异地貌旅游景观　特异地貌旅游景观是具有观赏价值和旅游吸引功能的优美奇特地表形态的总称。我国拥有各种类型的地貌景观，其中以岩溶地貌景观、丹霞地貌景观、火山地貌景观、风沙地貌景观及独具魅力的奇特地貌景观最具吸引力。

(3) 水体旅游景观　水是自然界分布最广、也最为活跃的构景因素之一。茫茫海洋、滚滚江河、泉瀑无数、冰川多姿，构成了一幅动静结合的画面，供人游览欣赏，更有休闲度假和康体娱乐的突出功能，是具有极大旅游价值的自然旅游景观。

(4) 大气与天象旅游景观　良好的气候是发展旅游业的必要因素之一。我国气候类型复杂多样，气候、天象旅游的景观异彩纷呈。在一些特定地区所形成的独特天象奇观，也是观赏价值颇高的旅游景观（如峨眉山佛光、蓬莱阁海市蜃楼）。

(5) 生物旅游景观　生物旅游景观这是自然旅游景观中最富特色的一类。植物具有美化环境、装饰山水、净化空气、塑造意境的功能，而动物的外貌、形态、色彩、动作和声韵等使地球表面的景象空间更加活跃、生动和富有趣味。在返璞归真已成潮流，生态旅游渐成风气的今天，生物景观无疑对海内外游客具有愈来愈大的吸引力。

2. 人文旅游景观

人文旅游景观（见图 0-2）是古今社会人类活动所创造的具有旅游价值的物质财富和精神财富，是人类物质文明、精神文明、生态文明的结晶。人文旅游景观具有鲜明的民族性、历史性和艺术性。

人文旅游景观内容十分广泛，主要包括以下景观。

(1) 历史遗迹旅游景观　历史遗迹作为人文景观的重要组成部分，其悠久性及与现代人生活环境的巨大差异，对游人具有独特的吸引力。

(2) 古建筑工程旅游景观　古建筑工程是一个民族所创造的物质文化的重要组成部分。建筑的布局美、结构美、形态美、雄伟美，反映了鲜明的地域性、时代性、科学性和艺术性的特点，是当时物质文明和精神文明的标志，具有多方面的旅游价值。

(3) 古典园林旅游景观　园林是一种立体空间综合艺术品，融建筑、雕塑、绘画、文学、书法等艺术为一体，具有观赏游览、休闲娱乐、修身养性、陶冶情操等多种功能，给人带来美的享受。

（4）中国城镇、村落旅游景观　城镇、村落旅游景观是指那些具有重要传统文化价值、历史价值、艺术价值和科学考察价值的各类城镇、村落。

（5）宗教文化旅游景观　宗教文化旅游景观包括宗教活动、宗教艺术等。其涵盖了从哲学、道德、文学，到建筑、绘画、雕塑等方面的所有内容，具有巨大的旅游吸引力和开发价值。

（6）古墓葬旅游景观　古墓葬是指古代人类采取一定方式对死者进行埋藏的遗迹。由于其地上地下建筑堂皇、殉葬品丰富、文物众多，具有较高的科研、历史文化价值和艺术欣赏价值，对游人有极大的吸引力。

（7）中国民族民俗风情旅游景观　民族风情旅游景观是指由于自然环境和社会环境的不同而形成于民间，传承于社会，具有一定的流传范围或区域，表现在行为、思想、语言上的模式化的文化现象和生活现象。

四、旅游景观的功能

旅游景观的功能有普遍性，也有特殊性和地域性。中国旅游景观的功能主要表现在以下几个方面。

1. 欣赏功能

欣赏功能是旅游景观最基本、最普通的功能。无论是自然旅游景观，还是人文旅游景观，游客感受到的必然是最具各种美感的事物和因素，具有色彩美、动态美、形态美、结构美、巧合美以及声音美、质感美、嗅觉美等美学特征。旅游者通过对其欣赏，可以满足求美、求新、求乐、求奇、求异的心理需求。

2. 休闲疗养功能

休闲旅游成为人们愉悦身心、消除疲劳和紧张心理、恢复体力与精力而进行旅游活动的形式之一。相当多的旅游景观为旅游者提供了这样一种极为放松的场所与环境。例如远离喧哗闹市的山区，其植被覆盖率较高，空气清新，水质洁净，又无噪声干扰，为旅游者创造了一种宁静的、轻松的环境。旅游业的经营者往往利用此类优越的生态环境修建疗养院、度假村，接待休养、度假旅游者。另外如海滨沙滩、湖中小岛、林场、植物园等也具有休闲功能。

3. 教育功能

旅游景观的教育功能主要体现在两个方面：一是旅游景观一般都能使旅游者在旅游观赏中获取某种自然科学或社会科学知识；二是某些旅游景观可以给人以思想教育和启迪。如欣赏自然风光可以帮助人们了解和认识大自然的奥秘，游历史文物古迹可以获取历史知识。旅游是一种全身心投入的活动，在欣赏大自然美景中呼吸着新鲜空气，激发游客热爱祖国大好河山的情感。既陶冶了性情，又对人的意志和情操产生巨大影响，我们不妨称之为"净化"作用。这实质上是一种非常形象生动、自然而不生硬的美育，比传统的说教和灌输更易于为人接受。寓教于景，情动而理达，因此也更沁人心脾。旅游景观的教育功能是不可忽视的。

4. 体育健身功能

很多旅游景观适宜开展体育运动和疗养活动。从而使旅游者达到健身的目的。如山地可以开展登山运动，水域可以开展水上体育旅游活动。另外还有一些专供开展体育旅游的场所。如高尔夫球场、跑马场、游泳馆、保龄球馆、温泉、垂钓场、滑雪场等。因而，体育活动与旅游活动已经紧密结合成一种体育旅游活动。随着体育旅游活动的蓬勃发展，更多旅游景观的健身功能将逐渐被发掘出来。

第二节　中国旅游景观形成的环境及特征

地理环境是人类社会存在与发展的空间和物质前提，旅游与人类其他生产和生活活动一样，既不能超越也不能脱离地理环境。一个区域的旅游景观的形成，与其地理环境特点密切相关。中国的地理环境形成了具有中国特色的旅游景观。

一、中国旅游景观形成的地理环境

中国地域辽阔、历史悠久、地理环境复杂多样，从而为中国旅游景观的多样性和丰富性奠定了优越的物质基础。

1. 广袤的国土空间和多样的自然带

中国位于亚欧大陆的东部，太平洋的西岸，是一个海陆兼备的国家，大约90%的国土位于温带和亚热带，自然地理位置极为优越。

中国国土南北跨度上具有赤道带、热带、亚热带、暖温带、中温带和寒温带6个温度带，并呈现出相应的热带雨林与季雨林、亚热带常绿林、暖温带落叶阔叶林、中温带针叶林和落叶林、寒温带针叶林等植被景观。冬季，当中国最北端处于冰天雪地、天寒地冻之时，最南端却是碧波万顷、阳光灿烂的夏日景象。在东西跨度上，中国国土，东西相距4个时区，当最东端迎来旭日东升、阳光普照的清晨，最西端还处于星空寂寥、夜色深沉的午夜之中。由于大气环流的控制与距海远近的差异，加上地形的影响，由东南及东北沿海地带向西北内陆依次形成湿润的森林地带、半湿润森林草原地带、半干旱的草原地带和干旱的荒漠地带。

中国辽阔的疆域，使中国形成了复杂多样的自然地理环境，从而造就了丰富多彩的自然风景旅游景观。中国优越的地理位置、多样且适宜的气候条件、广袤而肥沃的土地、众多的江河湖泊、丰富的自然资源，孕育了中国多彩的、独具特色的人文旅游景观。可以说，辽阔的国土与多样的自然地带是影响中国旅游景观形成与分布最基本的地理背景。

2. 复杂的自然结构与多样的自然条件

自然条件和环境结构的复杂性是中国地理环境最显著的特征之一。具体表现如下。

（1）错综复杂的地貌环境　地质地貌是地理环境构成的基础。中国地貌轮廓

绪论　7

有两个基本特征：一是整体地势西高东低，呈阶梯状分布；二是地貌类型复杂多样，以山地为主。

① 地势西高东低，呈阶梯状分布。中国西高东低的地势可以分为三级阶梯，由两条山岭组成的地貌界限加以区分。第一级阶梯分布以"世界屋脊"——青藏高原为主体，面积约250万平方千米，平均海拔4500米，由极高山、高山、大高原及其间的河谷平原和盆地构成，如昆仑山脉、冈底斯山——唐古拉山脉、喜马拉雅山脉、横断山脉、羌塘高原、拉萨河谷平原、雅鲁藏布江河谷平原等，其地貌界限为昆仑山-祁连山-岷山-邛崃山-横断山脉。第二级阶梯有青藏高原外缘至大兴安岭-太行山-巫山-雪峰山-线之间的一系列高山、高原和盆地组成，平均海拔1000～2000米，包括阿尔泰山脉、天山山脉、秦岭、准噶尔盆地、塔里木盆地、四川盆地、内蒙古高原、黄土高原、云贵高原等。第三级阶梯分布于第二级阶梯以东，由广阔的平原和低缓的丘陵构成，海拔多在500米以下。包括东北平原、华北平原、长江中下游平原以及东南丘陵等。

② 地形复杂多样、以山地为主。中国地形不仅山地、高原、丘陵、平原、盆地等类型齐全，而且地貌成因上也复杂多样，喀斯特地貌、冰川地貌、雅丹地貌、海岸地貌等千姿百态。尽管中国地貌复杂多样，但仍以众多的山地为其主旋律。广袤的山地占其总面积的65%；其中，海拔1000米以上的山地高原，占全国总面积的一半以上，西部的山脉甚至都在3500米以上。中国不仅是世界上山地最多、分布最广的国家，而且也是地势最高、高差起伏最大的国家。位于中国西南部的青藏高原，平均海拔4000米左右，是世界上最高的高原；其南缘的世界最高峰——珠穆朗玛峰海拔高度达8844.43米，而位于西北地区吐鲁番盆地的艾丁湖，却在海平面以下154米。在复杂的地貌格局作用下，中国山区普遍存在着气候及植被的垂直地带性差异，加剧了生物种类的多样性和独特性。

(2) 复杂多变的气候环境　中国气候特征表现在三个方面：气候类型复杂多样，典型的季风气候，强烈的大陆性。

① 气候类型复杂多样。中国幅员辽阔，气候类型复杂多样。按照气温的不同，从南至北包括了赤道带、热带、亚热带、暖温带、中温带、寒温带等6个温度带；按照水分条件的不同，从东到西可划分为湿润、半湿润、半干旱、干旱等4个干湿区；不少山地因相对高差大，从山麓到山顶出现从热带到亚热带、温带、寒带的气候类型更迭，表现出"一山有四季，十里不同天"的垂直变化特点；而青藏高原更是一个特殊的气候单元，形成独特的高寒气候区。由呈纬度地带性分布的温度带和略呈经度地带性分布的干湿地区组合，加上垂直地带性与非地带性的地形等因素影响，形成了中国复杂多样的气候类型。中国气候的这一特点，不仅孕育了多种多样的自然旅游景观资源，而且形成了多种多样的旅游气候环境，使旅游者在中国的不同地域、不同季节产生了不同的心理感受，获得各种适宜度假的理想气候环境。

②典型的季风气候。中国位于欧亚大陆东部、太平洋西岸的中纬度地带，由于受到强烈的海陆热力差异、风带的季节性位移以及青藏高原的热力与动力作用等的影响，使得中国具有最典型的季风气候。这种季风气候的特征表现为：冬季盛行从陆地吹向海洋寒冷干燥的偏北风，气候干冷；夏季盛行从海洋吹向陆地高温湿润的偏南风，气候湿热；春季气温上升快，大气层不稳定，多大风；秋季气温下降快，大气层稳定，出现秋高气爽的天气；春夏秋冬，四季分明。

③强烈的大陆性。由于中国大部分地区位于远离海洋的内陆深处，青藏高原的巨大隆起和西高东低阶梯状的地形结构，使得从大西洋吹来的西风、从太平洋吹来的东南季风和从印度洋吹来的西南季风都难于深入；而寒冷干燥的冬季风力强大，影响范围十分广大。由此决定了中国气候具有强烈的大陆性特征。表现在：与同纬度地区相比，冬季气温偏低，夏季气温偏高，气温年差较大；气温昼夜变化的日差也较大；每年的最冷月与最热月分别紧跟冬至和夏至之后出现；降水分布不均，强度和变率都很大，降水集中在夏季，约占全年总雨量的60%~80%，雨热同期。

(3) 丰富变幻的陆地水域环境　中国是一个河川纵横、湖泊星布、泉眼众多、冰川丰富的国家。全国共有流域面积1000平方千米以上的江河1580条，100平方千米以上的江河超过50000条，另有数以万计的溪流遍布全国各地；水域面积在1平方千米以上的天然湖泊2800多个，总面积约8万平方千米，另有数以千计的人工湖泊（水库）；天然泉眼10万多处，不仅分布广泛，而且类型齐全。此外，西部高山的现代冰川和永久性积雪面积达4.4万平方千米，在对河流水源发挥补给调节作用的同时，形成了令人神往的高山冰雪奇观。它们同辽阔的海域，共同构成了中国极富活力的水域景观旅游资源。

(4) 得天独厚的生物资源　在幅员辽阔、自然地理环境复杂多变的条件下，使中国的动植物资源表现出类型多样、种属丰富等特点，不仅为人类提供了丰富多彩的食物资源，而且具有极高的美化环境和观赏功能，同时，也孕育了中国生机勃勃的生物旅游景观。

中国是世界上动植物资源最丰富的国家之一，全国拥有陆栖脊椎动物1800多种，占世界的10%；大熊猫、金丝猴、白鳍豚、褐马鸡、丹顶鹤、扬子鳄等珍稀动物仅为中国所有。全国现有高等植物353科、3184属、27150多种，仅次于马来西亚和巴西，居世界第三位；仅云南就有高等植物10200种，是整个欧洲的两倍；属于中国特有的植物达196属，其中水杉、鹅掌楸、银杏被称为"世界三大活化石"。

二、中国旅游景观形成的人文环境

中华民族在同自然作斗争的数千年历史中，创造了独具特色的人文地理环境，并形成了丰富多彩的人文旅游景观。

1. 悠久的历史，灿烂的文化

我国是人类历史的主要发源地之一。我们的祖先从远古时期就在中华大地上生活、劳动、繁衍。考古研究表明，早在170万年前的旧石器时代，中国的史前文化就已经形成了华北和华南两大文化谱系，其中包括著名的元谋文化、蓝田文化、许家窑文化、丁村文化等。到距今4000～9000年的新石器时代，中国形成了旱地农业经济区、稻作农业经济区和狩猎采集经济区三大史前文化区。其中距今4600～7000年的黄河流域的仰韶文化和大汶口文化、长江流域的马家窑文化等，已经显示出此时期农业有了相当的进步和发展，较大型的定居村落已四处可见。

文字的出现是人类文明开始的重要标志，中国在公元前16世纪的商代就出现了甲骨文。周朝形成了以礼、乐为中心的政教系统，并达到鼎盛；春秋战国时代产生的孔孟儒家文化以及墨、道、法家文化，奠定了中国传统思想文化深厚的根基，并出现了诸子百家争鸣、学术空前繁荣的崭新局面，把中国古代文化推到了高峰，同时使这种文化一直延续并发展至明清时代。

在中国历史长河中，在不同时期的政治、经济、社会制度背景下，形成了风格各异、内容丰富的历史文化，留下了许多不同时代特色的史迹遗风。

2. 高度发达的人类历史文明

中华民族在五千年的文明史中，留下了丰富多彩的文化艺术和古迹，具有很高的史学和美学价值，成为人文景观旅游资源的重要内容。中国文化艺术源远流长，内容丰富，如中国传统的唐诗宋词、国画书法、戏曲杂技等，均是世界上独具魅力的民族艺术形式；中国独特的医学、烹饪、武术也均为世界所瞩目。中华民族不仅创造了伟大的精神文明，同时也创造了高度发达的物质文明。如原始社会就开始发展的制陶、冶铜、漆器、烧瓷、丝织等，都是中国著名的传统工艺技术，其中，丝绸和瓷器曾在历史上作为东西方文化交流的重要媒介而享誉世界。中国古代的造纸术、印刷术、指南针、火药等四大发明，深刻地影响过世界历史发展的进程。中国古代的园林、建筑与石刻等实体艺术和以万里长城、京杭大运河为代表的众多古代工程，都是中国古代物质文明的宝贵结晶。

3. 众多的民族，多彩的风情

中国共有56个民族，是一个以汉族为主的多民族国家。各民族由于所处的客观环境的差异或经历了不同的发展过程，形成了各自鲜明独特的风俗习惯。早在汉代就有"十里不同风，百里不同俗"的说法，至今各民族仍在居住、饮食、服饰、生产、交通、婚丧、岁时、家庭、村落、宗教、道德、礼仪、禁忌、语言文字、文学艺术等方面，反映出强烈的地域特色和民族风格，成为中国人文地理环境中最富活力的景观，为广大旅游者所向往。

三、 中国旅游景观特征

中国旅游景观既有其他资源所具有的广泛性、地域性、时代性、变异性、季节性等一般特征，又具有中国所特有的地理环境下所形成的特殊个性。具体特点如下。

1. 类型多样、资源丰富、开发前景广阔

在中国复杂地理环境和悠久历史条件下，旅游景观的数量和质量在世界堪称类型齐备，种类多样，如奇花异草中仅观赏性菊花就有3000多种，兰花2000多种，梅花200多种。既有看得见的自然风光和历史文化实体，又有凭借亲身体验感受的民俗风情、传说典故；有古代的，有现实的；有物质的，也有精神的。充分显示出中国旅游景观的多样性和丰厚性，也为今后旅游业的发展提供了有利的条件，开发前景广阔。

2. 景观古老、奇特、引人入胜

我国是古老的东方文化兴盛的国度，五千年血脉相承。世代相传，一直保持着自己的独特风格。智慧的中华民族在这片辽阔的国土上创造了人间奇迹。举世闻名的万里长城、京杭大运河、北京故宫、秦兵马俑，以至中国书法、烹饪、瓷器、京剧等，无不打上古老文明的印记。

中国的旅游景观不仅古老，而且独特，可称为世界之最。我国有世界最高峰珠穆朗玛峰；有世界最深的峡谷虎跳峡（深达3000多米）；有世界上最古老的石拱桥赵州桥（又名安济桥）；有世界上最大的广场天安门广场；有世界上最大的宫殿建筑群北京故宫；有世界上最大的皇家园林承德避暑山庄；有世界上最大的石雕佛像乐山大佛等，无不具有其独特性、垄断性特征。

3. 分布广泛、相对集中

我国丰富多样的旅游景观，遍布全国各地。在号称"地球第三极"的珠穆朗玛峰，有冰峰可供旅游者攀登探险；在最低的艾丁湖面有盐池景观可供旅游者观赏；黑龙江和乌苏里江汇合处的东方红日、新疆阿拉山口的夕阳、内蒙古的草原羊群、海南岛的椰林以及偏远山区的独特风景等，表明了我国旅游景观分布广泛的特征。同时，又具有相对集中的特点。如果以从黑龙江省的黑河至云南省的瑞丽画线为界，此线以东集中了我国的六大古都、五岳、四大佛教名山、四大道教名山、三大古建筑群、江南三大名楼，以及全国著名的园林都市、绝大部分国家级重点风景名胜区和历史文化古城。此外，我国旅游景观还呈现条块集中分布的特点。如长江沿岸从江西庐山到重庆之间，自东而西有"匡庐奇秀甲天下"的庐山，有"龟蛇锁大江"的武汉，有"山、湖、楼浑然一体"的岳阳，有壮丽的长江三峡，有江陵、秭归等历史文化名城，有赤壁等三国古战场以及附于它们的人物传说、碑林石刻，加上葛洲坝、长江三峡水利枢纽等现代工程，共同构成了巨幅长江山水文化长轴画卷。南北大运河、万里长城、"丝绸之路"以及珠江三角洲、长江三角洲、环渤海湾地区、四川盆地等，都是我国旅游景观成线、成片集中分布之地。

4. 季节性明显、地域性强烈

由于中国绝大部分地区位于季节变化明显的温带和亚热带，故自然景观四季变化明显。春季草长莺飞，百花吐艳；夏季高温高湿，万象峥嵘；秋季天高气爽，果木飘香；冬季瑞雪纷飞，山河露骨。夏季北方的海滨和中纬度地区的山地，凉爽宜人的环境是避暑度假的理想之地；冬季的海南岛海滨又成了人们避寒度假的好处所。观泰山日出以冬春二季最佳，而黄山云海最好是春夏之交。由于人类的社会活动往往受制于自然环境，使得我国的不少人文旅游景观同样具有明显的季节性。如南岳衡山的"香市"以金秋八月最旺，内蒙古草原的牛羊以夏秋季节最肥，以及五月端午划龙舟、八月中秋赏月、元宵灯会等节庆活动，无不显示出季节性特征。

受地理环境影响，旅游景观还随不同地域而风貌迥异。如我国的风景地貌，桂林山水以喀斯特（岩溶）风光见长，福建武夷山、广东丹霞山以丹霞风光取胜，湖南张家界的砂岩塔状峰林为世界仅有；民居有北京的四合院、陕北的窑洞等。均显示出强烈的地方特色和民族风格。

5. 自然旅游景观和人文旅游景观相融

我国人民自古便具有崇尚自然的特点，帝王将相、文人墨客、高僧名道，喜出没于名山秀水之间，并留下众多文化古迹，使得一些风景名胜地往往集自然景观与人文景观于一体，融历史文化与山水名胜于一炉更具美学、科学和历史文化价值，从而具有强烈的吸引功能。

第三节　中国旅游景观的欣赏

我国幅员辽阔，民族众多，不同的自然条件和人文环境使旅游景观的分布呈现出明显的个性或地域差异性，但在总体上形成了"南秀北雄"的美学风貌。

一、旅游景观欣赏的意义

旅游作为一项综合性的审美实践活动，涉及范围甚广，通常具有多重效应。从审美心理、审美文化和审美教育的角度来看，旅游在以下四个方面表现出不同程度的积极效应。

1. 有利于造就具有优美灵魂的人

康德曾说：一个人如果能够离开浮华的居室而欣赏大自然的美，他的内心肯定"具有一颗优美的灵魂"，而且值得"令人尊敬"。旅游观光作为一项全球性的社会文化现象或综合性的审美实践活动，是一项寓教于乐的普及性审美教育活动。事实证明，旅游观光不仅为游人提供了广泛的审美实践机会，而且通过其潜移默化的特殊作用，十分有益于陶冶人们的情操，升华人们的精神，促进人们的身心健康，满足人们的求知欲望和审美需要，激发人们的民族自豪感和爱国心，以及培养和提高人们对现实世界（包括自然和社会）与文化艺术的审美鉴赏能力。

阅读资料 0-1

审美体验

李泽厚先生在《美学四讲》中把人的美感分为三个层次，即悦耳悦目、悦心悦意、悦志悦神。

悦耳悦目是指以耳、目为主的全部审美感官所体验的愉快感受。旅游者在与旅游景观的直接交融中，在瞬间感受到对象的美的同时唤起听觉、视觉等感官的满足与喜悦。一般来说，悦耳悦目是广大旅游者最普遍的审美感受形态。由于是感觉上的美感，往往追求新奇，也容易忘却。

悦心悦意是指在悦耳悦目的审美感受基础上，同时领悟到审美对象的某些深刻的意蕴，获得审美享受和情感升华。这种美感效果是一种"只可意会，不可言传"的美感体验。是旅游者在对旅游审美客体——景观的形象的凝神观赏中，通过心理功能交相引动，从有限的、偶然的、具体的形象领悟到其中无限的、必然的和本质的意味。心意的愉悦常给人以久远的影响，甚至使人终生难忘。

悦志悦神是美感享受的最高层次，泛指审美主体在观赏审美对象时，经由感知、想象、情感，尤其是理解等心理功能交互作用，从而唤起精神意志上的愉悦状态或伦理道德上的超越完善。在旅游审美鉴赏体现了旅游者在观赏过程中所获得的大彻大悟，从小我进入大我的超越感，体现了观赏者与审美对象物我交融的高度和谐统一。要达到这一审美感受的高层次，旅游者自身必须有深厚的审美修养和道德、文化修养。

2. 有利于推动全社会审美文化的进程

具有广泛社会基础和多种文化需求的旅游业，不仅有利于加快审美文化的建设和发展，而且有利于推动全社会审美文化的进程。这主要是因为旅游业是一种特殊产业，几乎涉及社会有效劳动的一切领域。而所有这些劳动领域的最终产品在造型、款式、风格、色调、品位、情趣、氛围和功能等方面，不仅要具有可靠的实用价值，而且要具有丰富的审美价值，以便满足旅游者不同层次的包括审美在内的各种需求。譬如，旅游接待业中所推崇的"宾客至上"原则，一方面具体地落实在热情、友好与周到的招待服务过程中，另一方面则具体地落实在旅游业一切有效劳动形态的美化上。

旅游观光作为促进社会审美文化的动因之一，还表现在旅游者与旅游目的地居民的相互影响和相互交往等方面。比如就服饰而言，中外旅游者所到之处，其服饰款式和穿戴艺术作为外显形式，会对当地居民产生一种示范作用。同样，当地居民富有特色的服饰与穿戴风格也会对旅游者产生相应的影响。这种潜在的相互交流与模仿，均有助于提高各自穿着艺术的品位，完善自我的仪表形象和丰富自我的审美意识。需要指出的是，除了物质生活的审美文化之外，旅游观光在促进精神生活的审美文化上也有一定的作用。比如在伦理道德方面，旅游者在与东道主的广泛交往中，以助人为乐、尊老爱幼、拾金不昧和真诚相待等为具体内容的社会风尚美和道德情操美，往往对人产生一种潜移默化的作用，是双方十分敏感和审视评价的对象。这样，在观察反思中，会触发人的良知，陶冶人的情操，提高人的精神境界，改善人际关系，创造和睦相处的气氛等。在这方面，旅游确能起到"观国之光，利于社会审美化"的积极作用。

3. 有利于改善和提高人类的生活质量

旅游活动具有多重功能，融贯着物质文明与精神文明两大领域的方方面面，可以利用其社会化的市场与普及化的方式来满足人们的各种需求。譬如，旅游过程中品尝美味佳肴等活动，可以满足人的物质需求；旅行过程中的社会交往活动，可以补充人际关系上的缺憾；认知异质文化与了解风俗民情等活动，可以丰富人的文化知识和满足人的求知欲望；离家外出、更换生活环境、寻访清静幽雅之地，可以使人获得新感受并在相对理想的环境中解除疲劳、恢复健康；潇洒自由、浪迹山水的旅游活动，会使人在一定时空中摆脱烦恼与焦虑、淡化竞争意识和受挫感，获得心理上的平衡与和谐；悦山乐水、艺术欣赏与相关的娱乐活动，会使人得到审美享受；旅游过程中的宗教朝圣、"天人（神）对话"等活动，不仅有助于净化人的心灵和满足人的精神需要，而且还有助于体悟人生和提升人生境界……凡此种种，不一而足。正是在这种意义上，人们把旅游活动视为提高人类生活质量及其水平的有效途径之一。

4. 有利于促进人的全面发展

旅游是促进全面发展的一种有效的途径。这是因为旅游不仅具有广泛的社会性和普及性，而且具有内容的综合性和功能的多样性。旅游可以开阔人的眼界，增加人的阅历，丰富人的文化历史知识。荀子曾言："不登高山，不知天之高也；不临深谷，不知地之厚也。"的确，类似这种悦山乐水的旅行游览，必然会在感受和体验方面给人以新的刺激，促使人们在新的环境中，跳出思维的陈规旧套，从新的角度和新的切入点去观察和审视各种新事物、新现象。这对于发展人的敏感性和洞察力、丰富人的想象力和激发人的灵感等，均有不可忽视的效益。我国自古就有"游学"的传统。这种传统不仅是基于"行万里路，读万卷书，方知天下事"的认识，而且也是基于"游山如读史"的事实。因为，绝大多数旅游景观均具有"历史舞台的效果"，积淀着丰富而深厚的人文内涵与历史沧桑。与此同时，旅游作为一项集自然美、艺术美与社会生活美之大成的综合性审美实践活动，不仅能够满足人的各种审美需求，而且有助于提高人的审美鉴赏能力。在搜奇览胜、悦山乐水的旅游活动中，在阳光充足、空气清新、环境幽静的景致里，在"观山则情满于山，观海则意溢于海"的物我交流中，在人与自然、人与心灵的对话中，以及在人与人的友好来往中，不仅人的身体素质、心理素质、环保意识、艺术修养与审美趣味会得到不同程度的提升，而且天人关系与人际关系也会得到相应的改善。另外，旅游者置身于钟灵毓秀的景观中或地灵人杰的环境中，观览历史人物的遗迹故居或聆听富含道德伦理意味的神话传奇，均会在寓教于乐的过程中使自己的情操气质得到陶冶，精神境界得以升华，在对人生的意义获得新的体悟和重新发现自我本真的同时，确定或修正有利于实现"自由个性"（马克思语）的杰出风范，从而更加自觉地追求人格的自我完善与人的全面发展。总之，在正规的教育途径难以企及的地方，旅游可以发挥一种独特的补充作用，可以在许多方面促进人的全面发展。

二、旅游景观美的类型

在我国地理环境中，无论是自然旅游景观还是人文旅游景观，都以某种美的形象吸引着旅游者。其主要类型有以下几方面。

1. 形态美

无论是自然界赋予的或是人工建造的各类景观，都是以某种形态存在着，这也是人们能够感知的首要条件。其形态及其数量的范围和某些特征，可以形成不同的美感，如山势起伏蜿蜒、山体线条柔和、植被茂密、水色净美者，则产生秀美的感觉；如平畴无垠，水面坦荡，视野开阔，可极目无际者，则产生旷、远等美感。千姿百态的形态，通过人们的感知，形成各种美感，使旅游者得以享受。形态美主要包括以下几种。

（1）雄　即雄伟、雄浑，意味着形象高大、气势磅礴。泰山为"五岳"之尊，素以"天下雄"著称。从绝对高度上看，其主峰海拔1545米，在地貌分类上只属于中等山体，但因为它位于辽阔坦荡的华北平原东侧，以磅礴之势凌驾于齐鲁大地上，具有通天拔地之势，给人以高大、雄浑之感。登上泰山极目远眺，"会当凌绝顶，一览众山小"的雄伟之感便会油然而生。

雄伟之美可使游人产生仰慕，甚至敬畏之情，增加人们的豪情壮志，催人奋进。

（2）奇　即奇特，指少见的、独具一格的外部形态。在我国诸多名胜中，以"奇"为美的景观首推黄山（见图0-3）。黄山奇美，主要源于峰奇、石奇、松奇、云奇。黄山72峰，各有自己特殊的山石形象，有的势若天柱，有的形态古怪——似人，似兽，似物，丰富多彩，惟妙惟肖；黄山的松树更是奇特，有"迎客松"、"送客松"、"凤凰松"、"连理松"……奇松怪石共同构成了黄山独特的松石之美。

奇特之美能给人以特殊的愉悦感，具有特殊的吸引力，它可以启迪人们的智慧，激励人们勇于追求和探索。

(3) 险　即险峻、陡峭、岌岌可危等。西岳华山（见图 0-4），素有"天下险"之称，华岳险峻，"耸峙关中，临照西土"。加之"削成而四方，其高五千仞"的形象，堪称以"险"取胜的典型景观。当然，以"险"为美的景观不限于华山，黄山的"鲤鱼背"、杭州钱塘潮以及武陵源的"天生桥"等也堪称"险"的代表。

险峻之美可以激励人们不畏险阻，百折不挠，奋力前进。

(4) 秀　即秀丽、优美。这类景观一般有良好的植被覆盖地表，山石土壤很少裸露，山水交融，草木葱茏，生机盎然。此外，其形态丰满别致，轮廓线条柔和优美。如峨眉之雄秀，西湖之娇秀（见图 0-5），富春江之锦绣，张家界之奇秀等。

秀美给人一种自然柔和、恬情顺性的情趣，能使人悠悠自在，心绪平和，利于愉情养神。

(5) 幽　即幽深、幽静，多指以丛山深谷为基础，并有茂密的植被和寂静的环境所构成的意境。凡是能够产生"幽"的事物。其势必曲、必深、必静，也大多光线较暗，使游人的视野受到局限。即"曲径通幽"。中国古典园林中的曲径、曲桥及假山、树篱等造成的障景，分割不同的景区，目的之一就是要形成幽境。"青城天下幽"，是因为青城山竹树繁茂，山路曲折而静谧，人行山中，瞻前顾后皆疑无路，竟难辨身处何地。

幽境能使人超然世外，助人潜心静思，最宜养性怡情。

(6) 旷　即畅旷、辽阔。多指以宽阔的水域、高原、平原为主体所构成的风景，其特点是视野开阔，水面坦荡，可极目无际。典型的"旷"美景观首推"八百里洞庭"，登岳阳楼远眺，方可体验"衔远山，吞长江，浩浩汤汤，横无际涯，朝晖夕阴，气象万千"的非凡景象。而登泰山岱顶能"一览众山小"，登香炉峰见眼前"江水细如绳"，大都形象地描绘了高旷景致所给人的那种高拔雄伟的审美感受，同时也反映出人们自古以来就有登高览胜的旅游审美习惯。

旷景给人奔腾豪放，心旷神怡，心胸开阔之美感。

(7) 野　即天然未凿，富有野趣、古朴等。野也是一种美，具有妙境天成，绝少为人干扰的特点，现代文明的负面影响使人们产生了强烈的"重返大自然"的渴望，所以野趣更成了当今人们追求的目标。

天然野趣可给人一种自在之情，苍凉之慨，悲壮之叹，能够使人坦率、真诚、光明磊落。

2. 色彩美

色彩美是物体的基本属性之一，对人的感官最富有刺激性，姹紫嫣红的花草树木，绚丽斑驳的鸟兽虫鱼，光彩夺目的朝晖夕阴，晶莹光洁的冰雪雾凇，七彩纯正的霓虹佛光，幻化迷离的极光以及色彩缤纷的建筑服饰等，莫不以其特有的色彩引人注目。五颜六色的色彩及其变化，给人以激励。云雾缥缈虚幻，是造成

上篇　自然旅游景观

朦胧景观的重要因素，同时增加了景色的纵深感，能够激发人们去驰骋自己的想象力。黑暗并非总是具有消极作用，它可以掩饰某些不足，尤其是它能够有力地衬托出亮色的美，例如夜空的皎月和星光，城市的灯火，建筑物的轮廓灯、霓虹灯、车船在夜间行驶的轨迹等。一切无关的因素都被黑色遮掩了，从而使明亮的色彩更为突出醒目。

3. 声音美

听觉和视觉同样是人的主要感觉器官，声音悦于耳，与色彩悦于目一样，给人以美的享受，故有"悦人耳目"之说。大自然和社会环境中许多美妙悦耳的声音，可以给人带来乐趣，例如，泉水叮咚、溪流潺潺、莺啼婉转、雨打蕉荷、林海松涛、浪涛澎湃、瀑落深潭、空谷足音、暮鼓晨钟等，各有其情，清浊徐疾各有节奏。现在国外已经有专门录制了大自然的流水、鸟鸣、兽啸、风声、雨声等声音的录音磁带销售，足见人们对大自然的热爱，也说明声音能给人以美的享受，并且它可以引起丰富的联想。

在特定的环境中，山谷溪流，夏日蝉鸣等自然声响能给人以赏心悦目的音乐般的美感享受。正因为如此，大凡名山名园，均设有诸如"听泉亭"、"松涛阁"之类的景点，为游人获得欣赏自然界的"音乐"之便。据说，峨眉山万年寺旁有一蛙池，栖息着一种特殊的"弹琴蛙"。每到傍晚时分，山蛙和鸣，声如琴瑟，高低有致，饶有情趣。声音美对人的情绪能产生很大影响。各景区都应重视对固有音源的开发，满足游人的听觉需要，给久居烦躁城市生活中的人带来一种美的享受。

4. 嗅觉美

嗅觉和味觉可以使人感受外界的气味和滋味，芬芳的鲜花，甘甜的泉水，诱人的山果，甘醇的佳酿，丰盛的菜肴，草原和森林的气息等都会给人以舒心的嗅觉美，从而调节人的精神，其中某些气味还对人的健康有利。在中国古典园林中，很注重制造嗅觉美，番禺余荫山房的主要建筑之一即为"闻木樨香"。而且嗅觉美不同于其他美感，它诱使人们去亲自品尝体验，所以美食、佳酿、名茶、鲜果等都成为旅游中不可缺少的项目，其中有解渴果腹的实用价值，但绝不可无视其审美意义。如武夷山流香，涧峭壁上的兰花，涧边的石蒲，清香阵阵，令人陶醉；九寨沟原始森林中特异的芳香，令游人精神一振，流连忘返。

5. 动态美

世间万物都无不在运动，但一些相对处于运动中的景象，常给人们以动态之美感，例如奔腾的江河，跌落的瀑布，飞溅的浪花，水中的游鱼，空中的飞鸟等，都在不停地运动着，运动可以增加气势，增加活力，能使人精神振奋，给人以美好的象征。由于运动，在特定情况下使某些本来静止的物体也似乎呈现出动态。例如，由桂林到阳朔的山水风景，最好是乘船或乘车沿江观赏，随着车船的运动，造成原来相对静止的山景、水景的相对位置呈现多层次、多角度的变换，这样,就可以从不同的角度、光线和不同的范围内看到许多绝妙的美景,仿佛山、水都在为到来的游人翩翩起舞,舒展风姿,这样,游人不但享受了山景、水景的静态美,而且还享受了自然景观的动态美。还可以进一步感受到大自然的空间美和游人自身产生的想象美。

6. 结构美

人工创作,无论是实用品、艺术品,还是建筑和园林等,都讲求结构完美。在自然景观中,不乏有许多结构美的表现。例如岩石的结构与构造,植物的花、叶形态组合。动物的躯体与花纹,或排列有序,或对称均衡,显得非常和谐。正是由于自然界存在着这种结构美,才使人们产生了结构美的审美观念,进而把这种结构美的观念运用到人们的创作中去,又产生了新的结构美。结构美能使事物各部分紧密联系,互相陪衬、对比,又突出了主体,形成一定的韵律。"气韵生动"的评价。往往得益于其结构的完美、协调。

7. 质感美

质感是物质的各种物理或化学属性,如硬度、温度、密度、韧性、稳定性、气味等,对人的视觉、触觉、嗅觉等各种感官刺激所形成的综合印象。人们对于某一景观要素质感美的评价,往往要与其他风景区的同类要素进行对比后,才能对它们的属性相对优劣加以评价,或者确立一定的评价标准,分别进行比较、评价,进而得出优劣等级评价。可见,景观的质感美是以同类物质的比较为基础的,人们一旦建立了质感美,对此景的价值就会产生由感性到理性认识的飞跃。

人们在旅游资源的开发、利用中,为了求得与环境的统一和谐,人们常常利用质感效果,增强对游人的吸引力,如用水泥模仿竹木的物品,用硅橡胶模仿人的皮肤等。

8. 综合美

上述各种美虽有单一存在的,但更多的是几个方面综合在一起。因为任何物体总有一定的形态、颜色、气质、运动形式等,而景观又往往是由多种物质组合而成,游人通过各种感官,便可获得多种美感,如,形象美、色彩美、动态美等,这些美感的结合,又可产生综合美。当然,对于某一具体的观赏对象而言,各种美感所占的比重不会相同,一般而言,景观的形态美和色彩美起着支配的作用,因为这些美感最直观、最普遍、最易被人接受。它们是景区美学价值和环境质量的决定性因素。

三、旅游景观欣赏的分类

旅游景观欣赏,是狭义的、体现旅游价值的旅游活动过程。从不同的角度可以把这一活动过程进行如下分类。

1. 按观赏状态分类

(1) 静态观赏 指游客停留在某一时空背景中有选择地观赏周围的景物。这是一种选择性极强的观赏方法,适用构景比较复杂,能够吸引旅游者潜心欣赏或者具有含蓄深远意境的景观，例如山崖瀑布，地貌造型，海上波涛，寺院佛像，溶洞中的钟乳石造型，石窟中的壁画，各种诗赋，题记等，这些都需要采用静态方式或坐或立在一定的位置进行观赏。在静态观赏中，游客面对眼前的景观，一定要设法入静。在静观中才能真正感悟景物的诗情、画意、哲理或禅味。实际上，中国的名山大川和古典园林（见图0-6），在布局和设计上也充分考虑到静态观赏这一审美情趣的需要，因此针对一些主要景点均设置有亭、台、楼、阁、榭、廊等，如北京颐和园的佛香阁、昆明滇池的大观楼、上海豫园的静观厅等，它们一方面构成景观，同时可供游人休息，另一方面还供游人静观周围的景象，是观赏功能与实用功能有机统一的产物。

（2）动态观赏　指游人处在动态中的观景方式，它是旅游审美活动中广泛应用的观景方法之一。

自不待言，移动涉及速度，速度导致景变，景变影响感受。控"动"速又可分为步移景异的慢速游览和车过景移的快速游览两种。采用步移景异的慢速游览方式，人与景象没有阻隔，不可分离，在随心所欲和全身心都同时融入悠然自得的美景中，会体验到较强的亲切感和立体感。慢速游览既少受身体体力的限制，更能接受更多的审美信息和感受量，因此适用于景观相对集中的风景或园林游览。快速游览也可称"走马观花"式游览，多是乘车或坐船游览，这种观赏方式多是一眼而过，变换极快，只能了解概貌，是浏览城市村镇风貌的适宜方式。采用快速观赏，从旅游美感而言，远近不同、形态各异、色彩缤纷的景致，犹如一组组电影镜头，或一幅幅活动的画面，迎面而来，使游人眼花缭乱、目不暇接。这样，许多局部景点以画面组合方式连贯起来，在空间腾跃飞动，此起彼伏，形成川流不息的节奏美。

2. 按观赏距离的远近分类

（1）近距离观赏　这种观赏一般较细，看得真切，适宜安排于小体量的景点。如池中观鱼，园内赏花，殿宇内观佛像，门前观楹联等。有时为了加强观赏对象的高耸感，必须把景观置于主景前的局促环境中，这样可以建立崇敬的感应气氛，因此很多纪念性建筑都采取高耸的处理方法，如石碑、佛塔等，若近距离观赏时能使游人产生崇敬之情。

（2）远距离观赏　一般适用于观全景、远景、大体量的景致。例如群山逶迤之景，湖光塔影之妙，大江奔流之势，大桥飞架之姿等。有些构景只有远眺方可得之，如站在庐山的含鄱口观鄱阳湖，烟波浩渺，白帆点点，天水一色，观者无不感到含鄱口有气吞湖水之势。

旅游观赏的距离不等，所看到的景致相异，如同电影镜头一样。距离近，构成近景或特写景；距离远，构成远景，这些具有一定差异的景致，往往使人获得不同的审美体验。比如，驱车前往莫干山游览，从5千米开外的远距离望云，轻雾缭绕的山色峰影就像一幅影影绰绰、清虚淡雅的写意山水墨画，而当你钻进山

绪论　19

林，来到剑池，那飞流直下的三叠泉，"万绿丛中一点红"的观瀑亭，此起彼伏的鸟啼，清凉幽静的环境，使你心醉神迷，这种不同的观赏效果，显然与观赏距离的差异有密切关系，即"远眺轮廓，近观细部"，"远观之，以取其势；近观之，以取其质。"总之，距离在旅游审美活动中占有十分重要的地位，对提高旅游者的观赏水平或美感层次有着不可估量的作用。

3．按观赏者和观赏对象的角度分类

（1）正面观赏　正面观赏即观赏者站在主景的对面，观看景物正貌。如佛像、大殿、碑刻、瀑布等景观。

（2）侧面观赏　即观赏者与主景构成一定的角度。这种观赏可突出某一特征，对衬托主景，强化主景有一定作用，常因侧面观赏而消除正面观赏的单调性和呆板性，增强景物的艺术性和形象性，提高景物对观赏者的美感享受。如从正面看承德的鸡冠山，山峰普普通通，而从侧面看去，却如一只雄鸡向南昂首，形象逼真。

4．按观赏点的高低分类

（1）平视观景　宜选在视线可以延伸较远的地方。如扬州平山堂上展望江南诸山，能获得"远山来与此堂平"的感受，该堂因此而得名。

（2）仰视观景　仰视观景能够突出主景的高耸。如站在中山陵的广场上仰望中山陵，能获得"仰止崇高"的感受。

（3）俯视观景　站在不同的高度俯视不同的对象，能获得不同的意境。如站在高处俯视，可使观赏者获得"纵目远山近水"之意境。站在景山公园的亭中，能俯视故宫全景，获得雄浑庄严和富丽堂皇的感受。

四、旅游景观欣赏的方法

在旅游审美活动中，绚丽多彩的自然与人文景观经常使人得到层次不同的审美体验，为了充分地领略旅游资源的美感，获得最佳的旅游效果，在旅游观赏时应该注意以下几点。

1．做好观赏前的准备

旅游之前要做好充分的准备，通过书籍等各种途径尽量了解旅游景观的情况，做到心中有数。如对景观的内容、特点、分布、成因等情况有一定的了解，这样才能在旅游活动中根据自己的兴趣和爱好，以及经济条件，健康状况和时间长短来更有目的地选择旅游路线及方式，以防止中途发生本可以避免的问题，从而保证旅游活动的顺利进行。同时，也只有对旅游景观有一个全面的了解，才能有重点，有目的地进行观赏，在观赏中深化自己的认识，获得最佳效果。以免在纷繁的景观面前眼花缭乱，使最有价值的观赏与失之交臂，留下难以弥补的遗憾。

2．把握好观赏时机

一般来说，景观并不随着时间而变化。但也有许多景象只有在特定时间才表现得最为典型,甚至有的数年、数十年才出现一次,这就要求观赏活动要确切地把握好观赏时机,届时前往。如杭州钱塘江的"钱塘观潮"的最佳观赏时间是农历八月十五到十八,云南大理"蝴蝶会"在农历每年四月底至五月初,北京的香山红叶则在每年的秋季,而与气候有关的哈尔滨冰雕却在冬季等。另外,有一些景观唯有在当地某些条件具备之时才会出现,如峨眉佛光、泰山观日出等;而有些景象则只可巧遇,不可奢求,如海市蜃楼、铁树开花、日月同辉等。人文景观中也有类似现象,一些节庆活动常有固定日期。如傣族的泼水节、郑州的少林武术节等。

有一些景观,在不同的季节,不同的时间会产生不同的美感,如天高气爽游漓江,山水如画。然而云遮雾绕更有"雾中仙人"之美。雁荡山有二峰,白昼看为两掌相合,故称"合掌峰",而夜晚观看则犹如夫妻相会,故又称"夫妻峰"。

3. 选择好观赏位置

即便是同一景象,因观赏位置和角度的不同,会造成距离、视野范围、透视关系、纵深层次的差异。其所产生的美感是不同的,苏轼《题西林壁》中"横看成岭侧成峰,远近高低各不同"的诗句,很好地说明了观赏位置的作用,一般全景须远看,仰视可显示其雄伟、高峻,平视则可观其开阔、辽远,俯视最见其纵深层次。

注重选择观赏位置,在造型地貌和园林观赏中尤为重要,某种地貌的酷似造型,只能在特定的观赏点上才能获得最佳效果,否则,或不太相似,或面目全非,如昆明西山"睡美人",虽然因其形体高大,在不同的地点都能得到此印象,但最佳观赏点却在昆明南郊,如果距离太近,则只见杂树乱石,丝毫寻觅不到"睡美人"的踪迹。在中国园林构景中更是有意识地利用观赏位置变化以制造特殊效果,如抑景、借景、框景、透景、对景、夹景、漏景和障景等多种造景手法都包含着对观赏位置的要求,最典型的例子也许要数扬州瘦西湖的钓鱼台了。此亭四面各有一圆洞,其妙在一洞含莲性寺白塔于内,一洞含五亭桥于内,如站在特定位置即可二景兼收。

4. 安排好观赏节奏

在一定时间内,人的感官对外界的信息量有一定的承受限度,刺激强度过大会使人疲劳和麻木,而刺激程度不足则难以引起足够的兴趣和兴奋。人的体力也有一定的承受限度。因此在旅游观赏中,对于旅游线路,参观项目,活动方式,观赏速度等方面应使其具有一定的节奏。有张有弛,有的可一般性浏览,有的则需仔细鉴赏,形成序幕、高潮、结束等韵律,这样才能获得最佳的观赏效果。

5. 留意特殊的观赏姿态

观赏景物大多对人没有姿态要求,然而有时采用特殊的姿态,可以获得出人意料的美学效果。画家常眯眼睛来洞察自然风光,这是为了增加透视感。雁荡山原本就以"奇"著称,有所谓的"形奇"、"声奇"、"物奇"等,而更奇的是雄鹰峰

(又叫合掌峰),从通常姿态观看形似雄鹰,如果采用仰面向后的姿态,则不仅形似,而且那雄鹰更有展翅欲飞之态,极其生动。

本章小结

　　旅游景观学是集旅游资源、旅游生态、旅游文化、旅游美学于一体的综合学科。旅游景观是在旅游审美活动中成为审美对象的环境综合体。旅游景观分两大类:自然旅游景观和人文旅游景观。中国旅游景观的功能主要表现为欣赏功能、休闲疗养功能、教育功能、体育健身功能。

　　中国的地理环境形成了具有中国特色旅游景观。中国旅游景观表现为类型多样、资源丰富、开发前景广阔,景观古老、奇特、引人入胜、分布广泛、相对集中、季节性明显、地域性强烈,自然旅游景观和人文旅游景观相融等特征。旅游景观欣赏有利于净化人的情感和调节人的心理环境、有利于造就具有优美灵魂的人、有利于推动全社会审美化的进程、有利于改善和提高人类的生活质量、有利于促进人的全面发展。同时具有形态美、声音美、嗅觉美、动态美、结构美、质感美、综合美的美学价值。

　　旅游景观在欣赏时按不同角度可分不同欣赏类型,在旅游观赏时应该注意:做好观赏前的准备、把握好观赏时、选择好观赏位置、安排好观赏节奏、留意特殊的观赏姿态。

重点内容

　　旅游景观　旅游景观的特征　旅游景观的功能　旅游景观的欣赏

案例分析

国际旅游岛上的"明珠"——亚龙湾

　　亚龙湾(见图0-7)AAAA级国家旅游度假区,是经国务院批准建立的我国唯一具有热带风情的国家级旅游度假区,也是亚洲领先、世界闻名的热带滨海品牌度假区。亚龙湾被誉为"天下第一湾",位列中国最美八大海岸之首。

　　亚龙湾位于国际旅游岛——海南岛三亚市东南面25公里处。这里气候温和、风景如画,不仅有蔚蓝的天空、明媚温暖的阳光、清新湿润的空气、连绵起伏的青山、千姿百态的岩石、原始幽静的红树林、波平浪静的海湾、清澈透明的海水,洁白细腻的沙滩以及五彩缤纷的海底景观等,而且八公里长的海岸线上椰影婆娑,生长着众多奇花异草和原始热带植被,各具特色的度假酒店错落有致地分布于此,又恰似一颗颗璀璨的明珠,把亚龙湾装扮得风情万种、光彩照人。

亚龙湾集中了现代旅游五大要素:海洋、沙滩、阳光、绿色、新鲜空气于一体,呈现明显的热带海洋性气候。全年平均气温25.5℃,三亚5~9月的白天平均温度为28℃左右,海水温度更加宜人,最高不过26℃,冬季海水最低温度22℃,适宜四季游泳和开展各类海上运动。这里海湾面积达66平方公里,海水浴场绝佳,可同时容纳十万人嬉水畅游,数千只游艇游弋追逐,被誉为"天下第一湾"。度假区规划面积18.6平方公里,自1992年正式开发建设至今,已拥有一大批高档次、高标准、具有国际一流水准的五星级酒店、度假村、豪华别墅、会议中心、文化娱乐中心、滨海公园、滨海浴场、海底观光世界、海上运动中心、高尔夫球场、游艇俱乐部等度假休闲、游乐运动的项目和设施。湾内有高星级酒店20余家,特别是瑞吉、美高梅、丽思卡尔顿、希尔顿、铂尔曼、万豪、喜来登等声名显赫、享有盛誉的国际酒店品牌的纷纷入驻,显示出亚龙湾的巨大魅力。亚龙湾已成为我国旅游业由观光型向观光度假型转型升级的典型代表,成为当代中国发展度假休闲旅游的一座光彩夺目的里程碑。

度假区20年的成熟发展,使亚龙湾成为了人们心中永远的度假天堂,是家庭、情侣度假休闲游的首选地,同时重大国事活动、国内外各类顶级赛事、文体活动等的成功举办,使亚龙湾同样成为各类会议的首选目的地。

如今,亚龙湾已经美名远扬,并成为国内外知名的旅游品牌。在国内,选择亚龙湾度假已是一种时尚,这里如诗如画的自然风光、舒适完善的旅游度假设施和独具特色的旅游项目已成为旅游者向往的度假天堂!

思考:运用所学理论是对亚龙湾进行欣赏、分析。

基本训练

1. 判断题

(1)"景观"一词,本身有景色、景象之意。景象生成了景色。

(2)所谓观赏价值,具体而言,是指人们观赏之后,能够唤起观赏者美好的情感与想象,产生心理愉悦,有一种美的感受。

(3)旅游景观按观赏状态分包括平视观景、仰视观景、俯视观景。

(4)旅游景观欣赏的方法:做好观赏前的准备、把握好观赏时机。选择好观赏

绪论 23

位置、安排好观赏节奏、留意特殊的观赏姿态。

2. 选择题

（1）研究旅游景观的意义（　　）。
A. 更好地开发和保护旅游景观　　B. 为旅游业的发展创造条件
C. 更多的增加旅游景点　　　　　D. 更好地发挥经济、社会、生态效益

（2）自然旅游景观主要包括：（　　）。
A. 水体旅游景观　　　　　　　　B. 山地旅游景观
C. 大气与天象旅游景观　　　　　D. 特异地貌旅游景观　　E. 生物旅游景观

（3）旅游景观的客观特征（　　）。
A. 地域性　　　　　　　　　　　B. 阈限性
C. 时代性　　　　　　　　　　　D. 综合性　　　　　　　E. 五维性

（4）中国气候特征表现在（　　）方面。
A. 不定向风　　　　　　　　　　B. 复杂多样
C. 强烈的大陆性　　　　　　　　D. 典型的季风气候

（5）承德的鸡冠山，山峰普普通通，而从（　　），却如一只雄鸡向南昂首，形象逼真。
A. 正面观赏　　　　　　　　　　B. 仰视观赏
C. 俯视观赏　　　　　　　　　　D. 侧面观赏　　　　　　E. 平视观赏

3. 简答题

（1）什么是旅游景观？
（2）旅游景观是如何分类的？
（3）旅游景观的特征及功能有哪些？
（4）为什么中国旅游景观能形成如此的地理环境？
（5）旅游景观欣赏分几种欣赏类型，观赏时应注意什么？

4. 实训题

（1）讲述你游览过的自然旅游景观或人文旅游景观。
（2）在你游览过的景观中选一个你最喜欢的并分析它的旅游功能和美学价值。

第一章
山地旅游景观

学习目标

山地是风景构成的基本要素，它是最基本的构景要素。山地是造景、育景的风景舞台，气象、气候、水体、植物、动物，均因不同的山地条件，而呈现出不同的景观。通过本章教学，使学生了解山地旅游景观的欣赏意义，理解山地旅游景观的含义及特点，熟悉中国著名的山地旅游景观，掌握中国山地景观的旅游功能及欣赏。

第一节 概述

我国幅员辽阔，山地面积分布广大、类型齐全，景观丰富，构成了自然景观的主体。

一、山地旅游景观的含义

我国是一个多山的国家。山，又称山岳，陆地上海拔高度在500米以上，相对高度在200米以上，且具有明显山顶、山坡和山麓组成的隆起高地，称为山。高大的山称山岳，低矮的山称丘陵；一般的概念，也把山岳、丘陵通称为山。如果是山峰、山岭和山谷组成的地区，就叫做山地。山地是对众多山的总称。在所有的地貌类型中，山地是地貌的基本骨架。

山地旅游景观是指具有美学和科学价值，具有旅游吸引和游览观赏价值的山地。

二、山地旅游景观的类别

我国山地旅游景观类型众多。其类型可以从不同的角度进行划分，本教材不拘泥于分类的约束，而重点介绍观赏型名山和登山探险型山地景观。

1. 观赏型名山景观

观赏型名山景观，是指在具有自然美的典型山岳景观基础上，渗透人文美的山地空间综合体。千姿百态的山岳，或雄奇浩荡，或险峻巍峨，或清新秀丽，或幽古神秘，各有其动人心魄之处。"五岳"在中华名山中最负盛名，"天下名景集黄山"的黄山更有"黄山归来不看岳"的美称，以优美的景色召唤着八方的游客。

我国名山在总量上以南方为盛，但历史悠久的传统名山则以北方为多。根据我国名山的文化价值取向，可将其分为以下几类代表性名山。

(1) "五岳"与"四镇" 源于远古以来人们对"山神"的敬畏和天地信仰而形成的历史名山。五岳是由历代帝王根据封禅祭天、巡幸天下的需要，按地理方位加封的五座山岳，即"东岳泰山，西岳华山，北岳恒山，中岳嵩山，南岳衡山"。历史上与五岳并举，被作为四方之镇的四座名山：南镇会稽山、东镇沂山、北镇医巫闾山、中镇霍山，称为"四镇"。

(2) 宗教名山 远离尘世、风景优美、环境清幽的山林之所，自东汉以来成了佛教修行寺庙的主要选址，由此形成了"天下名山僧占多"的态势。峨眉山、五台山、九华山、普陀山为四大佛教名山。道教更崇尚云雾缥缈的高山胜岳、奇峰异洞，龙虎山、青城山、武当山、齐云山被称为四大道教名山。（宗教名山本章不做介绍，具体内容，详见本书第十章。）

(3) 传统山水文化名山 具有突出的自然山水美或具有世外桃源般的田园风光美，以及渗透了中国传统山水审美文化的名山。黄山、武夷山、雁荡山及庐山等可谓这类名山的典型代表。

(4) 近现代历史名山 因近现代政治、军事、经济、文化等重大历史活动和历史过程，尤其是社会变革过程而成名的风景山岳。如井冈山、韶山、延安宝塔山、庐山等。

(5) 当代风景名山 主要指经新发现、新开发而成的当代旅游名山，也包括可部分为旅游利用，具有突出自然特色的著名山地自然保护区。如武陵源、梵净山等。

阅读资料1-1

名山成名的条件

1. 有景则名

所说的"景"，是指一般名山所具有的自然风景美，包括山体的体量与线条、山与水、山与植物、山与气象气候等自然要素组合产生的形态美、色彩美、动态美、静态美、听觉美、嗅觉美等自然风景综合美。如黄山、华山、张家界、长白山、天山、珠穆朗玛峰等，都具有这种自然风景综合美。自然风景是山岳成名的基础和决定性条件，是山岳旅游审美的最主要的审美对象。

2. 有仙则名

所谓"仙",非指民间流传具有超人能力的神仙,而是指宗教建筑、和尚、道士、尼姑、道姑等。在我国,凡有宗教建筑,有和尚、道士、尼姑、道姑活动的地方自然是山水景观美丽的地方。他们大多会找一座美丽的山做"靠山",因为环境美,他们才愿意在此大兴土木,建筑寺庙,形成宗教活动中心或宗教圣地,如五岳、佛教名山、道教名山等。通过对山岳的审美,能诱导人们萌发人生哲理层面的精神飞跃和意念升华。在儒教,登高望远可以振奋斗志,激扬意气;在佛教,徒步攀登能显示尘世沧桑的苦难;在道教,山巅之处足以体验主体意志的自由。杜甫的"会当凌绝顶,一览众山小",王维的"空山新雨后,天气晚来秋"等诗句,便可看做是人们因山岳景观之美而诱发富有宗教意味的心态的形象记录。

3. 有史则名

"史",就是指历史。一座山如有历史事件发生,有历史人物遗迹,或有传说和神话,就容易有名,如庐山、井冈山等历史名山。有历史,就可能有遗迹、有建筑、有摩崖石刻、有故事,即有一定的文化内涵,有一定的研究价值和观赏价值。

4. 有宝则名

"宝"是最珍贵的东西,包括矿产、珍稀动植物、富有特色的物产等。神农架的"野人"、卧龙的大熊猫、花坪的银杉等都是具有巨大吸引力的旅游景观之"宝"。只要有特产、名产,山就会因"宝"而出名了。

2. 登山探险型山地景观

登山探险型山地景观,主要是指为体育登山活动开放的高大山峰,一般海拔较高,山体险峻峭拔,游人较难涉足的高山冰峰,是专项体育探险登山和科学考察旅游的山地景观。

游山象征着人的眼界的开阔,登山象征着思想境界的提升。登山可以激发人们奋发向上的激情和攀登事业高峰的联想。雄伟峻拔的喜马拉雅山、昆仑山、喀喇昆仑山、天山、贡嘎山、四姑娘山等是此类旅游景观中的典型代表。

三、山地旅游景观的特征

山地旅游景观是自然景观的重要组成部分,具有鲜明的特征。

1. 观赏型名山景观的特征

我国观赏型名山遍布全国各地,富有奇特的形态、优美的风光、悠久的历史和丰富的人文景观,具有明显的特征。

(1) 富有绚丽的自然景观 观赏型名山,群山峥嵘,群峰争艳,表现出各具特色的景观,集青山、秀水、峡谷、峰林、奇岩、怪石、流泉、飞瀑、古树、名木、奇花、异草、珍禽于一地，神奇、钟秀、雄浑、原始、清新于一体，组成"幽、野、神、奇、险、秀"为特色的自然风光，具有极强的旅游吸引力。

（2）拥有丰富的历史文物古迹　观赏型名山集天然美景和历史文化古迹于一体，文化遗产十分丰富，所以山地自古就是幽美的风景区，且多被开辟为游览、避暑旅游胜地。名山开发历史悠久，保留了众多人类活动的遗迹，大多反映出一定的历史文化渊源。许多风景名山又被誉为"历史文化艺术宝库"，具有重要的社会历史文化价值和学术研究价值。

（3）具有典型的科学研究价值　观赏型名山多是在漫长的历史时期中，在地质作用下形成的典型地貌旅游景观类型。有些名山因地层丰富而被称为"天然地质博物馆"；有些名山不但地质地貌形态多样，而且植物种类繁多，有"植物王国"之称，其典型的研究价值深刻地反映和渗透于研究与认识地球发展史、地质变迁、自然地理规律等学科领域中，具有多方面的学术研究价值。

（4）具有自然景观和人文景观的和谐美　观赏型名山不仅有绚丽的自然景观，而且还有文化底蕴很深的人文景观。名山形成多以优美的自然景观为基础，此后为了不同的目的，人们不断地建造人文景观，从而逐渐形成人文景观与自然景观相融合，主景、辅景和谐，浑然一体的完整风景地域。名山之美既在自然景观，又在人文景观，我国古代人民很早就认识到这一点。有景（优美的风景）则名，有僧则名（天下名山僧占多，寺庙多），有史则名（传说、故事、神话等），有宝则名（名贵树木、珍稀动物、特殊矿产等），这些都是对具有自然景观美和人文景观美的名山的十分形象的解说。

2. 登山探险型山地旅游景观的特征

（1）独特性　登山探险型山岳，以高山冰雪世界和冰川地貌的奇诡景象为特征，是世间难得的景观。旅游登山是由体育登山的诱发而迅速发展起来的。由于登山可以锻炼体魄，磨炼意志，陶冶情趣，启迪心灵，抒发情怀，培养美感，所以，近代登山旅游逐步大众化、娱乐化，成为回归自然的一个重要组成部分。

（2）科学性　我国目前还有不少高峰因山高、坡陡、奇险，至今尚未有人涉足，是各类探险、科学考察人员向往的理想场所。珍贵的地质资料是沧海桑田的见证，对人们具有极大的吸引力。

第二节　山地旅游景观的旅游功能及欣赏

一、　山地旅游景观的旅游功能

我国是一个多山的国家，山地旅游资源丰富。其中许多山岭雄伟、险峻、奇特、秀丽，有众多的名胜古迹，是理想的游览、避暑或登高之地。

1. 满足和培育游人的美感需求

由于山地形成的原因多样、存在的时间不一、组成的岩石不同、所在的环境各异，便形成了不同的质地、体量、线条和色彩，从而呈现出雄、奇、险、秀、幽等不同的审美特征。在山地，观赏奇峰异石、流泉飞瀑、林木花草、虫蛇鸟兽、云霞雾霭、日出日落，可满足旅游者获得多种美感的需求。在经历了艰苦的攀登，当你站在山岳之巅，居高临下，极目四野时，那种"无限风光在险峰"、"一览众山小"的美感体验充盈着你的心灵，山那种因高大、雄伟、险峻而产生的崇高美便会在人们的精神领域滋生培育起来，那种特有的气氛，能使人们充分享受到多种山岳美感的乐趣。

2. 培育游人对良好生态环境的热爱

山地一般空气清新，森林翁郁，花草丛生，较多地保留了大自然的风貌。很多山地都是物种基因库、野生动植物的避难所，蕴藏着丰富的生态资源和生态知识，能激发人们对自然生态环境的热爱和提高环境保护意识。近年来，国内外掀起了生态旅游的热潮，山地成为生态旅游的主要场所。

3. 满足游人对锻炼体魄、颐养身心、磨砺意志的需要

登山，是一种集锻炼体魄、磨砺意志、观赏风景、呼吸新鲜空气于一体的体育运动，有助于健身、健心、康复精神和元气。日常的体育锻炼可攀登相对高度为300～500米的低山，攀登千米以上高山即能达到磨砺意志的效果。适当高度的山地还是疗养避暑的胜地，而攀登梅里雪山、珠穆朗玛峰这样的极高山就是对人类体能和意志的挑战了。

4. 满足游人对增长科学文化知识的需求

一座名山，就是一个自然博物馆，游览名山，可以增进人们的地质、地貌、水文、气候、生物等自然科学知识。而且，"天下名山僧占多"，许多名闻遐迩的寺庙、古城垣、古寨堡、古战场遗址，以及摩崖石刻、摩崖造像等历史文化遗产多分布在山地内。游览山地，对增加我们的科学、历史知识和提高文化艺术欣赏水平有很大的帮助。

二、山地景观的旅游欣赏

山地一般具有特殊的气候、地貌和生物条件，景色瑰丽，气候宜人，空气新鲜，人们身处其中，可以充分领略大自然的恩泽，从而获得多种美感，得到极大的精神享受，使人心旷神怡。山地既是人们领略美学艺术的集结点，是赏美、育美的理想之地，是人类"共享空间"的乐园，又是人们登山探险的基地，在登山锻炼体魄、磨砺意志的过程中，同时观赏奇峰异石、流泉飞瀑、云雾变幻、奇花异草和寺庙、宫观、摩崖、石刻等，充分享受美的愉悦和文化的熏陶。

欣赏山地旅游景观应侧重其自然美，也就是自然属性的美。山地景观的自然美不同于人文景观所表现的艺术美和社会美，是自然显示出来的。因此，对山地景观的欣赏离不开山地景观的质料、形式、外貌及其他自然属性。但是，我们所接触的山地旅游景观，很大一部分已经过人类社会的改造，已掺杂了人文景观的社会属性，即"人化自然"。对此又要考虑其社会美。因此，对山地旅游景观的

欣赏，既要考虑其自然属性，又要兼顾其社会属性，要实现自然美和人文美的统一。

1. 自然美

山地的自然美不仅表现在地貌形态、土壤、植被、流水的方面，还表现在天空中的云、雾、风、雨、日、月，地面下的基岩、地层。表现出原汁原味、奔放不羁的野性美，向游人展示一幅毓秀天成、神奇秀丽、诗境画意的山水风景画卷，能令人心摇神荡，流连忘返。山地旅游景观的自然美是综合美，包括形象美、色彩美、动态美、听觉美等，其中以形象美为核心与基础。

（1）形象美　山地旅游景观的形象美是指总体形态和空间形态美，表现为雄伟（山体高大挺拔，气势磅礴）、奇特（山体形态幻怪离奇，石峰造型奇特）、险峻（悬崖绝壁，地势惊险）、秀丽（山水交融，植被葱茏，花草竞丽，山体优美）、幽深（景深、幽静，迂回曲折）、宽旷（气势恢弘、视野开阔坦荡）等特征，既是各种基本形象的空间综合体，又具有独特的总体形象特征，如泰山雄、华山险、黄山奇、衡山秀、青城幽等。

（2）色彩美　色彩是山地景观外在形象的色调。它由植物和地、天、光、气等因素构成的色彩变化。山地景观中最常见的是绿色，它也是人们视觉最舒服的一种基调色彩，不同季节的各种植物、花卉是构成山地景观色彩美的主要因素，如春翡夏翠、秋金冬银。天气阴晴雨雾的变化，也构成绚丽多彩的山地景观。翠霭如围、山花叠锦、旭日晚霞、蓝天白云等，都使山地景观的色彩发生变化，散发出更大的魅力。

（3）动态美　山岳景观的动态美，主要由流水、飞瀑、浮云、飘雾和动物活动等要素构成。流水和飞瀑是山地景观的重要组成部分，所谓"山无水不活"。飞流直下的瀑布，汹涌澎湃的江河，汩汩喷涌的山泉，都使景区充满活力。此外，悠悠的白云，时隐时现的雾霭，鹰击长空，鱼游碧潭也都产生动态美的效果。

（4）听觉美　听觉美是指自然景观的各种声音，在特定的环境中给人的一种美感享受。瀑落深潭、惊涛拍岸、溪流山涧、泉泻清池、风起松涛、幽林鸟语、寂夜虫鸣等都能产生音乐的节奏，给人以精神熏陶和联想，从而激发美感认识。

2. 人文美

人文美主要体现在山地景观中的人文遗迹和附会的神话传说等。人们在改造和利用山地时，十分注重景观的协调，在山景妙处点缀人文景观如亭、台、楼、阁、道路等，烘托自然，强化景观美感。我国名山的一大特色是历史、文化艺术和自然山水的有机结合。除了建筑物的精心布置外，还有碑刻、书画题记等，用文学艺术的美去赞颂自然美，对风景区起点题、润色的作用，可使人们通过游山不仅欣赏到风景美和文化艺术美，还能获得历史文化知识。名山诗画题记本身还具有艺术和历史文化价值，中国山岳景观堪称天然"书法诗画博览馆"。

附会于山岳的各种神话故事和历史传说，增添了景观的游览乐趣，更使山岳景观的美感锦上添花。

第三节　中国著名山地旅游景观

一、五岳

五岳，是我国最著名的历史名山，从西周起它们就成为国家稳定东、西、南、北、中五方的标志。五岳包括：鲁之泰山、湘之衡山、晋之恒山、豫之嵩山、陕之华山。

1. 泰山

泰山位于山东泰安市北部，因处在我国东部，故称东岳。泰山历史悠久，古称岱山，又称岱宗，春秋时始称泰山，为我国五岳之首，号称"天下第一山"。其主峰玉皇顶海拔高度1545米，总面积426平方千米。泰山既有风景壮丽、峰峦起伏、幽谷深壑、松柏苍劲、瀑布流泉的自然景观，又有"旭日东升"、"云海玉盘"、"天门云梯"、"碧霞佛光"等自然奇观，故显得特别雄伟壮丽，气势磅礴，似有拔地通天、擎月捧日之势，故有"五岳独尊"之美称。由于历代帝王封禅和民众朝拜，给泰山遗留下了极为丰富的人文景观，使泰山成为华夏文化的缩影。泰山是中国第一批列为国家重点风景名胜区的名山。1987年被联合国教科文组织列为世界自然与文化双重遗产。

阅读资料 1-2

《世界遗产名录》

有价值的文化景观和优美的自然景观，是人类的共同遗产。但随着世界工业化进程的加速，这些宝贵的遗产遭到不同程度的损坏。为了确定、保护和恢复这些文化遗产和自然遗产，联合国教科文组织于1972年11月在巴黎通过了《世界文化与自然遗产保护公约》，公约准确地阐述了文化和自然遗产的定义，指出保护人类共同遗产是世界人民、各国地方政府和联合国义不容辞的责任和义务。同时，设立了"世界文化和自然遗产委员会"和"世界遗产基金"。委员会负责审核、论证各缔约国申报的文化与自然遗产项目，并可决定向列入《世界遗产名录》的项目提供援助。

截止到2012年7月6日，全球世界遗产总数共有962项，其中包括745项世界文化遗产（含文化景观遗产），188项自然遗产，29项文化与自然双遗产。我国共有43处遗产被列入《世界遗产名录》。其中文化遗产27项，自然遗产9项，文化和自然双重遗产4项，文化景观3项。遗产总量位居世界第三，仅次于意大利和西班牙。

我国于1985年加入该公约，并开始申报项目。到2012年7月，我国共有43个项目列入世界遗产名录。其中，属于文化与自然双重遗产的项目有：泰山，黄山，峨眉山——乐山大佛，武夷山；属于自然遗产的项目有：武陵源，九寨沟，黄龙，三江并流三清山风景名胜区、四川卧龙熊猫保护基地、中国南方喀斯特、中国丹霞、中国云南澄江化石遗址；属于文化遗产的项目有：明清皇宫，万里长城，敦煌莫高窟，秦始皇陵及兵马俑坑，周口店北京人遗址，承德避暑山庄，武当山，曲阜三孔，布达拉宫（包括大昭寺），苏州古典园林，平遥古城，丽江古城，颐和园，天坛，大足石刻，以及明清皇家陵寝（包括清东陵和清西陵、盛京三陵），洛阳龙门石窟，安徽古村落，青城山及都江堰，云冈石窟，高句丽王城、王陵及贵族墓葬，澳门历史建筑群，安阳殷墟、开平碉楼与古村落、福建土楼、登封"天地之中"历史建筑群、元上都遗址；属于文化景观遗产的项目是庐山，五台山，杭州西湖。

　　这些项目列入世界自然与文化遗产，有助于该项目本身和所在地区环境的保护，使中国在世界遗产的保护意识和保护实践方面，进一步与世界接轨。同时，对我国旅游业的健康发展与繁荣，都将起积极作用。

　　泰山的自然美主要是雄伟壮丽，它在五岳中虽仅居第三位（按其海拔高度），但却凌驾于齐鲁丘陵之上，相对高度达1300多米，与周围的平原丘陵形成高低、大小的强烈对比，在视觉效果上显得格外高大。泰山群峰起伏，主峰突兀，形成了"一览众山小"的高旷气势。泰山山脉绵亘，基础宽大，形体集中，产生安稳感、厚重感。所谓"稳如泰山"、"重如泰山"、"泰山压顶"等名言，正是上述自然在人们的精神上与心理上的反映。泰山多松柏，那苍劲挺拔的古松，如壮士披甲，对泰山的雄伟形象起着烘托作用。泰山的岩石主要由变质岩和花岗岩构成，岩性坚硬，节理发育，经球状风化后形成了裸露的峭壁悬崖和浑圆厚实的巨石，横空立于眼前，震撼人心，还有那变化不定的泰山烟云，使人感到静中有动，气势磅礴。苍松翠柏，悬崖怪石，云海烟雾都映衬着巍巍岱岳。

　　泰山不但自然上具有雄伟的美，而且体现了中华民族几千年的历史文化，其中包含了中华民族深刻的美学思想。泰山在几千年的开发建设过程中，形成了中国名山风景的典型代表，即以富有美感的典型的自然景观为基础，又渗透着人文景观美的地域空间综合体。根据中国传统的山水观，把富有美学价值和科学价值的自然景观同悠久的文化有机地结合起来，从而形成了价值更高，内容更为丰富的泰山风景景观。人文景观的布局与创作，是根据自然景观尤其是地形特点和封禅，游览观赏活动的需要而设计的。其主体是拔地通天的自然景观，主题是封禅祭祀的思想内容，布局开工重点是从祭地到封天的玉皇顶，在约10千米的登山盘道两侧，把整座泰山作为完整的自然空间，进行了巨大的整体构思。

泰山风景名胜以泰山主峰为中心，呈放射状分布，由自然景观与人文景观融合而成。泰山山体高大，形象雄伟。尤其是南坡，山势陡峻，主峰突兀，山峦叠起，气势非凡，蕴藏着奇、险、秀、幽、奥、旷等自然景观特点。人文景观，其布局重点从泰城西南祭地的社首山、蒿里山至告天的玉皇顶，形成"地府"、"人间"、"天堂"三重空间。岱庙是山下泰城中轴线上的主体建筑，前连通天街，后接盘道，形成山城一体。由此步步登高，渐入佳境，而由"人间"进入"天庭仙界"。

作为世界遗产的泰山，无论从科研、保护还是从审美价值看，都具有突出的特点，因而它不但受到众多科学家的高度重视，也获得了无数游览者的喜爱。俯瞰泰山，山南麓自东向西有东溪、中溪、西溪三条大溪，北麓自东而西有天津河、天烛峰、桃花峪三条大谷溪，六条大谷溪分别向六个方向辐射，将泰山山系自然地划分成六个不规则区域，景观各异，形成了泰山著名的幽、旷、奥、秀、妙、丽的六大旅游区。古代帝王登封泰山，多从中路缘石级而上，因此中路被称做"登天景区"，又由于此路深幽，故亦称"幽区"。泰山岱顶海拔1500余米，有日观峰、月观峰、丈人峰、象鼻峰簇拥着，亦有碧霞祠、玉皇庙、瞻鲁台、仙人桥衬托着，站在此处放眼远望，群山、河流、原野、城市尽收眼底，且时常可见"旭日东升"、"晚霞夕照"、"黄河金带"和"云海玉盘"四大奇观，实为泰山"妙区"。而泰山之阳的山麓部分，由于古人活动甚多，人文景观极为丰富，亦是游览的好去处，人称"丽区"。"幽、旷、奥、秀、妙、丽"便是泰山神秀精髓，它既是天成，又有数千年无数劳动者的构筑。泰山以其雄伟恢弘、端庄肃穆、浑厚质朴、清秀娟丽的自然形体，成为人们审美实践中的一个重要源泉。同时人们又将自身的审美理想赋予了泰山，将自己的审美意识物化于泰山的各个自然与人文景观之中，使之成了中华民族审美创造的结晶。

磅礴于中国东方的泰山，苍穹灵秀，形势巍然，在几千年精神文化的不断渗透和渲染下，它更加博大精深，绚丽多彩，成为中华民族的象征，民族文化的缩影。其山体之宏博，景象之伟大，精神之崇高，文化之灿烂，历史之悠久，在每个炎黄子孙的心目中，都是至高无上的。

阅读资料 1-3

封　禅

封禅是中国古代帝王在泰山举行的一种祭祀天地神的宗教活动，它是泰山特有的一种文化现象。在泰山上筑土为坛以祭天，报天之功称作"封"；在泰山下小山上除地，报地之功称作"禅"。传说先秦有72代君王封禅泰山，正史记载秦、汉、唐、宋皆有帝王封禅，明清两代，改封禅为祭祀。

2. 华山

西岳华山（见图1-1），是我国著名的五岳之一，其险、其高居五岳之首，素有"奇险天下第一山"之美誉。它坐落在陕西省华阴县城南，海拔2200米，北瞰黄河、渭河，南连秦岭。《水经注》说它"远而望之若花状"，因名华山，是国家重点风景名胜区。

华山有东、西、南、北、中五峰，主峰有三：南峰"落雁"，为太华极顶，海拔2160.5米；又有东峰"朝阳"，西峰"莲花"，三峰鼎峙，"势飞白云外，影倒黄河里"，人称"天外三峰"。云台、玉女二峰相辅于侧，36小峰罗列于前，虎踞龙盘，气象森森，文人谓之西京王气之所系。山上奇峰、怪石、云海、鸣泉、飞瀑、古迹遍布，著名景点多达210余处。

华山之美，美在"奇险"。有凌空架设的长空栈道，三面临空的鹞子翻身，以及在峭壁绝崖上的千尺幢、百尺峡、老君犁沟、上天梯、苍龙岭等。华山之美，美在变化。因山上气候多变，形成的"云华山"、"雨华山"、"雾华山"、"雪华山"给人以仙境美感。

华山是中华民族文化的发祥地之一，据清代著名学者章太炎先生考证，"中华"、"华夏"皆借华山而得名。早在《尚书》里就有华山的记载。《史记》中也载有黄帝、尧、舜都曾到华山巡游。秦始皇、汉武帝、武则天、唐玄宗等十数位帝王也曾到华山进行过大规模祭祀活动。自汉杨宝、杨震到明清冯从吾、顾炎武等不少学者，曾隐居华山诸峪，开馆授徒，一时蔚然成风。

华山又是道教圣地，为"第四洞天"，山上现存七十二个半悬洞，道观20余座。其中玉泉院、东道院、镇岳宫被列为全国重点道教宫观。自周末始，即有道家于云台观布道，金元时华山已成为全真派发祥道场。在历代高道中，尤以陈抟、郝大通、贺元希最为著名。秦汉以来，和道教与华山有关的神话传说广为流传。现存200余篇，其中以"巨灵劈山"、"劈山救母"、"吹箫引凤"影响深广。隋唐以来，以李白、杜甫为代表的骚人墨客咏华山的诗歌、碑记和游记不下1200余篇，摩崖石刻多达千余处。

华山也是神州九大观日处之一。华山观日处位于华山东峰（亦称朝阳峰），朝阳台为最佳地点。这里四面如削。清晨，东望群山，只见日吐万丝，霞光普照，山岭、松林无不染上金黄的色彩，大地同时七色交织，五彩缤纷。游客也可感受到华山观日处的无限美景。华山索道（全长1550米）已于1996年建成，已正式开通。索道从山脚沿当年"智取华山"的小道上空飞架，直达北峰，落差近800米，蔚为壮观。这使不同年龄、不同体质的中外的游客都能领略到华山之美。"西岳峥嵘何壮哉，黄河如丝天际来。"巍峨俊秀的华山，正以险峻的风光，悠悠的历史与灿烂的文化，展露它古老、神奇的风貌，吸引着无数中外游客。

3. 衡山

衡山（见图1-2）世称南岳，坐落于湖南衡山城南岳镇。衡山南以衡阳回雁峰为首，北以长沙岳麓山为足，横亘八百里，群山嵯峨，层峦叠嶂，雄伟壮观，景色如画。素有"五岳独秀"、"文明奥区"之美称。

衡山的自然景观优美，被誉为"南岳独秀"。衡山地处江南，气候湿润，林木繁茂，千山万壑，层林叠翠。又因气候湿润，云雾缭绕红霞映照，时而薄雾弥漫，故有"七分山水三分云"之誉。清人魏源在《衡岳吟》中说："恒山如行，岱（泰）山如坐，华山如立，嵩山如卧，惟有南岳独如飞。"这是对衡山的赞美。衡山的烟云可与黄山媲美。衡山景观神奇如梦幻，春季观花海，夏季看云雾，秋季望月出，冬季赏雪景，四季奇景观之不尽。

衡山景区内拥有以祝融为主峰的七十二峰、二十七山、三十八怪崖、二十五溪、三十八泉、九池、十潭、十条瀑布及众多古墓塔、亭阁、庙宇、道场、牌坊、碑刻、书院等。其中祝融峰之高，藏经阁之秀，方广寺之深，水帘洞之奇一直被称为南岳"四绝"。祝融峰是衡山最高峰，海拔1290米。古人说："不登祝融，不足以知其高。"唐代文学家韩愈诗云："祝融万丈拔地起，欲见不见轻烟里。"这两句诗既写了祝融峰的高峻、雄伟，又写了衡山烟云的美妙。祝融峰的西边有望月台，在无云的夜晚，到这里赏月，别有一番美景。峰上还有观日台，是看日出奇景的好地方。从峰顶俯视，众山罗列，景物雄奇。山顶上有"天半祝融"、"一日千里"、"山耸天止"、"乾坤胜览"等石刻。藏经阁在赤帝峰下，相传为南朝陈光大二年（568年）所建。明太祖送来《藏经》一部，因此名殿。附近林壑幽深，古木参天，环境幽美。水帘洞在紫盖峰下，水源来自峰顶，流经山涧，汇入石池，水满溢出，垂直下倾，高70米，山泉迸泻，跳珠喷玉，雪溅雷鸣，蔚为奇观。方广寺在莲花峰下，建于南朝梁天监二年（503年），地处幽深，附近泉石、树木、峰峦均美，有"不游方广，不知南岳之深"之说。如今"麻姑仙境之幽，禹王城之古，忠烈祠之穆，大庙之雄"又被广大游客赞为新"四绝"。

南岳的文化渊源古老。两千多年前，尧、舜曾在此召令诸侯，大禹在此拜取治水方略，有九位帝王先后涉足南岳。从唐朝起，这里佛道鼎盛，成为中国唯一佛道两教并存的地方。山上山下，寺、庙、庵、观林立，有酷似皇宫的大庙建筑群，有"六朝古刹七祖道场"的福严寺，有日本佛教曹洞宗视为祖庭的古南台寺，还有中国最早的邺候书院，南岳名胜和文化古迹处处皆是。古往今来，文人墨客、帝王将相在这里留下了许多诗歌和题咏。

南岳的寿文化也独具魅力。"福如东海，寿比南山"，"南山"即南岳衡山。自汉代起，衡山就被视为寿山。《星经》载，南岳衡山对应星度28宿的轸星，轸星主管人的寿命，故南岳又称为"寿岳"。

近年来，当地人民政府大力发展旅游事业，在吃住行方面兴建了许多新的设施，新辟和修复了一些景观景点，使盛名之下的南岳衡山风光更秀丽，游览更便利，让四海游客尽情享受着一切美景。

4. 恒山

恒山，古称常山、元岳，坐落在山西省浑源县东南。相传四千年前舜帝巡狩四方，至此见山势雄伟，遂封为"北岳"。东连太行山，西扼雁门关，南接五台山诸峰，北临大同盆地，连绵起伏150千米，横亘塞上，气势雄壮，被称为"峙中华之坊表，巩神京之翊卫"，素有"五岳之雄"、"塞北第一名山"之称。恒山风景区是国务院1982年公布的全国第一批44个国家重点风景名胜区之一。

恒山景观以地险、山雄、寺奇、泉绝称著，具有很高的欣赏价值及历史文化价值。恒山分为东、西南峰，最高峰东峰天峰岭，海拔2190米，西峰为翠屏山，两峰对峙，以金龙峡分开，地势险要，自古为兵家必争之地，相传为宋杨家将征战之处。登临恒山主峰天峰岭，举目四望，豁然开朗：只见万峰由南而来，桑干河东流而去，长城逶迤不断，关山雄姿百态，大好河山尽收眼底。汉代著名史学家班固登恒山一游后，曾留下了"望常山之险峻，登北岳而高游"的壮丽词句。

恒山第一胜景为悬空寺（见图1-3），悬空寺背依翠屏山，面对天峰岭，上载危岩，下临深谷，足履峭壁，凿石为基。站在谷底向上望去，只见庙宇凌空欲飞，亭台楼阁鳞次栉比，在云线雾绕的石壁上若隐若现。正如明代王湛初《游悬空寺》诗所描绘的："谁凿高山石，凌虚构梵宫；蜃楼疑海上，鸟道没云中。"

恒山十八胜景，犹如展现了十八幅美丽画卷：峡烟雨霁、云阁虹桥、云路春晓、虎口悬松、果老仙迹、断崖啼鸟、夕阳晚照、龙泉甘苦、幽室飞窟、石洞流云、茅窟烟火、金鸡报晓、玉羊游云、紫峪云花、脂图文锦、仙府醉月、弈台弄琴、岳顶松风。再加上世界一绝的天下奇观悬空寺，整个恒山景如诗如画，令游客如置身于世外桃源，流连驻足。

5. 嵩山

中岳嵩山位于河南登封县西北，属于伏牛山脉，由太室山和少室山等组成，东西绵延约60余千米。古称外方，夏禹时称嵩高、崇山，西周时称岳山，东周时始变为中岳，意为"天地之中"。（2010年8月，"登封天地之中"古建筑群被列入世界文化遗产）中岳嵩山是首批国家重点风景名胜区与国家级森林公园。是历代帝王将相封禅祭祀、文人学士游宴讲学，佛、儒、道传习修炼的重要场所，被誉为三教荟萃之地，以其"奥"闻名于世。

嵩山中为峻极峰，东为太室山，西为少室山，嵩山是其总名。太室山主峰高1494米，在县城北；少室山主峰高1512米，在县城西。古人以太室为嵩山的主山，所谓"大抵嵩高，胜在气概"。由于太室山鲜有奇峰，东西起伏如眠龙之状，故有"华山如立，中岳如卧"之说。但细加区别，太室与少室二山又各具特色：前者"雄伟而丰腴"、"广阔以能容"；后者"森削而秀丽"、"换拔以自异"。（明·傅梅《太室十二峰赋》）

太室山的主峰，原名中顶。《诗经》中有"菘（嵩）高维岳，峻极于天"之句，故唐宋以来，又改称为"峻极峰"。峰顶敞平开朗，犹如宝幢之盖。四周多悬岩峻岈，断桥重峰，中居高巅。北眺黄河，明灭一线，环顾群山，尽收眼底。太室山上多穴洞，为古代道家炼丹修道和隐士避世之所。西汉武帝礼登嵩山时，曾于太室山顶建有登仙台、万岁亭、八仙坛等；唐代又建造了封禅台、峻极禅院及白鹤观等。这些古迹都已无存。现存著名胜迹有：北巍嵩岳寺塔、汉代嵩山三阙（太室阙、少室阙、启母阙）、元代观星台、中岳庙、嵩阳书院等。

少室山，一名季室，较太室山险峻，从山南北望，只见奇峰峭立，如同亭亭莲花，故唐代有"少室若莲"之说。若站在少林寺自北向南而望，只见少室山崭然若屏：高峰之下，自西向东，并列着五座小峰，当地称之为旗、鼓、剑、印、钟五峰。在剑峰西侧有一巨石如削，雨过天晴之际，光洁耀目，好似白雪，被称为"少室晴雪"。自少室山北面登山，可抵达峰顶，只见奇峰"十步异形，百步殊态"，可谓景象万千。这里著名胜迹有少林寺、初祖庵、塔林、二祖庵、达摩洞等。

太室山与少室山虽曰二山，却又毗连，相接处就在崿岭口，古称轩辕关。历代帝王游览嵩山，也多经此地。

嵩山山势巍峨，古老神奇，文化灿烂，风光绮丽，既是中原历史上的战略要地，又是历代封建帝王游览的场所。佛、道、儒三教在这里汇集争誉，名胜古迹遍布整个嵩山。嵩山的人文景观、自然景观，吸引着众多的专家、学者去追求，去探索。历史学家称它为"文物之乡"，建筑家称它为"建筑艺术宫"，书画艺术家称它为"书画艺术珍藏馆"，地质学家称它为"五世同堂"，旅游家誉它为"五岳之尊"，武术界认为它"天下功夫第一"。

阅读资料 1-4

少 林 寺

公元495年，北魏孝文帝从山西平城迁都洛阳时，在嵩山五乳峰前创建少林寺。后释迦牟尼佛第28代弟子达摩祖师得师傅般若多罗教化，于北魏孝昌三年（公元527年）到达嵩山，达摩看到这里群山环抱，林木茂密，山色秀丽，环境清幽，佛业兴旺，谈吐稳洽，认为这是一块难得的佛门净土，于是就把少林寺作为他落迹传教的道场，在这里广集徒众，首传禅宗。面壁九年后，创立了中国禅宗和少林功夫。

自此以后，达摩便成为中国佛教禅宗的初祖，少林寺亦被称为中国佛教禅宗祖庭。少林寺是禅和武的世界，少林武功亦出自禅法，有"禅武同源，禅拳归一"之说。禅是武的精神实质，以禅入武，便可达到武术最高境界——武学大道，也就是禅道。除武术外，少林医法、建筑、书画、雕刻等文化艺术，都是禅的应化，构筑出一个博大精深的禅世界。

二、四镇

1. 南镇会稽山

会稽山,原名茅山,亦称亩山,位于绍兴市区东南,因大禹治水在此会诸侯,计功行赏而得名,是中国历代帝王加封祭祀的著名镇山之一。是中国山水诗的重要发源地之一,历代文人雅士留下了众多诗文佳作。会稽山千岩竞秀,玉溪浅流,垂钓翁、浣纱女、采莲娃,构成一幅巨大的山水画卷。

会稽山拥有丰富的自然景观和人文景观。自南朝以来这一带旖旎的风光,就让人有口皆碑。众多文人学士泛舟若耶溪,轻步会稽山,留下许多丽词佳句,给人们留下人文和美景相融的记忆。晋朝顾恺说会稽山水是"千岩竞秀,万壑争流,草木葱茏其上,若云兴霞蔚"。东晋名士王羲之、谢安等都因"会稽有佳山水"而定居绍兴。南朝诗人王藉咏会稽山的诗句"蝉噪林愈静,鸟鸣山更幽"传诵千古。会稽山下的若耶溪,水清如镜,众山倒影,如诗如画。

会稽山文化积淀深厚。三过家门而不入的上古治水英雄大禹,一生行迹中的四件大事:封禅、娶亲、计功、归葬都发生在会稽山。春秋战国时期,会稽山一直是越国军事上的腹地堡垒。秦始皇统一中国后不久就不远千里,上会稽,祭大禹,对这座出一帝一霸从而兼有"天子之气"和"上霸之气"的会稽山表示敬意。汉以后这里成为佛道胜地,传说葛洪之祖葛玄在此炼丹成仙,山中的阳明洞天为道家第十一洞天,香炉峰为佛教圣地,至今香火旺盛。唐代这里成为浙东唐诗之路的门户,明代大儒王阳明(守仁)在此筑室隐居,研修心学,创"阳明学派"。会稽山内的山山水水都饱含着深厚的历史文化内容。

2. 东镇沂山

临朐县沂山风景区位于潍坊市临朐县城南45千米,属国家4A级旅游区、国家级森林公园、山东省风景名胜区,总面积65平方千米。

沂山文化底蕴深厚,是一座历史悠久的文化名山。沂山古称"海岳",有"东泰山"之称,居中国五大镇山之首。主峰玉皇顶海拔1032米,被誉为"鲁中仙山"。沂山《史记》载,黄帝曾登封沂山。舜肇州封山,定沂山为重镇。历代大家名士倾慕沂山,接踵而至。李白、郦道元、欧阳修、范仲淹、苏轼、苏辙,以及明状元马愉、赵秉忠,清朝体仁阁大学士刘墉等均至此览胜,留下了大量诗章名句和碑碣铭文。

沂山自然景观幽美,植物种类繁多,森林覆盖率达98.6%,为山东省之最。沂山空气清新,是得天独厚的"天然氧吧"。沂山一年四季景色富于变幻:春到沂山,山花烂漫,春意盎然;夏到沂山,飞瀑流泉,酷暑无影;秋到沂山,山果遍野,秋高气爽;冬到沂山,银装素裹,疑入仙境。

3. 北镇医巫闾山

医巫闾山古称于微闾、无虑山,今简称闾山。位于辽宁雀北镇市境内,面积630平方千米。最高峰海拔866.6米。闾山为舜封全国十二大名山之一,又是中华"五岳四镇"中最北的镇山。《全辽志》载:"辽境内,山以医巫闾为灵秀之最"。因此,在东北最负盛名。

自然景观和人文景观浑然一体,显示了医巫闾山的独特神韵。

医巫闾山集山、石、松、泉、洞为一炉,大自然的鬼斧神工造就了医巫闾山的奇峰险壑,描绘出一幅幅人间仙境。白云、浓雾、佛光、月色、苍松、翠柏,令人目不暇接,心驰神往。春来梨花初放,香雪如海;盛夏堆绿,翠黛千重;深秋红叶满山,果香漫谷;隆冬层峦积雪,如银似玉。

医巫闾山是历代朝廷推崇的灵山圣地,造就了一代又一代英才、贤士,吸引了众多的重臣、名将来此抒发情怀,留下了大量的诗文、石刻、碑记,是闾山文化史上的重要篇章。战国时期屈原曾在他的名著《远游》中表达了对闾山的向往之情。辽太子耶律倍,曾在闾山藏书万卷隐居读书。元代宰相耶律楚材,儿时在闾山居住读书,而后成为历史上屈指可数的贤相。

医巫闾山数千年来是佛、道修身养性和皇家祭祀山神之地,道观寺院坐落有序,碑廊亭台随处可见,形成了悠久的宗教文化,常年香客不断,烟云缭绕,给闾山增添了更加神奇的色彩。

1986年,医巫闾山自然保护区被批准为国家级自然保护区,是辽宁省首批建立的、国务院第一批批准的国家级自然保护区。2002年医巫闾山经国务院正式批准,列为国家级重点风景名胜区,跻身于全国风景名胜区行列。医巫闾山是旅游揽胜,度假休闲,文化娱乐,疗养健身的灵山胜地。

4. 中镇霍山

霍山县位于安徽省西部、大别山北麓,东与舒城县比邻,南与岳西县相望,西与金寨县和湖北省英山县交界,北与六安市接壤。霍山自然资源丰富,素有"金山药岭名茶地,竹海桑园水电乡"之美誉。

霍山历史悠久,周以前是皋陶后裔封地。汉武帝元封五年为建县之始。此后县制屡变,县名屡改,隋文帝开皇元年定县名霍山。后县制和县名又几经变动,明弘治二年重建县时复定名霍山,至今未改。

霍山是毛竹之乡。竹类品种多达6属20余种,竹林总面积24万亩,蓄积量4000万株,是江北毛竹第一大县,"万亩竹海"桃源河被林业部授予"中国毛竹之乡"。霍山毛竹节长、质韧、壁厚、纤维长而紧密、整株尖削度小、径级大,品质优良,20世纪70年代送省城合肥参展的"竹王"径级达18厘米。

三、传统山水文化名山

山岳之美集中体现在名山之中。名山一般是指具有美感,以典型山岳自然景观为基础,渗透着人文景观美的山地空间综合体。

1. 黄山

黄山(见图1-4)位于安徽省南部,黄山不仅以奇伟俏丽、灵秀多姿著称于世,还是一座资源丰富、生态完整、具有重要科学和生态环境价值的国家级风景名胜区，属世界文化与自然遗产，已被列入《世界遗产名录》。黄山现已成为中国名山之代表，素有"五岳归来不看山，黄山归来不看岳"、"天下第一奇山"之称，并与长江、长城、黄河并称为中华民族的象征之一。

黄山自然景观奇美，具有极高的观赏价值。黄山无峰不石，无石不松，无松不奇，并以"奇松、怪石、云海、温泉"四绝著称于世。登上一千八百多米的高处纵览，山中奇峰汇聚，峭壁千仞，拔地擎天，峥嵘崔嵬。青松在悬崖上争奇，怪石在奇峰上斗艳，烟云在峰壑中弥漫，霞彩在岩壁上流光，大自然的美在这里汇聚，在这里升华，赋予它超凡脱俗的品质，塑造出它威武雄壮的气概。在黄山的面前，时空变得狭小，沧桑变得平淡，她是大自然的骄子，独领天下奇山的风骚。

黄山还兼有"天然动物园和天下植物园"的美称，黄山气候宜人，是得天独厚的避暑胜地。没上黄山的人向往黄山，上了黄山的人更留恋黄山。它会使你高兴而来，满意而归。

黄山四季景色各异，晨昏晴雨，瞬息万变，黄山日出、晚霞、云彩、佛光和雾凇等时令景观各得其趣，真可谓人间仙境。

黄山不仅自然风光名冠天下，人文景观也非常丰富，古徽州地区，文风昌盛、商贸繁荣、名人辈出。如活字印刷术创始人毕昇，宋代理学集大成者朱熹，新安画派的创立者和近代著名代表黄宾虹，近代教育家、学者有陶行知、胡适，音乐家张曙，还有工程技术专家詹天佑。同时，由徽商兴盛而形成了新安理学、新安医学、新安画派、徽派盆景、徽墨歙砚、徽派建筑、徽雕、徽刻、徽剧、徽菜等独具地方特色的文化流派。现已发现地面文物4900多处，其中列入国家和省级重点保护的45处。直至今日，黄山大地上仍遍布古桥、古塔、古亭阁、古宗祠、古牌坊，犹如一座天然的历史大博物馆。

黄山集名山之长。泰山之雄伟，华山之险峻，衡山之烟云，庐山之飞瀑，雁荡之巧石，峨眉之秀丽，黄山无不兼而有之。明代旅行家、地理学家徐霞客两游黄山，赞叹说："登黄山天下无山，观止矣！"又留下"五岳归来不看山，黄山归来不看岳"的美誉。

2. 庐山

耸立于江西九江市南、鄱阳湖畔的庐山，是国家级风景名胜区，是中国的风景名山和休养避暑胜地，融奇险秀幻的自然风光和积淀丰厚的文化遗存为一体，汇存了自然美与艺术美完美结合的典范，成为世人所推崇、所神往的旅游胜地。1996年12月，庐山被列入《世界遗产名录》文化景观。

"匡庐奇秀甲天下山"，她以风景名山、文化名山、宗教名山、教育名山和政治名山著称于世。其自然景观和人文景观门类齐全，分为瀑泉、山石、气象（云海与佛光）、地质（第四纪冰川遗迹与溶洞）、植物、江湖（长江、鄱阳湖、候鸟区）、人文、别墅建筑八大类型。山上山下的12个景区，37处景点，230个景物景观，造化了庐山丰富的旅游景观。

奇瀑飞泉堪称一绝，李白赞为"飞流直下三千尺，疑是银河落九天"的开先瀑布；三级落差120米的三叠泉；陆羽称为"天下第一泉"的谷帘泉；还有玉帘泉、简寂泉、石门涧、王家坡双瀑等20多处银泉飞瀑，"千姿百态呈奇观"，或喷雪奔雷，或抛珠洒玉，或风扬轻烟，落差之大，形态之美，声响之壮，构成其突出特征。

庐山99座山峰秀峰翠峦竞相争辉，各显风姿。主峰"大汉阳峰"海拔1474米，登峰四望，气势非凡；"五老峰"形如五老并坐，俯视大千；"双剑峰"有若利剑插霄，斩云截雾；"铁船峰"有似钢铁艨艟，驰骋云涛雾浪。从不同的角度观赏峰峦，产生形态多变的景观效果。宋代诗人苏东坡描绘的"横看成岭侧成峰，远近高低各不同"，正是庐山峰峦景色的真实写照。

险崖幽谷独具一格："龙首崖"犹如苍龙昂首，凌空兀立，拔地千尺；"屏风叠"状如九叠屏风，层层堆叠，疏密得当，为岩层奇观；"锦乡谷"巉岩绝壁，苍松翠竹，繁花似锦，抬头危崖耸天，惊心动魄；俯首幽谷深邃，云飞雾腾，宛如步入"天上人间"。

云海烟岚变幻莫测：瀑布云、云梯云、云海、佛光构成庐山独特的气象景观。其态静如练、动如烟、轻如絮、阔如海，形成静态美、流动美、声音美、朦胧美的和谐统一。

地质、地貌、植物景观特异：庐山地质形成约八千万年，经历了第四纪冰川期，有冰斗、冰窖、冰谷、冰坡、悬谷、角峰、刃脊、冰笕、冰坎、盘谷和冰川漂砾等冰川遗迹。山上植物种类201科、955属、2403种，森林覆盖率达78.3％。庐山植物园是国内外著名的亚高山植物园。

四季景色各具特色：庐山，春如梦，夏如滴，秋如醉，冬如玉，四季可游。夏天，平均气温22.6℃，空气清新，为我国东南方少有的"清凉世界"；冬天，平均气温－4℃，又是我国南方少有的观赏雪景的最佳处。

庐山现有文物保护单位53个，丛林古刹、诗词碑刻、书院胜地、古建筑遗存等形成了庐山特有的人文景观。至今尚存的有：晋代净土宗发源地"东林寺"、陶渊明故居、李璟读书台、李白读书堂、白居易草堂、宋代四大书院之首的"白鹿洞书院"和结构特异的宋代"观音桥"、明代的"御碑亭"、近代25个国家不同风格的800余栋别墅。有历代500多位文人墨客留下的4000余首赞颂庐山的诗词和400多处丹青碑刻，以及成为稀世珍宝的500罗汉图，有新中国成立后党中央在庐山召开三次会议时党和国家领导人为庐山题咏的诗词、题字。丰富的文化宝库，使庐山更加生发出灿烂的光辉。

3. 雁荡山

雁荡山坐落于浙江省温州乐清境内，是首批国家重点风景名胜区，中国十大名山之一。因"山顶有湖，芦苇丛生，秋雁宿之"故而山以鸟名。雁荡山根植于东海,山水形胜,以峰、瀑、洞、嶂见长,素有"海上名山"、"寰中绝胜"之誉,史称"东南第一山"。历来是游览、避暑和休养胜地。

雁荡山层峦叠嶂,起伏连绵,东起羊角洞,西至锯板岭,南起筋竹涧口,北至六坪山,面积达450平方千米。依风景分布,全山分为灵峰、三折瀑、灵岩、大龙湫、雁湖、显胜门、仙桥、羊角洞等8个景区,其中东南部风景最集中,灵峰、灵岩、大龙湫,简称"二灵一龙",古时称为"雁荡风景三绝",是全山的风景中心。

雁荡山具有很高的旅游观赏价值与文化意义。

作为我国历史悠久的名山,雁荡山自有其自身的山水美学特色。雁荡山由于地形复杂、景象丰富、一景多象等景观特点,所以雁荡山最突出的形象美的特点是奇。

雁荡山奇在什么地方?奇在流纹岩特有的造型上;奇在自然景观非同寻常、出人意料、变幻莫测之美上;奇在摩天劈地、拔自绝壑的峰;奇在倚大高地、气势磅礴的嶂上;奇在夺人心魄的大大小小的瀑布上。雁荡景观,奇闻天下,但不只是在奇。还有雁湖岗、龙湫背之雄伟;云洞栈道之险;仙溪、清江山水之秀。初月谷、鸣玉溪、灵岩及诸多洞穴景观之幽冥。登上百岗尖,俯瞰百座山冈于脚下,领略"山登绝顶我为峰"的高旷,下至海滨、乐清湾,欣赏"海到尽头天作岸"的平旷景观,都是美的享受。难怪画家潘天寿评雁荡山景观的"怪诞高华,令人不能想象"。

雁荡山大尺度的奇特景观形象,给诗人、画家、文人学士以强烈的美感和灵感。于此赋诗作画,留下大批作品,其中诗词5000多首,以及龙鼻洞等400多处摩崖石刻,还有南阁牌坊等历史古迹,都是宝贵的历史文化遗产。

雁荡山造型地貌,也对科学家产生了强烈的启智作用,如北宋科学家沈括游雁荡山后得出了流水对地形侵蚀作用的学说,这比欧洲学术界关于侵蚀学说的提出早600多年。现代地质学研究表明,雁荡山是一座具有世界意义的典型的白垩纪流纹质古火山——破火山。它的科学价值具有世界突出的普遍的意义。清人施元孚游寝雁荡山十年后提出"游山说",说的是中国古代游览山水活动中回归自然,与大自然精神往来的精神文化活动的经验总结,这与清末学者魏源提出的"游山学"是一致的,也是值得总结的山水文化遗产。

4. 阿里山

阿里山在嘉义县东北,是大武峦山、尖山、祝山、塔山等十八座山的总称,主峰塔山海拔两千六百多公尺,东面靠近台湾最高峰玉山。

阿里山空间距离仅十五千米,但由山下一层一层盘旋绕上山顶的铁路,竟长达七十二千米,连通各森林区的支线,总长度有一千多千米。沿途有八十二条隧道,最长的达一千三百公尺。火车穿过热、亚热、温、寒四带迥异的森林区。

阿里山的森林、云海和日出,誉称三大奇观。这里所产的是世界罕见的高级建筑木材，如台湾杉、铁杉、红桧、扁柏和小姬松，称为阿里山特产"五木"。到了阳春三月，阿里山又成为一个绯艳绚丽的樱林。这里的樱花驰名中外，每年二月至四月列为花季，登山赏樱花的游人络绎不绝。山上有高山博物馆，陈列各种奇木异树，高山植物园内种有热带、温带、寒带数百种植物，游人既可饱览林海在微风中泛起层层波澜的胜景，还可增加见识。

在晴天的破晓时分，登阿里山的塔山观赏云海，确是赏心乐事。游人但见云海茫茫，瞬息万变，时而像连绵起伏的冰峰从山谷中冒出，时而像波涛汹涌的大海，从天外滚滚而来。难怪阿里山的云海是台湾八景之一。观日出的地点则以祝山为妙。祝山海拔仅次于塔山，为两千四百八十公尺。黑夜退去，天空呈鱼肚白，祝山后先现出一丝红霞，慢慢变成弧形、半圆、大半圆，越来越红，越来越亮。一轮红日先从云海边上升，再从山顶冒出，光芒四射，煞是一番景象。

阿里山列为台湾风景区之一，美景纷陈早为人所称道，因此有"不到阿里山，不知阿里山之美，不知阿里山之富，更不知阿里山之伟大"的说法。由于山区气候温和，盛夏时依然清爽宜人，加上林木葱翠，是全台湾最理想的避暑胜地。

四、近现代历史名山

1. 井冈山

井冈山，位于江西省西南部，地处湘赣两省交界的罗霄山脉中段。1927年10月，毛泽东、朱德、陈毅、彭德怀、滕代远等老一辈无产阶级革命家率领中国工农红军来到井冈山，创建中国第一个农村革命根据地，开辟了"以农村包围城市、武装夺取政权"的具有中国特色的革命道路，从此鲜为人知的井冈山被载入中国革命历史的光荣史册，被誉为"中国革命的摇篮"和"中华人民共和国的奠基石"。

井冈山风景名胜区，分为茨坪、龙潭、黄洋界、主峰、笔架山等八大景区，有景点60余处。这里保存完好的中国工农红军革命旧址旧居有30多处，其中国家重点保护的10处。自然景观具有雄、险、奇、秀、幽的特色，数百里群山起伏，山势险峻，山上山下缭绕，绿树修竹，清漫流转，飞瀑直下，奇石、溶洞、温泉众多，独特的高山田园，四时气象，无不令人叹为观止。

2. 宝塔山

宝塔山又名嘉岭山，在延安市东南，延河西岸，山上之塔，巍然直插蓝天，如一忠诚的卫士守卫着延安古城。她是历史名城延安的标志，是革命圣地的象征。

宝塔山是融自然景观与人文景观为一体、历史文物与革命旧址合二而一的著名风景名胜区。

宝塔山自然景观十分迷人。山上遍布各种名贵乔灌木，林木茂盛，空气清新，夏季凉爽，是消夏避暑的好去处。

宝塔山众多文物古迹。明清时期，庙宇林立，红极一时。近代，作为新民主主义革命的红色首都——延安的标志和象征而闻名于世。新中国成立后，特别是改革开放以来，随着延安成为传统教育的基地和旅游胜地，宝塔山也成为中外游客到延安旅游的热线，累计接待游客数百万人次。中华人民共和国的多位党和国家领导人都曾登临宝塔山，视察革命圣地的变迁。

宝塔山上除全国重点文物保护单位延安宝塔外，尚有宋代摩崖石刻、明代大铁钟、清代"重修嘉岭书院记"石碑、范公井、烽火台、古城墙及望寇台等文物古迹，古今名人诗词碑刻等景观。宝塔建于唐代，高44米，共九层，登上塔顶，全城风貌可尽收眼底。在塔旁边有一口明代铸造的铁钟，中共中央在延安时，曾用它来报时和报警。

五、 高山雪峰

中国的山地多于平原，在中国人心目中的山是无穷无尽的。游山象征着人的眼界的开阔，登山象征着思想境界的提升。登山可以激发人们奋发向上的激情和攀登事业高峰的联想。

1. 珠穆朗玛峰

珠穆朗玛，藏语意为"圣母"。珠穆朗玛峰位于定日县境内，喜马拉雅中段的中尼边界上，海拔8844.43米，是世界第一高峰，峰顶常年积雪，表现为"山顶四季雪，山下四季春，一山分四季，十里不同天"。1993年11月，经国务院批准建立了国家级自然保护区。

珠峰自然保护区植物资源丰富。据初步调查，有高等植物2348种，长叶云杉和西藏长叶松是我国仅见于此的珍贵树种。保护区内高山峡谷和冰川雪峰极为壮观，全世界超过8000米的14座山峰中，这里拥有5座。珠穆朗玛峰麓冰塔林位于珠峰脚下5300～6300米的广阔地带，它是世界上发育最充分、保存最完好的特有冰川形态。

在5800米左右的冰川上，举目所及，一片洁白，无数神奇的天公造物，让人目不暇接。那宛如古代城堡般的悬岩，层次分明；风化岩石形成的高大石柱、石笋、石剑、石塔，成群结队，绵延数千米，可谓"风"情万种。由于海拔高，景色奇，冠绝天下，被登山探险者们誉为世界上最大的"高山上的公园"。

2. 希夏邦马峰

希夏邦马峰海拔8027米，是世界上14座8000米级高峰中的最后一位，也是唯一的一座完全在中国境内的8000米级山峰。它坐落在喜马拉雅山脉中段，位于主脊线偏北10千米、呈东南西北走向的枯岗日山脉的东南部，地处东经85.7度，北纬28.3度。东南距珠穆朗玛峰120千米，其东面是海拔7703米的摩拉门青峰，西北面是7292米岗彭庆峰，它们都在西藏聂拉木县境内。

希夏邦马峰由三个高度相近的姊妹峰组成,在主峰西北 200 米和 400 米处,分别有 8008 米和 7966 米的两个峰尖。这里是喜马拉雅山脉现代冰川作用的中心之一,整个枯岗日山脉冰川和永久积雪面积达 6000 平方千米,主要集中于希夏邦马峰周围。北坡横对着 13.5 千米长的野博康加勒冰川,与它平行的是达曲冰川。北山脊以东是格牙冰川,南坡有 16 千米长的富曲冰川,其末端一直降到 4550 米的灌木林带。

最引人入胜的是海拔 5000~5800 米的冰塔区,长达几千米,景象形态甚是奇异,宛若活生生的"冰晶园林"。但其上又布满了纵横交错的冰雪裂缝和时而发生的巨冰雪崩,为登山者设置了种种困难。

3. 贡嘎山

贡嘎山景区位于甘孜藏族自治州泸定、康定、九龙三县境内,以贡嘎山为中心,由海螺沟、木格错、五须海、贡嘎南坡等景区组成,面积 1 万平方千米。贡嘎山风景名胜区于 1988 年 8 月被国务院批准为国家级风景名胜区。

贡嘎山被誉为"蜀山之王",藏语"贡为雪,嘎为白",意为洁白的雪峰。贡嘎山是横断山系的第一高峰,也是世界著名高峰之一。主峰海拔 7556 米,主峰及其周围姊妹峰终年白雪皑皑,晴天金光闪闪,阴天云海茫茫,姿态神奇莫测,可谓一大奇观。

贡嘎山地区是现代冰川较完整的地区,由于冰川运动,造就了举世罕见的冰川奇观。区内有大型的冰川五条(海螺沟冰川、燕子沟冰川、磨子沟冰川、贡巴冰川、巴旺冰川)。其中的海螺沟冰川海拔仅 2850 米,其冰瀑布高 1080 米,宽 1100 米,堪称我国最大的冰瀑布。

贡嘎山景区内有 10 多个高原湖泊,著名的有木格错、五须海、人中海、巴旺海等,有的在冰川脚下,有的在森林环抱之中,湖水清澈透明,保持着原始、秀丽的自然风貌。景区内垂直带谱十分明显,植被完整,生态环境原始,植物区系复杂,已查明的植物有 4880 种。属国家一、二、三类保护的动物有 20 多种。景区内温泉点有数十处,水温介于 40~80℃,有的达到 90 多度,著名的有康定二道桥温泉和海螺沟温泉游泳池。

4. 博格达峰

博格达峰,海拔 5445 米,坐落在新疆阜康县境内,是天山山脉东段的著名高峰。在天山的诸多主峰之中,博格达并非最高,其海拔高度也仅能排名第三,然而它的名气却远在诸峰之上。长期以来,在西部各民族的心目中,博格达是最富有神性的山峰,它一直被人们视为神灵之宅、紫气之源而加以膜拜。博格达一词就是出自蒙语,即"神灵"的意思。早在古代西域的一些游牧民族中就有崇拜名山的习俗,因博格达山高大险峻,所以被这些民族誉为"神山"、"祖峰",骑者见之下马,行者见之叩首,就连官员路过此地也要停车下拜。有一则叫《沙勒哈沙曼》的民间故事就有这方面的描述。故事说牧民们把博格达山称为"圣人",

而把博格达山上的石块视为圣人使用的石头,用这里的石头做武器去打击敌人无往而不胜。由此可见博格山在古代西域民族心中的地位。

  博格达以奇为著,以险为绝,山峰昂天挺立,银装素裹,神峻异常。峰之下更是千峰竞秀,万壑流芳,景色迷人。目力所及,遍是原始森林和山甸草原,葱茏青翠,风光如画。登博格达山,最让你赏心悦目的是,能在一日之内见到四季之景。适逢七八月间,谷底正值盛夏,遍地山花怒放,香气盈野,但多少有点暑气撩人之感;待你登至半山,暑气顿消,便觉春意盎然,遍地绿草如茵,如锦似毡,一切生命都迸发着勃勃生机;再往上登,就渐感凉意袭人,草地也不似先前翠绿,而开始变得枯黄,给人一种秋天的感觉;到了雪线,便觉寒气逼人,举目望去一片银白,雪光刺得你目不忍睁。这雪线附近,按说应是生命的禁区,可是在这里却生长着许多奇异的雪山花卉,如雪莲、野罂粟、翠雀、金莲、金娇、百里香、梅花草等十几种,它们的种子可在零度发芽,幼苗可经受零下30℃的严寒。虽然它们每年仅有两个月的生长期,但它们依然用一生的热情催放出艳丽的花朵,来装点寂寞的雪域,这真可谓生命的奇迹。

本章小结

  高大的山称山岳,低矮的山称丘陵;一般把山岳、丘陵通称为山。如果是山峰、山岭和山谷组成的地区,就叫做山地。山地旅游景观分为观赏型名山景观、登山探险型山地景观。

  山地旅游景观的旅游功能:满足和培育游人的美感需求、培育游人对良好生态环境的热爱、满足游人对锻炼体魄、颐养身心、磨砺意志的需要、满足游人对增长科学文化知识的需求。

  山地旅游景观的欣赏:自然美(形象美、色彩美、动态美、听觉美),人文美。

  中国著名的山地景观如下。

  五岳:泰山、华山、衡山、恒山、嵩山。

  四镇:会稽山、沂山、医巫闾山、霍山。

  传统山水文化名山:黄山、庐山、雁荡山。

  近现代历史名山:井冈山、宝塔山。

  高山雪峰:珠穆朗玛峰、希夏邦马峰、贡嘎山、博格达峰。

重点内容

  山地自然景观的含义 山地自然景观的特征 山地自然景观的欣赏 五岳 黄山 雁荡山 庐山

基本训练

1. 判断题

（1）南镇会稽山、东镇沂山、北镇医巫闾山、中镇霍山，称为"四镇"。
（2）泰山是 1978 年被联合国教科文组织列为世界自然与文化双重遗产。
（3）截止到 2005 年 7 月，全球共有 812 处世界遗产地，分布于 137 个国家。
（4）五岳包括：鲁之泰山、湘之衡山、陕之恒山、豫之嵩山、晋之华山。
（5）恒山如行，泰山如坐，华山如立，嵩山如卧，惟有南岳独如跳。
（6）禅是武的精神实质，以禅入武，便可达到武术最高境界——武学大道。
（7）贡嘎山被誉为"蜀山之王"，藏语"贡为白，嘎为雪"，意为洁白的雪峰。
（8）珠穆朗玛，藏语意为"圣母"。珠穆朗玛峰位于中尼县境内，喜马拉雅中段的中尼边界上，是世界第一高峰。
（9）霍山是毛竹之乡。

2. 选择题

（1）名山成名的条件（　　）。
A. 有仙则名　　B. 有史则名　　C. 有神则名　　D. 有宝则名　　E. 有景则名
（2）山地旅游景观的自然美是综合美，其中以（　　）为核心与基础。
A. 听觉美　　B. 动态美　　C. 色彩美　　D. 形象美
（3）"五岳之尊"是（　　）。
A. 嵩山　　B. 泰山　　C. 华山　　D. 恒山　　E. 衡山
（4）雁荡山最突出的形象美的特点是（　　）。
A. 神　　B. 奇　　C. 秀　　D. 仙　　E. 动
（5）（　　）堪称我国最大的冰瀑布。
A. 贡嘎山　　B. 珠穆朗玛峰　　C. 希夏邦马峰　　D. 博格达峰

3. 简答题

（1）山地自然景观的含义和类别是什么？
（2）山地景观有哪些特征？
（3）山地景观的旅游功能是什么？
（4）山地景观的欣赏包含哪些内容？
（5）我国著名的山地景观有哪些？

4. 实训题

（1）根据所学的相关理论，试分析山地景观的异同。
（2）就本章所介绍的我国著名的山地景观，选出你最喜欢的景观并分析其旅游功能及欣赏意义。

第二章 特异地貌旅游景观

> 学习目标

我国拥有各种类型的地貌景观,其中以岩溶地貌景观、丹霞地貌景观、火山地貌景观、风沙地貌景观及独具魅力的特异地貌景观最具吸引力。通过本章的学习,使学生了解特异地貌景观的特点,理解特异地貌旅游景观的含义及类别,熟悉我国著名的具有代表意义的特异地貌景观,掌握特异地貌旅游景观旅游功能和欣赏价值。

第一节 概 述

中华大地疆域辽阔,山川竞秀,奇景无数。由于各地自然地理条件的差异,形成了各种独特的地貌景观,常常令人叹为奇观绝景。

一、特异地貌旅游景观的含义

地貌是地球的内力和外力相互作用于地表物质的结果,是地球上各种地表形态的总称。地貌是自然地理的基本要素之一,它与自然界的其他要素(如气候、水文、土壤、植被等)密切联系,相互制约,形成千姿百态的地貌景观。

特异地貌旅游景观是具有观赏价值和旅游吸引功能的优美奇特地表形态的总称。

二、特异地貌旅游景观的类别

我国拥有各种类型的地貌景观,其中以岩溶地貌景观、丹霞地貌景观、火山地貌景观、风沙地貌景观及独具魅力的特异地貌景观最具吸引力。

1. 岩溶地貌景观

岩溶地貌景观是指地表可溶性岩石受水的溶蚀作用形成的具有旅游观赏价值

及科学考察意义的峰林、石林、溶洞、溶斗、溶蚀洼地等地貌形态。

2. 丹霞地貌景观

丹霞地貌景观是指在红色砂砾岩上发育的方山、奇峰、陡崖、赤壁、巨石等具有旅游价值的特异地貌景观。

3. 火山地貌景观

火山地貌景观是因火山活动形成的火山喷发奇景、休眠火山的圆锥形体和熔岩流构成的奇异地貌景观。

4. 风沙地貌景观

风沙地貌景观是指风力对地表物质的侵袭、搬运和堆积形成的戈壁、风蚀城堡、风蚀蘑菇等具有神秘色彩的适于探险旅游活动的地貌景观。

5. 奇特地貌景观

奇特地貌景观是指那些独特的、罕见的地貌景观。

三、特异地貌旅游景观的特征

地貌条件不仅是环境的重要组成部分，影响到其他旅游景观的形成，而且对一些人文景观的形成也有一定的影响，更重要的是直接提供了一些独具魅力的特异的地貌景观。特异地貌景观以奇特的地貌、独特的风光吸引旅游者前往。

1. 特异地貌景观是构成具有独特的吸引力景区的骨架和基础

一些富有特色的景观总是孕育、诞生于特定的地质地貌环境中，并与水体、植物、人文景观一起构成景色优美的自然风景区，强烈地吸引着旅游者。例如广西桂林风景区是典型的岩溶峰林地貌，构成了桂林山水溶洞奇观，再加上漓江碧水在石山群峰间的回环映衬，使整个景区显得秀丽无比。武夷山是丹霞地貌的代表性景观，其群峰由砂砾岩层叠生成，突兀林立，溪谷相绕，山环水折，以"三三秀水清如玉，六六奇峰翠插天"构成了武夷山风景区的骨架和精华。

2. 特异地貌景观可以单独构景，直接形成旅游景观

自然界许多特异的地质现象，奇异的地貌形态及过程，对旅游者具有强烈的吸引力，因此成为旅游资源的重要组成部分，不仅可以单独构景，甚至有的成为景区的主景。例如，新疆戈壁上的"魔鬼城"，是在强烈的风蚀作用下，地表被雕塑成各种奇异的形态，如石蘑菇、石笋、石兽、石亭、楼阁等；其实在石林、桂林等景区，地貌不仅是基础和骨架，在一定程度上已经起到了主景的作用。

3. 特异地貌景观在某些景区通过特异地貌的配景可以增加美感

许多景区并不是以特异地貌作为观赏、游览的主体，但特异地貌条件的有利配置，却能很好地烘托出主景，强化主景的美学特征，使林更幽、水更美，园林更自然，主景与配景相互辉映，相得益彰。例如黄龙风景区，虽然吸引游人的内容很多，但主景是彩池，并以此形成了闻名遐迩的"人间瑶池"。但黄龙钙华堤及雪山对整个景区的超凡脱俗的美起到重要的烘托作用。

4. 特异地貌景观对风景区意境的形成有很大影响

一定的旅游景观特征为旅游者所感受，使旅游者能获得一定的寓意和情趣，

这就是意境。不同的旅游景观的组合特征，能反映出不同景区的意境。如无限深远的意境，清秀和朦胧的意境，开朗豁达的意境等。这些意境的形成，主体旅游景观的特征固然很重要，但也需要一定的背景作为基础。而特异地貌在许多情况下能够提供这样的作用。例如"丹山碧水"的武夷山，其恬淡、幽美意境的形成，主要是由于九曲溪的弯弯曲曲，两岸翠竹修篁，碧绿成荫，而深藏其间的寺观、茶园也加强了景区的深远感。但景区的丹山幽谷却强化了这种意境，使景观视野较窄，景深而富有层次。

特异地貌之所以能起到增加意境的作用，是因为它具有强烈的立体形象感染力。地貌形态不同，往往给人以不同的明晰的感受。游人身临其境，极易把景与情、境与意融为一体，形成一种思想感情和自然图景相互交融的艺术境界，从而形成不同意境。

5. 特异地貌旅游资源具有观赏和科学研究双重价值

特异地貌旅游资源的观赏性集中在特异地貌景观为主的风景区或与地貌景观密切相关的风景区，就是在人文景观为主的旅游景区内，一般也少不了地貌景观。特异地貌旅游资源在科学上具有典型的研究价值，适合开发成科学考察或探险专项旅游项目，符合旅游业发展的方向，能满足旅游者多样化和个性化消费的需要。

6. 特异地貌旅游资源大多具有不可再造性

特异地貌旅游资源是大自然禀赋的，是经过漫长的地质构造运动形成的，具有不可再造性，一旦破坏难以弥补，必须特别注意保护。

第二节 特异地貌景观的旅游功能及欣赏

特异地貌景观以其独具魅力的形态美而具有很高的观赏价值，以其富含深厚的文化内涵而具有极高的科学考察价值，深受广大旅游者的青睐，是旅游景观重要的组成部分。

一、特异地貌景观的旅游功能

1. 特异地貌景观具有形态美，可以开展观赏性旅游活动

特异地貌景观所表现出的千姿百态的形态，具有很高的美学价值，表现出突出的美学观赏性。桂林山水"碧莲玉笋世界"的诗情画境，能给人以无限美好的享受；丹霞山以碧水丹崖、方山巨石等形式出现的自然景观引人入胜；石林风景区石灰岩地貌发育，洞穴奇特，更是美不胜收。特异地貌旅游景观的奇特美、幽静美可以供游人观赏，开展观赏性旅游活动，使游人在观赏中获得多种形态美的感受。

2. 特异地貌景观具有文化性，可开展科考性旅游

各种地貌形态的形成、发生和发展，都有一定的规律性，有一定的哲理。人

们对风沙地貌景观、喀斯特地貌景观、丹霞地貌景观、火山地貌景观等基本类型、特征及形成，都有了一定的认识和了解。在观光游览的过程中，可以结合实际认识有关地貌现象，学习有关科学知识，满足人们求知的需要。如游路南石林和桂林山水，不仅可以享受喀斯特地貌所形成的奇观之美，还可以从中学习到这些特异地貌形成的科学道理；游五大连池不仅能体验"火山博物馆"的奇景，还可以了解它是如何形成的。

然而，地球表面还有许多人迹未到之处，还有许多埋藏在深闺人未识的特异地貌旅游景观，有待人们去考察，去了解；有许多荒漠、深谷、溶洞有待人们去探险；更有许多虽有一定的了解，但还未完全认识的特异地貌现象，有待人们进一步去探索。这些问题必然引起有关专业人员和爱好者的兴趣。因此，有必要开展科学考察探险、科学研究等旅游活动。

二、中国特异地貌景观的欣赏

1. 奇特美

特异地貌景观具有少见的、独具一格的地貌外部形态，具有独特、罕见、出人意料、迥异于寻常的美。例如被称为"天下奇观"的张家界，有许多造型奇特的峰石，有的像恩爱的夫妻，有的像仙女，有的像武士，有的像金龟、海螺，有的如雄狮猛兽，真是千姿百态，栩栩如生。广西大化瑶族自治县七百弄乡，有数以千计的喀斯特高峰丛深洼地，洼地形似深瓮，周围峰丛围绕，高差达200～300米，形态奇特，规模宏大，在国内罕见，实为一大自然奇观。新疆乌尔禾的"魔鬼城"、云南路南的石林、西藏札达县的土林等，都是规模较大的地质地貌奇特景观。至于具有奇特形态的个体山石，例如雁荡山的"合掌峰"（夫妻峰）、桂林的"象鼻山"，路南石林的"母子偕游"等，举不胜举。

奇特美能给人以特殊的愉快、高兴感，具有极强的吸引力。这些奇特的形态可以启发人们的智慧，促进思维，激励人们去追求、去探索、去创新。

2. 幽静美

在一些丛山深谷，由于道路曲折，视线狭窄，光量较小，空气洁净，人烟稀少，常形成幽境。幽境不能一目了然，具有深不可测之感。"曲径通幽"，更有深远、寂静的内涵。所谓"幽必曲、必静、必深、必暗"，正是对幽境与"曲"、"静"、"深"、"暗"关系的精辟解释。武夷山、雁荡山的幽静美，则主要是峡谷地貌所致。幽境一般环境幽雅、僻静、隐蔽、深远，人烟稀少，空气洁净。游人置身其间，有超然世外之感，是一种美好的享受。幽境有利于养情怡性，是静养的好地方。

3. 野逸美

那些未经人改造或破坏，或很少受人类干扰的特异地貌景观，如罗布泊雅丹奇观、准噶尔盆地魔鬼城等无不充满着"野"情、"野"趣。对于那些探险者来说，尤其具有吸引力。

4. 科学美

特异地貌景观具有科学美，是因为它不仅可以展示物质的外观，而且能够表现物质的本质特征和规律。桂林山水、云南石林、肇庆七星岩等山水风光，不仅是我国典型的亚热带岩溶地貌，而且是世界上罕见的岩溶地貌发育形态，对研究岩溶学和岩溶地貌都有典型的科学意义；丹霞山、武夷山、齐云山等是发育典型的丹霞地貌；沙坡头、罗布泊是典型的风沙地貌；镜泊湖、五大连池的火山地貌，都具有地质地貌上的典型性。可见，特异地貌景观中所表现的科学美是极其丰富和典型的。

阅读资料

世界自然遗产——澄江化石地

北京时间2012年7月1日晚上10时30分，从俄罗斯圣彼得堡传来喜讯，经过第36届世界遗产委员会投票表决，认定中国"澄江化石地"是地球生命演化的杰出范例，符合世界自然遗产标准，正式列入世界自然遗产名录。"澄江化石地"不仅为云南又增加了一张世界名片，还成为中国第一个化石类世界自然遗产。

1984年7月1日，中科院南京古生物研究所的研究员侯先光在澄江帽天山采集高肌虫化石，意外发现了一块珍贵的纳罗虫化石，从而敲开了寒武纪"生命大爆发"的时空之门。

澄江动物化石群指的就是澄江化石地。澄江动物化石群是迄今为止地球上发现的分布最集中、保存最完整、种类最丰富的"寒武纪生命大爆发"例证，被国际科学界誉为"古生物圣地"、"古生物化石模式标本产地"、"世界级的化石宝库"和"二十世纪最惊人的发现之一"。

地球从46亿年前诞生至今，经历了多次重大的地质变动和生命演化事件，其中，距今5.4亿年的寒武纪是地球生命演化的分水岭，发生在其间的"生命大爆发"是最受关注的地球生命演化事件，可一直没有找到物证。在此之前，科学家们已经发现了距今6亿年的前寒武纪时期澳大利亚埃迪卡拉动物化石群和距今5.05亿年的中寒武纪加拿大布尔吉斯页动物化石群。这两个寒武纪化石群的发现，都没有揭开寒武纪生命大爆发之谜，直到距今5.3亿年的澄江动物化石群发现后，才揭开了寒武纪生命大爆发之谜。

澄江动物化石群独特的科学价值受到了各界的广泛关注和极高评价。1992年被列入联合国教科文卫组织《全球地质遗址名录》。1997年云南省政府将帽天山及其周边18平方公里列为自然保护区。2001年帽天山被批准为国家首批地质公园。2003年"澄江动物群与寒武纪大爆发"研究项目荣获国家自然科学一等奖。2006年，澄江动物化石群保护地被列为首批国家自然遗产预备名录。

2004年4月，澄江化石地申报世界自然遗产工作正式启动。如今，离澄江化石地发现已经过去28年，申遗之路走了8年。

2012年7月1日，中国"澄江化石地"被列入世界自然遗产名录。

第三节　中国著名奇特地貌旅游景观

一、岩溶地貌景观

我国岩溶地貌景观分布很广，数量很大，居世界第二位（欧洲、美国、南美洲分别居第一、第三、第四位）。广西、贵州和云南东部最为广泛和典型，特别是云贵高原地面广布厚层的石灰岩被切割成地面崎岖、峰岭重叠的山地，形成危岩陡峻、峭壁嵯峨的群山；绝壁悬崖，万丈深渊的峡谷；奇峰异洞、石林瀑布和千姿百态的怪异地形，成为世界上典型的岩溶地貌景观和岩溶风景区。2007年6月27日，由云南石林的剑状、柱状和塔状喀斯特、贵州荔波的森林喀斯特、重庆武隆的以天生桥、地缝、天洞为代表的立体喀斯特共同组成的"中国南方喀斯特"被列入《世界遗产名录》的自然遗产。

岩溶地区多成为旅游胜地，岩溶地貌作为旅游景观具有很大的吸引力。岩溶景观有地上、地下景观之分，常见的具有旅游价值的地表形态主要有石芽与溶沟、落水洞、竖井、岩溶漏斗、岩溶洼地、岩溶残丘、天生桥、峰林、峰丛、孤峰等，四川黄龙、广西桂林、云南石林等是地上岩溶景观的典型代表；地下岩溶形态有溶洞、地下河、地下廊道、洞穴堆积、钟乳石、石花、石边坝、石笋、石幔等，贵州安顺的织金洞、广西南宁的伊岭岩、湖南张家界黄龙洞等是地下岩溶景观的典型代表。

1. 桂林山水

桂林山水（见图2-1）指桂林东北漓江沿岸，以桂林为中心，北自兴安南至阳朔一线的岩溶风景区，山、水、洞为桂林风景之"三绝"。陈毅元帅诗云："水做青罗带，山如碧玉簪。洞穴幽且深，处处呈奇观。桂林此三绝，足供一生看。"

桂林山水以山清、水秀、洞奇、石美为特色，随着季节、早晚、晴雨的不同，又能变换出意境不同的景观。自古就有"桂林山水甲天下"之誉。

桂林市及漓江沿岸有几百座石峰，高度不大，但呈现出"四野皆平地，千峰直上天"的态势；孤峰似塔，陡峭如削。象鼻山、骆驼山、宝塔山、老人山等千姿百态，造型逼真。石山以青黛色和灰褐色为基调，并生有树木花草，色彩上给人以碧玉之感。漓江清澈碧透、逶迤流转于千峰万壑间，映得群峰碧翠，倒影清明，舟行江中犹如画中行。洞穴幽雅深邃，大小、深浅、形状等各不相同，以芦笛岩、七星岩最为著名。洞内石笋、石钟乳、石柱、石幔、石花构成所谓"白玉长廊"、"雪山倒影"、"群龙戏水"等各种景物，琳琅满目，五彩缤纷。整个风景区富有"阳川百里尽是画，碧莲峰里住人家"的诗情画意。游人至此无不流连忘返。

2. 路南石林

石林在昆明东南120千米的路南彝族自治县境内，面积约40万亩，是世界闻名的喀斯特地区之一，也是举世闻名的游览胜地，被人们赞誉为"天下第一奇观"。1982年，经国务院批准定为第一批国家级重点风景名胜区。2007年6月，被列入《世界遗产名录》自然遗产。

石林是世界罕见的岩溶地貌景观，是大自然鬼斧神工的杰作。在路南广达400平方千米的区域内，遍布着上百个黑色大森林一般的巨石群。有的独立成景，有的纵横交错，连成一片，参差峥嵘，千姿百态，巧夺天工，被人们誉为"天下第一奇观"。石林的像生石数量多，景观价值高，举世罕见。

姿态各异，绝无仅有。在偌大一个石林范围内，开辟供游人游览的约1200亩。在这片游览区内，奇峰怒拔，怪石嶙峋，不愧是一座名副其实的由各种姿态的山峰组成的森林。世界上称为石林的地方很多，但是，像昆明路南石林如此绚丽多姿的，却是绝无仅有。

迂回曲折，如入迷宫。游石林，既要远眺其壮丽的景色，又要身历其境钻进石林的深处，才能领略石林的妙处。因为这些奇峰怪石，既是个别的独立体，又有不可分割的联系。在它们之间有无数的曲径、石廊、石窟、石洞、天桥、亭台相通，迂回曲折，忽上忽下，忽左忽右，使人如入迷宫。更有明净清冽的泉水湖泊错落其间，峰水相映，景色绝佳。

赵朴初的《石林》诗云："高山为谷谷为陵，三亿年前海底行；可惜前人文罕记，石林异境晚知名。"此诗可为中外驰名的石林奇观，做了精辟写照。

二、丹霞地貌景观

丹霞地貌是由一系列硬度较小，易受风化的红色砂砾岩，在风化剥落、流水侵蚀、重力崩塌等作用下，所形成的丹崖赤壁地貌形态。以广东仁化县的丹霞山最为典型，因而得名。山色丹红如朝霞，山体形状如柱，如塔，如壁，如堡，平地拔起，给人以俊秀挺拔、奇特优美之感。我国丹霞地貌分布较广，主要集中在广东、福建、江西、广西北部、湘南、云南、贵州、四川、甘肃、河北等地，已发现350多处丹霞地貌，除广东丹霞山外，比较著名的有：碧水丹山、奇秀东南的武夷山，丹霞地貌面积最大、最典型的资新盆地（位于广西资源县与湘南新宁县交界处），江西龙虎山，安徽齐云山，贵州梵净山，甘肃麦积山及崆峒山，四川青城山等。2010年8月1日，联合国世界遗产委员会（WHC）在第34届世界遗产大会上一致通过湖南崀山、广东丹霞山、福建泰宁、贵州赤水、江西龙虎山、浙江江郎山"捆绑"申报的"中国丹霞"列为世界自然遗产。

1. 武夷山

武夷山在福建崇安县城南15千米，方圆60千米，四面溪谷环绕，不与外山相连。"桂林山水甲天下，武夷山水天下奇"，素有"奇秀甲于东南"之誉，是全国重点风景名胜区之一，1999年12月1日被联合国教科文组织列入《世界自然与文化遗产名录》。

武夷山水兼有黄山云海奇峰和桂林山清水秀的特色，具有极高的旅游价值与美学观赏价值。

武夷山的名胜古迹主要集中在九曲溪和北山一带。主要风景是"溪曲三三水"（九曲溪）和"山环六六峰"（三十六峰）。山光水色交相辉映，构成了一幅"三三秀水清如玉，六六奇峰翠插天"的天然美景。

武夷山美在九曲溪，神采奕奕九曲溪是武夷山的灵魂。这条举世闻名的河流发源于武夷山脉主峰——黄岗山西南麓，清澈晶莹，经星村镇由西向东穿过武夷山风景区，盈盈一水，折为九曲，因而得名。九曲流域面积8.5平方千米，全长9.5千米，平均宽约7米。山挟水转，水绕山行。每一曲都有不同景致的山水画意，游人乘坐从远古小舟脱胎而来的竹筏，冲波击流，荡漾而下，不仅能领略有惊无险的情趣，而且有人在水中游的无限惬意。抬头可见山景，俯首能赏水色，侧可听溪声，伸手能触清流。

武夷山是我国名山中不可多得的风景游览区。"溪流九曲泻云液，山光倒浸清涟漪"，"一溪贯群山，清浅萦九曲，溪边列岩岫，倒影浸寒绿"。古人的诗句概括地勾画出了武夷山的秀丽轮廓。

九曲溪的两岸，奇峰怪石林立，争奇斗巧，目不暇接，引得游人称奇叫绝，河道弯弯曲曲，浅滩接着深潭，时而波平如镜，时而浪打飞舟"一叶轻舟似飞箭，瞬息已过千重山"。乘筏观山，水在脚下；游水，山在眼前；赏洞，洞在岩壁。一派天然情趣，意味无限。

武夷山也是一座历史悠久的文化名山，古人称："东周孔丘，南宋朱熹，北有泰山，南有武夷。"自秦汉以来，历代许多文人学者多到此游览讲学，如范仲淹、辛弃疾、朱熹、陆游、戚继光等。遍布武夷山的寺庙、祠、宫、院等187处，亭、台、楼、阁117所。南宋理学家朱熹在此居住四十多年，设帐授徒，著书立说，使这里成为我国东南文化的中心，被誉为"道南理窟"；道家也把这里称为"第十六洞天"。所以，集儒、道于一身的深厚文化沉淀，以及古越人的架壑船棺、汉代的古城墟、宋代的古瓷窑遗址和元代的御茶园等，使武夷山更成为人们访古探奇、寻幽览胜之地，使它在人文景观上得天独厚。

2. 丹霞山

丹霞山位于粤北仁化盆地锦江一带。北距仁化县城8千米，风光奇秀，与西樵山、罗浮山、鼎湖山合称"广东四大名山"。由于这座山位于砂岩峰林地带，由碎屑红岩、砾石岩和粉状砂岩组成的地质岩层使之呈现出丹红色，地质学将这种现象称为"丹霞地形"。明末的虔州巡抚李永茂及其弟李充茂因见此地"色渥如丹，灿若明霞"，故以此为这座山命名。2010年8月，被列为世界自然遗产。

丹霞山是一座风景名山。这座山山势绵亘、红崖丹壁、峰林陡峭、锦江碧水绕山麓而流，一幅幅大自然奇观展现在世人面前。

丹霞山也是一座文化名山。山间除众多峰石奇观外，尚有古镌刻题咏等多处胜迹。这里还留下许多唐末五代以来在此筑室而居的高僧隐士的古迹。此外，梦觉关、一线天、幽洞通天、丹梯铁锁、玉池倒映、杰阁晨钟等，也是这里著名的景点。

三、火山地貌景观

火山喷发留下的各种景观，如火山湖、堰塞湖、火山锥、岩溶洞穴等，是吸引旅游者的重要旅游景观。我国由许多以火山喷发景象和火山活动遗留物为景点的旅游胜地。黑龙江的五大连池和吉林长白山天池是我国最著名的火山遗迹奇观，素有"火山博物馆"之称。云南腾冲火山口温泉群是著名的火山温泉群，有大小火山、火山口、火山锥20处，周围有温泉群80多处。火山活动给中华大地留下了不少奇景。最令人感兴趣的要算"地下森林"。在黑龙江省宁安境内的张广岭上，有不少第四纪火山喷发的遗迹，其中的七个火山口，内壁因长期风化而剥落。由风力和动物粪便带来的植物种子，散落在火山剥离物形成的肥沃土壤中，发芽生根发育成茂密的森林。这里山高路险，人迹罕至，森林完好地保留至今。高20米至40米的大树，巧妙地生长在火山口的"肚子"里，成为奇特的"地下森林"。

1. 五大连池

五大连池（见图2-2）在黑龙江省五大连池市。1719～1721年间，因火山熔岩堵塞白河河道而形成五个相连的火山堰塞湖，因而得名五大连池。这里素有"火山博物馆"之称。

这里是火山爆发所形成的盾形火山和圆锥状截顶火山的遗迹。五大连池火山群是由新、老两期火山构成的。当年老黑山和火烧山喷发时，熔岩流犹如一条火龙，石块飞腾，声如霹雷，烈焰冲天，由北向南，呈带状漫卷而过，延伸达60多平方千米，堵塞了讷谟尔河支流白河的河道，形成了五个相连的火山堰塞湖，这就是五大连池。它们由北向南分为头池、二池、三池、四池和五池，其中三池面积最大，头池最小。五大连池犹如串珠洒落大地，首尾相接。

五大连池的景观很美，有奇特的石海，远看就像大海里的波涛，翻滚起伏；近看有的似大象，有的似老虎，有的像狗熊，各种动物形象栩栩如生。还有各种火山熔洞可供观赏，有"石洪奔流"、"火山天池"、"石海日出"、"仙女宫"等景点。这里不但景色秀丽，风景宜人，具有观赏价值，并且具有含多种矿物质的泉水，可治疗多种疾病。大片的火山岩，给人们提供了地球内部圈层丰富的信息，具有极高的科学考察价值。

2. 镜泊湖

镜泊湖（见图2-3）位于黑龙江省宁安县西南，距牡丹江市90千米，古称"沱沱湖"、"忽汉湖"和"必尔腾湖"。镜泊湖是我国最大的高山堰塞湖，总面积95平方千米，被誉为"东北第二湖"。它是在断陷湖湖盆的基础上，经熔岩流堰塞而成的。镜泊湖四面环山，山重水复，湖水清澈如镜，水量稳定；湖岸树木葱郁，倒映在波光粼粼的湛蓝湖面上，别具恬静无华的风韵；湖中孤岛怪石，星罗棋布，可谓山中有水，水中有山，湖光山影，风景极佳。

镜泊湖景区有吊水楼瀑布和湖中七孤岛组成的"镜泊八景"。吊水楼瀑布宽40余米，落差20余米，瀑潭深60米，周围是悬崖峭壁，湖水自四面八方聚来后蓦然跌下，如无数白马奔腾，又如蛟龙出海入潭，充满神奇色彩。

在镜泊湖西北张广才岭深处还分布着一系列火山口，其中最大的直径约500米，深达145米。而树龄达400～500年的森林，生长于火山口内，由上俯视，形成罕见的"地下森林"景观。

四、风沙地貌景观

我国风沙景观在世界居第二位（非洲、澳大利亚、西亚分别居第一、第三、第四位）。我国干旱风沙地貌旅游景观主要分布在西北和内蒙古等省区，常见的具有旅游价值的景观类型主要有沙漠景观、戈壁景观和雅丹景观。浩瀚的沙漠，广袤千里，新月形沙丘、纵沙垄、格状沙丘、鱼鳞状沙丘、金字塔沙丘等，各种形态的沙丘风姿绰约，奇特的沙生植物，埋没其间的古文化遗址，更给荒凉的沙漠赋予了迷人的魅力。近年来兴起的沙疗、沙浴也引人注目，沙漠探险、沙漠科学考察等旅游活动日趋增温，开发短距离的沙漠观光旅游景观，具有一定潜在市场。塔克拉玛干沙漠和巴丹吉林沙漠均有大量新月形沙丘和金字塔形沙丘分布。内蒙古的银肯、宁夏中卫的沙坡头、甘肃敦煌的鸣沙山，均有鸣沙现象。新疆罗布泊洼地、乌尔禾"魔鬼城"有典型的雅丹地貌（河湖相岩层经风力"雕琢"后形成的大片险峻崎岖地区）。

1. 魔鬼城

魔鬼城又称乌尔禾风城。位于准噶尔盆地西北边缘的佳木河下游乌尔禾矿区，西南距克拉玛依市100千米。地理学上称雅丹地貌，有着罕见的风蚀地貌，形状怪异。当地人蒙古人将此城称为"苏鲁木哈克"，哈萨克人称为"沙依坦克尔西"，意为魔鬼城。

魔鬼城呈西北-东西走向，长宽约在5千米以上，面积数十平方千米。远眺风城，就像中世纪欧洲的一座大城堡。大大小小的城堡林立，高高低低参差错落，当你进入这座"城堡"，就能看见有的像王公贵族的宫殿，有的像挑旗叫卖的酒肆，有的像黎民百姓的简陋住宅，还有的像皇室贵族的墓地。魔鬼城又名风城，风当然特别大。每当风起，飞沙走石，天昏地暗，怪影迷离，这里是风的天下，沙的世界。而当你在城中漫游时，却看不到袅袅炊烟，听不到鸡鸣狗叫，没有人来人往，到处是死一般的寂寞。每当夜深人静时，气流在城堡中左旋右转，发出尖锐刺耳的声音，犹如鬼哭狼嚎，犹如千万只野兽在怒吼，令人毛骨悚然。倘若此时身临其境，对"魔鬼城"称谓的由来体会就会更深刻了。

  魔鬼城在亿万年前是碧波荡漾的湖泊，古代的动物翼龙、剑龙曾生活于此。著名的准噶尔翼龙化石"魏氏翼龙"就在此出土。魔鬼城一带，还蕴藏着丰富的天然沥青和深层地下石油。

  2. 鸣沙山——月牙泉

  敦煌鸣沙山位于甘肃敦煌市南50千米处，是中国"四大响沙"之一。由流沙积成，东西绵延20多千米，海拔1650米，山体高达数十米，峰峦陡峭。游人登上沙丘顶部，坐着往下滑溜，沙也随着泻落，沙丘会发出轰隆响声，犹如飞机和汽车马达的轰鸣，非常有趣，轰鸣作响故称鸣沙山。这里已成为重要的沙漠旅游区，它与山下茫茫沙海中翡翠般、形如月牙的天色湖泊——月牙泉，共同构成了世所罕见的沙漠奇观。

  在鸣沙山群峰环绕的一块绿色盆地中，有一泓碧水，这就是月牙泉。月牙泉位于鸣沙山北麓，东西长300余米，南北宽50余米，水深约5米，泉形酷似一弯新月，故名月牙泉。泉被鸣沙山四面环抱，但并不为流沙所掩，始终碧波荡漾，清澈见底，久雨不溢，久旱不涸，风景十分优美。它的神奇之处就是流沙永远填埋不住清泉，虽常常受到狂风凶沙的袭击，却依然碧波荡漾，水声潺潺！它像绝世佳人的眼睛——清澈、美丽、多情；它像窈窕淑女的嘴唇——神秘、温柔、诱人；它像是白兰瓜——碧绿、甘甜、晶莹。

  月牙泉，梦一般的谜。在茫茫大漠中有此一泉，在黑风黄沙中有此一水，在满目荒凉中有此一景，深得天地之韵律，造化之神奇，令人神醉情驰。有诗曰："晴空万里蔚蓝天，美绝人寰月牙泉，银山四面沙环抱，一池清水绿漪涟。"

  "月牙晓澈"为敦煌八景之一。月牙泉是国家级重点风景名胜区，中国旅游胜地四十佳之一，被称为天下沙漠第一泉。

  3. 沙坡头

  "大漠孤烟直，长河落日圆"，这脍炙人口的千古绝唱，把人的思绪拉到了苍凉雄浑、寂寥空灵的意境中，给人以无尽的遐想。这长河广漠、积莽孤烟的所在，就是被誉为塞上明珠的宁夏中卫县沙坡头。沙坡头旅游区位于中国四大沙漠之一腾格里沙漠的东南缘，距中卫县城西22千米。这里沙丘紧临黄河岸边，悬如飞瀑，又无染尘之扰，沿沙漠下滑，可以听到沙中发出"滋咚、滋咚"的音乐声，似轻雷滚滚，又像是清脆钟声，这就是世界闻名的"沙坡鸣钟"。究其原因是在阳光照射下，流沙滑动、沙粒互相撞击产生静电效应，同时沙丘之下又有潜流的水层,静电击水流后发出这种奇妙的音乐。沙坡头南端的黄河,水流平缓,清澈见底,可以乘古老的羊皮筏领略黄河岸上塞外江南的景色。这里集大漠、黄河、高山、绿洲为一处,被旅游界专家称之为"世界垄断性的旅游资源",既具江南景色的秀美、又兼西北风光之雄奇,是闻名全球的旅游胜地,是国家级自然保护区。

4. 罗布泊雅丹奇观

在新疆若羌县境北部的罗布泊地区,有着大片"雅丹"风蚀地带,大致分布在罗布泊的东西北三面,其中以罗布泊东面的雅丹地形最为典型。岗阜上,覆盖着一层白色的盐碱土层,他们在清晨阳光的映照下,反射出灿烂的银光,因此,古书称其为"白龙堆"。它既是楼兰东面的一道天然屏障,又是到楼兰的必经之地。在当地古老的传说中,往往把雅丹称做"龙城"。因罗布泊周围发育典型的雅丹地形,似龙像城而得名。每当月白风清之夜,宿营"龙城"中,颇觉眼前景物,不是古城,胜似古城。由于罗布泊地区常年风多风大,天长日久,土台下沟星罗棋布。土台变幻出各种姿态,时而像一支庞大的舰队,时而又像无数条鲸鱼,在沙海中翻动腾舞,时而又像座座楼台亭阁,时而又像古城寨堡。置身于扑朔迷离、深邃的土台群中,满目皆是神秘、奇特、怪异的"亭台楼阁",使人浮想联翩,流连忘返。

五、 奇特地貌景观

1. 黄龙

黄龙是国家一级风景名胜区,位于四川省阿坝藏族羌族自治州松潘县,兀立于川西北高原上。景区长约 7.5 千米,宽约 1.5 千米。1992 年被联合国教科文组织世界遗产委员会评为自然遗产,列入《世界遗产名录》。

黄龙原是一条古冰川谷。尔后岁月更迭,寒冷的冰川期过去了,构造系石灰岩地质的山体,源源渗出含有丰富的碳酸钙的山泉,顺着山坡奔流、冲刷,日积月累,便在沿途沉淀了厚厚的、乳黄色的石灰华,附着于起伏不平的坡地,或者同枯枝石块相凝聚,生成了一道道弯弯曲曲、高低不平碳酸钙堤埂,潴水而成为层层叠叠的千百个池沼,地质学上称之为"泉华台"。加之,花木倒影,云天映衬,森林蓊郁,流水淙淙,呈现仙境般的天然美景,很自然地被人们誉为"人间瑶池"。

黄龙风景区四周地势险峻,海拔 5000 米以上的山峰就达 10 余座,是大自然雕塑的天然壮丽景观。景区由黄龙沟、雪宝鼎、牟泥沟、红星岩(火焰山)、丹云峡五部分组成。

黄龙以彩池、雪山、峡谷、森林"四绝"著称于世。巨型的地表钙华坡谷,蜿蜒于天然林海和石山冰峰之间,宛若金色"巨龙"腾游天地。自然景观犷中有精,静中有动,雄中有秀,野中有文,构成奇、峻、雄、野的景观特点,享有世界奇观、人间瑶池之誉。

黄龙为国家重点风景名胜区，1992年12月被列为世界自然遗产。

黄龙以规模宏大、类型繁多、结构奇巧、环境原始、色彩丰艳的地表钙华景观为主景，在中国风景名胜区中独树一帜，成为中国一绝。黄龙沟，似中国人心目中"龙"的形象，因而历来被喻为"人间瑶池"、"中华象征"。在当地更为各族乡民所尊崇，藏民称之为"东日·瑟尔嵯"，意为东方的海螺山（指雪宝山）、金色的海子（指黄龙沟），这里每年农历6月12日～15日举行的黄龙庙会盛况煊赫、波及西北各省区各族民众参加的转山庙会。

黄龙是以绚丽的高原风光和特异的民族风情为综合景观的基调。高山摩天、峡谷纵横、莽林苍苍、碧水荡荡，其间镶嵌着精巧的池、湖、滩、瀑、泉、洞等各类钙华景观，点缀着神秘的寨、寺、耕、牧、歌、舞等各族乡土风情。

中国最东的冰川遗存：其中以岷山主峰雪宝鼎地区最为典型。此区山高范围广，峰丛林立，单5000米以上高峰就达7座，其中发育着雪宝鼎（5588米）、雪栏山（5440米）和门洞峰（5058米）三条现代冰川，使此区域成为中国最东部的现代冰川保存区。主要冰蚀遗迹有角峰、刃脊、冰蚀堰塞湖等；现代冰川和古冰川遗迹及其与钙华之间的关系等，均具有重要的科研价值。

黄龙景类齐全、景形特异，但又组合有机、整体和谐，在高原特有的蓝天白云、艳阳骤雨和晨昏季相的烘染下，呈现出一派时时处处皆景，动态神奇无穷的天然画境。

2. 嶂石岩

嶂石岩位于河北省会石家庄市西南100千米处的赞皇县境内，面积120平方千米。最高峰黄庵垴海拔1774米。山势层峦叠嶂，悬崖峭壁，素有"百里赤壁"，"万丈红峻"之称。地貌被专家命名为"嶂石岩地貌"。1998年列入世界吉尼斯纪录的最大天然回音壁坐落在景区中部。

嶂石岩的景观大致可概括为"三栈牵九套，四屏藏八景"。九套即接连三栈的九条山谷，包括东面的石人寨沟和西侧的肩膀台沟、西三套、嶂石岩沟、大北掌沟、槐泉峪、回音谷、大西沟、冻凌背峪。四屏即四处相对独立的风景区，包括东侧的九女峰景区和西侧自南而北排列的圆通寺、纸糊套、冻凌背景区。

嶂石岩是太行山中最为雄险与灵秀的地段，它以丹立翠横的气派，峻峭挺拔的雄姿，横空出世，呈现出一派丹崖、碧岭、奇峰、幽谷等独特的山岳景观，这里叠起的三层赤壁红崖，每层高度在100～150米，陡崖与陡崖相叠部分又形成了天然的栈道，南北达10千米左右"百里赤壁，万丈红峻"被称为"嶂岩三叠"，在天然栈道上形成的自然次生林，春夏碧翠茂密，金秋欲火似染，远处望去蔚为壮观，这种独特的地貌景观，就是被地质地貌学家称为中国三大砂岩旅游地貌（丹霞地貌、张家界地貌、嶂石岩地貌）之一的"嶂石岩地貌"。

3. 兴文天盆

国家地质公园、国家重点风景名胜区石海洞乡位于四川盆地南缘,景区总面积121平方千米,其中核心景区面积14平方千米。景区内"地球特大漏斗"、"中国系统游览线路最长的溶洞——天泉洞"、"大规模地表石海"三绝共生,囊括了地球上所有喀斯特地质地貌,构成了世界级喀斯特景观资源。

大漏斗像一口无比巨大的"天盆",置于石林峰丛之中。漏斗长径为650米,短径为490米,深度为208米,古生物化石广泛分布。

石海洞乡风景区东起兴文城南的梅子坳,西至象鼻石,绵延20余千米,主要有石海、大漏斗、天泉洞三大奇景。

大漏斗像一口无比巨大的"天锅",置于石林峰丛之中。其形状之完美,规模之宏大,科研与观赏之价值,都远远超过曾号称"世界第一"的美国阿里西波大漏斗和闻名世界的南斯拉夫维利卡落水洞,堪称地球特大漏斗。

本章小结

特异地貌旅游景观是具有观赏价值和旅游吸引功能的优美奇特地表形态的总称。特异地貌旅游景观包括岩溶地貌景观、丹霞地貌景观、火山地貌景观、风沙地貌景观、奇特地貌景观。

特异地貌旅游景观的基本特征:是构成具有独特的吸引力景区的骨架和基础;可以单独构景,直接形成旅游景观;在某些景区通过特异地貌的配景可以增加美感;特异地貌景观对风景区意境的形成有很大影响;特异地貌旅游资源具有观赏和科学研究双重价值;特异地貌旅游资源大多具有不可再造性等特征。

特异地貌景观的旅游功能:特异地貌景观具有形态美,可以开展观赏性旅游活动;特异地貌景观具有文化性,可开展科考性旅游。

特异地貌景观的审美特征:奇特美、幽静美、野逸美、内在美。

中国著名的特异地貌旅游景观如下。

岩溶地貌景观:桂林山水、路南石林。

丹霞地貌景观:武夷山、丹霞山。

火山地貌景观:五大连池、镜泊湖。

风沙地貌景观:魔鬼城、鸣沙山——月牙泉、沙坡头、罗布泊雅丹奇观。

奇特地貌景观:黄龙、嶂石岩、兴文天盆。

重点内容

特异地貌景观审美　桂林山水　路南石林　武夷山　黄龙

案例分析

举世无双的本溪水洞

本溪水洞风景名胜区位于辽宁省本溪市东郊,距本溪市中心28千米,是目前发现的世界第一长的地下充水溶洞。

本溪水洞风景名胜区以水洞为中心,包括温泉寺、庙后山、关门山、汤沟、铁刹山五处重要景点,是集山、水、洞、湖、林等自然景观和寺庙、古人类遗址等人文景观于一体的风景名胜区。

本溪水洞洞口坐南面北,呈半月形,上端刻有薄一波手书"本溪水洞"四个大字。进洞口是一座高、宽各20多米,气势磅礴,可容纳千人的"迎客厅"。大厅向右,有旱洞长300米,洞穴高低错落,洞中有洞、曲折迷离;古井、龙潭、百步池等诸多的景观,令游人遐想联翩,流连忘返。大厅正面,是通往水洞的码头,千余平方米的水面,宛如一座幽静别致的"港湾",灯光所及,水中游船、沿中石景倒映其中,使人如入仙境。从护岸石阶拾级而下,通过长廊从码头上船,即可畅游水洞。

水洞地下暗河全长2800米,面积3.6万平方米,空间40余万立方米。最开阔处高38米、宽50米,洞内水流终年不竭。河道曲折蜿蜒。"三峡"、"九湾"清澈见底。故名"九曲银河"。银河两岸石笋林立,千姿百态、光怪陆离,洞顶穹窿,钟乳高悬、晶莹斑斓、神趣盎然,沿河百余处,景点各具特色,新开发的"源头开地""玉女宫"等500米暗河景观别有天地,神秘莫测。洞内空气畅通,常年恒温10℃,四季如春。洞外盘绕山腰的古代回廊,别具风韵的人工湖和水榭亭台,使景观相得益彰,泛舟其中,尽享美景奇岩。洞外长廊、湖泊、亭台、水榭融成美丽的画卷。

分析:本溪水洞的旅游功能与欣赏意义。

基本训练

1. 判断题

(1) 石林是典型的岩溶地貌景观。

(2) 黄龙于1992年被联合国教科文组织世界遗产委员会评为自然与文化遗产,列入《世界遗产名录》。

(3) 丹霞地貌景观是指在红色砂砾岩上发育的方山、奇峰、陡崖、赤壁、巨石等具有旅游价值的特异地貌景观。

(4) 鸣沙山——月牙泉集大漠、黄河、高山、绿洲为一处,被旅游界专家称之为"世界垄断性的旅游资源",既具江南景色之秀美,又兼西北风光之雄奇,是闻名全球的旅游胜地,是国家级自然保护区。

(5) 素有"火山博物馆"之称的五大连池是因火山熔岩堵塞白河河道而形成的五个相连的火口湖。

(6) 丹霞山风光奇秀,与西樵山、罗浮山、鼎湖山合称"广东四大名山"。

(7) 地貌被专家命名为"嶂石岩地貌"。列入世界吉尼斯纪录的最大天然回音壁坐落在四川盆地南缘。

(8) 石海洞乡风景区主要有石海、大漏斗、天泉洞三大奇景。

2. 选择题

(1) 蒙古人称为"苏鲁木哈克",哈萨克人称为"沙依坦克尔西"的是（　　）。
A. 罗布泊雅丹地貌　B. 沙坡头　C. 鸣沙山　D. 魔鬼城　E. 黄龙

(2)（　　）景观是指地表可溶性岩石受水的溶蚀作用形成的具有旅游观赏价值及科学考察意义的峰林、石林、溶洞、溶斗、溶蚀洼地等地貌形态。
A. 丹霞地貌　　　　B. 风沙地貌　　　　C. 雅丹地貌
D. 火山地貌　　　　E. 岩溶地貌

(3) 镜泊湖是我国最大的高山（　　）。它是在断陷湖湖盆的基础上,经熔岩流堰塞而成的。
A. 冰川湖　　　　　B. 断层湖　　　　　C. 潟湖
D. 堰塞湖　　　　　E. 火口湖

(4)（　　）的像生石数量多,景观价值高,举世罕见,被人们誉为"天下第一奇观"。
A. 黄山　　　　　　B. 沙坡头　　　　　C. 桂林山水
D. 丹霞山　　　　　E. 石林

(5)（　　）兼有黄山云海奇峰和桂林山清水秀的特色,具有极高的旅游价值与美学观赏价值。
A. 武夷山　　　　　B. 黄龙　　　　　　C. 九寨沟
D. 丹霞山　　　　　E. 庐山

3. 简答题

(1) 阐述特异地貌景观的含义和分类。
(2) 特异地貌景观有哪些特征?
(3) 特异地貌景观的旅游功能是什么?
(4) 特异地貌景观的欣赏包含哪些内容?
(5) 我国著名的特异地貌景观有哪些?

4. 实训题

(1) 我国岩溶景观中有哪些具有较高的旅游价值?
(2) 根据所学理论,试分析武夷山的旅游功能和旅游观赏价值。

第三章
水体旅游景观

> 学习目标

在自然景观中，水体景观是最富活力和魅力的组成部分。汹涌澎湃的大海、浩荡奔腾的江河、碧波荡漾的湖泊、飞流直下的瀑布、千姿百态的清泉，构成了地球上千姿百态的水体景观。古人用"山水"作为多因素组成的风景名胜的代名词，可见水体景观在旅游景观中的重要地位。通过本章的学习，使学生了解水体旅游特点，理解水体旅游景观的涵义、类别，熟悉我国著名的具有代表意义的水体景观、掌握水体旅游景观的旅游功能和欣赏价值。

第一节 概 述

水体景观是大自然风景的重要组成部分，是自然景观的"灵气"之所在。它不仅能独立成景，而且能点缀与映照周围旅游区景象，构成优美的自然风景。

一、水体旅游景观的含义

水体就是对江河、湖海、瀑泉的总称。水体旅游景观，是专指由水体本身或以水为主与其他造景因素相融合而形成的具有旅游观赏价值的自然景观。

二、水体旅游景观的类别

由于受地形和气候等自然因素的综合影响，水总是以多种形式存在于自然界，它或以水蒸气、云雾等气态形式出现，或以雨、露、泉、湖、江河、瀑布、海洋等液态形式存在，或以霜、雪、雾凇、冰雹、冰川等固态形式出现。

水体旅游景观按水体性质、基本形态、旅游功能及审美价值，划分为江河景观、湖泊景观、瀑布景观、泉水景观、海洋景观等类型。

1. 江河景观

江河景观是指自身成景或与其他景观相结合构成的河川风景。

具有旅游意义的江河景观，可归纳为以下两类。

（1）景色优美的江河景观 不同河流由于所处地理条件的差异，可以表现为不同的景致；同一条河流由于流经地区的地貌、气候的差异，上、中、下各段也表现出不同特征，同一条河流的同一河段也因季节变换，表现出不同景致。如长江、黄河、漓江。

有些河流开发历史悠久，沿河附近旅游名城相间分布。著名的如长江、黄河、江南运河、钱塘江、湘江、赣江、漓江、黑龙江等。长江沿岸分布着110多座大中城市，其中著名古城、工商城和风景城有上海、南通、扬州、镇江、南京、芜湖、泸州、宜宾等。黄河及其支流沿岸的咸阳、西安、洛阳、开封，是显赫一时的历史古都，兰州、银川、包头、呼和浩特、济南等城市，既有大量风光胜迹，又聚集现代都市风情。江南运河流经太湖流域，沿河古城、工商业城市和旅游名城有杭州、嘉兴、苏州、无锡、镇江等。开辟这些河流沿线的乘船旅游，既可欣赏沿线风光，又可游览沿线城市风貌。

（2）漂流探险的江河景观　江河漂流探险是近几年逐步兴起的一种旅游形式，它以全程参与有惊无险、野趣无穷的魅力，吸引着越来越多的游客。漂流不同于平湖泛舟，需有一定的水流速度支撑，"滩多浪急，有惊无险"是漂流探险的活动特征。目前我国可进行漂流活动的河段可达几百条，如长江上游山高谷深，水急滩险，是探险旅游的理想地段。作为"母亲河"的黄河，在宁夏、内蒙古河段开展的漂流活动，尤其乘坐独具特色的羊皮筏与牛皮筏，极富刺激性。

阅读资料 3-1

"三江并流"

"三江并流"自然景观位于中国西南部云南省青藏高原南部横断山脉的纵谷地区，由怒江、澜沧江、金沙江及其流域内的山脉组成，整个区域面积达4.1万平方公里。它地处东亚、南亚和青藏高原三大地理区域的交汇处，是世界上罕见的高山地貌及反映其演化的代表地区，也是世界上生物物种最为丰富的地区之一。该地区跨越丽江地区、迪庆藏族自治州、怒江傈僳族自治州三个地州，区内汇集了高山峡谷、雪峰冰川、高原湿地、森林草甸、淡水湖泊、稀有动物、珍贵植物等奇异景观。同时，该地区还是16个民族的聚居地，是世界上罕见的多民族、多语言、多种宗教信仰和风俗习惯并存的地区。长期以来，"三江并流"自然景观一直是科学家、探险家和旅游者的向往之地，具有重要的科学价值、美学意义和丰富多彩的少数民族文化。

2. 湖泊景观

湖泊是陆地上的洼地积水形成的水体。

湖泊按其分类方法不同，种类较多。按成因可分为构造湖、火山湖、潟湖、岩溶湖等；按湖水与径流的关系，分为内陆湖和外流湖；按湖水的矿化程度分为淡水湖、咸水湖和盐湖。

我国的湖泊，因民族和地域的差异，各地称呼有异：内地多数汉族聚集区称为湖泊；太湖一带称为荡、漾、塘；东北平原称泡子；内蒙古自治区称为诺尔淖或海；新疆维吾尔自治区有称库尔、库勒的；西藏地区则称错或茶卡。

湖泊景观绝不仅仅是湖泊水体本身，更重要的是以它为核心的各种自然构景要素（如湖中或湖滨的地形、生物、云雾等）和各种人文构景要素（如遗址、建筑、园林、寺庙等）所组成的各个景点和综合景象。

3. 瀑布景观

瀑布，是流水从悬崖或陡坡上倾泻而下形成的水体，或者说是河流纵断面上突然产生坡折而跌落的水流。瀑布景观是水体景观中的一个重要组成部分，具有独特的美学价值，飞流直下，仪态万千，给人以充满活力的动态美感，因而是一种重要的水景旅游资源。

瀑布有多种类型，划分方法多样。按瀑布的水流量的洪枯多寡，可将瀑布划分为常年瀑布、季节性瀑布和偶发性瀑布；按瀑布的跌水次数可分为单级瀑布和多级瀑布；从瀑布本身的气势大小造型优美等，分为雄壮型和秀丽型等类型；按瀑布产生的环境条件差异分为：江河干支流上的瀑布、山岳涧溪瀑布和地下飞瀑；按瀑布分布特点可分为孤立型瀑布和群体型瀑布等。

按瀑布的成因及瀑布的本质特征，可将瀑布景观分为以下类型。

（1）构造瀑布景观　是由地壳运动使地层发生断层所形成的瀑布景观。如：庐山三叠瀑布、石门涧瀑布、香炉峰瀑布。当多级断层以地堑或地垒的形式出现时，则可形成多级瀑布景观。

（2）堰塞瀑布景观　由火山喷发出来的熔岩漫溢，阻塞河道，造成原来河流在熔岩陡坎上产生跌水，形成瀑布景观，或由山崩、滑坡、泥石流等堆积物阻塞河道而形成瀑布景观。如黑龙江镜泊湖的吊水楼瀑布，四川迭溪瀑布。

（3）差异侵蚀瀑布景观　当两种不同抗冲能力的岩层在一起，并同时受到一条河流的冲蚀，则会产生差异侵蚀瀑布景观。如黄河壶口瀑布的后期发育就属此类。

（4）喀斯特瀑布景观　在石灰岩地区，因水流溶蚀作用使石灰岩岩层、落水洞等发生坍塌或钙化层的不断堆积，河道中出现天然坝坎等因素形成，有时还可形成喀斯特暗瀑。如：金华冰壶洞瀑布。

（5）悬谷瀑布景观　此类瀑布往往以古冰斗或火山口为积水潭，再经由边缘的缺口，夺路飞跌而成。如：广东南海的西樵山瀑布群。

4. 泉水景观

泉是地下水的天然露头。泉水不仅美化了大地，还给人们提供了理想的水源。许多河流和湖泊水来源于泉，因此，泉有"河源"之称。达到一定规模的泉水,才有可能开发成为泉水景观。

泉的类型多种多样。按泉的水文地质条件分承压泉、潜水泉;按水的出露情况分下降泉、上升泉或喷泉、间歇泉、溢出泉;按水温可分为冷水泉(低于当地的年均温)、温泉(当地年均温以上,45℃以下)、热泉(45℃以上)及沸泉;把泉水具有的特种化学成分和气体成分(矿化度)在1克/升以上,并对人类肌体显示良好生物生理作用的称为矿泉;按泉水的奇异特征可分为喊泉、笑泉、乳泉、盐泉、珍珠泉、含羞泉、香水泉等。

泉水景观按旅游功能可分为如下几类。

(1) 观赏泉　我国以泉为主体景观而闻名的旅游地或景点很多。如陕西华清池、太原晋祠、甘肃酒泉公园、甘肃敦煌的月牙泉、云南大理蝴蝶泉等。以"泉城"而家喻户晓的济南,曾经是"家家泉水,户户垂柳"。

(2) 康乐泉　康乐泉是以利用矿泉和温泉疗疾健身为主的泉水。矿泉水中含有的多种化学成分,再加上一些泉水的温度较高,便使其具有了很强的医疗功能。我国利用温泉治病的历史悠久,疗养地遍及全国。其中著名的有:西安市临潼华清池温泉、鞍山市的汤岗子温泉、云南安宁温泉、广东从化温泉、五大连池矿泉等为举国闻名的度假疗养地。

(3) 品茗泉　矿泉在地下经过多次过滤,杂质少、矿化度低、色清味纯、水质甘甜,用来泡茶、酿酒,在我国历史悠久。杭州的"虎跑泉"以质纯味甘著称,龙井茶以色香味俱佳著于世,用虎跑泉水泡龙井茶被誉为"西湖双绝"。中国的名酒佳酿,多用泉水酿造。如茅台、五粮液、莲花白、白沙液、乳泉酒、惠泉酒、青岛啤酒等所使用的都是泉水。

5. 海滨景观

海洋是世界最大的水体,约占地表总面积的71%,它以浩瀚无际,深邃奥妙的魅力吸引着每一个旅游者。

按海洋旅游的内容,可把海滨景观分为以下几种类型。

(1) 观赏海洋风光的景观　海面风光:辽阔的海面,水天一色,广阔无边,风平浪静时微波荡漾;波浪滔天时,惊心动魄。海景的多变,令人神往,给人启迪,具有传奇性的海市蜃楼奇景及海滨观潮,更是极具吸引力。如我国的钱塘观潮,蓬莱阁观"海市",许多文人墨客写诗赞美。苏东坡诗云:"八月十八潮,壮观天下无"、"重楼翠阜出霜晓,异事惊倒百岁翁"。

海岸景观:丰富独特。有柔软温暖的金色沙滩,五色缤纷的砾石、卵石,五光十色的珊瑚、贝壳,奇形怪状的礁石悬崖,海浪威力的惊人遗迹;天斧神开的海蚀、堆积海岸等自然风光,还有众多的名胜古迹、灯塔、渔港、渔村、现代建筑等人文景观。

海洋生物:种类丰富,形象独特,对游人有极大的吸引力。不少国家或地区兴建的水族宫,海洋公园等专供游人观赏水下生物。

第三章　水体旅游景观　67

(2) 休疗与水上娱乐的景观　海水不仅有观赏价值,而且有疗养功能。海水中含有钠、钾、碘、镁、氯、钙等多种对人体非常重要的元素,尤其是碘的作用日益受到世人的重视。海滨空气中含有这些元素也较多,对人体健康有利,更有利于创伤、骨折等疾病的康复。海滨空气中的氧和臭氧含量较多,而且少灰尘,空气清新,太阳的紫外线较多。由于水的比热大,缩小了气温变化的幅度,故环境比较舒适,是人们消暑避夏、休息疗养的好去处。

海滨更为人们提供了一个广阔的娱乐天地。海滨还宜于开展海浴、驶船、帆板、冲浪、潜水、垂钓等多种体育运动以及品尝海鲜。充足的阳光、柔软的沙滩、清新的空气、旖旎秀丽的风光,使海滨多成为旅游胜地,尤其气候适宜、阳光充足的地中海沿岸、夏威夷、加勒比海、东南亚、我国的海南等,都成为世界著名的避暑、疗养、休假和水上活动胜地。现代旅游业中的所谓"三 S"(Sun、Sea、Sand)都与海滨有关。

阅读资料 3-2

"三 S"

现代旅游的"三 S"所指的阳光、海水、沙滩,实际是以海洋为中心的。

海洋是世界上最大的水体,占地球表面积的三分之二以上。但目前海洋旅游主要还只是在滨海和近海进行。海滨空气清新、环境洁净、舒适宜人,而且沙滩、海岸及珊瑚和水生鱼类和植物丰富了旅游内容,因此成为理想的旅游场所。海滨宜于开展观光、休闲、度假、疗养等项目,还可进行海水浴、阳光浴、帆板、冲浪、潜水、垂钓、水上摩托艇、水上跳伞、沙滩排球等娱乐和体育运动。中国拥有漫长的海岸线,海岸地貌类型齐全,适于开展各种海洋旅游项目。

(3) 海底观光探秘的景观　随着现代科技的发展,海底观光探秘已成为海洋旅游活动的一个重要组成部分。游客在潜水督导员的指引下,潜到水下去观赏鱼类、珊瑚等海生动物,或游览和考察海底地貌,或去探寻水下的古迹沉船,还可以在游览中进行水下狩猎、摄影和打捞活动。据统计,世界上已有 30 多个国家建立了海洋旅游中心,每年吸引着几百万游客。其中美国、澳大利亚、新加坡、泰国、菲律宾、印尼的海域都是潜水旅游者最向往的地方。我国这项特种旅游项目也在建设和开发中。主要潜水基地有湛江和海南岛,这里属热带地区,具备海底公园开发的天然条件。除了潜水旅游外,还可以发展以领略海底风光为目的的"人工海底乐园"。

21 世纪将是海洋的世纪,作为水体景观重要组成部分的海洋,开发利用前景广阔。

三、水体旅游景观的特征

水体作为旅游景观，其重要的特征主要有以下几个方面。

1. 美感性

无论是江河湖泊，还是涌泉飞瀑，水在构景中都具有声音美、形象美、倒影美、色彩美等形象生动的特点。高山大河有汹涌澎湃之势，山涧小溪有潺潺之音，平原河流蜿蜒流淌；大湖泊有烟波浩渺之势，小湖面有秀丽娇艳之姿；微风涟漪使人感到宁静素雅，急流奔腾使人感到生气勃勃；瀑落深潭，声震数里；泉涌如轮，生机盎然。总之，水作为流动的形体，能够增加风景区的明媚和活力，即所谓"山无水不活，水无山不媚"，"因山而峻，因水而秀"。

2. 哲理性

所谓"仁者乐山，智者乐水"，充分表现了体现自然美的山和水对人的行为、道德、思维的影响和升华。自易经始，水就汇入了哲学的范畴中，如阴柔、虚实、刚柔、动静等。山水体系中的水，则以其自身的物性特征，被模糊划入阴、虚、柔、动的范围中，成为山水旅游系统的支柱。

3. 文化性

追溯历代文人墨客的山水旅游历史，文化性表现尤为突出，在园林山水、山水盆景、山水诗画和山水散文中都得到了充分的体现。千百年来，人们在旅游观赏中，在其文化作品中，对客体山水的思索和研究，产生了良好的文化促进效果，以系统的美学思想去寻找自然山水景观，同时又在丰富的自然山水观赏中提高和丰富了中国传统的山水美学思想。

4. 广泛性

由于水的物性和分布所决定，反映出来的水体景观具有广泛性的特点，即：种类多、内容丰富、历史悠久、地域广阔及参与者众多。旅游中的观光、探险、休息及体育娱乐等都可以通过水体旅游得以实现。在地域上，如在北方冬季，可进行固态水体的旅游，从而增加了水体旅游的新含义，如雪凇冰景观赏，滑雪、冰上等体育活动。可以这么说，只要体魄健康的人，没参加过广义水体旅游的恐怕不存在。因此，水体旅游是一项受广大群众喜爱的旅游项目。

5. 山水对应性

在中国的传统文化与思想观念中，山阳水阴，山实水虚，山刚水柔，山静水动等实际上都反映了主体式的山水对应性。在中国的文化基液的抚养下，形成了山水对应，使之得到诸多对应词汇，如山水诗、山水画、山水园林、山水游记及山水美学思想等，表现了中国传统文化的特质。中国独特的山水对应喜好在旅游中表现得尤为明显，凡是为人们喜爱的旅游胜地必是有山有水，山水相依。

第二节　水体景观的旅游功能及欣赏价值

水是生命之源，也是生物的重要生存要素，是人类生活和生产活动不可代替的物质。而且，水本身就是美丽的风景。人类社会的文明史，在一定意义上讲就是人类对水的驾驭和利用史，也是人类对水的享受史。

一、水体景观的旅游功能

水体是具有很高旅游价值的自然旅游景观，它能为游客提供多种旅游功能。山是水的筋骨，水是山的血脉，风景胜地大多数以有水为佳，溪流、瀑布使山地变得生动活泼，云雾使群山时隐时现，似有似无，产生缥缈朦胧之美；水滋润了花木，养育了动物，从而使景色秀丽，充满了生机。郭熙曾说："山无云则不秀，无水则不媚。"

1. 审美功能

水体，以它具有的形、声、色、影、态变化的多样性展示着其特有的美感，成为旅游中重要的审美对象。水的雄壮之美，奔腾不息的江河和飞流直下的瀑布，以其不可阻挡的阳刚之势令人惊叹和赞美。汹涌澎湃的大海潮起时，惊涛拍岸，以轰天沃日之势令人感慨和震撼。雄壮之美往往使人产生仰慕或敬畏之情，催人奋进。水的秀丽之美，"如情似梦"的漓江，"浓妆淡抹总相宜"的西湖，给人以平静和谐美感。秀丽之美给予旅游者的是清新和谐、愉快、亲切、阴柔优美的审美感受。水的奇特之美，往往以其出人意料之外的形态，给游客一种巧夺天工而非人力所及的感叹。黄山的奇云似锦似缎，变幻无穷，云海驰名中外，人字瀑、百丈泉、九龙瀑等都是具有奇特形象的典型风景。另外，水的色彩美、动态美、声音美都给游客不同的美感享受。

2. 康乐功能

温泉、矿泉有疗疾健身的功能。这些水体中含有多种化学成分，通过对人体的药理和化学生物作用，使其具有治病健身的功效。如利用温泉治病在我国已具有悠久的历史和丰富的经验。现在，我国很多地方都建立了温泉浴。清澈的河水，碧波荡漾的湖泊，夏日的海滨，都具有极丰富的娱乐健身功能。如海滨可开展海水浴、驶船、帆板、冲浪、潜水、垂钓、观景等活动。

3. 品茗功能

茶与水的关系非常密切，我国几千年的传统饮食习惯，使人们既重视茶叶的质量，更重视水的质量。名茶必须用好水，已成为人所共知的道理。水质清醇的泉水既可供品茗，也可供酿造。中国的许多名酒佳酿，使用的都是优质的水体。

4. 文化功能

古往今来，不少文人墨客以秀丽的江河湖泊、雄壮粗犷的瀑布为对象，吟诗作赋，写下了许多流传至今的优美诗篇。一些湖边水体边的摩崖题刻、传说等，形成了丰厚的文化积淀，浓郁的文化氛围，提高了观赏价值。

二、水体景观的旅游欣赏价值

海洋、江河、瀑布、泉水、云雾和冰川构成美不胜收的水体景观。水体景观的可欣赏价值，或者说美学价值主要有以下几方面。

1. 动态美

所谓"山得水则活"，是因为水的流动、跌宕、声响，打破山谷的沉寂，改变景观的形态，同时还给植物鸟兽提供滋养，给人一种生机勃勃的审美感受。

"春水绿而澈湘，夏津涨而弥漫，秋潦尽而澄清，寒泉涸而凝滞"。这种水体景观形色随季节变化的特征，使相关景致不同程度地动态化、丰富化。

瀑布是最具动态美的水体景观。山中近观飞瀑，或浪花四溅，或珠帘轻泻，或银河落天，或雷奔云卷。其形态多变，充满活力，气势动人，洗涤胸襟。如黄果树瀑布、壶口瀑布、庐山的三叠泉等，均呈现出瀑布景观的动态美。

2. 形象美

水在自然界有三种存在形式，即液态、固态和气态。液态和气态的水本无形，但在不同的环境中或为波澜壮阔的海洋，或为一平如镜的湖泊，或为奔腾不息的河流，或为跌宕飞溅的瀑布，或为澄碧晶莹的泉水，或为晶莹剔透的冰雪，以不同的形象风韵吸引着游人。

海洋有浩瀚无际之势，大河有汹涌澎湃之状，山涧小溪有曲折蜿蜒之态，湖泊有秀丽娇艳之姿；微风涟漪使人感到宁静素雅，急流奔腾使人感到生气勃勃；瀑落深潭，激扬飞荡；泉涌如轮，生机盎然。

3. 声音美

水流的声音是美的。推波助澜的急流，惊涛拍岸的潮流，空山轰鸣的飞瀑，以及恬静的涓涓细流，各自弹出了不同声域的乐章。既给人以强烈的动感，又悦耳动听，给人以音乐美的享受。

4. 色彩美

水本来是无色透明的，但在不同的地理环境中由于所含矿物质及洁净程度的不同，或者受天色及周围自然景物的影响可产生丰富的色彩。透射水底不同基岩水草的颜色；反射岸边的景物岩石色彩；因水体中悬浮物质、浮游生物的多少，发生折射、散射形成不同的水色；水体本身所具有的晶莹清澈优越的水质吸引游人。如：黄河因含沙量大，成为世界上特有的黄色巨流，在阳光下像一条金色的带子；四川九寨沟的美景，美就美在水的清澈、水的晶莹、水的多彩；桂林漓江山水被比喻成："江作青罗带，山如碧玉簪"。这些赞美自然界中水色之美的诗句成为千古绝唱。

第三节　中国著名水体旅游景观

中国风景水体旅游景观气象万千，有奔流万里、横贯东西的长江、黄河；有涌潮奇绝的钱塘江；有被古人比为美女西施的杭州西湖；有如"瑶池明镜"的天山天池；有奇峰秀水的漓江；有喷玉溅珠的清泉；有壮观奇美的飞瀑；有诗境画意的海滨景观。处处似鬼斧神工，令人赞叹不已。

一、中国著名的江河景观

我国是一个河流众多的国家，河流的旅游价值主要在于观光和漂流。

河流通常分为五个区段，即河源段、上游段、中游段、下游段和河口区。不同河段由于流经不同的地质地貌部位、不同的地理环境形成较为独特的形态和景观。

观光游憩河段，是指河水清澈，河谷形态奇特，两岸植被茂密、景色秀美，近岸地带人文资源丰富，可进行岸边或水上游览的河段。通常为河流的中游地段。

漂流河段，就是指河流中可以开展水上漂流、探险活动的地段。在河流的上游地段，由于河床纵坡大，水流湍急，适于开展运动性、参与性很强的水上漂流活动。河川漂流探险是近几年逐步兴起的一种旅游形式，它以全程参与、有惊无险、野趣无穷的魅力，吸引着越来越多的游客。例如：广东的九龙十八滩、德庆盘龙峡漂流、和平热水漂流、南昆山漂流等。

河口观潮。钱塘江大潮是仅次于亚马孙河口的、位居世界第二位的大潮，具有很强的可观性，每年农历的八月十五至十八是钱塘江大潮的最佳观潮期，从古至今均有盛大的观潮活动，届时大量的游人前往观潮。

水网水乡景观。河流出海口的三角洲地带，水网密集，形成了秀丽的水乡景观。

我国幅员广大，江河纵横，源远流长，地形复杂，气势磅礴。江河景观类型复杂，景色多姿，其中以长江、黄河、珠江、京杭大运河等为我国最著名的江河景观。

1. 长江

长江发源于青海省唐古拉山，流经青藏高原、横断山地、云贵高原、四川盆地、巫山山地以及长江中下游平原等几个不同地形区域，包括青海、西藏、云南、四川、重庆、湖北、湖南、江西、安徽、江苏和上海11个省、市、自治区，最后注入东海。全长6397千米，是我国第一长江，世界第三长河。

长江流域开发历史悠久，具有丰厚的欣赏价值和文化价值。以宜昌和湖口为上中下游分界。上游雄险多峡谷，水利资源丰富。位于万里长江第一湾的虎跳峡具有"狂涛卷地、飞瀑撼天"的雄伟气势。长江三峡是我国重点风景名胜区。中游沃野千里，经济发达，沿江景色秀丽，古遗迹、古战场等文化景观丰富。下游，特别是三角洲地区，天水一色，湖荡棋布，城镇毗连，是有名的水乡泽国、鱼米之乡。

古代长江流域是楚、巴、蜀、吴、越诸国所在地，有着发达的古老文化。流域内有"天府之国"的四川盆地，"湖广熟、天下足"的两湖平原，还有"江淮稻粮肥"的苏皖大地和"富饶甲海内"的长江三角洲。流域内拥有数十座大城市，是我国经济最发达的地区，也是旅游业发达的地区之一。大江上下自然景观和文化景观都很丰富，可以观赏雄伟秀丽的虎跳峡、长江三峡及大宁河小三峡等峡谷风光；可以探访巴、楚等古国遗址遗迹、古战场；还可以游览河网稠密、湖荡棋布的水乡泽国、鱼米之乡。因此，长江不失为一条黄金旅游线。

阅读资料 3-3

长江三峡

长江两岸青山，风景如画，最典型的景观集中于三峡地区，堪称四百里天然画廊。长江三峡西起重庆市奉节白帝城，东止于湖北宜昌南津关，全长 200 余千米，由瞿塘峡、巫峡、西陵峡三段峡谷和宽谷相间组成。瞿塘峡长 8 千米，入口处两岸山地壁立如削，形成三峡的门户——夔门，向以雄伟著称。瞿塘峡在三峡中虽然最短，却是一幅神奇的自然画卷和文化艺术走廊。巫峡长 45 千米，巫山十二峰沿江而立，峰奇峦秀，北岸的神女峰高耸俏丽，如神女立江天而远眺。船行江中如游彩色画廊，浓淡有致，以秀闻名。西陵峡中多礁石险滩，险滩处水流如沸，惊涛拍岸，故以险著称。

三峡旅游区优美景区众多，其中最著名的丰都鬼城，忠县石宝寨，云阳张飞庙，瞿塘峡，巫峡，西陵峡，大宁河小三峡等。

2. 黄河

黄河是我国第二长河，全长 5464 千米，发源于青海巴颜喀拉山，流经青海、四川、甘肃、宁夏、内蒙古、陕西、山西、河南、山东等省区，在山东东营市入渤海，流域面积 75 万多平方千米。

黄河从祖国大西北发源，流经高原、山地和平原等各种不同的地貌区，滋润了两岸的土地，曾为古人类的生存和发展创造了良好的条件，也哺育了高度发达的原始文化，因此，黄河流域是中华民族的发祥地，黄河是中华民族的摇篮。

黄河文化价值厚重。自有文字记载以来，中国早期活动中心以及封建社会早、中期的国家都城，都在黄河中下游地区。黄河流域是中国历史上的政治、经济和文化中心，逐渐形成了以兰州、关中、晋中南、中州、齐鲁等为中心的黄河流域文化区。在黄河流域已发现 2000 多处原始村落遗址、仰韶文化和龙山文化遗迹，以及古代的都城遗址、帝都园林、帝王陵墓、古代文化遗存；这里还有不同风格的塔、寺等宗教建筑，石窟、壁画等古代艺术瑰宝……所有这些都是中华民族悠久历史的见证，是我们今天发展旅游业的重要资源。

黄河流域旅游是展示我国古代灿烂文化的一条最佳旅游路线。而且，黄河也有其惊险动人的自然景色，峡谷地段壁立千仞，流急涛大，令人惊心动魄。上游的刘家峡，中游的龙门、壶口瀑布、三门峡都已成为著名游览区。

3. 珠江

中国第三大河，旧称粤江。原指广州到入海口的一段河道。后来逐渐成为西江、北江、东江的总称。珠江是岭南地区的长河，以西江为主源，全长 2320 千米。它支流众多，水量丰盈而平稳。流域内多急流峡谷，景色雄险而清秀。三角洲平原稻田密布，桑麻蔽野，果木成林，鱼虾满塘。这里也是全国人口最密集的地区之一。很早以来，勤劳的三角洲人民就在这里生息、开发、建设，使之成为全国著名的"鱼米之乡"、"桑蚕之乡"、"蔗糖之乡"和"果蔬花木之乡"。

珠江景色秀美、风光旖旎具有很高的欣赏价值。特殊的地理位置形成了它复杂、多变的地形、地貌，自然景观及人文景观多姿多彩，风情万种，尤其是以其支流漓江"水作青罗带，山如碧玉簪"为代表的自然山水更具"甲天下"的美学价值。

在北回归线上的国家和地区，多为沙漠或荒漠高原，唯有珠江流域，是绿洲一片，郁郁葱葱，占尽风流。流域内峡谷区两岸层峦叠嶂，峰高入云，惊涛拍岸，古木参天。珠江三角洲河道纵横，支汊繁杂。平原上散布着一些海拔 300～500 米的残丘，形成三角洲特有的风光。肇庆的鼎湖山、南海的西樵山、博罗的罗浮山、番禺的莲花山、龙门的南昆山以及圭峰山、丫髻岭等，基岩裸露，节理发育，形成雄伟奇峻的山景，并兼得水、木之美，且气候宜人，因此，都先后被开发为风景游览胜地或避暑胜地。

阅读资料 3-4

雅鲁藏布江

在号称"世界屋脊"的青藏高原，有两个世界之最：一个是世界最高的山峰——珠穆朗玛峰，一个是世界最深最长的河流峡谷——雅鲁藏布大峡谷。高峰与深谷咫尺为邻，近万米的强烈地形反差，构成了堪称世界第一的壮丽景观。

雅鲁藏布江河床平均海拔在 3000 米以上，是世界上最高的大河。它的下游围绕喜马拉雅山东端的最高峰，形成一个奇特的马蹄形大拐弯，在青藏高原上切割出一条长 504 千米的巨大峡谷。峡谷平均深度 2268 米，最深处达 6009 米，是不容置疑的世界第一大峡谷。美国的科罗拉多大峡谷和秘鲁的科尔卡大峡谷，曾被列为世界之最，但他们都不能与雅鲁藏布大峡谷一争高下。

雅鲁藏布大峡谷，映衬着雪山冰川和郁郁苍苍的原始林海，云遮雾涌，神秘莫测。大峡谷的水，从固态的万年冰雪到沸腾的温泉，从涓涓细流、帘帘飞瀑到滔滔江水，真是千姿百态。大峡谷的山，从遍布热带雨林的山脉到直入云天的皑皑雪山，认人感觉如神来之笔。

大峡谷的奇异景观还体现在生物的多样性上，在同一坡面上，从高到低形成了九个垂直自然带。不同高度的自然带呈现出不同的自然景观，犹如凌空展开的一幅神奇美丽的画卷。在这里，可以见到从寒冷的北极到炎热的赤道分布的动植物。许多珍贵的林木和花卉生长在人迹罕至的地方，各种野生动物攀援穿梭其间，真不愧"植物类型博物馆"和"动物王国"的美誉。

雅鲁藏布大峡谷的发现，是 20 世纪人类最重要的地理事件之一。可以预料，在 21 世纪，雅鲁藏布大峡谷必将成为世界人民关注的一个热点。

4. 京杭大运河

北起北京，南止杭州。流经北京、天津、河北、山东、江苏、浙江六省市，全长 1764 余千米，沟通了海河、黄河、淮河、长江和钱塘江五大水系。京杭大运河是中国古代最伟大的水利工程，也是世界上最长的运河。

京杭大运河既是集古渡古镇、寺庙观庵、城垣园林、城市风光、古桥涵闸、农贸集市于一体的黄金线，又是融唐宋元明清历史遗存、典故传说、风俗民情于一体的文化线。

运河将燕赵、楚汉、鲁豫、吴越文化连环成链，成为贯串南北的重要旅游景观。江苏、浙江和上海都相继开辟运河水上游览线，从苏州到扬州，对古运河已进行整治，河道拓宽清淤浚深，河岸已砌成石驳岸，建成滨河绿化带及滨河景观，使运河成为一条环境优美、文化底蕴丰厚的历史长廊。

京杭大运河在中国政治、经济、军事、文化等方面发挥了重要作用。人民在开凿运河并充分发挥其作用的过程中，创造了大量的物质财富和精神财富。它与万里长城并称为我国古代的两项伟大工程，闻名于世界，是中华民族文明的标志和象征。

二、中国著名的湖泊景观

湖泊水天一色,视野开阔,妩媚诱人,使人心旷神怡。一个风景区有了秀丽的湖光,山色更加增辉,有了山清水秀,绿水环绕,湖光波影,岸边垂柳,风景才更加绚丽多姿,生机盎然。湖泊通过其形、影、声、色、奇变化的多样性展示着特有的美感,吸引游人前往观赏探索奥秘,同时湖泊还可开展垂钓、驶帆、游泳、品尝水鲜等多种水上活动。我国可作为旅游资源开发的湖泊数量丰富、类型多样、各具特色。

湖泊作为天然水景,主要具备形、影、色等欣赏价值。

湖形,就是湖泊的平面形态。由于湖泊所处地形部位和成因的不同,湖泊形状有多种多样,给人以丰富的想象。有很多湖泊就是以其形状而命名的,如大理的洱海、扬州的瘦西湖、日本的琵琶湖等,均名如其形,非常形象。

湖影,是指湖泊中的倒影丽姿。湖泊一般具有水色清澈、水面平静的特点,所以湖泊倒影多比其他水域清丽,深受人们喜爱。我国有许多清澈如镜的湖泊,特别是高山湖泊和高原湖泊,如天山天池、阿尔泰山的喀纳斯湖、台湾玉山脚下的日月潭、黑龙江的镜泊湖等,湖水含沙量少,气候比较清凉,植物生长茂密,水源补给以冰雪、山泉为主,故特别清澈、静谧、幽美,透明度一般可达8~10米。新疆的赛里木湖,其透明度可达12米以上,是我国目前已测定的湖泊透明度最大、水体最清澈的湖泊。

所谓湖色,即指水的颜色。我国的湖水有多种色相:高山、高原湖泊一般因水质清冽而多呈蓝色,如镜泊湖呈湛蓝,青藏高原上的鄂陵湖为青蓝色。平原的湖泊因含有较多的有机质而多呈绿色,如鄱阳湖呈碧绿色,太湖呈绿黄色,扬州瘦西湖呈淡绿色,南京莫愁湖为浅绿色。湖光水色与山林幽境相结合,形成了绝妙的山水美景。

我国是个湖泊众多的国家,天然湖泊面积在1平方千米以上的有2800多个,总面积达8万平方千米。在我国广袤的大地上,众多的湖泊犹如镶嵌在锦绣山河中的颗颗明珠,把祖国河山点缀得更加妩媚动人。最有代表性的天然湖泊景观有鄱阳湖、洞庭湖、杭州西湖、太湖、滇池、洱海、日月潭、青海湖等,此外还有人工建造而成的千岛湖等人工湖泊景观。

1. 太湖

太湖位于江苏无锡、苏州和吴县、宜兴境内,总面积2420平方千米,是我国第三大淡水湖。太湖烟波浩渺,气象万千,有"包孕吴越"之称。1982年,经国务院批准列为国家重点风景名胜区。

太湖以旷秀取胜,三万六千顷湖水弥漫,七十二峰岛屿散立,形成一幅湖中有湖、山外有山的壮阔图画。太湖清波白浪,重峦叠翠,湖光山色相映,四季意境迥然,自然风光秀丽雄浑。

太湖的人文景观也十分丰富。太湖周边不仅有春秋、秦、三国、唐、宋等众多的古迹，丰厚的文化遗存，还有上海、杭州、太湖苏州、无锡等现代化大都市，有得天独厚的发展旅游事业的条件。

2. 鄱阳湖

鄱阳湖是我国最大的淡水湖。它汇集赣江、抚河、信江、修水、都江等河流，分南北两湖，湖水北经湖口注入长江。

鄱阳湖烟波浩渺，碧波万顷。一条条晶莹绵长的河流与星罗棋布的湖泊塘堰，构成了一个向心状的水网——鄱阳湖水系。千百年来，鄱阳湖哺育着江西人民，也以它瑰丽的姿色吸引着众多的游人。

鄱阳湖位于地球的回归沙漠地带。但因湖区受带有大量水汽的东南季风的影响，得天独厚，平均年降水量在1000毫米以上，从而形成了"泽国芳草碧，梅黄烟雨中。枫红送暑归，翠竹迎风雪"的湿润季风型气候，成为全球回归沙漠带生态环境中一个独特的大湖泊。

鄱阳湖在多水的季节，碧波万顷，水天相连，渺无际涯。晴日浮光跃，舟发鸟翔；雨时云水茫茫，风急浪高；朝晖夕阴，气象万千。

唐代王勃在《滕王阁诗序》中所写"虹销雨霁，彩彻云衢。落霞与孤鹜齐飞，秋水共长天一色。渔舟唱晚，响穷彭蠡之滨……"，描绘的正是鄱阳湖的景色。

3. 洞庭湖

洞庭湖位于湖南省、长江南岸，以"洞庭盖神仙洞府之意"，面积2740平方千米，是我国第二大淡水湖。洞庭湖分东、南、西洞庭湖，以东洞庭湖水面最阔，容纳湘、资、沅、澧四水，吞吐长江，号称"八百里洞庭"，气势磅礴。这里气候温和，雨水充沛，湖滨平原地势平坦，土地肥美，湖内水产丰富，航运便利。古称"云梦泽"，浩瀚迂回，山峦突兀，其最大的特点便是湖外有湖，湖中有山，渔帆点点，芦叶青青，水天一色。春秋四时之景不同，一日之中变化万千。

古人描述的"潇湘八景"中的"洞庭秋月"、"远捕归帆"、"平沙落雁"、"渔村夕照"、"江天暮雪"等，都是现在东洞庭湖的写照。历代文人墨客都对美丽的洞庭湖作过热情的吟咏。北宋著名政治家、军事家和文学家范仲淹的《岳阳楼记》，"衔远山，吞长江，浩浩汤汤，横无际涯，朝晖夕阳，气象万千。"从岳阳楼的视角（居高临下）对洞庭湖变化多端的风光，描绘得淋漓尽致，脍炙人口。

秋季登楼览洞庭，湖水大涨，波平水满，涵容大宇。这里港汊纵横，渚清沙白，芳草如茵。春秋夏冬景色不同，朝晖夕阳，气象万千。湖中望岳阳楼，绿树浓阴之中，金碧辉煌，光艳夺目；楼上望湖中君山小岛，万顷银波之中碧如翡翠，若沉若浮，有"白玉盘中一青螺"之誉。环顾湖际，道道防洪大堤坚如铁壁，条条防护林带宛似绿色长城。

洞庭湖的气势雄伟磅礴，洞庭湖的月色柔和瑰丽。即使是在阴晦沉霞的天

第三章　水体旅游景观　77

气,也给人别致、谲秘的感觉,激起人们的游兴。碧波万顷的洞庭湖不愧为"天下第一水"。泛舟湖间,心旷神怡,其乐无穷。

4. 千岛湖

千岛湖位于浙江省杭州西郊淳安县境内。千岛湖因其山青、水秀、洞奇、石怪而被誉为"千岛碧水画中游"。它的湖区面积573平方千米,湖中拥有形态各异的大小岛屿1078座,平均水深34米,能见度最高达12米,属国家一级水体,被原新华社社长穆青赞誉为"天下第一秀水",整个湖区分为东北、东南、西北、西南、中心五大湖区。

千岛湖游览区的范围很大,游点多,美景均是天成。它以山青、水秀、洞奇、石怪而著称。湖畔港汊密布,湖岸线曲折多变,远眺难见水源之尽头;湖中岛丛有显、有隐,大小不等,形态各异,既似分隔,实又相通。

千岛湖碧波万顷,千岛竞秀,群山叠翠,峡谷幽深,溪涧清秀,洞石奇异,还有种类众多的生物资源,文物古迹和丰富的土特产品,构成了享誉中外的岛湖风景特点。近年来,经过大规模的改造和建设,已形成了品位较高、内涵丰富的羡山、屏峰、梅峰、龙山、动物野趣、石林六大景区的14处景点。"西子三千个,群山已失高;峰峦成岛屿,平地卷波涛。"(郭沫若《游千岛湖》)放舟千岛湖上,湛蓝湛蓝的水,清澈见底,使人想到梁朝沈约写的诗句:"洞澈随深浅,皎境无冬春。千仞写乔木,百丈见游鳞。""愿以潺湲水,沾君缨上尘!"纵眼湖中那数不清的岛屿,不是像一条腾舞的青龙,就像一头蹲伏着的猛狮,也许像一匹跃然而起的烈马,一只匍匐的龟鳖,一顶失落的僧帽……这些千姿百态、色彩各异的禽兽器物,不知在什么年代被一只神秘的手点化了,永远厮守在这水域之中。

5. 喀纳斯湖

喀纳斯湖位于新疆维吾尔自治区西北部阿尔泰山区布尔津县境内。湖居于喀纳斯中段的谷地中,海拔1300米,是我国最著名的冰川湖,并以秀丽的自然风光,誉满中外。湖身呈狭长形,最深处88米多,面积37.7平方千米。湖面稳定,水位变幅最小,水色湛蓝,水源受西北友谊峰上的喀纳斯冰川融水补给。青山环抱,景色明媚。更令人称奇的是,这个湖竟是一个变色湖,湖随季节和阴晴的变化,而呈现五彩之色。

三、中国著名的瀑布景观

瀑布景观由四大要素构成:一是造瀑层,即河谷中突然形成急坡地段的坚硬岩层,这个坚硬岩层就是造瀑层;如黄果树的造瀑层是石灰岩,壶口的造瀑层是厚层绿色坚硬砂岩,吊水楼的造瀑层是玄武岩。二是从造瀑层倾泻下来的水体,亦即瀑布。三是瀑下深潭,一般瀑下有潭,基本结构是一瀑一潭、瀑潭交错分布,形成瀑潭景观带。四是瀑前峡谷,它是造瀑层被侵蚀后退的产物,表示瀑布位置仍在向后面移动;峡谷一般不太长,但幽深狭长。

瀑布的最大特点是山水完美结合、融为一体。瀑布的观赏价值，主要从以下方面得到反映。

瀑布自身所具有的形、声、色、动态的景观特色。瀑布所具有的形、声、色、动态是其最大特点，其中"形"、"动"态最为主要，最具美学特征。挂挂瀑布，形若垂帘幕布或飞泻而下，或遇石后呈散状、片状而落，或受阻后分流呈人字形、多节形；崖、洞穴配合构成水帘状、迷雾状等。有喷洒百米以上的飞瀑，也有巨涛滚滚的瀑浪。千变万化，各有特色，给人以雄、险、奇、壮之美感。声态在水景中别具一格，它发出的轰鸣之声，似雷鸣声，似万马奔腾，让人惊心动魄。色态指瀑布下落形成的各种色彩，一般呈白色，常被人们形容为："白练"、"白绢"、"白纱"、"堆雪"等。此外，瀑布弥漫的水雾，在阳光的照射下，还会呈现出缤纷的彩虹。

瀑布与周围自然景观组合的幽美。一个瀑布所具有的形、声、色、动态，使其在自然景观中成为独具一格的迷人胜景，若与山石峰洞、林木花草、蓝天白云等自然环境要素相结合，更会形成美若仙境的风景名胜区。例如：黄果树风景名胜区，不仅有雄伟壮观的瀑布，而且周围有茂密的林木，幽深的峡谷，山清水秀，环境优美。特别是瀑后水帘洞，瀑下的碧潭与瀑布相伴生的瀑下霓虹，能给瀑布增添一些奇景美感。如河南桐柏县水帘洞、贵州黄果树瀑布后面的水帘洞、湖南衡山的水帘洞等。我国许多瀑布下的深潭都只有一个名字——龙潭，瀑布之名也往往用龙潭瀑布称呼之，可见瀑潭的关系是十分密切的。

瀑布特有的意境。瀑布所表现出来的意境是十分丰富和贴切的，对人的影响也是很大的。瀑布既表现了力量，又体现了柔美，既有粗犷，又含细腻，既磅礴，又潇洒，使整个风景区充满了活力，蒙上神秘的面纱，从而引人入胜。同时，瀑布以其宏大的造型、磅礴的气势、咆哮的巨响、洁白的色态，吸引勇敢者去进取，促进怯弱者去锻炼，给人以勇敢、坚定、果断、健美等品质的陶冶。

瀑布特有的文化内涵。我国许多瀑布景观，留下了不少文人墨客的诗文、题记、摩崖石刻，其本身具有的艺术价值，不仅成为景观的一个重要部分，而且也提高了瀑布的观赏价值。如：李白著名的《望庐山瀑布》诗，早为世人所熟知；描写壶口瀑布的诗句"四时雾雨迷壶口，两岸波涛撼龙门"；李白描写九华山瀑布的"天河挂绿水，秀水出芙蓉"诗句等，早已脍炙人口。浙江省青田县的石门瀑布自南朝宋景平元年（公元423年），永嘉太守谢灵运称道之后而著称于海内，许多文人墨客题诗留刻，摩崖题刻布满瀑布左壁。清代袁牧曾作有《浙西三瀑记》，唐朝李白和近代诗人郭沫若都有诗赞美石门洞瀑布。

我国瀑布众多，除最具有代表性的黄果树瀑布、壶口瀑布和吊水楼瀑布外，还有雁荡山大龙湫瀑布，云南大叠水瀑布，黄山的人字瀑、九龙瀑、百丈瀑三大瀑布，庐山的三叠泉瀑布、香炉峰瀑布，九寨沟的诺日朗瀑布以及台湾的最大瀑布骄龙瀑布等。

第三章　水体旅游景观　79

1. 黄河壶口瀑布

壶口瀑布位于山西省吉县西45千米处的九曲黄河中游，是中国第二大瀑布。黄河巨流一路奔腾，到山西吉县与陕西宜川一带，被两岸群山挟持，约束在狭窄的石谷中，河面由300米宽骤然收缩为30余米，聚拢的河水坠入深潭，落差达20多米，山鸣谷应，宛若茶壶注水，巨壶沸腾，故名壶口，且有"天下黄河一壶收"之说。

由于瀑布巨大的冲刷、切蚀作用，跌水处逐渐向上游后退，每年大约上移2～4厘米，根据古籍记载可知，2700多年来，跌水位置从龙门移至壶口，共上移了3000多米，因此形成了壶口观瀑布三部曲，自上而下是：瀑布上方河面宽阔，水流缓慢，水平如镜；瀑布水流如注、潭水如沸、击浪成雾；瀑前两岸壁立，峡谷幽深，湍流而去。

壶口瀑布有三绝：夏季，黄河水量大增，这时由于下游水位下降，落差加大，那泥浆似的浊流飞奔深潭，激起一束束百丈水柱，像箭一样直射苍穹，刹那间，一支支水柱又化作细小的水珠四处飞溅，此即壶口一绝——"水中螺"。小螺随着水雾的升高，颜色由黄变灰，由灰变蓝，远望如烟如云，真是"收束一曲水，放出半天云"，这正是壶口第二绝"水底冒烟"。若在上午9～11时，这迷人的"白雾"在阳光照射下还会幻化成一道七彩的天桥，跨越黄河两岸，构成壶口的第三绝——"七色彩桥"。

近年由于柯受良、朱朝辉相继在此飞越黄河，壶口瀑布更强烈地吸引了无数旅游爱好者，他们都想亲眼目睹这惊心动魄的壶口瀑布的神采，观看那激流勇进、轰鸣如雷、气象万千的景色。

壶口瀑布正在向世人昭示着中华民族精神的黄河魂。

2. 贵州黄果树瀑布

黄果树瀑布在贵州省西部，名闻遐迩高高的山梁上，从上到下飘动着一块特大的银幕，高68米，宽74米，瀑面宽度仅次于四川九寨沟瀑布，居全国第二。粗算面积有5000平方米，相当于3.8万个20英寸彩电的荧光屏那么大。天地之间，突然挂起这么大的银幕，怎不惊人！它以优美和谐的造型赢得了"世界上最壮丽、最优美的喀斯特瀑布"的美名。

瀑布自天而降，直落数十丈，大股小股，带着团团水雾，串串珍珠，颜色皆是雪白。疑是雪，雪的坠落没有那般流态。疑是棉，棉的散落没有那般凝重。雪和棉又全没有那般晶亮飞彩。再向前，吹来徐徐清风，略带凉意。再向前，尽是蒙蒙的雨，是从水帘上飘来的。随着脚步的前移，瀑布的独有交响乐响起了，细细谛听，能分辨出什么是水流在空中的碰击，什么是水注入潭的轰鸣，那是不同的音符在跳动，给人一种特别美感的享受。

3. 吊水楼瀑布

吊水楼瀑布位于黑龙江省宁安市西南镜泊湖与其下游的牡丹江交汇之处，是镜泊湖水从其北面的熔岩裂口漫溢而出泻入松花江所形成。它实际上是同坠一潭的两个瀑布，高约20~25米，宽约42米。

四季之中，以冬夏之景风韵尤殊。夏季，水势汹涌磅礴，直坠岩壁陡立、难以测量的深潭，轰声如雷，蔚为壮观；冬季，湖面结冰，水瀑凝成冰帘，银装素裹，分外妖娆。冬观冰挂是吊水楼与壶口瀑布的又一奇观。

4. 贵州赤水十丈洞瀑布

十丈洞瀑布位于贵州省西北边境赤水县境内，赤水河支流风溪河原始森林中，距县城38千米。这里高山深谷互相交织，高低悬殊大，遂形成壮丽的景观：峭壁连绵，峰峦俊秀，峡谷幽深，森林茂密，植被繁多，乱石纵横，溪水清澈，瀑布吼声如雷。

奔泻而至的风溪河，在十丈洞处被一完整的丹霞巨岩垂直横断，一道宽80米，高76.2米的帘状飞瀑，从巨石上直泻而下，犹如千匹银锦从九天倾垂下来，注入深潭。瀑布四周烟雾腾飞，水气弥漫，即使站在百米开外，仍感水珠扑面，清寒冷冽，沁人心脾。瀑布跌宕之声，如夏日巨雷，震撼心弦，回荡山谷，催人激奋。十丈洞大瀑布的珠帘状，不论流量大小，其变化不大，是全国红砂岩发育而成的最大、最佳瀑布。

当明媚之日游于其间，水汽氤氲，五彩缤纷，丽虹映日，美不胜收。更为奇特的是在晴天下午三至五时，当你漫游至瀑布脚潭二佛龙石滩上时，一个七彩光环立即将你笼罩，一人一环，人动环移，或大或小，时圆时椭，亦步亦趋，金光闪烁，犹如金身罗汉再世，令人浮想联翩，流连忘返。

离十丈洞瀑布1.5千米处，还有一个宽75.6米、高18.5米的中洞瀑布。晴天至潭边，只见五彩珍珠漫天飘洒，瀑布似白龙嬉戏，令人赞叹不已。

中国科学院旅游资源考察组在这里经过实地考察，做出评价："论规模，十丈洞同黄果树瀑布不相上下……十丈洞当属全国景观最佳瀑布之一。"

四、中国著名的泉水景观

我国泉水资源非常丰富且分布广泛，粗略估计总数约有10万之多，是世界上泉水最多的国家之一。其中，水质好、水量大，或因奇异而闻名遐迩的泉水也有上百处之多。目前不少泉已被开发利用，成为旅游热点。

泉水的旅游功能和欣赏价值主要表现为以下几方面。

美化环境，造景育景，增加观赏点。泉水是造景育景的重要条件，常给人带来幽雅、秀丽的景色，我国西湖的"九溪烟村"、大理的蝴蝶泉、桂林的岩溶泉等都是著名的代表。泉水还可转化为溪、涧、河、湖，造就出更大的风景场地和丰富多彩的风景特色。

奇泉的特殊吸引力，直接形成引人入胜的景观。如湖南花垣县民乐镇苗寨一日三潮的奇泉，被称为"三潮圣水"。云南安宁县曹溪寺北潮水泉，安徽寿县八公山下的"喊泉"，广西兴安县白石"喊水泉"，湖南新宁县万峰的"喊水岩"及广西德保县"叫泉",安徽巢县、无为县的"笑泉"等。

治病疗养的独特价值。因泉水中富含有益于人体健康的微量元素等矿物成分和气体,再加上一些泉水的温度较高,便使其具有了很强的医疗功能。如北京小汤山温泉、南京汤山温泉、鞍山汤岗子温泉、西安领山温泉、云南安宁温泉、广东从化温泉、重庆南北温泉、台湾北头温泉和阳明山温泉等。

品茗佳酿。好茶必要好水冲泡,名酒佳酿也多用泉水酿造。最有代表性的泉水景观有济南趵突泉、杭州虎跑泉、无锡惠山泉、重庆南北温泉等。

1. 趵突泉

趵突泉,古时称泺水,是古泺水的发源地。宋代开始称趵突泉,位于济南旧城西南隅。泉城的泉,以趵突泉、黑虎泉、珍珠泉、五龙潭为首,组织起四大泉群,共72泉。趵突泉名列72名泉之首,有"天下第一泉"之称。泉水自地下岩层裂缝中涌出,三股并发,浪花四溅,势如鼎沸,如潜龙出洞。泉的北面有泺源堂,堂前抱柱上书有元代著名书法家赵孟頫"云雾润蒸华不注,波涛声震大明湖"的咏泉佳联。泉的东面有来鹤桥,南面是半壁水廊长榭,西面有观澜亭,亭前立有"趵突泉"石碑,亭后有"观澜"石刻二字。宋代女词人李清照曾居住在漱玉泉边,因李有词集《漱玉集》而得名。漱玉泉北建有李清照纪念堂。在趵突泉的泉群中,还有金线泉、卧牛泉、柳絮泉、马跑泉、洗钵泉等名泉,千姿百态,汇注成池。

2. 虎跑泉

虎跑泉位于西湖以南的虎跑山下,相传为猛虎伸爪刨(古"跑"、"刨"通)出的清泉。其实,虎跑泉也有其地质学依据。虎跑泉的北面是林木茂密的群山,地下是石英砂岩,天长地久,岩石经风化作用产生许多裂缝,地下水通过砂岩的过滤慢慢从裂缝中涌出,这才是虎跑泉的真正来源。据分析,该泉水可溶性矿物质较少,总硬度低,水质极好,经古人赏鉴水质居天下第三。虎跑泉水的表面张力很大,可以浮托起平放的硬币。更令人惊异的是,茶杯的水面可以凸出达3毫米而不溢出。虎跑泉附近是著名的龙井茶产区,游客可在此以名泉沏名茶。龙井茶、虎跑水被合称为茶事"双绝"。

3. 无锡惠山"天下第二泉"

惠山泉于唐代大历十四年(779年)开凿,迄今已有1200余年历史。张又新《煎茶水记》中说:"水分七等,惠山泉为第二。"元代大书法家赵孟頫和清代吏部员外郎王澍分别书有"天下第二泉",刻石于泉畔。这就是"天下第二泉"的由来。惠山泉分上、中、下三池。上池呈八角形,水色透明,甘醇可口,水质最佳;中池为方形,水质次之;下池最大,系长方形,水质又次之。历代王公贵族和文人雅士都把惠山泉视为珍品,相传唐代宰相李德裕嗜饮惠山泉水,常令地方官吏用坛封装泉水,从镇江运到长安(今陕西西安),全程数千里。此外,此泉也因著名的二胡名曲《二泉映月》而为世人所知。

4. 重庆南北温泉

重庆山多、矿多、温泉多，其中最有名的有两处，号称"南北温泉"，不但泉水好，景致也极幽静。

南北泉在长江南岸的20千米的花溪畔，为重庆著名的风景区之一。附近多高山峡谷，奇峰耸翠，画意盎然。有仙女幽岩、花溪垂钓、峭壁飞泉、弓桥泛水等十二景，各具情趣。泉区开发于清同治年间，后日益扩大。1950年后，国家又修建堤坝，治理花溪，添置游艇，增植花木，扩大游览范围，面貌焕然一新，仙女洞内的仙女雕塑，形神兼备，风神绰约，立于钟乳石上，含情脉脉；飞瀑为银练，挂于翠墨峭壁，像一幅天然写意图；泉水汇入弯弯花溪，清澈见底，顽童俏娘戏其间，笑声串串，打破溪谷幽秘。游人尽兴之余，可以温泉沐浴。

北温泉在重庆市西北的北碚郊区，是重庆另一著名风景区。背负缙云山，濒临嘉陵江，依山傍水，因地辟园。整个园林成狭长台阶形，设计别致，布局得体，清泉瀑布，熔岩深壑，苍翠欲滴，引人入胜，泉水温度32～37℃，自流量较大。园内除辟有游泳池外，并设有室内浴池，洗凝脂，冲尘埃，温泉水让你脱尽疲劳。

五、中国著名的海滨景观

海岸景观包括浅滩、沙滩、奇岩巨石、断崖绝壁海岸、众多的岛屿、海底景观以及海上观日出、海上观潮等自然海岸景观；又包括作为人文景观的灯塔、渔港、渔村、码头等。以海岸为旅游活动舞台的有海水浴、帆船、游艇、舢板、冲浪、滑水、垂钓以及在海滩上捡蛤蜊等活动。

1. 北戴河海滨

北戴河海滨在河北省秦皇岛市的西部。这里气候良好，二十里长、曲折平坦的沙质海滩，沙软潮平，背靠树木葱郁的联峰山，自然环境优美。是我国北方一处理想的避暑胜地。

北戴河海滨避暑区西起戴河口，东至鹰角亭，东西长约20华里，南北宽约3华里。同时，在北戴河西南20多里的昌黎，有一段美丽的海滩，从1985年起辟为海滨浴场，并计划建为新的海滨避暑区。这样，以北戴河为中心的海滨避暑疗养区将不断扩大范围。

北戴河海滩沙质比较好，坡度也比较平缓，是一个优良的天然海水浴场。清光绪年间，有些住在北京的外国人发现了这处避暑地，要求在这里建造别墅。清光绪二十四年（1898年），清政府正式将北戴河海滨开辟为"各国人士避暑地"，1938年，这里已有别墅700多栋，并建有饭店、酒吧、跳舞厅等娱乐设施，成了一个带有殖民地色彩的避暑佳地。解放后，北戴河又新建了不少休养所、疗养院、饭店、宾馆，规模比过去更大，成了规模较大、设施比较齐全的海滨避暑胜地。现在每年暑假都要接待上百万前来旅游、度假的游人。

北戴河周围的环境也很美。海滩背靠联峰山。联峰山分东西两峰，相距约3华里，山上山下松柏成林，郁郁葱葱。东联峰山海拔130米，从山间小路向上缓行,约半小时可以到达山顶上的望海亭。在这里俯瞰海滨,翠绿欲滴的丛林,鹅黄色绒毯般的沙滩,碧蓝的大海,使人心旷神怡。

北戴河还是神州九大观日处之一。北戴河观日处位于北戴河海滨,东北端的鹰角亭为最佳地点。日出时,万籁俱寂,天水相连,色彩变幻;红日涌出时刻,水上水下红日相接,瞬间跃出水面,霞光、阳光洒满山峦沙滩,犹如覆盖上了一层金色的纱幕。倘若随火车行驶观看,则另有一番情趣。

在东联峰山山麓,有一座莲花石,园中有大片松林,并有形如莲花的山石,故名莲花石公园。在莲花石公园北面有古雅幽静的观音寺,其东面有墓地建筑富丽豪华的朱家坟。在海滨路旁还有高尔基公园、鲁迅公园。

在东头的鹰角石是北戴河一大胜景。这是一座屹立于海边的孤峰,石骨嶙峋,陡峭如削,形如鹰立,故名鹰角石。过去,曾有成群野鸽栖息在石缝之内,故又名鸽子窝。在山峰上建有鹰角亭,登临其上,望沧海,碧波万顷,白浪滔滔,更觉气势磅礴。电影《青春之歌》的部分外景即拍摄于此。

2. 大连—旅顺口海滨

大连海滨风景区位于辽宁大连市中山区、西岗区、沙河口区,由棒槌岛、老虎滩、金石溪等多个景区组成,共有景点48个。海滨的海岸线曲折,沙滩平缓,是进行海水沐浴的极佳场所。这里还有独特的地质景观,其中以黑石礁上的石林、白云山上的莲花状地质构造等最具特色。

位于大连市旅顺口区的旅顺口风景名胜区由白玉山、鸡冠山等8个景区构成,有72个风景点,包括蛇岛、乌岛、老铁山灯塔、黄渤海自然分界线等处。旅顺口不仅风光绮丽,而且还是一个驰名中外的军港。

棒槌岛位于大连市区东南黄海中,距海岸约600米,面积约为0.3平方千米的棒槌岛与一枝头须完整的老山参极为相似,在东北人参也被称为棒槌,因而得名。这里的礁石奇观最为神奇迷人。远眺绵延六七千米的礁石奇形怪状,近观则色彩斑斓,形状千姿百态。

3. 青岛海滨

青岛市是胶东半岛东南的港口城市。港阔水深,风平浪静,不冻不淤。城市随山而建,高低错落,具有青山、碧海、绿树、红墙之美景。海滨最热月均温只有25℃,是避暑佳地。在汇泉湾、太平湾一带开辟了广阔的海滨浴场。海岸线曲折多港湾,岩礁星罗棋布,有"石老人"、"玉女盆"等海蚀景观。市南青岛湾中伸入大海的栈桥及回澜阁是青岛十景之一,也是青岛的象征。栈桥东南海中小青岛(琴岛)上有高15.5米的白色八角灯塔,构成"琴屿飘灯"一景。

4. 海南三亚海滨

三亚海滨风景区位于"国际旅游岛"海南省三亚市,总面积约212平方公里,由海棠湾、亚龙湾度假区、大东海度假区、天涯海角游览区、落笔洞旅游区、大小洞天旅游区等景区组成。1994年被定为国家重点风景名胜区。海南岛三亚海滨最美处在天涯海角。北宋时此处居民大都是黎族人,汉族人很少,加上此处又远离中原,交通颇不方便,所以很多被朝廷排挤的官员经常被放逐此地,恍如来到天涯海角,故有此名。这里的自然景观十分秀丽。

首先是石美。海边多巨石,由于海水冲刷,表面溜圆而无孔,光滑湿润,好比是一块块巨大鹅卵石。它们既不同于太湖石,不以空灵的洞穴体现"瘦、透、皱、漏"之美,而是体现出一种粗犷的雄风;又不同于广东英德石的纤弱隽秀,而是有风吹浪逐你奈我何的傲气。诸多石块随意躺在海边,或群组,或独尊,或奇峭,或平缓,石块间是那样的随意,却又是那样的适宜巧妙。石与石之间,只要有一点空隙,就会生长出碧绿如翡翠的灌木。黄石、白沙有了树木的映衬,就没有了荒寂。那奇石上"天涯"、"海角"、"海阔天空"、"南天一柱"的题词,将一块块巨石赋予生命,赋予诗意。

其次是海美。这里湾阔、沙白、水清、波平。湾阔,沙滩平展,海水到这里似乎像奔腾的骏马卧沙休息。沙滩向大海敞开胸怀,大海似蓝色的绸绫覆盖沙滩,风抚海浪,浪拍细沙。特别是艳阳高照时,海水竟似湖面,蓝极绿极,凝成一片,偶有微风吹过,也不过是把层层细波从大海深处轻轻推到岸边。它是那么的娇弱无力,与其说是"推",不如说是"吻"。海水轻吻着细沙,发出几乎听不清的温柔絮语。海的尽头是天,海天一色,蓝天仅比蔚蓝海水略淡一些,朵朵白云就像镶嵌天幕的花边。夜晚天也不是墨色,而是深蓝,星星如宝石缀于天幕,月影倒映海中,微风过处,月光闪闪颤动,好像被海水融化了。

再次是踏沙美。浅水、明沙,在沙滩上奔跑,如同踩在地毯上那样舒适,沙太细腻了,它微荡而又熨帖地使脚心感到又麻又痒的快感,而细沙从脚丫中涌出,使你有神秘的惬意。

天涯海角呈现出多层次的自然美,晨凉、午热、夕暖、夜寒,与之伴随的是观日出,浴海水,看月色,听海潮。美的和谐令人陶醉,使人流连。

本章小结

水体旅游景观,是专指由水体本身或以水为主与其他造景因素相融合而形成的具有旅游观赏价值的自然景观。水体旅游景观分为江河景观、湖泊景观、泉水景观、瀑布景观、海洋景观五种类型。

水体旅游景观具有美感性、哲理性、文化性、广泛性、山水对应性等特征。

水体旅游景观具有审美功能、文化功能、品茗功能、康乐功能等旅游功能,同时具有动态美、形象美、声音美、色彩美等美学价值。

我国著名的具有代表意义的水体景观如下。

江河景观:长江、黄河、珠江、京杭大运河。

湖泊景观:太湖、鄱阳湖、洞庭湖、千岛湖、喀纳斯湖。

瀑布景观：黄河壶口瀑布、贵州黄果树瀑布、吊水楼瀑布、贵州赤水十丈洞瀑布。

泉水景观：趵突泉、虎跑泉、无锡惠山"天下第二泉"、重庆南北温泉。

海滨景观：北戴河海滨、大连—旅顺口海滨、青岛海滨、海南三亚海滨

重点内容

水体景观含义　水体景观的特征　水体景观的审美　长江　黄河

案例分析

杭州西湖

位于杭州市西面，邻近市区。杭州市地处钱塘江下游北岸，长江大三角洲南缘，地理位置十分重要。西湖山水之胜，景色之美，自古扬名于海内外，曾为我国十大风景名胜古迹之一，亦被称为我国湖泊之冠。2011年6月，西湖被列入《世界遗产名录》文化景观。西湖身略呈椭圆形，南北长3.3千米，东西宽2.8千米，周围5.6平方千米，湖中有长2.8千米的苏堤和1千米的白堤，分隔成外西湖、里西湖和北西湖三部分。西湖三面环山，一面临城，湖中和谐地点缀着一山二堤三岛。一山就是孤山，二堤为苏堤和白堤，三岛是小瀛洲、湖心亭和阮公墩。

自古以来人们一直用最美好的语言赞颂西湖，又用最凝练的语言对它的景色做出了不同概括，其中传颂了700余年、最广为人知的说法首推"西湖十景"，它源于南宋画家对西湖山水画的题名。这十景是：苏堤春晓、平湖秋月、断桥残雪、曲院风荷、雷峰夕照、南屏晚钟、花港观鱼、柳浪闻莺、双峰插云、三潭印月。

1985年9月22日杭州市园林文物局协同新闻、旅游部门正式公布了"西湖新十景"，分别是吴山天风、满陇桂雨、玉皇飞云、云栖竹径、九溪烟树、龙井问茶、黄龙吐翠、宝石流霞、阮墩环碧、虎跑梦泉。

吴山天风　位于西湖东南面，山体延入市区，高仅94米，然而景秀石奇，历来是文人雅集的地方，耐人欣赏。

满陇桂雨　桂花是杭州的市花。满觉陇是杭州产桂最集中的地方，每到金秋花开时节，金桂花芳，丹桂飘香。

玉皇飞云　玉皇山高242米，从山下林海亭起，登石阶有2000余级，盘山公路绕山两周半，长4千米多，可直达山顶。山顶最高处建有"登云阁"，登此阁左眺钱塘江，右瞰西子湖，令游人有飘飘欲仙之感。

云栖竹径 位于杭州城西南五云山西麓的云栖坞里。云栖竹林茂密，古树众多。从云栖石牌坊进入，就可以看见石径幽窄、翠竹成荫、泉水叮咚的自然景色。

九溪烟树 即著名风景点"九溪十八涧"，地处西湖三面云山西南隅，平面呈"丫"字形，一端连接烟霞岭南，一端贯连钱塘江。在山顶"望江亭"眺望钱塘江，"之"字形弯曲的江流形状尽收眼底，远处烟波浩渺、水天一色。

龙井问茶 龙井位于西湖西翁家山的西山麓。龙井之水的奇特之处在于搅动它时，水面上就出现一条分水线，仿佛游丝一样不断摆动，人们以为"龙须"，然后慢慢消失。龙井不但有名泉，还有名茶。龙井茶是我国十大名茶之一。

黄龙吐翠 位于西湖北山栖霞岭北麓。黄龙洞翠竹茂密，有刚劲挺秀的毛竹、竿细色深的紫竹、矮茸可爱的菲白竹，以及罕见的形方带刺的方竹等，品种颇多，株株吐翠，故名"黄龙吐翠"。在苔藤常绿的陡壁上，雕有一个鼓目、掀鼻、张口、翘须的黄色大龙头雕塑。龙嘴吐出清泉，下注水池，水声叮咚如琴瑟奏鸣。

宝石流霞 "宝石"是指西湖北岸的宝石山。山体属火成岩中的凝灰岩和流纹岩，阳光映照，其色泽似翡翠玛瑙，故称"宝石山"。尤在朝霞初露，或落日余晖时，亭亭玉立的保俶塔和紫褐色山岩呈现岚光霞彩流溢的迷人景色，得名"宝石流霞"。

阮墩环碧 阮公墩是西湖中一座绿色小岛，岛上建有云水居、忆芸亭、环碧小筑等竹屋茅居，"环碧庄"形成颇具特色的"绿树花丛藏竹舍"的水上园林。因岛外碧波粼粼，岛山草木葱葱，故称环碧庄。

虎跑梦泉 虎跑位于西湖西南大慈山的白鹤峰下，以泉水甘冽醇厚闻名，有"天下第三泉"之称的虎跑泉。以虎跑泉水冲泡龙井茶叶，茶叶清香四溢，茶味沁人心脾，此二者乃闻名遐迩的西湖双绝。

思考：杭州西湖美在何处？

基本训练

1. 判断题

(1) 青岛湾中伸入大海的栈桥及回澜阁是青岛十景之一，也是青岛的象征。

(2) 位于万里长江第一湾的三峡具有"狂涛卷地、飞瀑撼天"的雄伟气势。

(3) 冬观冰挂是黄果树瀑布与壶口瀑布的一大奇观。

第三章 水体旅游景观

(4) 龙井茶、虎跑水被合称为西湖"双绝"。

(5) 贵州十丈洞瀑布突出了水体景观形、声、色、动态等特色，加之环境清幽、水质良好，水帘洞（喀斯特洞穴）、犀牛潭的组合，已成为国内外著名的旅游景点。

(6) 鄱阳湖青山环抱，景色明媚。更令人称奇的是，这个湖竟是一个变色湖，湖随季节和阴晴的变化，而呈现五彩之色。

(7) 长江流域开发历史悠久。古代曾是楚、巴、蜀、吴、越诸国所在地，有着发达的古老文化。

(8) 瀑布所具有的形、声、色、动态是其最大特点，其中"形"、"动"态最为主要，最具美学特征。

(9) 黑龙江流域水产资源丰富，森林茂密，水草丰美，土地肥沃，夏无酷热，冬季长达6~7个月，是夏季疗养和冬季滑雪的旅游娱乐场所。

(10) 古人描述的"潇湘八景"中的"洞庭秋月"、"远捕归帆"、"平沙落雁"、"渔村夕照"、"江天暮雪"等，都是现在东洞庭湖的写照。

2. 选择题

(1) 郭沫若题诗"西子三千个，群山已失高；峰峦成岛屿，平地卷波涛。"赞美的是（　　）。

　　A. 西湖　　B. 太湖　　C. 洞庭湖　　D. 千岛湖　　E. 鄱阳湖

(2) "春水绿而澈湘，夏津涨而弥漫，秋潦尽而澄清，寒泉涸而凝滞"。是水体景观形色随季节变化的特征，表现的是（　　）。

　　A. 视觉美　B. 形象美　C. 动态美　　D. 声音美　　E. 色彩美

(3) （　　）是神州九大观日处之一。观日处位于海滨，东北端的鹰角亭为最佳地点。

　　A. 北戴河海滨　　　B. 大连海滨　C. 青岛海滨

　　D. 三亚海滨　　　　E. 厦门海滨

(4) "山无云则不秀，无水则不媚。"是（　　）对山水对应性的概括。

　　A. 郦道元　B. 郭熙　　C. 徐霞客　　D. 苏东坡　　E. 魏源

(5) 所谓"山无水不活，水无山不媚"，"因山而峻，因水而秀"。指的是水体景观（　　）的特征。

　　A. 山水对应性　　　B. 广泛性　　C. 文化性

　　D. 哲理性　　　　　E. 美感性

3. 简答题

(1) 根据水体性质、基本形态、旅游功能及审美价值，水体景观是如何分类的？

(2) 水体景观有哪些特征？

(3) 水体景观的旅游功能是什么？

(4) 水体景观的欣赏包含哪些内容？

（5）我国著名的水体景观有哪些？

4. 实训题

（1）根据所学的相关理论，试分析江河、湖、海、瀑、泉水体景观的异同。

（2）就本章所介绍的我国著名的水体景观，选出你最喜欢的景观并分析其旅游功能及欣赏意义。

第四章 生物旅游景观

> **学习目标**

随着现代旅游事业的蓬勃发展，人类旅游活动观赏利用的对象已不仅局限于山水风光，生物中有一部分已成为人类旅游活动的利用对象。它们以自身独有的美学观赏性吸引着旅游者，与地理环境中的地质、地貌、水文、气候等要素，共同组成自然旅游景观总体系。通过本章的学习，使学生了解生物旅游景观特点，理解生物旅游景观的含义、类别，熟悉我国著名的具有代表意义的生物旅游景观，掌握生物旅游景观的旅游功能和欣赏价值。

第一节 概　　述

一、生物旅游景观的含义

陆地上的名贵花木和珍禽异兽，海洋里的珍贵稀奇、形姿多态的生物，不但具有很高的观赏价值，而且具有很强的考察研究价值。那些具有旅游观赏、科研价值，能吸引旅游者，能为旅游业所利用，并由此而产生经济和社会效益的动植物，称之为观赏生物旅游景观。它是自然旅游景观总体系中最富有特色、最具有生机的类型，也具有部分人文造景因素，比其他自然旅游景观具有更多的旅游功能。

二、生物旅游景观的类别

生物的种属和数量繁多，可以适应不同的生存环境，又有各自的生态、习性、色彩、造型等特征，可以满足人们各种观赏目的和娱乐、狩猎、考察、疗养旅游的需要。根据生物的种属划分，生物旅游景观主要分为两大类：动物景观、植物景观。

1. 动物旅游景观

不少动物具有美学观赏价值和科学考察价值，成为重要的旅游景观。根据审美角度和旅游功能，可分为观赏动物和珍稀动物、表演动物三类。

（1）观赏动物 观赏动物是指动物的体态、色彩、姿态、音色等方面的特征能引起人们美感的动物。根据观赏动物的主要美学特征，可将其分为观形动物、观色动物、观态动物和听声动物。

（2）珍稀动物 珍稀动物由于现存数量极为稀少，具有极高的社会价值、科考价值和观赏价值。特有的、稀少的、濒于灭绝的珍稀动物，往往引起旅游者的极大兴趣。我国珍稀动物品种较多，现有一类保护动物 68 种，二类保护动物 53 种，三类保护动物 27 种。其中大熊猫、金丝猴、白鳍豚和白唇鹿被称为四大国宝动物。

（3）表演动物 动物不仅有自身的生态、习性，而且在人工驯养下，某些动物还能模仿人的动作或在人的指挥下做出某些技艺表演。如大象、羊、狗、海豹、猴、大熊猫等都能做出可爱又可笑的模拟动作。有的鸟类也可模仿其他声音进行表演。画眉、鹦鹉、百灵等也能学舌。水族馆和马戏团的各种动物表演，更是人们乐意观赏的内容。所有这些特性无疑对游人具有强烈的吸引力。

2. 植物旅游景观

在生物界中，植物的美、特、稀、韵的特征使其成为自然界中最具吸引力的旅游景观之一。根据观赏植物的美学特征，可将观赏植物景观分为观赏植物、珍稀植物、奇特植物和风韵植物四大类。

（1）观赏植物 我国观赏植物资源丰富，花卉的数量居世界首位。珍稀古树数量居世界第二位。根据观赏植物中最具美学价值的器官和特征，可以将其划分为观花植物、观果植物、观叶植物和观枝冠植物。

（2）珍稀植物 由于生存环境的变化，有的植物不断减少，有的物种不断灭绝，保留下来的珍稀濒危植物既是人类保护的对象，又具有极高的旅游价值。

（3）奇特植物 奇特植物是指那些与一般植物不同的植物，往往具有某些奇特之处，或是地球绝无仅有的。有时也指那些最高、最古老、花果独特的植物（即世界之最的植物）。

（4）风韵植物 不少植物的叶、花、果、枝和整个植株都有其独自的风韵（有叶之风韵、花之风韵、果之风韵、枝之风韵和树之风韵），其中最具风韵的花，最受人们青睐。

三、生物旅游景观的特征

1. 组景生动性

生物是自然界有生命的物质，相对其他自然资源而言，是最富有生气的组成部分。生物的色彩、形态、发声、习性、运动等特征引起人们的美感，具有直接的渲染力。如动物的奔腾飞跃、鸣叫怒吼，植物的开花结实及其在风雨中的低吟高唱，都使景观变得生机勃勃。

2. 构景组合性

一般来说，除人工兴建的动植物园以及以生物为主题的专项活动外，生物旅游资源难于独立构成单一景区，通常生动的景区是生物旅游资源与其他自然资源和人文资源的多重有机组合。

3. 功能多样性

相对地质、水体、气象气候等自然资源，生物旅游资源在组景上具有更大的灵活性。例如在中国古典园林中，通常利用植物实现其"夹景"、"框景"、"障景"、"隔景"等造园手法。此外，生物因具有各自的生态、习性、色彩、造型等特征，从而可以满足人们各种观赏目的和娱乐、狩猎、垂钓、疗养、造型、交易、考察、食用等功能的需要。

4. 资源再生性

生物的繁殖功能、可驯化功能和空间移置性决定了生物资源的可再生性。生物具有繁殖能力，使生物世代相传，这一特点决定其在经济利用上的可持续性；生物的可驯化性和空间位置可移置性，决定人们可以在局部改变环境条件的基础上通过驯化、移植、栽培、饲养野生动植物，构建动、植物园和农村田野风光等生物景观，同时还能作为园林造景、美化城市的衬景。

5. 分布地域性

受生物的地域分异规律的控制，不同地方形成具有不同特点的生物景观。生物是环境的产物，有什么样的环境就有什么样的生物。例如热带的植物叶大、常绿、秋冬不落叶；寒带的植物多为针状叶、秋冬落叶；热带的动物皮毛不如寒带的厚等。

6. 系统脆弱性

生物及其自然生态系统在抗干扰的能力上较为脆弱。灾害性的环境变迁通常会使动植物遭到迫害，严重的会导致不少生物死亡甚至整个物种灭绝，如地质时期白垩纪时灾变环境，使称霸一时的恐龙灭绝；人类过度地干扰破坏也会导致生态系统的破坏、物种的灭绝，遭到破坏的生态系统必然会失去其旅游美学价值。

7. 景观季节性

生物随季节变化会发生形态和空间位置的变换，从而形成旅游景观季节性的特点。例如，不同的植物会在不同的季节开花，春季的茶花、樱花、牡丹花，秋季的菊花，冬季的梅花等；不少植物的叶色随季节变化而更换色彩，例如香山红叶；不少动物随季节有规律地南北迁徙，出现了生物空间位置随季节变化，例如冬季飞往南方的候鸟群等。

8. 文化寓意性

在历史的发展长河中，人们通常根据生物的某些特征或是生物与某些特殊的历史事件、有关人物赋予一定的文化意义。例如"岁寒三友"的松、竹、梅不畏严寒的精神，成为人们不畏逆境的精神支柱；孔雀和大象成了傣族人民对美丽和威武追求的象征；某些参天古树因与历史人物联系在一起，成为人们表达对历史人物悼念、崇敬的感情载体。

第二节 生物景观的旅游功能及欣赏

大自然孕育了丰富多样的植物和动物种群，它们使地球表面的景象空间更加活跃、生动和富有趣味，也给旅游者以赏心悦目的直观感受，并具有宝贵的科学考察价值。在返璞归真已成潮流、生态旅游渐成风气的今天，生物景观无疑对游客具有愈来愈大的吸引力。

一、生物景观的旅游功能

1. 观赏功能

动植物的形态、色彩、活动习性、寓意等缤纷多样，启发着人们对美的追求，强烈地吸引着旅游者。就形态而论，植物的花、叶、果实，动物的特殊形状成为风景区中的观赏亮点的一部分；就色彩而论，植物的茎、叶、花色彩斑斓，随季节变化更加五彩缤纷。"层林尽染"、"霜叶红于二月花"等句子描述了植物色彩的变幻的美丽景象。动物的斑斓色彩同样吸引着旅游者的目光，如北极熊雪一般的白色绒毛、黑叶猴如乌金般的毛发、斑马极具规律的黑白条排列的皮毛、丹顶鹤的红色点顶等。

2. 美化、净化环境功能

动植物对其所在的环境起着突出的装饰作用。古人云："山之体，石为骨，林为衣，草为毛发"、"山得草木而华"、"得树而妍"。植物堪称是山水的肌肤、风景的容颜。"山清水秀"、"鸟语花香"所形容的都是生物美化环境的功能所造就的美景。植物还能起到改善环境、保护环境的作用。植物是大自然的制氧工厂，还能起到减弱噪声的作用。植被覆盖率高的地区通常具有清新的空气、静谧的环境和悦目的色彩，有利于人的健康，尤其是对呼吸系统、神经系统和视觉系统有明显的作用。

3. 保健和休疗养功能

生物的保健和休疗养功能突出体现在森林和草地环境改善能力方面，此外，一些野生药用动植物吸收天地之精华本身具有医疗的功效。目前兴起的森林旅游，其重要内容就是进行"森林浴"，意为沐浴于林内的洁净空气之中，由自然环境调节精神，解除疲劳，抗病强身，发挥森林的医疗功能。

部分植物的根、茎、皮、叶、花和果实可用作中草药，例如人参、当归、天麻、三七、大黄等；部分动物资源能为人们提供药材或制作药品，成为重要的旅游商品，如蛇胆川贝液具有祛风镇咳、散结化痰的功能，用麝香等制成的麝香壮骨膏具有镇痛、消炎功能等。

4. 造园功能

植物是园林中不可缺少的因素，在中国的园林中经常利用高大的植物来达到夹景、隔景、障景的效果，利用植物的特殊形状来达到框景、对景的效果，而在西方园林中大量使用花坛、花圃和绿篱,任何园林都需要利用植物的配置来表现某种特殊的观念和制造特殊的意境。为了发挥植物的功能,并保存特有品种,培育新种,人们顺应自然规律,模拟自然环境,加以艺术改造,造就公园、园林等各种人工生物环境,把有关风景动植物集中起来,以供人们参观游览和科学研究。

生物旅游资源除上述几大功能外,根据资源及其周边环境条件还可开展诸如垂钓、狩猎、骑马、赛马、体验放牧等游乐活动;生物世界博大精深,生态系统多样复杂,其间奥秘无穷、趣味无尽,因而又具有吸引人们去求知、探奇、科考的旅游功能……

二、生物景观的旅游欣赏

人类生存的地球,是一个巨大的生态村落,村民除了人类之外,还有动物、植物和微生物。人类与这些生物相互依存,共同拥有这个家园。生物既是人类的食物来源,又是人类赖以生存的环境因素,同时也是人类审美的对象和情感的寄托。

1. 形态美

动物的体形千奇百态,各具特色,特别是一些体形奇异的动物,能给人以一种美感。如东北虎体形雄伟,誉称"山中之王"给人以王者之气概;长鼻子大象给人以沉稳之感;麋鹿似马非马,似鹿非鹿,似牛非牛,似骆驼非骆驼的"四不像"体形更是耐人寻味,极具观赏价值。动物的行为能够引起人的美感。孔雀开屏之美丽,熊猫行走之憨态,雁过蓝天之整齐,猿猴攀岩之灵巧,鱼游水中之自在,猛虎下山之威武,常令人赞叹不已的熊、猴、狗、鸟、海豚等动物表演,更是叫人捧腹。

植物的花、果、叶具有形态美。花是最美、最引人注目的器官,也是人们观赏的主要对象。花色、花姿、花香和花韵为观赏花卉的四大美学特征。若同时具备这四大特征的花卉则观赏价值最高。我国奇花异卉不计其数,最具观赏价值的是中国十大名花,还有许多市花。形态各异的树木的形态美主要表现在枝冠,通常有塔形、伞形、球形、水平形、下垂形、被覆形等。其中塔形、下垂形、水平形具有极高观赏价值。如雪松被誉为"风景树的皇后"。

2. 色彩美

许多动物能以其斑斓的色彩吸引旅游者。如北极熊雪一般的白色绒毛给人以洁白无瑕的感觉;黑叶猴闪亮的黑色如乌金一般;金丝猴全身金黄色毛,金光闪闪;丹顶鹤、孔雀、鸳鸯、斑马、各种色彩的鸟类、各色蝴蝶,极富韵律的色彩,更让人陶醉。

姹紫嫣红的花卉、五颜六色的果实,色彩斑斓的枝叶构成了植物的色彩美。成熟的果实以其色彩、形态和香味吸引游客。果实的色彩是多种多样的,以红色、紫色为贵,如荔枝、苹果、樱桃、桃、李、山楂等,黄色次之,如橙、杏、梨等。

观叶主要观叶色和叶形，绿色虽为叶之本色，但有不少植物叶色随季节变化而变化，具有一定的观赏价值。特别是温室、庭园栽培的彩叶观赏植物，最富有色彩，也最具魅力。古人有"看叶胜看花"的诗句，今人有"人们喜花，更爱叶"的说法。观叶植物进入秋季，叶色多会渐变为红、红紫、黄、橙黄等各种颜色，其中尤以红色最具观赏价值。深秋赏红叶已成为人们的爱好。

3. 珍奇美

"物以稀为贵"，珍稀树木是人类保护的主要对象，具有很高的旅游价值。中国的珍稀树木无论其珍稀程度还是数量，在世界上都占有瞩目地位，被公认为"世界树木宝库"。我国特有的珍稀树种水杉、银杏、鹅掌楸被列为世界三大"活化石"，银杉、珙桐、桫椤、水杉、望天树、秃杉被列为一级保护植物。

4. 寓意美

人们根据生物的某些习性、品格或某种特定的生活环境，通常赋予其某种含义。例如动物中的狮、虎因其威风凛凛颇具王者之像而被当作权力的化身；翱翔高空的雄鹰被赋予勇敢和坚毅的品格；丹顶鹤被视作长寿的象征等。植物中的松、竹、梅被誉为"岁寒三友"，象征着不畏严寒、坚强不屈；红豆象征着思慕和依恋；荷花象征出淤泥而不染；梅、兰、竹、菊并称"四君子"。

不同地区还以本地区独特的生物资源为主题，开展规模较大的旅游节庆活动，如广州春节花市、洛阳牡丹花会、大连国际赏槐会、杭州桂花节、深圳荔枝节、海南椰子节等。不少动植物因其蕴含的深刻含义或是含有某种特殊的情结而成为一个国家、一个民族、一个城市的象征，国花、国鸟、国树等均寄托着人们的精神追求。

第三节　中国著名生物景观

一、动物旅游景观

动物是自然界宝贵财富，也是供人们娱乐、观赏、狩猎和垂钓的重要旅游景观。动物以其习性、叫声、色彩、神态、智能等灵活多样的造景功能为游者带来无尽的乐趣。

阅读资料 4-1

四川大熊猫栖息地

四川大熊猫栖息地位于中国四川省境内，包括卧龙、四姑娘山和夹金山脉，面积9245平方公里，地跨成都市、雅安市、阿坝藏族羌族自治州、甘孜藏族自治州四个地级行政区的12个县或县级市。

四川大熊猫栖息地拥有丰富的植被种类，是全球最大、最完整的大熊猫栖息地。全球30％以上的野生大熊猫栖息于此。也是全世界温带区域中植物最丰富的区域。据最近一次大熊猫调查公布的数据，中国的大熊猫总数接近1600只。另外，这里亦是小熊猫、雪豹及云豹等濒危物种栖息的地方。值得一提的是，该地区的环境与第三纪的热带雨林相似。四川大熊猫栖息地于2006年7月12日成为世界自然遗产。

　　四川大熊猫栖息地是保护国际（CI）选定的全球25个生物多样性热点地区之一。从某种意义上来讲，它可以说是一个"活的博物馆"，这里有高等植物1万多种，还有大熊猫、金丝猴、羚牛等独有的珍稀物种。

1. 熊猫之乡——卧龙自然保护区

　　卧龙自然保护区位于四川省阿坝藏族、羌族自治州汶川县西南部，邛崃山脉东南坡。卧龙自然保护区始建于1963年，面积2万公顷，是中国最早建立的综合性国家级保护区之一。1980年加入联合国教科文组织"人与生物圈"保护区网，并与世界野生生物基金会合作建立中国保护大熊猫研究中心。2006年7月12日成为世界自然遗产之一。

　　卧龙保护区属青藏高原气候带，其特点是年温差较小，干湿季节分明，降雨量集中，气候垂直变化明显。区内植被水平分布属于亚热带常绿阔叶林北缘；从垂直分布看，随着海拔高度不同和水热条件的变化，植被分布呈明显的垂直带谱。

　　十分丰富的野生动植物资源卧龙以"熊猫之乡"、"宝贵的生物基因库"、"天然动植物园"享誉中外。区内共分布着100多只大熊猫，约占全国总数的10％。被列为国家级重点保护的其他珍稀濒危动物金丝猴，羚牛等共有56种，其中属于国家一级重点保护的野生动物共有12种，二类保护动物44种。被列为国家级保护的珍贵濒危植物达24种，其中一级保护植物有珙桐、连香树，水清树，二级保护植物9种，三级保护植物13种。

　　秀美的森林植被，丰富的旅游资源区内地理条件独特，地貌类型复杂、风景秀丽、景型多样、气候宜人，集山、水、林、洞、险、峻、奇、秀于一体。不仅可以观赏到丰富的生物多样性，感受浓郁的藏、羌民族文化，还可以体验到大自然赋予的蔚为壮观的神奇景色。区内建有相当规模的大熊猫、小熊猫，金丝猴等国家保护动物繁殖场；有世界著名的"五一棚"大熊猫野外观测站；是人们回归大自然，体验与自然，动物和谐的理想之地。

阅读资料 4-2

"大熊猫"名字的由来

1869年，法国传教士、生物学家阿尔芒·戴维就以传教为名，选准宝兴这块迷人的宝地进行生物学生态研究，在盐井乡邓地沟建起了具有浓郁异国风味的天主教堂。在这里，他发现了被称为古冰川时期"活化石"的大熊猫，并把它制成标本带到国外展出，举世皆惊，在全世界生物界引起强烈轰动。戴维带出的标本藏于巴黎国家博物馆，并由该馆主任米勒·爱德华兹研究确认后，定名为"大猫熊"。1942年，在重庆的一次生物展览会上，用中英两种文字写成标牌，英文写法是从左到右，中文是从右到左，故国人将"猫熊"念成了"熊猫"，从此"大熊猫"的现代名词就这样诞生了。

2. 青海湖"鸟岛"

中国内陆湖泊青海省青海湖鸟岛，是我国鸟类自然保护区，是夏季观鸟的最佳处所。每年5月，10多万只从中国南方和东南亚飞来的斑头雁、鱼鸥、棕头鸥、天鹅及鸭类，集中在这个只有0.27平方千米的小岛上产卵，使小岛上四处都是鸟。

为了游客观鸟方便，鸟岛专建有一座观鸟室，走过一条50余米长的地道，登上七级石梯，就是鸟岛的观鸟室了。观鸟室呈椭圆形，宽有数十平方米，雕花白顶棚，四壁为水泥高墙，且大部分埋在地下，唯上端才有半米高的铁栏杆窗眼。透过窗眼，便可看到外面的世界。这观鸟室犹如一座地堡，又似一个鸟笼。以往在动物园观鸟，是鸟在笼子里，人在笼子外，在这儿观鸟，观者与被观者恰恰来个颠倒：人在笼子里观看，鸟儿却在笼子外自由自在，使人能看清鸟的自在动态，而鸟却难看见人，从而不会受到惊扰。人与鸟仅一层玻璃之隔，可以尽情地欣赏和拍摄群鸟的生活情景。只见莽莽苍苍、浩浩渺渺、水天一色的湖上，天上飞的，地上跑的，湖中游的，全是各种各样、形形色色、大大小小的鸟儿，简直是铺天盖地。小的如叶如扇，大的似伞似盖，追逐嬉戏，跳跃飞舞，鸣叫呼唤。有的啁啾婉转，如闻歌喉，有的引吭高吟，声传数里。这里，鸟声和着水声、风声，声声动人。这里，鱼鸥白、天鹅白、白鹤白、白如雪，纷纷扬扬满天飞。

鸟岛奇观的形成，既是大自然的钟情造化，又是鸟儿们的最佳选择。一个长长的青幽幽的半岛，向东一直伸入青海湖里，恰恰是淡水湾与咸水湾的两水交汇之处，环境幽雅，水草丰美，鱼多虫多，鸟儿们的美味佳肴当然多。此外，这里有山有水，阳光充足，气候暖和，怪石嶙峋，杂草丛生，又是鸟儿们产卵孵幼的最理想的场所。所以,每当春天来临,鸟儿们就纷纷从南方各地飞回自己的故乡,在这儿繁衍生息,享受天伦之乐。最盛时竟有 10 万只之多,遍地是鸟,到处是蛋,令人惊叹不已。

3. 大理"蝴蝶泉"

蝴蝶泉位于云南大理城北 20 千米,苍山的云弄峰麓。一大片葱葱郁郁的绿树,环抱着一潭清泉,宽有 30 多平方米,深约 1.5 米,清澈晶莹,泉底石子历历可数。泉水自沙石底缓悠悠地上冒,涌起一个个珍珠般的水泡,不时泛起微微的涟漪。泉的四周围以大理石栏杆,正中上方刻着郭沫若手书的"蝴蝶泉"三个贴金大字。栏杆之外,树木丛生,多为合欢树、香果树、遮天蔽地,绿茵缤纷。靠近泉边有一棵三人合抱的合欢树,虬根盘错,枝繁叶茂,横斜倾覆于泉的上空,状似飞蝶,人们又叫它"蝴蝶树",映得蝴蝶泉格外幽静凉爽。每年农历四月,古树开花,淡黄色的小花缀满枝头,芳香盈野。其时苍山洱海远远近近的蝴蝶,纷纷飞来聚会,连台湾大彩蝶也飞越海峡,来此团聚。

蝴蝶们在泉的上空依依盘旋,在红花绿树中飞来舞去;那些刚出蛹壳的嫩蝶,连须勾足,首尾相衔,有的几十只,有的几百只,成串成球,从树枝上倒挂而下,长达两三尺以至一两丈,好似彩色斑斓的帘帷;这些帘帷在微风中轻轻飘动,于是泉底、泉面、树上,处处是红的、白的、蓝的、黄的、紫的、黑的蝴蝶;每当那长串末尾的蝴蝶一点到水面,好似触到电流,突然惊散,漫空飞旋,犹如天女散花,但顷刻间又重新聚拢,相衔成串,倒挂如帘帷。如此胜景奇观,每年要持续一个半月。明代徐霞客在此考察后描述说:"有蝶千万,自树颠倒悬而下,缤纷络绎,五色焕然。"

蝴蝶奇观的出现,是因为这里雨量充沛,气候温和,使泉周围及其附近山坡丛生着合欢树、香果树等树木花草,给蝴蝶的生育繁殖提供了很适宜的场所;花树分泌出的一种芳香汁,又是蝴蝶很喜欢吃的食物;树汁的芳香随风飘散,又对蝴蝶起着引诱作用。因此,蝴蝶们喜欢聚会在这里求爱、婚配和传宗接代。

每年蝴蝶会到来,苍山洱海一带人们再忙也忘不了赶会。蝴蝶会更成了青年人谈情说爱会。姑娘们穿着红红绿绿的节日盛装,腰系五色镶边花围裙,头包彩巾,耳戴银饰,打扮得彩蝶般美丽多姿;小伙子们则把自己打扮成黑蝴蝶模样,身穿洁白对襟衫,外套黑褂,头缠青帕。男男女女,一面观赏蝴蝶,一面弹着三弦、吹着笛子,一面唱着情歌,物色着自己的意中人:"佳期又到四一五,对对彩蝶翩翩舞;穿起新衣唱起歌,泉边去把爱情吐!"

4. 扎龙"丹顶鹤的故乡"

扎龙自然保护区位于乌裕尔河下游,西北距齐齐哈尔市 30 千米。这里的主要保护对象是丹顶鹤及其他野生珍禽,被誉为鸟和水禽的"天然乐园"。扎龙自然保护区占地 4 万平方千米,河道纵横,湖泊沼泽星罗棋布,湿地生态保持良好。扎龙自然保护区以鹤著称于世,全世界共有 15 种鹤,此区即占有 6 种,它们是丹顶鹤、白头鹤、白枕鹤、蓑羽鹤、白鹤和灰鹤。丹顶鹤又称仙鹤，是十分珍贵的名禽，此区现有500多只，约占全世界丹顶鹤总数的四分之一，所以，称此区是"丹顶鹤的故乡"也不为过。这里的野生珍禽，除鹤以外，还有大天鹅、小天鹅、大白鹭、草鹭、白鹳等，真可谓野生珍禽的王国。

扎龙自然保护区是北国江南，风光优美。每当暮春仲夏，芦苇青青，在清澈的水面上，漂浮着水浮莲、菱角等水生植物，四周草地翠绿，野花飘香，游人徜徉在这北国的水乡泽国中，欣赏着野生珍禽自由遨游，一种真正回归大自然的感觉会油然而生。

每年四五月或八九月，约有二三百种野生珍禽云集于此，遮天蔽地，蔚为壮观，是游览此区的最佳季节，由齐齐哈尔市去保护区有汽车直达，交通便利。保护区范围大，不可能遍游，只须在区管理局四周一游，即可一窥全貌。

二、植物旅游景观

在生物界中，以植物群落的构成风貌最为突出。植被是自然环境特征的重要标志，构成一个地区的主要风光。我国各种观赏植物构成了许多美妙的景观。

1. 贵州百里杜鹃林

贵州百里杜鹃林位于大方、黔西两县交界处，以普底、金坡雨乡为中心，面积约一百平方千米，作环状分布，最宽处5.3千米，最窄处1.2千米，因林带绵延百里，故称"百里杜鹃"。

由于特殊的地质、地貌、土址、气候等自然因素，生长在这高原上的杜鹃花树，具有密集、高大、耐寒、花期长的特点，杜鹃花盛开时节，那郁郁葱葱的群山，成了花的世界，花的海洋，跌宕起伏，花浪漫卷，五彩缤纷，千姿百态，树高数米者，花朵常逾数百乃至成千上万，格外壮观，前人吟咏的"杜鹃花似海，弯山留异香"正是此时此地此情此景的生动写照，近年来，为了配合百里杜鹃林的开发利用，决定将普底，金坡两地的彝族"插花节"、苗族"跳花坡"迁到花区中心的大草坪，届时，身着民族盛装的男女青年，在万头攒动的观众圈里燃起熊熊篝火，跳舞对歌、摔跤、赛马、斗牛……浓郁的民族风情，使百里杜鹃林平添几许文化色彩。

2. 蜀南竹海

蜀南竹海（见图4-1）位于宜宾市的长宁、江安两县连接地带，整个风景区面积约120平方千米，以竹海景观、石林溶洞奇景为特色，兼有丰富的人文景观，是中国旅游胜地四十佳之一。

在20多座峰峦和300多个山丘上，楠竹如海，四季葱绿，里面珍藏着许多形式各异的珍稀竹类品种资源。竹林中飞瀑、流泉、湖潭众多，山谷幽静深邃。登高四望，苍山如海，碧涛起伏，是罕见的翠竹海洋。在竹海的万顷碧涛中，分布着众多景点，计有洞穴20余处。仙寓洞、天宝洞皆为高岩妙景，流泉飞瀑飘烟溅珠，情趣无穷。

蜀南竹海春观笋、夏纳凉、秋看竹、冬赏雪，风景秀丽，景观独特。这里的竹制工艺品琳琅满目，竹亭、竹寨、竹席、竹酒、竹筒饭、竹笋全席等使旅游者感受到竹乡的独特风格和浓郁情怀。

3. 西双版纳

西双版纳热带雨林自然保护区位于云南省南部西双版纳州景洪、勐腊、勐海3县境内。总面积2420.2平方千米，它的热带雨林、南亚热带常绿阔叶林、珍稀动植物种群，以及整个森林生态都是无价之宝，深受国内外瞩目。西双版纳热带雨林是当今我国高纬度、高海拔地带保存最完整的热带雨林，具有全球绝无仅有的植物垂直分布"倒置"现象，在国内外享有"植物王国"、"动物王国"、"药物王国"的美誉。1986年成立国家级自然保护区；1993年被联合国教科文组织接纳为生物圈保护区网络成员；1995年被国务院公布为全国第一个自然生态平衡的生态州。

西双版纳处处美景如画，浓荫覆盖的大地绿潮涌动。五千多种热带动植物云集在西双版纳近两万平方千米的土地上，令人叹为观止。"独木成林"、"花中之王"、"空中花园"等，都是大自然在西双版纳上精心绘制的美丽画卷，是不出国门就可以完全领略的热带气息。

"不看望天树，白到版纳来"。望天树，是热带雨林的象征，是西双版纳特有珍稀树种，为国家一级保护植物。西双版纳的望天树主要分布在勐腊自然保护区，分布面积约100平方千米，分布地域狭窄，数量稀少。望天树高可达六七十米，最高的达80多米，是名副其实的热带雨林"巨人"。当站在"巨人"的脚下，仰望直指蓝天的巨树，你会突然觉得自己变得微小和低矮。看望天树，既是望天，又是望树。望见了树，又望见了天。望天树的特点是树干高大笔直，挺拔参天，有"欲与天公试比高"之势。其青枝绿叶聚集于树的顶端，形如一把把撑开的绿色巨伞，高出其他林层20米，只见其高高在上，自成林层，遮天盖地，因此人们又把望天树称为"林上林"。

西双版纳热带原始森林面积大，树木种类多、层次多，被称为"热带植物王国"，盛产香蕉、菠萝、椰子、油棕、橡胶等，是我国第二大橡胶生产基地。这里野生动物也很多，有鸟类400多种，鱼类、两栖类、爬行类和兽类很多，是全国动物种类最多的地方，被称为"天然动物园。"这里古木参天，遮天蔽日，林间灌木杂草丛生，藤萝缠绕，不用砍刀开路，无法在林中穿行。

著名的古迹有勐真佛塔和大勐龙佛塔。勐真佛塔在勐海县城西14千米的景真山上，又叫景真八角亭，建于1701年，高15.42米，宽8.6米，塔顶为一伞顶帽状。整座建筑玲珑华丽，造型美观，风格独特，是傣族建筑艺术中的精品。大勐龙佛塔，在景洪县大勐龙的曼飞龙山顶上，由九座白塔组成，又称飞龙白塔。主塔高21米，四周八个小塔高度均为10米，洁白的塔身，金色的塔尖，宛如玉笋破土而出，因而有笋塔之称。每个小塔底部都有一座小庙似的佛龛，龛壁上有许多佛像浮雕,中间供有汉白玉佛像一尊。塔上的各种雕塑、浮雕、彩绘造型优美,秀丽和谐,具有独特的傣族风格。在西双版纳还有许多"塔包树"和"树包塔"奇观,这是因为热带榕树生长快,树枝落地生根,塔上一根小树,几年就把塔包围起来了。另外"独木成林"的现象也屡见不鲜。

三、 森林景观

我国幅员辽阔,自然条件复杂,生物种类丰富,群落类型繁多。据不完全统计,目前我国自然保护区的数量已发展到 600 多处,约占全国总面积的 3%。其中吉林长白山、广东鼎湖山、四川卧龙山、贵州梵净山、福建武夷山、内蒙古锡林郭勒草原、新疆博格达峰和湖北神农架八处自然保护区,先后加入了国际生物圈保护网。此外,我国拥有 1 亿多公顷森林,并已建成了 4200 多个国营林场,其中位于城市周围和名山大川附近的国营林场有 600 多个,目前经林业部批准建立的共有 91 个国家级别的森林公园,这为开辟我国森林特色旅游,奠定了坚实的物质基础。

从雄伟壮观的长白山,到热带风光的西双版纳,从丹霞风貌的武夷山,到林泉辉映的九寨沟,总是受到国内外游人的眷恋与厚爱,并由此产生了强烈的亲游而后快的心理感应。我国广袤的林区内,分布的高等植物达 3.2 万余种,树本 2.8 千多种,还有鸟类、兽类、爬行类和两栖动物近 2000 多种。不仅如此,还有千姿百态的自然景观、丰富多彩的历史遗迹和煌古耀今的出土文物,再加上瀑布、温泉、林草、花卉、珍禽、异兽、辅之以沙漠、草原、江河、湖泊等,对游人充满了神奇的魅力。登山野营、骑马打猎、采集标本、游泳钓鱼、绘画摄影、休息疗养等,这些陶冶情操、增进身心健康的旅游内容,是其他旅游不可替代的。

1. 长白山

长白山在吉林省东南部,一部分在朝鲜境内。山的最高峰海拔 2749 米。长白山山高地寒,山上终年积雪,草木不生,望之皆白,故名长白山。

巍巍长白山,不仅以其雄伟壮观的景色闻名中外,更由于它具有得天独厚的自然环境:一望无际的林海以及栖息其间的珍禽异兽,使它于 1980 年列入联合国国际生物圈保护区。从长白山山麓到山顶,可以看到从温带到寒带的不同植物的类型。植物的分层分布情况,十分清楚。在山脚,主要是阔叶林;往上,直到海拔 1000 米左右,是针叶和阔叶混合林。在这混合林带,树木品种繁多,不同季节的风霜雨雪,使大森林的景观,变化多端,千姿百态。

海拔 1000 至 1800 米之间,是针叶林带。这里山高林密,生长着最有经济价值的各种针叶树,这些树,树干笔直,生机盎然。再往上到近 2000 米,是岳桦林带。岳桦树为适应高山寒冷潮湿的严酷气候,躯干短曲多枝,树皮节理斑纹极富图案趣味。2000 多米以上,就没有树木,是苔藓地带了,每年六七月间,这一带盛开着各种颜色的鲜花,景色瑰丽。

长白山最著名的景点是天池。长白山是座火山,天池就是这座火山的喷火口。自清乾隆以后,长白山就停止喷火,原来的喷火口成了高山湖泊。因为它所处的位置高,水面海拔达2150米,所以被称为天池。

天池的水从一个小缺口上溢出来,流出约1000多米,从悬崖上往下泻,就成了著名的长白山大瀑布。大瀑布高达60余米,很壮观,距离瀑布200米远就可以听到它的轰鸣声。大瀑布流下的水汇入松花江,是松花江的一个源头。长白山除了天池和长白山瀑布外,还有不少湖泊的瀑布。天池旁边有一个小天池,又叫长白湖,水也是碧蓝的。在树林间的岳桦瀑布和在半山腰的梯云瀑布,规模也不小。此外,在长白瀑布不远处还有长白温泉,这是一个分布面积达1000平方米的温泉群,共有13眼向外涌水。

去长白山游览最好是夏季,六月下旬至九月上旬最佳,其余时间,山上经常飘雪,气温降到零度以下。山上不许生火,当然便解决不了游客温饱,加之道路被冰雪覆盖,交通停顿,旅游活动也只好停止了。七八月是赏花、观鸟、看天池的黄金季节,七月份在高山强紫外线照射下,苔原上花朵开得格外鲜艳。

长白山还有著名的"关东三宝"——人参、貂皮、鹿茸角就盛产于此地。其他珍贵药材还有党参、黄芪、木灵芝、瑞香等,共三百多种,因此长白山又称为"药材之山"。山区还有种类繁多的野生动物,珍贵的有金钱豹、紫貂、水獭,鸟类有大杜鹃、茶腹然、黄绣等。因此长白山不仅被列入国家级重点保护区,而且被归入联合国教科文组织世界生物圈自然保护网。

2. 万木林

万木林位于武夷山脉南侧的福建省建瓯县房道乡境内。这是一片人工植造的原始森林,至今已有650多年繁衍历史。据县志载,早在元朝末期,当地有个隋文帝杨坚的后代,名叫杨达卿的富绅,在一个五谷欠收的饥荒灾年用"种木一株酬之斗粟"的办法,召集穷人在杨家坟地营造万木林。到了明代初期,杨达卿之孙杨荣做了朝廷大官,万木林则成了杨家的风水林一直受到保护,后来又逐年扩大了疆界。1957年,福建省人民委员会把万木林及武夷山一同列为天然森林禁伐区。1980年,国务院颁布万木林为自然保护区,建立了万木林管理所。

万木林现有面积2538亩,林内生长着茂密的中亚热带常绿阔叶,古木参天,巨藤盘绕,树种繁多,占福建树种近二分之一。列为国家重点保护的珍贵树种有观光木、乐东拟单性木兰、沉木樟、天竺桂、闽楠、红豆树、闽鄂山茶、川桂、巴戟、长序榆等10多种。其中观光木是我国特有的珍贵树种,林中最大的一株胸径达135厘米,树高34米,树冠浓绿,亭亭如盖,十分壮观。珍贵的木兰科植物,万木林中已发现3株。沉水樟,是樟科中的高大乔木,全国已为数不多,万木林中则有沉水樟一千多株,最大的胸径达181厘米,树高36.5米,专家认定为全国最大的沉水樟王。闽鄂山茶,仅产于福建、湖北两省,现湖北的闽鄂山茶已绝迹,在福建也多年不见踪迹,万木林中已发现闽鄂山茶5株。

万木林的药用植物也非常丰富，已查明的有土叶一枝花、何首乌、钩藤、金不换等470多种。在这座古老的森林里，自由地生活着许多飞禽走兽，人们时常可以看到成群的猕猴在树上嬉戏腾跳，偶尔也能看到毛冠鹿、苏门羚、黑熊等稀有动物。林中还栖息着130多种鸟类。因而，万木林素有"天然植物园"、中亚热带"森林博物馆"之称。

万木林是我国东南亚地区保护得较为完整的原始森林之一，既是教学、科研的好场所，又是可供人们参观游览的森林公园。万木林的自然演变、生态结构和丰富的资源，吸引了省内外专家、学者、教育工作者不断来这里考察、参观、旅游者往来也日趋频繁。

3. 神农架

神农架山区，位于湖北、陕西、四川三省的边界，南濒长江，北望武当山，是大巴山脉和秦岭山脉交结的地方，亦是我国南部亚热带向北部温带过渡的地带。全区面积达3250平方千米，主峰大神农架高达3300米。1978年，国家决定在其中的大小神农架诸峰周围20平方千米地带建立自然保护区，主要保护金丝猴、珙桐等珍稀动植物和森林生态系统。

神农架地处大巴山东段，总的地势由西北向东南逐渐降低。由石灰岩、砂岩组成的许多条脊岭，构成雄伟山体。整个地区峻岭盘结，错综复杂。相传这里曾是远古时代神农氏（炎帝）定居耕田、遍尝百草、采药治病的地方。由于山高壁陡，神通广大的神农氏也只好搭架而上，因此得名"神农架"。

神农架植物种类繁多，有"绿色宝库"之称。林区有优质的楠木，木质坚硬的马铃光，树冠覆盖面积达一亩多的刺揪，质地柔软的泡桐，生长快速的华山松，用于雕刻的黄杨木等。主峰东南的千家坪，生长着许多珍稀植物，如珙桐、水杉、水青树、连香树、领春木、鹅掌楸等，都是举世闻名的第三纪子遗树种，被誉称为"活化石"。其中珙桐，是世界著名的观赏树种，树形端正，木材坚美，花开形如飞鸽，故有"中国鸽子树"之美称。

神农架拥有丰富的野生动物资源，达500余种之多，其中20多种是列入国家保护的珍贵动物。哺乳动物种类，既有属于东洋区系动物群的苏门羚、獐、鹿、麝、毛冠鹿、大灵猫、小灵猫、花面狸、云豹、金猫、豪猪等，又有古北区系的狍子、中华鼢鼠等。鸟类也反映了两大区系的过渡特点，昆虫种类更是繁多，可称得上是一个天然动物园。这里的动物最特异之处，在于金丝猴、白熊等珍稀动物。神农架是我国金丝猴重点保护区之一，而主峰近峰顶一带的箭竹林，则是白鹤、白獐、白猴、白鹿、白麝、白松鼠、白苏门羚、白蛇和白熊的集中区。这些白色动物引起科学界从遗传学角度，研究动物"白变"规律的兴趣，从而进一步揭示神农架自然环境的特殊性。

神农架之神秘、离奇和引人入胜，更在于这一带有关"野人"的传闻、记载和观察活动。"野人"的存在，至今仍属"世界四大自然之谜"之一。在中国，

"野人"一说，从古代的传说发展成为现代传闻，不时有人报告亲自遭遇这一神秘动物的情景。1976年5月14日一次遭遇之后，中国科学院组织了考察队，探查"野人"群体生活和繁殖的环境条件，收集到"野人"的粪便、毛发等实物和脚印，但至今全世界尚未捕获一个活的"野人"，所以还不能做出科学的结论。

为满足旅游事业发展的需要，神农架林区近年在几处重点风景点建立旅游设施，如燕子垭已经得到开发。燕子垭位于林区北部，海拔2000余米，山势高峻挺拔，苍翠如绘，山顶建筑亭台，供游人观览林区群峰和茫茫森林景观。

4. 海南琼山东寨港红树林

海南省琼山县东寨港的红树林，是一种奇特的植物景观。它是生长在热带、亚热带海边滩涂的一种特有的植物群落。东寨港的红树林，伸展在50余千米的海涂边缘，放眼望去，只见一片片海上森林，像是一团团绿云，浮沉在海湾、港汊和河流出口处，景色十分壮丽迷人。

在这一片片红树林的群落中，既有粗壮的乔木，也有矮小的灌木和藤本植物。地上部分，林冠繁茂，郁郁苍苍；地下部分，则是纵横密布的支柱根、蛇状根、板根，盘根错节，形成一道抵挡风浪、阻滞淤泥、保护堤岸和良田的"绿色长城"。

红树林为了适应滩涂的特殊环境，发生了一些不同于一般植物的变异。首先是根系特别发达，根多，扎得深，铺得远，地下地上都有。尤其是地上的气根，形状多样，有的像把半撑开的伞骨，有的像个鸡笼罩，有的像棵人参须。这些根系除了作为营养器官之外，还有两个重要作用：一是加强树干在泥滩上的稳定性，不怕风吹浪打；二是地面上的气根和地下的根系可以互相交换气体，不会因陷于污泥缺氧而窒息。其次是胎生。胎生是高级动物所特有的生理现象，但红树林为了适应环境的需要，也表现出类似的生理特征。它因为生长在海滩，经常受到海潮的冲刷和台风的袭击，种子难以得到一个稳定的萌发环境，于是它的繁殖方式也就发生了相应的变化：种子在离开母树之前，就已经发芽长根，如同胎儿成熟在母腹之中一样；一旦"瓜熟蒂落"，它便借助自己的重力作用，插入淤泥之中，只要几个小时即可扎根固住，下次潮水来时就冲不走了。这种酷似胎生的繁殖方式，在植物王国中是独一无二的。所以一年四季之内，红树林中不是这个开花，就是那个结实，时刻都在繁育着新的生命，真是一座永不凋谢、生生不息的绿色长城。最后，它还具备脱盐的生理功能：从海水中吸收营养物质，又通过自身叶片中的排盐线，把盐分排出体外，有人称它为"植物海水淡化器"。

红树林不惧大风大浪，潮起潮落。它所在的水域中，风浪小，有机质多，是鱼虾蟹贝栖息和繁殖的天然场所。每逢退潮后，这里的男女老少纷纷奔往红树林捕鱼捉虾，摸蟹拾贝。

东寨港的红树林,生态奇特,外形美观,绿树与碧海相映,别有一番自然风味。它不仅是一种特殊而重要的森林资源,同时还是一种可供人观赏的旅游景观。

四、自然保护区景观

自然保护区是为了保护各种重要的具有代表性的天然生态系统及环境,拯救珍稀、特有濒临灭绝的物种群落,保护自然历史遗产而划定的进行保护和管理的特殊地域的总称。它拥有生态系统的代表地域;特有生物群落和珍稀动植物分布地域;自然遗迹、名胜风景区。自然地质剖面、水源涵养区;传统土地利用方式造成的稳定的景观范例;受人为影响或退化的生态系统转变为天然生态系统的范例。建立自然保护区的目的在于保护不同类型的各种生态系统的代表;保护珍稀、濒危动植物的集中分布区;候鸟繁殖、越冬和迁徙的停歇地;优美的天然风景区;具有特殊保护价值的地质剖面、化石产地、特殊地貌、冰川遗迹、岩溶、瀑布、温泉、火山口、陨石所在地等。实际上,保护自然,建立自然保护区,就是保护人类赖以生存的环境,就是保护人类。

我国自然保护区类型多,数量大,品位高。自1956年建立我国第一个自然保护区——广东鼎湖山自然保护区以来,现有各种类型的自然保护区1200余处,分布遍及全国各地,基本形成了全国性的自然保护区网络。

阅读资料 4-3

我国自然保护区

1. 按自然保护区的级别可分为三大类

(1) 世界级自然保护区 我国已有28个项目列入世界自然与文化遗产名录。其中属于文化与自然双重遗产项目的有泰山、黄山、峨眉山——乐山大佛、武夷山;属于自然遗产的项目有武陵源、九寨沟、黄龙洞等;属于文化景观遗产项目的有庐山;属于文化遗产项目的有北京故宫、万里长城、敦煌莫高窟、秦始皇陵及兵马俑坑、周口店北京人遗址、承德避暑山庄及周围寺庙、武当山、曲阜三孔、布达拉宫(包括大昭寺)、苏州古典园林、平遥古城、丽江古城、颐和园、天坛、大足石刻、明清皇家陵寝(包括清东陵和清西陵及湖北明显陵)、洛阳龙门石窟、安徽古村落、青城山及都江堰。我国还有吉林长白山自然保护区、四川卧龙自然保护区、广东肇庆鼎湖山自然保护区、贵州梵净山自然保护区、武夷山自然保护区及内蒙古锡林郭勒自然保护区、新疆博格达峰自然保护区、湖北神农架自然保护区、江苏盐城滩涂自然保护区等9个自然保护区加入联合国组织的世界自然保护区网,成为世界永久保护区。

(2)国家级自然保护区 国家级自然保护区包括国家重点保护区（如安徽扬子鳄自然保护区、江西邵阳湖候鸟自然保护区、海南大洲岛海洋生态自然保护区、云南西双版纳自然保护区、陕西太白山自然保护区等60余处）、国家森林公园（如湖南张家界森林公园、陕西楼观台森林公园、浙江天重森林公园、浙江千岛湖森林公园、广东沙头角森林公园、山东泰山森林公园、山东威海森林公园、广东溪流森林公园、河南嵩山森林公园、安徽琅琊山森林公园等10余处）、重点风景名胜区（如五台山风景名胜区、泰山风景名胜区、秦皇岛北戴河风景名胜区、贵州红枫湖风景名胜区、河南鸡公山风景名胜区等120多处）。

(3)省、地（市）、县级自然保护区 省、地（市）、县市自然保护区数量很多，各具特色。如陕西洋县朱鹮自然保护区，是目前世界上唯一以保护濒危珍禽朱鹮与其栖息地为主的自然保护区。又如湖南东安舜皇山自然保护区，有国家保护珍稀树种13种，野生动物99种。再如湖北石首天鹅洲麋鹿自然保护区进行麋鹿野生放养，实现了千年时空大跨越，使"四不像名扬天下，声震五洲，中外游客慕名纷至沓来"。

2. 按自然保护区保护对象及保护目的可分为四大类型

(1)综合型自然保护区 这类自然保护区是以保护完整的综合自然生态系统为目的的自然保护区。如云南西双版纳自然保护区以保护热带自然生态系统为主，吉林长白山自然保护区以保护温带山地森林生态系统及自然景观为主，湖南新宁紫云万峰山自然保护区保护木本植物900余种。

(2)自然风景型自然保护区 这类自然保护区是以保护自然风景为主，并供游览休闲的自然保护区，主要有湖南张家界国家森林公园、山东泰山森林公园、江西庐山自然保护区、四川九寨沟自然保护区、贵州黄果树自然保护区、台湾玉山公园。

(3)自然历史遗迹型自然保护区 这类自然保护区是以保护特殊的地貌景观和地质剖面为主的自然保护区，主要有黑龙江五大连池自然保护区（保护近期火山喷发形成的火山遗迹和自然风景等）、湖南新宁自然保护区（主要保护丹霞地貌）、蓟县自然保护区等。

(4)生物型自然保护区 这类自然保护区是以保护珍稀植物、珍贵动物资源为主的自然保护区，如黑龙江的扎龙、吉林的向海和莫莫格自然保护区，均以保护珍贵水禽丹顶鹤为主；陕西佛坪自然保护区以保护大熊猫为主；黑龙江丰林及凉水自然保护区以保护红松树林为主；湖南宁远九嶷山自然保护区以保护斑竹、紫竹为主；台湾淡水河口自然保护区以保护沿海自然环境及自然资源。

1. 广东肇庆鼎湖山自然保护区

鼎湖山位于广东肇庆市东北郊，是岭南著名的佛教名山和游览胜地。1980年正式加入世界自然保护区网，同时又成为联合国"人与生物圈"生态系统定位研究站。于是鼎湖山以双重身份，成为国际性的学术交流基地和旅游胜地，闻名海内外。这是举世罕见的。

鼎湖山处于北回归线的南侧。如果看一下世界植被分布图，就可发现整条北回归带几乎全是沙漠或干草原。而鼎湖山则占着别样的地利：它位于大陆东南部，濒临太平洋，青藏高原和喜马拉雅山脉高高地树起屏障，海洋上吹来湿润的东南季风，给这个地区带来充沛的雨水，摆脱了回归干燥带的影响。因此，各种植物竞相生长，使这里成为茂密的常绿森林，被人誉为"北回归沙漠带上的绿洲"。

鼎湖山空气清新，湿度很大，树木的叶面会分泌水滴，形成林外无雨、林内小雨的奇观，不时发出嘀嘀嗒嗒的响声，怪不得被誉为"热带雨林"。在植物群海中，使人首先瞩目的当然是高大的乔木，其中数量最多、最高大的是锥栗树。有的高达50米以上，仰面难看到树顶，树径大得十来个人拉起手来还抱不拢。还有国家一类保护树种——格木，材质坚固，连铁钉都钉不进去，故又叫铁木。这里还有以最先采集到标本的我国著名的植物学家钟观光命名的"观光木"；有荔枝的祖先野荔枝，结满了红灿灿的果实；有棕榈科中最高大的鱼尾葵，美丽大羽状复叶，随风飘曳，顶部叶片丛中挂着一穗穗黄色或红色小果球。茎花、附生、藤本等热带雨林特有的植物，这里随处可见。藤本植物有特殊的趋光性，主干可延伸得很长很长，又能靠枝叶上的刺或吸盘、卷须来缠住其他物体，在林中自由攀爬。这里还有与恐龙时代同样久远的植物"活化石"——苏铁、银杏、桫椤等。据科学家研究，这里的地质属云开古陆，在冰川运动摧毁着万千生物物种的年代，这里却受影响较小，所以许多古植物得以幸存，故被誉为"活的自然博物馆"、"天然生物实验室"，鼎湖山的科学价值就在于此。

2. 武陵源

武陵源包括张家界、索溪峪和天子山三部分，是世界罕见的以石英砂岩峰林为主的自然保护区。这里植物繁茂，空气清新，水体清净，已于1992年被联合国教科文组织正式列入《世界自然遗产保护名录》。

张家界东距大庸市32千米，是我国最早建立的国家森林公园，面积8千公顷，植物覆盖率达97.7%，多为原始次生林。林内凉爽湿润，空气异常清新。金鞭溪贯穿其间，它来源于森林深处。水绿如染，随地势变化，时而湍急如浪，时而平静如潭。沿溪而行，远处峭壁万仞，峰峦千叠；近处巨木参天，遮天盖日，花草丛生，扑人脸面。在这里可以欣赏到珍贵的楠木风姿。楠木过去被誉称为"皇家之木"，在古代只有帝王将相、达官贵人才可使用，故亦被誉为亚热带常绿阔叶林中的"美丽少女"，而这里却有着成公顷的片片楠木林，长得青翠欲滴，楚楚动人。透过林隙，常可看到白色的瀑布，从峰峦间飞泻而下。明媚的山花，一团团、一片片、一层层、一丝丝，如火烧溪，如霞映天，为林中的冷色调平添一股暖色。

索溪峪以山奇、水秀、洞幽著称。索溪东西贯通武陵源，50余条支流由西到东、由上往下飞泻溪谷，形成武陵源一条条小溪飞瀑，一串串飞花溅玉般的晶莹珠链，素有"秀水八百"的美称。其水清澈见底，隔溪南望，天然画屏般的一列青山横亘眼前，山峰高低错落，浓妆淡抹，层次分明。宝峰山顶有湖，名曰"宝峰湖"。一侧峭壁上，一条仅容一人的石板路曲折垂下。沿阶而上攀登，一湖碧水遂展现眼前。高峡平湖，水映翠峰，满目明丽。乘船游湖，穿峡通幽，如在天上行，云中游，湖光山色，交相辉映，美不胜收。出宝峰湖西行，进入峡谷带，就是著名的"十里画廊"。沿灌木丛生的干溪步行，两岸风光旖旎。石峰座座，各具风采，三步一个景，五步一重天，犹如一幅慢慢展开的水墨画卷，令人目不暇接。十里峡谷，十里画廊，十里神思。

天子山海拔1300米，相对高度700米，以雄、奇、野、秀为特点，有"不是黄山，胜似黄山"之誉。登上山顶，武陵源尽收眼底。极目远眺，峰峦跌宕起伏，迷雾缠绕，若隐若现。俯瞰脚下，万千峰林，烟云缥缈，充满神奇色彩。其中最摄人心魄者，当属粗犷幽深的神堂湾。它为一桶状盆地，垂直下陷500米，方圆600余顷。盆底团团迷雾在峰林间游来荡去，阴风阵阵，寒气逼人；巨木古藤，盘根错节。还可听到仿佛阵阵鸣锣击鼓、人喊马嘶声。

武陵源纯情的原始美，会使你尘世间带来的忧愁和烦恼荡涤一空，其情其景使人想起庄子《逍遥游》中的至人之境。这里没有金碧辉煌、红墙绿瓦的亭台楼阁，也没有曲意制作的拱桥石阶、水材栈道，更没有文人墨客的诗词石崖摹刻，一句话，没有人工斧凿的痕迹，没有人间烟火味，却有着几十万亩的原始地。"野味十足"，是武陵源风景区的最大特点。

武陵源的另一大特色是独特的石英砂岩峰林地貌奇观。3103座石英砂岩柱从平地，从溪边，从半山腰拔地而起，甚至从山峰本身分出来，粗如城堡，细像长鞭，或劲峭奇峰，或如剑刺天，或似人状物，或如禽如兽，或列成方阵肃穆威严，或势成峰海呼啸而来，阴晴雨雪各成趣，春夏秋冬换奇装。一位中外闻名的地质学家曾说："武陵源大峰林是峰林之最，是稀世之珍，是不可多得的国宝！"

一言以概之，武陵源以罕见的大峰林，壮观的大峡谷，浩瀚的大森林，变幻的云雾梦，多姿的湖瀑泉，淳厚的民族情，欢迎国内外游客前来游览观赏。

3. 九寨沟

九寨沟风景名胜区（见图4-2）位于四川省阿坝藏族羌族自治州九寨沟县境内。南距四川省省会成都450千米，九寨沟因景区内藏民世代居住于此的九个藏族村寨而得名。

九寨沟地处青藏高原东南斜面向四川盆地的过渡地带，位于岷山山脉南段尕尔纳峰北麓，是长江水系嘉陵江源头的一条支沟。面积720平方千米，外围保护地带600平方千米，其中52%为林木繁茂的原始森林。

景区主沟呈Y字形，由树正、日则、则查洼三条沟组成，总长50余千米。则查洼沟尽端是长湖，日则沟尽端是草湖，两沟由南向北在诺日朗合为树正沟；两沟尽端湖泊至树正沟口高差1000余米，其间有呈梯级分布的大湖泊114个，湖泊之间有17个瀑布群，11段激流，5处钙华滩流，相串相联，形成以高山湖泊群和瀑布群以及钙华滩流为特色，集湖、瀑、滩、流、雪峰、森林、藏族风情为一体，体现原始美、自然美、野趣美的风景名胜区。

1982年，中华人民共和国国务院审定九寨沟为国家重点风景名胜区。1992年12月，九寨沟正式被联合国教科文组织作为自然遗产项目，列入《世界遗产名录》。

九寨沟地处青藏高原向四川盆地过渡地带，地质构造复杂，碳酸盐岩分布广，褶皱断裂发育，新构造运动强烈，地壳抬升幅度大，多种营力交错复合，造就了多种多样的地貌。

九寨村为多种自然要素交汇地区，山地切割较深，高差悬殊，区内海拔4000～4800米的山地占总面积的28%，第四纪冰川遗迹，在我国是保存最好的，类型十分丰富。由于区内山地切割较深，高差悬殊，故植物垂直分布明显。有高等植物2000余种，低等植物400多种，保存着许多古老孑遗植物。区内还有17种珍稀动物，其中，大熊猫、牛羚、金丝猴属国家一类保护动物。有"物种基因库"的美誉。

九寨沟以高原钙华湖群、钙华瀑群和钙华滩流等水景为主体，其水景规模之巨、景型之多、数量之众、形态之美、布局之精和环境之佳等指标，位居中国风景名胜水景之冠。

九寨沟的景观，类多景异，湖、瀑、滩、泉，一应俱全，异彩纷呈。湖有孤处，有群置，或浩荡，或娟秀，有以倒影取胜，有以色彩称雄；瀑宽者300余米，高者近80米。气势恢弘的，有如银河天落，轻柔飘逸的，有如天女散花。滩，有的如盆景陈列，有的如珍珠飞溅；条条激流，股股飞泉，层层烟雾，阵阵涛声，不绝于耳。九寨沟集水形、水色、水姿、水声于一体，收尽天下水景之美态。

九寨沟的水景形态极美，比例恰当，构景巧妙，线条匀称，节奏明快，不论从哪个视点和角度，都能看到极为美丽的画面。加之周围的山峦、林木、藏情等造景因素的融合，使九察沟成了画家、文学家和摄影家最理想的创作源泉，成为中国电影、电视创作的背景题材。

九寨沟的奇山异水融色美、形美、声美于一体，构成了一幅多层次的天然画卷。其总体之美可谓"自然的美、美的自然"。徜徉于九寨沟，使人处在视觉、听觉、感觉协调一体的幻境中，陶醉在最高的美的享受里。东方人称九寨沟为"人间仙境"，西方人把它誉为"童话世界"。

本章小结

观赏生物旅游景观是指那些具有旅游观赏、科研价值，能吸引旅游者，能为旅游业所利用，并由此而产生经济和社会效益的动植物。生物旅游景观主要分为两大类：动物景观、植物景观。生物旅游景观的特征：组景生动性、构景组合性、功能多样性、资源再生性、分布地域性、系统脆弱性、景观季节性、文化怡情性。

生物景观具有观赏功能、美化、净化环境功能、保健和休疗养功能、造园功能。同时具有形态美、色彩美、珍奇美、寓意美等美学价值。

中国著名的具有代表意义的生物景观如下。

动物旅游景观：四川宝兴"熊猫的故乡"、青海湖"鸟岛"、大理"蝴蝶泉"、扎龙"丹顶鹤的故乡"。

植物旅游景观：贵州百里杜鹃林、蜀南竹海、西双版纳。

森林景观：长白山、万木林、神农架、海南琼山东寨港红树林。

自然保护区景观：广东肇庆鼎湖山自然保护区、武陵源、九寨沟。

重点内容

生物景观　生物景观的特征　生物景观的旅游功能　生物景观的审美　四川宝兴"熊猫的故乡"　贵州百里杜鹃林　长白山　广东肇庆鼎湖山自然保护区

案例分析

福建漳州海底森林自然保护区

历时三年，漳州市已把世界罕见的海底森林景观开辟成一个面积达115亩的红树林自然保护区。

漳州沿海红树林资源丰富。漳江出海口处的海滩就横卧着一大片郁郁葱葱的海底红树林。涨潮时，这些树木被海水吞没，只有略高些的，在海面上稍露枝头，落潮时，它们从海滩上露出，迎风摇曳。这一别致的风景近年来经新闻媒介广为传播，引来了大批海内外游客。

红树林保护区开辟后，在对大片海底森林资源保护管理、加强研究的同时，着重开发它与众不同的游览价值：观树赏鸟嬉鱼虾。

海底森林的树木都有特别发达的根部。树与树盘根错节，绕来缠去，造型如同奇松盆景，千姿百态，有如无声的诗、立体的画。这是落潮后的景观。

　　潮涌时，水族踊跃而来。头上长着两只大眼的跳跳鱼在树旁跳来跳去，有的还跳到树根上憩息。树头水洼里的弹指虾，弓背弯身，不时发出"啦啦"的叫声。那些胆大横行的红螯蟹、招潮蟹，竟然沿树身爬到树头，相互追逐。间或还有价格昂贵的海鲟，也躲到树枝间，窥视外部的世界。这时，渔民往往不失时机地赶来，钓鱼捕虾捉海鲟。

　　既有树林，又有鱼虾畅游，鸟儿们便纷纷跻身此间。白里、苍鹭、黑尾鸥都是这里的常客，整日叽咕不停。斑鸠、苦鸡长年在较高的树上筑巢安家、生儿育女。隆冬季节，还会有大批北方的野鸭到这里客居避寒。来到漳州海底森林自然保护区的游客，不论是落潮、浅潮、涨潮，也不论是漫步浅滩、泛舟林间，都能领略到在别的地方难见的奇异风情，产生一种在其他景点无法得到的陶醉。

　　思考：福建漳州海底森林的旅游功能和欣赏意义。

基本训练

1. 判断题

（1）植物堪称是风景的肌肤、山水的容颜。

（2）大熊猫、金丝猴、白鳍豚和白唇鹿被称为四大国宝动物。

（3）游览此区的最佳季节，每年一二月或八九月，约有二三百种野生珍禽云集于此，遮天蔽日，蔚为壮观。

（4）西双版纳热带原始森林面积大，被称为"热带植物王国"，是我国第一大橡胶生产基地。

（5）神农架山区全区面积达 3250 平方千米，主峰大神农架高达 3300 米。

（6）长白山海拔 1000～1800 米之间，是针叶林带。

（7）1965 年建立我国第一个自然保护区——广东鼎湖山自然保护区。

（8）世界级自然保护区我国已有 23 个项目列入世界自然与文化遗产名录。

（9）植物是大自然的制氧工厂，1 亩森林每天可吸收 67 斤二氧化碳，制造 49 斤氧气，足够 65 人呼吸之用。

（10）武陵源包括大庸张家界、慈利索溪峪和桑植天子山三部分。

2. 选择题

（1）动物旅游景观可分为（　　）几类。

A. 观赏动物　　　B. 训练动物　　　C. 珍稀动物　　　D. 表演动物

(2) 根据观赏植物的美学特征，可将观赏植物景观分为（　　）几类。

A. 奇特植物　　　B. 珍稀植物　　　C. 风韵植物　　　D. 观赏植物

(3) 梅花表示（　　）。

A. 常青　　　　　B. 思慕　　　　　C. 长寿　　　　　D. 潇洒

E. 高洁

(4) "岁寒三友"是（　　）。

A. 松　　　　　　B. 兰　　　　　　C. 梅　　　　　　D. 竹

(5) 长白山有著名的"关东三宝"——（　　）就盛产于此地。

A. 阢勒草　　　　B. 人参　　　　　C. 貂皮　　　　　D. 鹿茸角

3. 简答题

(1) 根据生物性质、基本形态、旅游功能及审美价值，说说生物景观是如何分类的？

(2) 生物景观有哪些特征？

(3) 生物景观的旅游功能是什么？

(4) 生物景观的欣赏包含哪些内容？

(5) 我国著名的生物景观有哪些？

4. 实训题

(1) 根据所学的相关理论，试分析动物旅游景观、植物旅游景观、森林景观、自然保护区景观的相互联系。

(2) 就本章所介绍的我国著名的生物景观，选出你最喜欢的景观并分析其旅游功能及欣赏意义。

第五章
大气和天象
旅游景观

> 学习目标

人类居住的地球是宇宙大家族中的一个成员，聚集着一层深厚的连续的大气。人类生活在大气里，大气的一切自然变化，无不与人们的生产活动和社会活动紧密相关。那薄云淡雾的奇妙云雾、烟雨迷离时隐时现的朦胧雨景、婀娜多姿栩栩如生的纯洁冰雪、色彩缤纷光芒四射的霞景等构成了神奇的大气、天象景观。通过本章的学习，使学生了解大气、天象旅游景观特点，理解大气、天象旅游景观的含义、类别，熟悉我国著名的具有代表意义的大气、天象景观，掌握大气景观、天象景观等旅游景观的旅游功能和欣赏价值。

第一节 概　　述

大气、天象景观是大自然风景的重要组成部分，是自然景观的"神奇"之所在。他不仅能直接形成不同的自然景观和旅游环境，也影响风景地貌、风景水体和风景动植物以及各种人文景观而间接作用于旅游景观，构成优美的自然风景。

一、大气、天象旅游景观的含义

大气、天象景观是指那些可以造景、育景，并有观赏功能的物理现象和过程。如常发性的雨景、云雾景、冰雪景、明月、日出、彩虹和偶发性的佛光、海市蜃楼、雾凇、雨凇等，各以其造型、色彩、动态等美学特征而吸引旅游者。

大气旅游景观是指发生在大气中的有吸引力的气象现象。天象旅游景观是指一定的区域某一瞬间或短时间内所观测到的各种气象要素所综合的大气状况及其变化的总称。例如人们生活中所遇到的阴、晴、冷、暖、干、湿等天气状况，都是温度、气压、湿度、风、云、降水等各气象要素综合的结果。不同的时间和不同的地点，各气象要素组合不同，因而出现各种各样的天气。对于某一时段的天气，则用该时段内的气象要素连续变化或平均值表示。也有人把影响人类生活与生产的大气物理现象与物理状态，如阴、晴、雨、冷、暖、干、湿等称为天象。

二、大气、天象旅游景观的类别

我国风景的大气、天象旅游景观，大致可分为云雾景、雨景、霞景、旭日夕阳景、雾凇雨凇景、冰雪景、蜃景、宝光景八种类型。

1. 云雾景

云是空气中水汽发生在空中的凝结物。水汽凝附于地表或地表物体上为霜或露；水汽在低层大气中的凝结现象为雾；相对雾而言，云是高空大气的凝结现象。云雾的积聚和流动，可以形成瞬息万变的云雾奇观，吸引游人观赏。如黄山"四奇"中的"云海"，泰山"四奇"中的"云海玉盘"，峨眉山十景中的"罗峰晴云"，天子山"四奇"中的"云雾"，阿里山"三奇"中的"云海"，东天目山八景之一的"云海奇观"，九华山十景之一的"蓬峰云海"，太白山八景之一的"平安云海"，蓬莱十景之一的"狮洞烟云"，庐山的"瀑布云"，云南大理苍山的"玉带云"等。薄云淡雾好似奇妙的轻纱，赋予大自然一种朦胧美。

阅读资料 5-1

"黄山云海"

黄山雄踞于中国安徽省南部，并以它雄奇的容貌迎接四海宾客。黄山可以说无峰不石，无石不松，无松不奇，并以奇松、怪石、云海、温泉四绝著称于世。黄山因山大峰高，谷深林密和雨水充沛等自然条件，一年四季均有云海可观。按山区云海形成的区域划分，有北海、西海、东海、天海、前海（即南海），故黄山又称"黄海"。黄山一年之内，有三分之二的时间都在云蒸霞蔚之中。每当云海出现，波澜壮阔，一望无边，千条深谷，万道山梁，一起淹没在云涛雪浪中。黄山云海妙在似海非海，非海似海。

2. 雨景

雨是指层积云中凝结的，不仅是地表径流、土壤水分的主要来源，而且还可以形成一定的自然美景，供人们观赏。如黄山，每年降雨日数达180天以上，主要集中于4～10月，其中4～5月春雨连绵，少见天日。此时"雨中看山也莫嫌，只缘山色雨中添"。遥望群峰，烟雨弥漫，颇有国画诗韵。雨过天晴，群峰云雾缭绕，山石如洗，空气清新，山河又是一派新景象。自古以来，在我国许多地方都有雨景胜迹。峨眉山十景之一的"洪椿晓雨"，鸡公山景之一的"云头观雨"，贵州毕节八景之一的"南山雨雾"，羊城八景之一的"双桥烟雨"，北京延庆八景之一的"海坨飞雨"，湖南古潇湘八景之一的"潇湘烟雨"，济南的"鹊华烟雨"，以及江南烟雨、巴山夜雨、梅雨赏梅等，都极具观赏价值。

3. 霞景

霞是日落日出时阳光透过云层，由于散射作用，使天空的云层呈现出黄、橙、红等色彩的自然现象。多出现在日出日落的时候。霞光就是阳光穿过云雾射出的色彩缤纷的光芒。霞与霞光常与山地及云雾相伴随，更加美丽。

霞景的主要形式有：朝霞、晚霞、彩云、雾霞等。当朝霞和晚霞与周围其他风物景致交相辉映时，常会构成一幅幅壮美的画卷。由于霞景瞬息万变，五彩迸发，对游人有极大的吸引力。我国著名的霞景有：如泰山岱顶四大奇观之一的"晚霞夕照"、浙江东钱湖十景的"霞屿锁岚"、江西彭泽八景中的"观客流霞"、贵州毕节八景中的"东壁朝霞"、天子山四奇中的"霞日"。

4. 旭日夕阳景

日复一日，太阳天天东升西落。但观赏日出、日落是人们观赏大自然的一个重要部分，许多游人到泰山、黄山、庐山、华山、峨眉山、九华山、崂山以及海滨游览，观旭日东升的磅礴景色，看夕阳西下的万道彩霞，无不心旷神怡。我国著名的旭日景和夕阳景主要有：杭州西湖十景中的"雷峰夕照"，台湾八景中的"安平夕照"，九华山十景中的"巨峰旭照"，东洞庭湖十景中的"寒山落照"，毕节八景中的"翠屏旭日"，羊城八景中的"红陵旭日"，关中八景中"骊山晚照"等都美不胜收。

5. 雾凇雨凇景

雾是低层大气凝结现象，是由低空中极细小的水滴和冰晶组成。当水滴增多时，大气呈现混浊状态。它的形成与云一样，必须使空气达到饱和或过饱和。人们常说的"不识庐山真面目，只缘身在此山中"，很大程度上就是与云雾有关。

雾凇又名"树挂"是在低温的雾天里细小的雾滴（即水滴）在树枝等物体上所形成的白色而松软的凝结物。由于雾凇中雾滴与雾滴之间空隙很多，因此，雾凇呈完全不透明的白色。有的似腊梅，有的似水仙，有的如菊花，千姿百态，十分诱人。

雨凇是与雾凇类似的天然景观。寒冷时冷却的雨滴或毛毛雨滴，碰到物体上很快冻结起来的透明或半透明的冰层。通过冷却水滴只要滴落于接近0℃以下的物体便立刻凝冻成雨凇。我国雨凇一般分布在南方，湿润地区较干旱地区多，山区比平原多，以高山最多。我国峨眉山、衡山、庐山等地是雨凇出现较多的地区。庐山雨凇很有名，与云海、日出、夕阳、宝光、蜃景，合称为"天象六景"。

6. 冰雪景

雪是指从空中降落到地面的固态水。当温度在冰点或冰点以下，水汽直接凝华呈固态，即冰。冰雪作为旅游观赏内容，在我国有着悠久历史。我国大部分地区处于亚热带、暖温带、温带，每年冬季都有一定时段的降雪，我国壮观的雪景有九华山的"平岗积雪"、嵩山的"少室晴雪"、台湾八景之一的"玉山积雪"、千山龙宗寺十六景之一的"象山积雪"、燕京八景之一的"西山晴雪"、东北的"林海雪原"、长沙的"江天暮雪"、西湖十景之一的"断桥残雪"、太白山的"太白积雪"等都是著名的雪景。

冰雪除了作为观赏对象外，还常用于发展冰雪体育运动和冰灯、冰雕节庆旅游活动。吉林松花湖青山滑雪场，是我国目前最大的冰雪联合竞赛基地。有"冰城"之称的哈尔滨，每年都吸引着数以万计的国内外游客前往旅游。

7. 蜃景

蜃景又叫海市蜃楼，这种自然景象是由大气的折射和反射作用造成的，一般出现在中、高纬度地区的海面、沙漠等地势开阔地方。在一定的天气条件下，空气的密度会出现不均匀现象。不同密度空气间可形成界面，这一界面对光线有折射和反射作用，这样就会使远处冰山、岛屿、城郭或船只出现于空中。

根据景物映像的不同，蜃景主要分为上现蜃景和下现蜃景。上现蜃景多出现在中、高纬度的海面上。当暖空气流到冷的海面上时，就会出现上暖下冷的逆温现象，冷暖密度不同的大气更形成了一个界面。这时，光线从上面密度较小的大气层射入下面密度较大的大气层，而角度又恰好能产生折射和全反射，由于这种幻景是在实物之上，称为上现蜃景。因为大气下层气温高，密度小而稀薄，上层气温低，密度大而浓厚，当光线射入密度不同的上下两层间的大气界面时，就会形成全反射，出现幻景。因幻景是在实物之下，故称为下现蜃景。通常出现在沙漠地区，由于空气的层结不稳定，以及近地气层的湍流作用，这种倒像出现的时间不长，且常常闪动，从远处观看，好像沙漠绿洲中的水下倒影。

8. 宝光景

宝光景又称佛光是大气中光的折射现象所构成的奇幻景观，是某些山岳中一种特有的自然现象。宝光出现的原理与雨后天空上的彩虹是一样的，都是云层将雾气水滴对阳光折射后分离的七色光反射到人眼中的景观。宝光景出现的条件是：天空晴朗无风，阳光、云层和人体（物体）三者同处倾斜45°的一条直线上，人位于云层与阳光之间。宝光景出现的次数和光环美丽的程度，因雾日的多少和空气湿度的大小而不同。我国庐山、峨眉山、泰山、黄山、华山都有宝光景的出现。一般常见于海湾、沙漠和山岳顶部。每当浓雾弥漫，日光灿烂的早上或傍晚，站在山岳顶部的岩石上，在与太阳位置相反的云雾幕上，会出现自己的身影，外面绕以巨大的彩色光环，这就是"金顶佛光"。四川峨眉山宝光也最美妙精彩，出现的次数最多、连云港海州湾、渤海长岛、北戴河东峰山、蓬莱市蓬莱阁、庐山五老峰以及塔克拉玛干沙漠等地，都是观看宝光蜃景的最佳地点。

三、大气、天象旅游景观的特征

大气、天象作为旅游景观，其重要的特征主要有以下几个方面。

1. 地域性

大气、天象旅游景观自身具有很高的旅游价值，属于独具吸引力的旅游景观，因此在地域分布上更具旅游景观的一般规律，即地理环境的局限性与特定性。由于地理纬度及海拔高度的影响，形成了气候的水平地带性分布规律及垂直地带性分布规律；由于海陆分布的不同影响，使近海与大陆内部气候有明显的差异；由于东西向延伸的高山的影响，使其南北坡气候也有所不同。城市大量建筑、众多的人口及工厂，常产生"热岛效应"，形成与周围乡村不同的小气候。大片的森林、沙漠、水域等不同下垫面，都会对太阳辐射产生不同影响，形成不同的地方性小气候。终年长夏无冬、四季常青的海南岛，四季如春的昆明，终年长冬无夏的黑龙江，冬季严寒、夏季炎热的吐鲁番等，都是大气旅游景观地域性的表现。

2. 季节性

不同的气象、气候、天象景观在一年内所出现的时间各不相同，有明显的季节变化。气温的周期变化，又影响到气压、风的周期变化，进而影响云、雾、干、湿、雨、雪等气象要素的季节变化。我国东北地区，冬季气温严寒，千里冰封，万里雪飘，银装素裹，是观赏冰雪景，开展冰雪体育活动的大好季节；夏季气候温和，无炎日，是避暑的好去处。著名的黄山云海，主要出现在秋季至春季，太白山平安寺云海主要出现在夏、秋季，云南大理点苍山玉带云主要出现在夏末秋初。大气、天象旅游景观季节性变化规律，必然对某些旅游活动带来季节性变化的影响，进而可能对旅游流产生导向作用。

阅读资料 5-2

"反季节旅游"

反季节旅游，就是淡季旅游，这时景区门票、车票、客房等都有更优惠的价格和更好的服务，能有效避开旅游旺季吃、住、行、游、购、娱的拥挤、嘈杂，均衡生活节奏，游客能从从容容品味旅游的感觉，更好地体现旅游的价值。

随着人们对旅游品质的不断追求，传统的旅游线路已经不能满足旅游爱好者的需求，更多游客希望能有个性化差异。譬如在每年寒冷的冬季，旅行社会推出海南、新加坡、马来西亚等地的旅游线路，让游客提前享受夏天的暖意。而夏季避暑，则又推出山川、海岛等气候比较凉爽的旅游胜地。从各家旅行社的统计来看，反季节旅游的市民明显增加，而目的地的选择也更为丰富。国内游方面，以青海和西藏最受推崇，由于这里海拔较高，气候相对凉爽，游客早晚穿长袖外套是很自然的事情，甚至还能在当

第五章　大气和天象旅游景观　　117

地欣赏雪山美景。出境游方面，由于6~10月是南半球的冬季，正处于冬季的澳大利亚、新西兰两地的预定人数较前两个月增长了20%左右，价格相比冬天也便宜了5000元左右。

反季节旅游，它极大地改变了人们的旅游观念，旅游方式、旅游时限。随着人民生活水平不断提高，闲暇时间日益增多，反季节旅游必将大有可为。

3. 速变性

大气物理现象及其变化，形成许多引人入胜的风景气象，如云雾景、雨景、日出景、旭日夕阳景等。而这些景象往往具有瞬息变幻、千变万化的特点。对气象景观的观赏，一定要把握时机，同时切莫苛求。例如，在一日内有冷、热、晴、雨、风、云、雾的变化，几小时前还是晴空万里，即刻就会落下倾盆大雨，由艳阳蓝天转化为阴霾雨景。那些日出日落景、旭日夕阳景、海市蜃楼景、"佛光"景等，则更是瞬间出现或消失的景象。

4. 配景性

风景气象、舒适的气候，虽然可以供人们观赏和体验，给人们带来多种美感，但它又不像地质地貌旅游景观，水体旅游景观及树木花草等，具有具体的形象，即一般无相对稳定的实体。除冰雪景外，其他景象难于保证旅游者随时能够观赏和享受，即难于形成主景作为固定的旅游产品向旅游者销售。在一般情况下需要与其他景观结合，起到配景、借景、背景的作用。例如，舒适的气候，虽然有利于休息、疗养，但要建立度假村，还必须要有山水风光、树木花草等优美的环境条件。海南岛之所以能成为避寒胜地，除气候条件优越以外，蓝天、碧水、沙滩、民族风情、五指山风光等，都是重要的支撑点与组合要素。

第二节 大气、天象景观的旅游功能及欣赏

人们在旅游过程中追求的是美好、舒适的环境，赏心悦目的奇特景观和尽兴尽致的娱乐与运动。这一切都离不开决定环境特征的主导因素——大气、天象。

一、大气、天象景观的旅游功能

大气、天象是具有很高旅游价值的自然旅游景观，它能为游客提供多种旅游功能。

1. 观赏与体验功能

独特的大气与天象要素构成奇异的自然景观，它本身就是旅游景观，对旅游者有着很大的吸引力。如黄山，除了观赏功能外，大气还有体验功能，这是由于温度、湿度、风、光照等都能给人带来直接的身体体验、感觉。

2. 休闲度假功能

人们对气候的感觉，最敏感的是气温、湿度和风的状况，所以一般多以气温、湿度和风的配合状况来表示一个地区的气候舒适度。由于下垫面（地面、植被、水体等）结构、性质及周围环境的不同，引起近地面层的热量与水分状况的差异，这种差异就使得一些区域的气候条件具有了相对的优越性，有利于开展避暑消寒等度假活动。我国的庐山和北戴河这些地方要么夏季凉快清爽，要么冬季温暖湿润，或有充足的阳光，成为著名的度假胜地。

3. 疗养健身功能

气候条件是疗养活动所必需的一个重要环境条件，许多"气候宜人"的环境适合开展疗养旅游活动。一般来说，洁净的空气，适宜的温度、湿度状况，充足的阳光及宜人的景色对人的身体保健和病体康复有积极作用，有利于开展疗养活动。我国滨海地区分布着许多著名的气候疗养胜地，如北戴河、烟台、青岛、大连等地。近年来我国北方出现的所谓"候鸟型"老人，夏季时居住于北方城市，凉爽干燥，易于避暑；冬季时则栖身于厦门、海南等海滨地区，温暖湿润，利于防寒。

二、大气、天象景观的旅游欣赏

我国云雾、雨、霞、旭日夕阳、雾凇雨凇、冰雪等大气、天象旅游景观，可欣赏性，或者说美学价值主要有以下几方面。

1. 奇特美

大气、天象景观常常以奇特的形式与色彩出现，从而可以满足人们的旅游心理需求。奇特美还表现在一些大气、天象景观可见率较低，一方面一些现象只出现于特定地区，如极光仅仅在极地地区才能见到，观赏日出景观也需要特定的观景点，这使一般游客欣赏到这种现象的难度增大；另一方面一些现象的出现频率非常低，如海市蜃楼、佛光等，这也使得这些景观成为可遇而不可求的事情。但正是这种少见的特性使这类景观的神秘感、奇特性和吸引力大为增强。

2. 变化美

如果说地质地貌类景观以静态为其特点的话，大气、天象景观则表现出了明显的动态变化属性，这种变化性是其吸引力构成的重要方面。首先，变化可表现为瞬时变化方面，即许多大气、天象景观在短时间内会发生变化。风、云、雾、雨等现象往往具有飘忽不定、变幻莫测的特点。佛光、蜃景、日出等光现象从出现到消失往往只有很短时间，观赏活动必须要把握时机。其次，变化性还表现在变化的节律性上。大气的寒来暑往，春秋交替，让人感受到了大自然永不停歇的动态与活力。受冷暖变化的影响，植物"春花、夏荣、秋萧、冬枯"，水面"春水绿而潋滟，夏津涨而弥漫，秋潦尽而澄清，寒泉涸而凝滞"，形成了四时律动节奏，为旅游提供了丰富的景观。

3. 康乐美

康乐美，是指一些地区的气候条件在气温、湿度、日照、风速等方面量度适中，配合较好，从而有利于人的身体保健和户外活动。康乐气候对游客，特别是疗养型的游客而言，是非常重要的吸引因素。在许多沿海地带，如连云港、青岛、秦皇岛等海滨地区有迷人的自然环境和良好的生态环境，蔚蓝色的大海，金色的沙滩，空气中富含负离子，海滨海水盐度高、水质清洁，水温适中，沙质好，这种康乐性气候吸引了大量的观光和疗养型旅游者，是理想的海滨浴场、避暑胜地和疗养胜地。

第三节 中国著名的大气、天象旅游景观

舒适的环境有利于外出旅游和休疗、避寒、避暑，某些特殊的天气能产生特殊的环境效应，对某些旅游者能产生强有力的吸引力。根据大气、气象景观展示状况，在一定程度上影响了游客的观赏效果和舒适度，特别是对特定目的的游览观赏效果产生直接影响，从而影响游客的满足度。如观日出、日落景，晴天无云无雾的情况下效果最好。

一、大气旅游景观

1. 庐山云海

庐山隶属于江西省九江市。传说殷周时期有匡氏兄弟七人结庐隐居于此，后成仙而去，其所居之庐幻化为山，故而得名。位于九江市南 36 千米处，北靠长江，南傍鄱阳湖。南北长约 25 千米，东西宽约 20 千米。大部分山峰在海拔 1000 米以上，主峰汉阳峰海拔 1474 米，云中山城牯岭镇海拔约 1167 米。

庐山最壮观的是云和雾，庐山云，人人称道；庐山观云，人人向往；流云飞霞更是变化莫测，气势磅礴，是云雾赋予庐山的另一种景观。庐山云景之奇，曾使古往今来多少文人骚客，为之发狂发痴。雨后初雾，是观看云海的最好时刻。此时登上小天池山顶，可见远远近近山壑间，白雾蒸腾，云绕山，山绕云，山逐云流，云随山转，隐山弥崖，顷刻间就相互间缠绕在一起白茫茫的一片中，只露出一尖一尖山峰，展现出"云开面面峰如削"的如诗如画的景色，使人宛如置身在一个混沌的世界里，顿生超脱凡尘之感。

庐山最有代表性的云就是"瀑布云"：上宽下窄，高挂天端，宛如高坝溢水，江河倒泻，整个云流连绵不断，长达数十万，形状与山间的瀑布一般无二。清代文人舒天香、舒白香兄弟自称"云痴"、"云癖"。早在一千二百多年前，唐代著名诗人李白便这样赞美庐山："予行天下，所游山水甚富，俊伟诡特，鲜有能过之者，真天下之壮观也。"

庐山是丰富的文化背景和美丽的自然环境并存的世界名胜。1996 年 12 月，联合国教科文组织世界遗产委员会批准庐山以"世界文化景观"，列入《世界遗

产名录》："庐山的历史遗迹以其独特的方式，融会在具有突出价值的自然美之中，形成了具有极高的美学价值、与中华民族精神与文化生活紧密相联的文化景观！"

2. 吉林雾凇

吉林市地处长白山脉向松辽平原的过渡地带，横跨松花江中上游两岸，市内海拔高度是196米。市区面积为1755平方千米，森林覆盖面积50%以上，水源总量170亿立方米，年平均气温零上4℃，市区内四面环山，松花江低回慢转，呈S形穿过市区，形成了良好的天然美景。

隆冬时节，当北国大地万木萧条的时候，走进东北的吉林市，沿着松花江的堤岸望去，松柳凝霜挂雪浪，十分壮观，如朵朵白银，排排雪浪，十分壮观。这就是被人们称为"雾凇"的奇观。

雾凇通常称"树挂"，是雾气和水汽遇冷凝结在枝叶上的冰晶，分为粒状和晶状两种。粒状雾凇结构紧密，形成一粒粒很小的冰块，而晶状雾凇结构比较松散，呈较大的片状，吉林的雾凇就属于晶状。它是在吉林市独特的地理环境中自然形成的。

从吉林市区顺松花江而上15千米是丰满水电站，冬季江水通过水轮机组，水温升高变暖，每到数九隆冬从水轮机组滚出的水仍有4℃，江水载着巨大的热能，形成了松花江几十里缓缓流经市区不冻的奇境。从水面源源不断地蒸发出水汽，使整个江面雾气腾腾，久不消散。沿江上堤，苍松林立，杨柳低垂，在一定气压、温度、风向等条件作用下江面上蒸腾的雾气遇冷凝成了雾凇。

雾凇之美，美在壮观，美在奇绝。观赏雾凇，讲究"夜看雾，晨看挂，待到近午看落花"。"夜看雾"，是在雾凇形成的前夜观看江上出现的雾景。"晨看挂"，是早起看树挂。"待到近午赏落花"，是说树挂脱落时的情景。

吉林雾凇以其"冬天里的春天"般诗情画意的美，同桂林山水、云南石林、长江三峡一起被誉为中国四大自然奇观。

3. 北京香山红叶

北京香山是北京著名的风景区，香山公园是著名的皇家园林之一，位于北京西山，西面和北面的山峰挡住了寒风，很适合植物的生长。香山，光线充足，秋季干旱少雨，昼夜温差较大，符合红叶树种树叶变红的条件，加上香山特殊的人文历史背景，形成了著名的香山红叶风景。香山红叶是秋季北京的主要游览项目。

取名"香山"有几种说法：一说峰顶乳峰石状如香炉，晨昏之际，云遮雾绕，犹如炉中香烟，故名香炉山，简称香山；一说仿似江西庐山，李白名句"日照香炉生紫烟"，庐山有香炉峰，故仿称香山；一说古代香山曾是杏花山，每年春季杏花开放，清香四溢，故称香山。十月的香山红叶就成为著名的一大景观。原来绿色树叶变成红色的树叶，是由此类树木的遗传因素决定的，因此只有部分树种的树叶秋季变红，而不是所有的树种。这一类秋季树叶变红的树种，是由于该类树叶中含有红色花青素的含量变化决定的，而红色花青素含量的变化与水分、光照和温度的变化有关。花青素的形成与糖分积累有关，糖分越多，花青素就越容易形成，叶色越红。据观测，最低气温低于 6.5℃ 时，在海拔 200～400 米以上的山地最容易看到红叶。

每年十月香山公园、八大处公园都举办红叶节，有众多的中外游客来这里观光游览，陈毅同志曾为北京西山红叶题诗："西山红叶好，霜重色愈浓。红叶遍西山，红于二月花。"

4. 哈尔滨冰雪

哈尔滨坐落于中国东北部，属中温带大陆性季风气候，冬长夏短，四季分明。哈尔滨冰雪文化久负盛名，素有"冰城"之称，自然环境使哈尔滨人不能不爱冰、不能不恋雪，而哈尔滨人又为这冰雪赋予了艺术的生命。特别是一年一度的冰雪节，更是多姿多彩，令人陶醉！是冰雪景观的一次大聚会，冰峰林立、银雕玉砌的冰灯雪雕比比皆是，令人眼花缭乱，流连忘返。

冰雪艺术是冰雪节的灵魂，冰灯游园会和雪雕艺术博览会也就成了冰雪节的重头戏。

（1）冰灯艺术博览会　哈尔滨冰灯艺术博览会是目前世界上形成时间最早，规模最大，已成为传统项目的大型室外露天冰灯艺术展。自 1963 年始办，迄今在兆麟公园成功地举办了 31 届，并连续创造了七项吉尼斯世界纪录，是世界著名的冰雪旅游胜地。作为中国冰雪旅游的一张王牌，已经跻身于国家 35 个"绝奇美胜"旅游景点之列。

一年一届的冰灯游园会在兆麟公园举办，占地 6 万多平方米的场地上，展出千余个景点。在艺术家和能工巧匠手下，天然冰变成了一件件灵气活现的精美艺术品，变成了冰奇灯巧、玉砌银镶的冰的世界、灯的海洋。冰灯艺术年年有新变化，被人们称为"永不重复的童话"。冰灯游园会不仅丰富了人们的冬季文化娱乐生活，更成为造就冰雪艺术人才的摇篮。

（2）雪雕艺术博览会　神奇的太阳岛银装素裹，一年一届雪雕艺术博览会在太阳岛公园举办。设计巧妙、制作精良、气势恢弘，是哈尔滨冰雪节传统项目之一。

雪，是天上的来客。雪雕，是将雪制成雪坯后，经过能工巧匠雕琢而就的艺术佳品。中外艺术家的透、凸、浮、雕等雪雕艺术品令人目不暇接，流连忘返。哈尔滨雪雕集世界北部各国雪雕艺术的特长，既有雄伟高大如山之作，又有玲珑剔透如玉之品，可谓博采众长，争奇斗妍。

冰与雪是北方人的骄傲，也是哈尔滨冰雪文化的基石。冰灯创造了美的生活，创造了美的世界。哈尔滨冰雪节是中国历史上的第一个以冰雪活动为内容的节日，每年 1 月 5 日在哈尔滨市举行。目前已发展成融文化、体育、艺术、经济贸易、科技、旅游等于一体的综合性节日，与日本的冰雪节、加拿大的冬令节、挪威的滑雪节并称世界四大冰雪节。哈尔滨冰灯也走出了国门，走向了世界，使更多的国家和地区的人民领略了冰雪艺术的独特魅力。

5. 大理风花雪月

大理位于云南省中部偏西，被誉为"东方日内瓦"，总面积 29459 平方千米，是祖国大西南一块宝地。它日照充足，年平均日照时数达 2473 小时，平均年降雨量 1100 毫米。年平均气温 15.1℃，气候温和，四季如春。且东有洱海，西有苍山，风景优美，民族风情浓郁，且历史悠久，是国务院公布的国家级历史文化名城、风景名胜区、自然保护区。

大理是一座很美很有韵味的古城，她的风光可以用四个字来概括："风花雪月"。1962 年 1 月，著名作家曹靖华游过大理之后，对大理的风、花、雪、月四景感慨万千，赋留风花雪月诗一首："下关风，上关花，下关风吹上关花；苍山雪，洱海月，洱海月照苍山雪。"

（1）下关风　下关风是冬秋季节奇景之一。这是由于苍山西面的气压大于麓东侧洱海暖湿空气上升。从苍山横谷或低缓处越脊而过的冷气流下沉，因强烈对流产生了一种定向风，就是下关风。是因为苍山十九峰太高，挡住了东西两面的空气对流，所以下关风特别大，尤其是在冬春季节，行走在天生桥峡谷对着的街道上，大风吹得人衣飘舞帽子飞升、站立不住。故下关有"风城"之称。

（2）上关花　相传上关有棵"十里奇香树"，它每月开一朵，一年开十二朵，花大如莲，香味胜过桂花，花色红黄蓝白紫，五色斑斓，奇丽无比。每朵花结 9 粒花子，圆润晶莹，光洁可爱，子壳坚硬，而且每株一年结子 108 枚，与佛门的念珠 108 颗相合，于是人称"朝珠花"。但直到今日，白族人民爱花、养花已成习惯，而且花卉繁多，四季飘香，也为大理名城增添了几分情趣和风韵。

（3）苍山雪　苍山，它是横断山脉中段的一座名山，南北长约 42 千米，东西宽为 24 千米。它自北向南并列着 19 座耸入云端的山峰。苍山的巅顶，积雪皑皑，奇伟壮丽。特别是在阳春三月，每当旭日东升时，阳光照射在晶莹的雪峰上，光芒万丈，璀璨夺目。而月白风清之夜，沐浴在溶溶月色之中的苍山群峰，冰清玉洁，使人想起神话中的水晶世界。盛夏，苍山的积雪渐渐消融（马龙峰、雪人峰、玉局峰、中和峰等，即使在夏日也是白雪皑皑的）。这时，悬流飞泻，别有一番奇景。沿着山溪奔流而下的雪山融水与山涧泉流交汇一起，灌溉着苍山洱海之间的万顷田畴。

（4）洱海月　秀丽的洱海位于苍山东麓。如果在农历十五月明之夜泛舟洱海，其月格外的亮、格外的圆，其景令人心醉：水中，月圆如轮，浮光摇金；天空、玉镜高悬，清辉灿灿，仿佛刚从洱海中浴出。洱海月为什么如此明亮？首先洱海水质特别纯净，透明度相当高，其反光极强；其次洱海海面尘埃较少，空气清新，使得水天相映，月光更加明亮。此外，洱海月之著名，还在于洁白无瑕的苍山雪倒映在洱海中，与冰清玉洁的洱海月交相辉映，构成银苍玉洱的一大奇观。

大理是中国历史文化名城、风景名胜区和自然保护区。它历史悠久、山川秀丽，苍山洱海壮丽雄奇、南诏文化灿烂辉煌、民俗风情丰富神秘。景区内有大理、巍山两座国家级历史文化名城，有一个省级旅游度假区，有佛教圣地、道教名山，名胜古迹遍布全境。

二、天象旅游景观

天象景观，系指天空气象与周围的特殊地理环境相搭配，产生的一种奇特的自然景观。由于它们光怪陆离，奇妙异常，往往成为旅游者神往的欣赏对象，使之趋之若鹜。

我国天象景观极其丰富，诸如日出奇景、海市蜃楼、佛光神灯、海潮海火、云海雷火、日月并升等，千般色彩，万般姿容，气象万千，眼花缭乱，使人观之赞奇称绝，是我国很有价值的特色旅游景观。

1. 山东蓬莱海市蜃楼

蓬莱地处渤海海峡，涌动的海流将底层海水连同低温带出水面，海面低温和海峡两岸的高温为海市蜃楼（简称海市）的出现创造了条件，山东半岛、辽东半岛和朝鲜半岛三足鼎立，长山列岛横卧其间，又为海市的出现具备了借以反射的客观景物。在日照充足的季节里（4～9月份），接近海面的空气呈高密度低温状态，空气密度由下而上陡然减少，光线透过这些不同密度的空气层时便发生折射或全反射，使远处景物显示在空中或海面，此即神秘的海市。由于空气层动荡不定，致使显现的景物时大时小，时断时连，忽隐忽现，千姿百态，变幻莫测，更增加了海市的神秘感。

海市可分为上现海市和下现海市，蓬莱海市多为上现海市。上现海市色彩丰富，影像清晰而多变，具有极高的观赏价值。蓬莱海市频有发生，仅20世纪80年代，便发生了七次。持续时间短者约20分钟，长者持续5个多小时，岛屿、树木、花草、道路、楼阁、车辆、行人、飞鸟等都依稀可见，景象纷繁，精彩动人。

这种奇特的自然现象，早在宋代沈括的《梦溪笔谈》中就有所记载：登洲海中，时有云气，如宫室、台观、城镇人物、车马、冠盖，历历可见，谓之"海市"。仙境能得几时游，海市能得几回观？蓬莱阁所以名扬天下，皆因登月崖可望海市，才博得其殊荣。

海市蜃楼是蓬莱最富有神秘色彩的景观，古往今来，曾吸引了无数人慕名专程前往观看。

2. 浙江钱塘潮

海宁潮也称钱塘潮，系浙江杭州湾钱塘江口的涌潮。钱塘江的入海口呈喇叭形，江口大而江身小，起潮时，海水从宽达100千米的江口涌入，受两旁渐狭的江岸的约束，形成涌潮。涌潮又受江口拦门沙坎的阻拦，波涛后推前阻，涨成壁立江面的一道水岭。潮头最高时达 3.5 米，潮差可达 8～9 米，奔腾澎湃，势无匹敌。

观钱塘潮在每年农历八月十八这一天，因为这天潮汐最大。为什么偏偏在八月十八最大呢？潮汐是由月亮和太阳对地球表面海水的吸引力造成的。农历每月的初一前后和十五前后，太阳、月亮和地球排列在一条直线上，太阳和月亮的吸引力合在一起，吸引地球表面的海水，所以每月初一和十五的潮汐比较大。特别是中秋节前后，是一年中地球离太阳最近的时候，因此每年农历八月十五前后的秋潮是一年中最大的。一年有 120 天以上是观潮日，具有与"八月十八潮"一样的观赏价值。此外，如果用汽车，可以一次在三处阅尽钱江潮的壮景，因为潮时速只有 25 千米，而车时速则有 40 千米，完全可以逐次赶上潮头，若了解这一自然规律，一次潮，三处看，三次潮，各有致，曲尽钱塘潮的雄壮和奇妙。

钱塘江的秋潮，比其他地方的秋潮更壮观，这是由于杭州湾的地形特殊。钱塘江入海的地方叫杭州湾。杭州湾外宽内狭，出海处宽达一百千米，而往西到海宁县盐官镇附近，只有三千米宽。潮水刚进杭州湾，水面宽阔，越往西就越受到河流两岸地形的约束，只好涌积起来，潮头越积越高，好像一道直立的水墙，向西推进。同时，由于潮流的作用，把长江泻入海中的大量泥沙，不断地带到杭州湾来，在钱塘江口形成一个体积庞大，好像门槛一样的"沙坎"。当海水推着江水向钱塘江口内涌去的时候，沙坎挡住了潮头，就形成后浪赶前浪、一浪叠一浪的壮观景象。

到盐官镇观潮，有一个最佳处，就是镇海塔，又名占鳌塔，在海塘边。明万历四十年（1612 年）建，塔为砖砌，塔身七级，平面呈六角形，高 50 米，内有石磴通塔顶，外建回廊翼拦。登塔远眺，横无际涯。这里观的是"一线潮"。这里江面仅阔 4～5 千米，极目远眺，但见江流茫茫，水天一色。耳朵里传入一阵接一阵"嗡嗡"声，远处那一条长长的银线，渐渐从东方滚来，逐渐变粗，好似一条横贯江面的玉带，这便是著名的"海宁宝塔一线潮"的美景。

汹涌壮观的钱塘潮，历来被誉为"天下奇观"。人们通常称这种潮为"涌潮"，也有的叫"怒潮"。我国的钱塘江大潮，是世界著名的涌潮。

3. 浙江海盐"日月并升"

浙江省海盐县澉浦镇，有座海拔仅 180 余米的云岫山，在山头"鹰窠顶"上，在每年立冬节后数日内，可以观赏到"日月并升"这一天下奇观。

关于"日月并升"的景象众说纷纭：有说太阳和月亮从海的尽头冉冉升起，像两颗硕大无比的宝珠颤荡离水；有说日月重叠，同时并升；有说月影先在日轮中跃动，然后消失；有说月影从日轮中跃出，在太阳四周蹦跳。明清之际的思想家黄宗羲曾在清康熙十五年（1676 年）夏历十月初一日，实地考察过，却未能如愿以偿。听主僧言：这种观象并不是"每年十月初一"都有，"数十年来仅一

第五章　大气和天象旅游景观　　125

逢之"。其景象是："其初红者上升，已而白痕一抹出于红内，终分为二。"对于这一传说，黄宗羲认为：此一奇观"是日月并升，不是日月合璧"。因为"合璧"即是日食。

这种"日月同升"或"日月合璧"现象，早在西汉太初年间出现过，《汉书·律历志上》记载："日月如合璧，五星如连珠。"并附合为"国家祥瑞"。《辞海》云："出现于阴历朔日，在我国很少见。"《中国名胜词典》则十分肯定：每年农历十月初一，登鹰案顶则可观赏到这种奇观。按百一居士的目击及据当地父老反映，这种现象"必见于立冬节数日内"，因有大月小月之故，具体日期"则有参差"。只要把日子找准，都可看到"日月并升"的奇景。

4. 湖北武当山"雷火炼殿"

鄂西北丹江口市境内的武当山，不仅是全国重点风景名胜区，而且是道教圣地。主峰天柱峰，海拔1612米，峰顶俗称"金顶"，于明永乐十四年（1416年）建有一座铜铸鎏金的建筑"金殿"。每当夏天雷雨交加时，金殿周围雷声震天，电闪撕地，无数盆般大的火球在金殿四周滚动激荡，使人惊心动魄，景象十分壮观。更为奇异的是，每次雷火滚炼以后，金殿四周铜柱便会焕然一新，而大殿不受丝毫损失。

相传天帝唯恐敬香的信士染脏金殿，又怕有人偷走金殿内的宝贝，便派雷公、雨师来洗炼金殿。一为保持金殿清洁，二是把殿内的宝贝冶炼得更加结实，三为警告图谋不轨的小人。

其实，"雷火炼殿"纯粹是一种自然现象。金殿屹立在天柱峰之巅，是一座庞大的导电体。武当山重峦叠峰，受热不匀，气候多变。异常混乱的风向，使云层之间摩擦频繁而挟带大量电荷。很多带电积雨云都向金顶运动，当达到一定距离时，云层与金殿上的尖角之间形成了巨大的电位差，使得空气电离，被拉上电弧，这就是闪电。同时，强大的电弧使周围空气剧烈膨胀而爆炸，电弧便发生变形，而形成火球，并发出雷鸣，于是产生了"雷火炼殿"这一武当金顶奇观。

1987年5月，武当山天柱峰遭到罕见雷击以后，有关部门为保护古文物，在山上雷击地带安装了避雷设施，"雷火炼殿"奇观从此消失。

经有关部门反复论证，认为恢复"雷火炼殿"景观，不仅可以为武当山增光添彩，也可为我国传统文化的保留、开发和古建筑的研究提供依据。于是决定拆除金殿顶部的全部避雷装置，并在别处另建高为60米的避雷铁塔。这项工程完成后，既能保证游人观景安全，又能重现"雷火炼殿"的奇特景观。

5. 漠河北极光

黑龙江北部的大兴安岭地区，有一个边陲小镇——漠河，由于漠河位于北半球，纬度高，所以在漠河出现的极光是地球北极发出的极光，称为北极光。

漠河白夜产生在每年的夏至前后的九天中，此时节的漠河多出现万里晴空的天气，是最佳的旅游季节。北极光的形状很多，在漠河出现时，人们看到的有条状的、带状的、伞状的、扇状的、片状的、葫芦状的、梭状的、圆柱状的、球状的等。北极光的颜色是赤、橙、黄、绿、青、蓝、紫各色相间,色彩分明人们在观赏北极光和白夜的同时,又可同时看晚霞与朝晖连成一片的红彤天宇。(自20世纪90年代以来,漠河县把夏至定为旅游节)。北极村则成为漠河县旅游区的一个重要旅游景点,每当夏至到来,便有国内外数千人到北极村观看白夜和极光,游客在北极村度过白夜的时候,经常通宵达旦,在村旁的大江之滨点燃堆堆篝火,载歌载舞,唢呐声声,歌声阵阵,大自然使人们陶醉在白夜之中。

漠河是我国唯一可观赏到北极光和极昼现象的地方,这种景象成为了一种神奇的天文旅游景观,吸引着大量喜爱探索大自然奥妙的游客前往。

本章小结

大气、天象旅游景观是大自然中的重要景观。大气、天象旅游景观分为云雾景、雨景、霞景、旭日夕阳景、雾凇雨凇景、冰雪景、蜃景、宝光景八种类型。具有地域性、季节性、速变性、配景性等特征。

大气、天象旅游景观具有观赏与体验功能、休闲度假功能、疗养健身功能等,同时具有奇特美、变化美、康乐美等美学价值。

我国著名的具有代表意义的大气、天象景观如下。

大气旅游景观:庐山云海、吉林雾凇、北京香山红叶、哈尔滨冰雪、大理风花雪月。

天象旅游景观:山东蓬莱海市蜃楼、浙江钱塘潮、浙江海盐"日月并生"、湖北武当山"雷火炼殿"、漠河北极光。

重点内容

大气、天象景观的类别;大气、天象景观的旅游功能和美学价值;体会有代表性的大气、天象景观。

案例分析

四季如春的昆明

昆明地处滇东高原中部的滇池盆地,三面环山,南临滇池。北部有乌蒙山、大凉山阻挡了北方来的冷空气,而西南风又能把印度洋上的温暖气流送来,加之纬度较低,所以冬季并不严寒,最冷的1月份平均气温在8℃左右,相当于华北地区的阳春三月。虽然处于亚热带地区,但由于海拔较高,最热的7月平均气温不超过20℃,并不炎热。全年冬季短暂,夏季不显,春秋漫长。春秋合计平均达315日。由于冬无严寒,夏无酷暑,四季皆春,气候宜人,被誉为"春城"。这里降水量较多,年均降水量达1000毫米,夏季最多,占50%以上,秋雨多于春雨,冬季降水量相对较少。全年相对湿度在60%～80%之间,与长江中下游湿度相当,并不干燥。四季如春的气候,较多的降水,为优美的自然环境的形成奠定了良好的基础,使这里一年四季草木长青,繁花似锦。著名山茶花、玉兰花、杜鹃花、报春花等,更是品种繁多,百花争艳,又使"春城"成为"万紫千红花不谢"的"花都"。加上"五百里滇池"碧波万顷,景色秀丽的西山,滇池国家级旅游度假区,以及众多的风景名胜、文物古迹,不仅使昆明成为一个风景名胜区,而且是一个气候宜人,环境优美的旅游度假区,吸引着众多的中外游客前来观光、游览、度假。

不难看出,"四季如春"的气候景观,在昆明优美的旅游环境及旅游产品的组合中,起到了极其重要的作用。

思考: 昆明的旅游功能和欣赏意义。

基本训练

1. 判断题

(1) 大气、天象景观是大自然风景的重要组成部分,是自然景观的"灵气"之所在。

(2) 黄山以奇松、怪石、云海、温泉四绝著称于世。

(3) 吉林雾凇与桂林山水、昆明石林、长江三峡并称为中国四大自然奇观而享誉海内外。

(4) 云海玉盘山是峨眉山十景之一。

(5) 吉林松花湖下的滨江两岸有我国典型的雾凇景,吉林雾凇与桂林山水、昆明石林、长江三峡并称为中国四大自然奇观而享誉海内外。

(6) 蜃景又叫海市蜃楼,这种自然景象是由大气的折射和反射作用造成的,一般出现在低纬度地区的海面、沙漠等地势开阔地方。

(7) 大气、天象景观的奇特美还表现在一些大气、天象景观的可见率较低。

(8) 庐山,隶属于江西省九江市,位于九江市南36千米处,北靠长江,南傍鄱阳湖。

(9) 哈尔滨素有"冰城"之称。

(10) 山东蓬莱海市蜃楼属于气候景观。

2. 选择题

(1) "山无云不秀,山无雾不媚"形象地说明( )在构景中的意义。

A. 云　　　　B. 山　　　　C. 雾　　　　D. 云雾

(2) 庐山的( )云最具特色。

A. 高山　　　B. 瀑布　　　C. 团团　　　D. 白

(3) ( )同志为北京西山红叶题诗一首"西山红叶好,霜重色愈浓。红叶遍西山,红于二月花。"

A. 陈毅　　　B. 陈雷　　　C. 毛泽东　　D. 周恩来

(4) 下关风是大理的( )季奇景之一。

A. 春　　　　B. 夏　　　　C. 秋　　　　D. 冬

(5) 观看"回头潮"的最佳位置是盐官镇的( )。

A. 镇海塔　　B. 八堡堤岸　C. 老盐仓　　D. 海宁宝塔

3. 简答题

(1) 根据大气、天象性质、基本形态、旅游功能及审美价值,大气、天象景观是如何分类的?

(2) 大气、天象景观有哪些特征?

(3) 大气、天象景观的旅游功能是什么?

(4) 大气、天象景观的欣赏包含哪些内容?

(5) 我国著名的大气、天象景观有哪些?

4. 实训题

(1) 根据所学的相关理论,试分析云雾景、雨景、霞景、旭日夕阳景、雾凇雨凇景、冰雪景、蜃景、宝光景观的异同。

(2) 就本章所介绍的我国著名的大气、天象景观,选出你最喜欢的景观并分析其旅游功能及欣赏意义。

2. 选择题

下篇
人文旅游景观

第六章
历史遗迹旅游景观

> 学习目标

在人文景观中，历史遗迹展现和反映了特定国家或地区一定历史时期的人类文明，无论对国内和国际旅游者而言历史遗迹都是重要的吸引物，也因此成为旅游景观中极具历史文化魅力的组成部分。历史遗迹旅游景观主要包括：古人类遗址、古战场遗址、名人故居以及其他重要的历史遗迹。通过本章的学习，了解历史遗迹旅游景观的特点，理解历史遗迹旅游景观的含义、类别，熟悉我国著名的具有代表意义的历史遗迹旅游景观，掌握历史遗迹旅游景观的旅游功能和欣赏价值。

第一节 概 述

考古学多年来的研究已经证明，人类社会的发展历史至少长达300万年。而就在这漫长的岁月中，人类为了生存和发展，不断地利用自然、适应自然、改造自然，通过自己的聪明才智和长期的社会实践，创造出分布广泛、丰富多彩的文化文明。这些文化文明中，相当一部分被较为完整地保存下来，成为当今旅游景观中重要的组成部分——历史遗迹景观。

一、历史遗迹旅游景观含义

历史遗迹是指人类在社会发展历史过程中为了生存和发展而在其生产和生活中创造并被留存下来的活动遗址、遗迹、遗物及遗风等。历史遗迹形成于已经成为历史的各个人类发展阶段之中，是这些特定历史时期人类某些生产生活活动的产物，是民族、国家历史的记录，反映了各个时代的政治、经济、文化、科学技术、建筑、艺术、社会风俗等的特点和水平。历史遗迹是古代人类的智慧结晶，昭示着特定历史时期特定生产生活的特征，也是历史真实的一种客观表现，成为旅游景观的重要组成部分。

历史遗迹的范畴从广义上来讲包括任何人类社会的历史遗存物迹。历史遗迹的表现内容和遗存形势十分丰富。广义的历史遗迹可以包括古代遗迹、古代建筑、古代陵墓、古代园林、宗教遗存、文物遗存、古代城市、古代文学艺术、古代风俗等。但是其中的古代园林、古代建筑、古代宗教遗存、古代文学艺术、古代风俗等与现代社会相应的人文特征联系十分密切，并且价值的延续性表现突出，均可以分别构成相对独立的文化体系，因此，这里所论述的历史遗迹旅游景观，主要指古遗址、古战场、名人故居、古城遗址、古关隘等，从某个角度上讲也可视其为狭义的历史遗迹。

二、历史遗迹旅游景观的类别

历史遗迹景观的类型复杂多样，因此，其分类方法也因分类依据的不同而多种多样。在对历史遗迹景观的分类中，比较常用的分类依据主要包括历史遗迹的原始功能与用途，历史遗迹的原始状态与存在时间，历史遗迹的存在形式状态等。具体的分类情况如下。

1. 按历史遗迹景观的原始功能与用途分类

历史遗迹景观按照其原始功能与用途分类可以分为古人类遗址、古城遗迹、古战场遗迹、古关隘遗迹、古道路、名人故居、历史文物、古代工业遗址、古代大型工程遗迹、古建筑（构筑）遗迹、陵寝墓葬遗迹等。

（1）古人类遗址　古人类遗址又称古人类文化遗址，是指从人类形成到有文字记载历史以前的人类活动遗址，包括古人类化石、原始聚落遗址、生产工具和生活用品等，是研究我国古代文化和人类发展的极为重要的科学资料。

（2）古城遗址　城市是人类文明的产物，古城遗址是古代社会整体城市的留存，再现了特定历史时代人类城市文明的发展水平。

中国的古城遍布南北，各有其产生和发展的历史，具有不同的功能：有的形成国家或一个地区的经济或文化的中心，在人类经济、文化发展史上曾占有重要地位；有的在政治历史上起过巨大的作用。是吸引旅游者探古访幽的重要旅游景观。

（3）古战场遗址　历史遗存的古代战场遗址见（图6-1），以及与其相关的历史战役、历史事件、历史人物和历史传说，具有丰富的文化内涵，成为吸引游人缅怀历史、抒发怀古情怀的独特吸引物，因此成为一类重要的旅游景观。

可以作为潜在旅游资源、旅游景观的古战场遗址都必须具备独特的地理环境因素、国家鼓励政策因素、名人要事效应因素等。并且，有些古战场遗址位置适中，自然条件优美，青山绿水，山川相映，是十分优质的旅游景观。

（4）古关隘遗址　关隘是古道设施之一，在道路险要之处或重要津渡设关，是为军事防御和控制交通，也是后来征收关税的重要设施。古关隘旅游景观对研究古代军事、政治、经济和文化具有重要意义，是历史文化旅游的独具魅力的旅游景观。

(5) 古道路遗址　古代人民为了交通方便开凿道路，又由于自然或社会等原因而放弃，形成了今天的古道路遗址。古道是历史古迹的纽带，是古代文化交流与传播的桥梁，在古道路的沿线上往往集中了大量的历史文化遗迹，加之古道路自身的吸引力，使古道路成为一种特殊的旅游景观。

阅读资料 6-1

世界文化遗产——元上都遗址

2012年6月29日18时23分，在俄罗斯圣彼得堡召开的第36届世界遗产委员会会议一致同意将我国申报的元上都遗址列入《世界遗产名录》，成为我国第30处世界文化遗产，也是我国第42处世界遗产。国际古迹遗址保护理事会给予元上都高度评价。

首先，元上都遗址的位置和环境显示出来自于蒙古族和汉族两者在价值观及生活方式上的共同影响。城市遗址展现了两个民族结合的城市规划模式。通过蒙古族和汉族在思想上和制度上的融合，元朝才得以将它的统治扩展到当时已知世界的极大一部分范围。元上都遗址是一个包含了不同民族团体的融合型城市规划的独特范例。

同时，元上都遗址非凡地见证了元朝的征服者忽必烈汗的最高统治，这种统治包括对被征服者文化、政体的吸收和改变，也包括征服者保持和维系原有文化传统的决心和努力。

另外，元上都遗址的位置、环境以及它的城市模式证实了游牧与农耕文化的并存与融合。汉地结合园林和景观的城市规划对于元朝蒙古人的生活方式在元上都是必要的，也因此产生了一个城市布局的杰出范例，展现了人类历史上的一个重要阶段。

此外，元上都城是13世纪"佛道大辩论"的发生场所，这个事件促成了藏传佛教在东北亚地区的传播。

国际古迹遗址保护理事会ICOMOS也认为，于公元1430年废弃的元上都城，被草原覆盖，保存了13世纪至14世纪元上都城建造和使用时的整体格局和城址。宫城、皇城、外城的城墙墙体共同展示了中原传统的城市规划布局。并且可以通过其中一部分已经被发掘、记录和回填的宫殿、庙宇建筑的土堆清晰地展示出元上都城的规划布局中对于蒙古部落会议和狩猎需求的考虑。门外的关厢、铁幡竿渠和墓葬群遗存都存在于它们的自然和文化环境范围内。后者保存了关于城市选址至关重要的自然要素，背山面水和四种类型的草原景观，尤其是含有河流湿地的金莲川草原。在景观上，元上都遗址能够被清晰地解读。

> 国际古迹遗址保护理事会 ICOMOS 还认为，元上都具有真实性。考古发掘和史料记载见证了具有蒙汉民族文化结合特征的都城形制、历史格局与建筑材料等的真实性。墓葬群真实保存了蒙汉民族于元上都生活的历史信息与物证；除明德门遗址和皇城东城墙进行过少量修缮活动，其他组成部分基本没有出现人工干预。同时，地理环境与草原特色景观保存完好，真实地延续了草原都城的环境特征和空间感受。

（6）名人故居　名人故居，是名人生前生活居住过的地方，是历代名人的祖籍地或出生成长的地方。名人故居的核心资源是名人的生活活动遗址遗迹、口头和非物质遗产资源。名人的风范、德行情操曾影响过一代或几代人。后人为了纪念他们，更为了解学习其在"历史长河中积淀下的人文精神"，便将其具有象征意义的生前居所辟出，内置与其人有关的物事供人们缅怀、观瞻。如此留存下去，它便成了历史演进过程中的思古之去处，并将其文化与精神吸收融合完善丰富后传承沿袭。当然，名人们的业绩，后人可以从历史典籍中完整地获知。但名人故居的存在却能给人以质的感受，强化感性认识，还能消解冥想中的虚无。随着岁月流逝，名人所留下的居所及生活物品也便成了后世不可多得的"文物"。更可贵的是，名人故居里还沉淀了他们的成长因素。

这些名人故居是国内外游客和当地民众瞻仰的圣地，也成为启迪本国青少年继承优良传统、发奋成才的一个重要教育场所。名人故居因此带动了当地旅游业的兴旺。

（7）历史文物　历史文物又叫做文化遗存物，是指人类社会在各个历史时期的生产和生活中所创造、能够反映古代物质文明和精神文明、保存至今的历史遗存物。文物是人类历史发展过程中遗留下来的遗物和遗迹，从不同侧面反映了各个历史时期人类的社会活动、社会关系以及人们当时利用和改造自然的状况。它不仅是历史的纪念碑和民族自尊与骄傲的象征，也是人类认识自身、获得知识与信息的载体，因而成为一种日趋重要的旅游景观。

历史文物的范畴包括广义和狭义两种。广义的历史文物包括一切历史文化遗存物，如前文所提到的古人类遗址、古城遗址、古战场遗址、古道路遗址、名人故居等，以及其余章节中的古建筑、古墓葬等。而狭义的历史文物则仅指广义历史文物中非固定文物，即可以转移的文物，主要有：青铜器、玉器、陶瓷、金银器、钱币、雕塑、书画、漆器、家具、科技文物、铜镜、古籍善本、玺印、竹木骨角雕刻、织绣、甲骨、文房四宝、紫砂器、古董钟表、景泰蓝、鼻烟壶、宣德炉、砖瓦、宝石、扇子以及杂项等 26 类历史代表性实物。

阅读资料 6-2

中国玉器

玉，是指色彩美丽，质地坚硬而不多见的珍稀的石头。用玉雕琢成的工艺制品称之为玉器。中国玉器，历史悠久，是中国古代文明的一项重要内容。新石器时代浙江良渚文化的玉器已经制作得十分精美了。到商周时期，玉石工艺有了显著的发展，仅类别就有工具、武器、日用器物、佩饰、礼器等五类，如当时的殷墟虎纹大石磬、安阳的大理石都已经达到了很高的水平。

从周代开始，玉被士人阶层附会了种种道德传统，比如认为玉具有仁、义、礼、智、信、勇等六种风格。因而，佩玉不仅是一种装饰、美化，而是一种伦理、道德与日常规范的象征。玉器用途更为确定和专门化。君子比德于玉，无故玉不失身。以玉喻人，可见此时玉在人们文化和精神生活中占有一种特殊的位置。如国之重宝的"和氏璧"、"传国玺"引动千万人心弦，演出一幕幕激动人心的故事。汉代玉器，在含义上是从上层贵族文化向世俗文化的转折，在造型上，是从古代装饰风格向写实风格的转折，当然仍有部分保持着很强的装饰性。从汉代以后，玉器主要用作观赏、陈设以及实用器。

经过魏晋隋唐至元明清，玉器的题材和造型都更加世俗化。观音菩萨、子母狮、执荷童子等都成为最流行的题材，吉祥图案占有越来越大的比重。一些玉器的造型和图案渐渐受到文人的影响。清代的大型玉器十分精彩，如现藏在故宫博物院的"大禹治水图"，重达5吨，从来料到制成共18年时间。

中国历代玉器器形、玉雕风格主要有：玉璧（汉晋玉璧、宋元明清玉璧）、玉琮、玉圭、玉璋、玉璜、玉琥、玉钺、玉刀、玉戈、玉衣（玉衣、玉塞和玉握）、玉猪、玉蝉、玉佩、玉珏、玉环等。

目前玉器的主要产地是北京、上海、广州、江苏扬州、辽宁等地。各地玉器的艺术风格也有差异。北京玉器风格浑厚、雅丽、端庄。上海玉器以仿青铜器为多，风格古雅。广州玉器吸收了西洋艺术长处，格调新颖，秀丽潇洒。而扬州玉器则是线条流畅，玲珑剔透。不同地区的玉器工艺，靠世代相传，形成各有千秋的地方特色。

2. 按照历史遗迹的原始状态存在的时间分类

按照历史遗迹的原始状态存在的时间分类，历史遗迹可以分为：史前遗址、旧石器时代遗址、新石器时代遗址、仰韶文化遗址、龙山文化遗址、夏商周遗址、秦汉三国遗址、隋唐遗址、宋元明清遗址、近现代重要史迹等。

3. 按照历史遗迹的存在形式状态分类

按照历史遗迹的存在形式状态分类，可以将历史遗迹分为：地面遗址、地下遗址（或地上遗迹、地下遗迹）。

但是，由于大部分历史遗迹自身就存在地上和地下两部分，因此，这种分类存在一定的不完善。只是从进行遗址保护的角度考虑，由于地面遗迹的保护和地下遗迹的保护在保护处理的方法上存在一定的差异，从文物保护的角度来看仍然有其可取之处。

第二节 历史遗迹景观的旅游功能及欣赏

人类的历史发展，在地球上留下众多的活动痕迹。历史遗迹昭示了人类历史的发展历程，可满足旅游者探索和欣赏的需求。

一、历史遗迹景观的旅游功能

在旅游产业发展中，历史遗迹景观具有较强的旅游功能，可以作为旅游吸引物，满足游客的旅游需求，为旅游产业带来效益。历史遗迹景观的旅游功能主要表现如下。

1. 历史遗迹是古代社会历史的真实写照

从旧石器时代开始，人类社会的进步经历了漫长而又曲折的发展历程，至今取得了高度发达的现代社会文明。这一发展历程对于生活于现代社会的人来说，充满了神秘、奇特之感，了解自然演变的思古忆古之情和追寻人类社会发展的历史真谛，是现代人类旅游活动的行为动机之一。由于历史时间的久远，历史场景往往已经无法再现。在这种情况下，历史遗迹作为人类活动的遗存就成为见证社会历史发展的一种真实的具体写照。历史遗迹，可以较直观地再现真实的历史，帮助人们实现对历史的真实面貌的追寻和探索。

2. 历史遗迹集中凝聚着古代人类的文化

人类文化所具有的继承性和异化性特点决定了现代的人类文化来源于古代人类文化，但是又与古代人类的文化有一定的区别。由于古代人类生活环境与社会发展水平的限制，古代人类的文化表现出不同于现代社会的成就。而历史遗迹则忠实地记录了历史的文化状况和基本特征，也是古代人类文化演变的集中凝聚，可以最大限度地帮助现代人类了解和认识先人的文化。散布于中国各地数以万计的历史遗迹是五千年华夏文化发展历史的有力佐证。

3. 历史遗迹中高度浓缩着古代的科学技术

虽然古代的科学技术与今天的现代科技相比有着很大的历史局限性，但是古代科学技术是现代科技发展和进步的基础，代表了人类科技水平的历史进程，是古代人民聪明智慧的结晶。并且，由于古代科学思想的差异与社会环境的限制，中国古代工程建设、古代科技创造等另辟蹊径取得了举世瞩目的辉煌成就。而很多的历史遗迹正是古代人类科学技术水平的高度浓缩，不但有很多在历史上名震中外，对现代世界科技的进步与发展产生了重大的影响，也有部分古代科技直至现代仍在人们的生产生活中发挥着作用，甚至有部分现已失传的古代科技令当今的科学技术工作者感叹不已。历史遗迹也因此具有极大的历史科学研究价值。我国古代科学技术发展水平较高，取得了世界为之瞩目的众多科技成果，历史遗迹是反映我国科学技术发展史的最好实证。

4. 历史遗迹可以形象展示景观美学

在中国古代社会的社会生活中，古代人类具有各种不同于现代社会的美学观念，因此，在古代人类生产生活相关的领域，都在其当时的时代美学观念指导下，表现出其审美的特殊特点。人们在建筑、物品、陵墓、园林等方面都凝聚着浓厚而独特的美学思想，如凝重与精巧、古朴与华丽、对称与变化、高耸与宽广等，具有较高的美学观赏价值。因此，相当一部分历史遗迹本身就是景观美学的形象展示，表现出丰富的造型美、质地美、色彩美、意境美、环境美等美学内涵，令人百看不厌、意味深长。尽管人们的美学观念在变，但追求生活中美的旋律，现代人与古代人是息息相通的。因此，历史遗迹对于满足人们的求美心理有着重要而特殊的价值。

总之，对于当代旅游者在旅游活动中所普遍追求的求知、求奇、求异、求美等的心理需求，历史遗迹都可以从不同的角度和层面予以满足。历史遗迹中所蕴藏的丰富的历史文化与科学知识，可以增长旅游者的见识；历史遗迹中所反映的古今文化差异性则构成对旅游者求异心理的吸引力；也有的历史遗迹中表现出不同寻常的建筑学、铸造学的奇迹使其具有了满足旅游者求奇心理的旅游功能；同时，历史遗迹也在古朴美、精巧美中展现着其特殊的美学魅力。另有近代重要史迹旧址还具有进行革命传统教育的特殊功能。综上所述，历史遗迹景观除了具有历史研究的功能外，还具有丰富的旅游功能。

二、历史遗迹景观的欣赏

人类社会在各个历史时期的生产和生活中所创造的、能够反映古代物质文明和精神文明、保存至今的历史文物是丰富多彩的，具有很高的观赏价值和研究价值。

1. 古遗址的欣赏

（1）景观美学欣赏　对古人类遗址的欣赏一方面是古人类遗址所在地的景观美学欣赏，多数古人类遗址所在地都属于风景秀丽的地区，周边风景优美，具有较高的审美价值。

（2）古遗址的整体美学效果欣赏　古人类文明遗址通常遗弃时间久远，因此，在整体美学效果上往往透露出悲凉壮丽、颓败中呈现出古人类文化的辉煌。

（3）遗留物的艺术美学欣赏　在古人类遗址中遗留的各种生活用品中，除了实用的需要以外，可以看到古人类的审美观念和艺术萌芽。

2. 古城遗址的欣赏

（1）古城遗址的选址和布局欣赏　古代中国先民在对城市的建设中有自成一体的选址和布局思想。选址和布局往往能够充分利用古城所在地的地理环境和自然条件，整体布局因而显现出各自的或中规中矩、或灵活自由的美学特点。

（2）古城遗址的建筑欣赏　在古城遗址中往往留存大量的古代建筑，使古城成为了"古代建筑博物馆"，因此，在对古城遗址的欣赏中对其中古代建筑的欣赏成为另一个重要的组成部分。古建筑是历史上政治、经济、文化、技术等诸方面条件的综合产物，它不仅反映了人类悠久的历史、灿烂的文化和发达的科学技术与建筑技术，而且还能为今天的新建筑和新艺术的创造提供重要的借鉴作用，具有很高的美学欣赏价值和科学价值。

3. 古战场遗址的欣赏

（1）景观美学欣赏　由于冷兵器时代军事思想的特点，古战场往往存在于地理环境、自然条件较为特殊的地理区域，因此，多数古战场的所在地都具有较高的景观美学欣赏价值。游客们可以从特殊的景观美学中去感受古战场金戈铁马、弓箭呼啸、刀刃相搏的拼杀场面，引发无限的遐想。

（2）古代兵器的欣赏　在古战场遗址中，有的至今留存大量的古兵器，古代兵器在制造之初的目的虽然是杀伤对手，但是，其形状、质地、表面雕刻本身却往往具有极高的艺术审美价值。

4. 古关隘的欣赏

（1）险峻美景观欣赏　古关隘由于本身建造的目的，选址一般在险要的地理位置，在古关隘周边的景观，因此而具有较高的险峻美的审美观赏价值。

（2）古关隘建筑的欣赏　古关隘本身是古代军事建筑的一种，由于其使用目的的特殊性，在建筑美学角度也具有一定的独特性，因此，对古关隘的欣赏也包括对古关隘建筑本身的建筑美学欣赏。

5. 古道路的欣赏

（1）古道路沿途景观的欣赏　在古道路的沿途往往具有丰富的自然景观和人文景观，特别是由于古道路本身是古代文明间的纽带，因此，古道路的沿途通常有大量的其他古代历史遗迹。对古道路的欣赏包括这些自然与人文景观欣赏。

（2）古道路设计与建造的欣赏　包括古栈道在内的许多古道路本身凝聚了古代人类对于道路设计与建造的审美观念，具有较高的美学欣赏价值。

6. 名人故居的欣赏

（1）对名人故居周边环境景观的欣赏　有些名人故居的周边自然环境幽静，景色优美，旅游者通过游览和欣赏，可以体会出"人杰地灵"的天赋和神韵。

（2）对名人故居建筑与生产生活用品的欣赏　以原样保存的名人故居建筑与原样布置的室内用具，以及历史名人生活的工作场景，再现了当年的社会环境和

第六章　历史遗迹旅游景观　139

历史背景，展示了历史名人生平经历，供旅游者参观、瞻仰，是历史文化旅游的热点。

7. 历史文物的欣赏

历史文物的种类复杂繁多，但是对文物的欣赏却基本上都从以下几个方面进行。

（1）对文物质地的欣赏，感受文物的质感美　陶器、瓷器、青铜器、玉器以其或古朴典雅、或莹润精美、或浑厚神秘、或玲珑剔透，使旅游者在对这些文物的欣赏中，感受其独特超凡的质感美。

（2）对文物造型的欣赏，感受文物的形态美　我国一些珍贵的文物，经过古代匠人的精心设计、构思，通过高超的技巧，精湛的技艺，以其造型呈现无与伦比的形态美，使观赏者产生异乎寻常的审美愉悦。

（3）对文物色泽的欣赏，感受文物的色彩美　陶器"唐三彩"的斑驳灿烂，瓷器"汝、官、钧、哥、定"五大名窑异彩纷呈，釉色缤纷，玉器"和氏璧"、"传国玺"的美轮美奂，无不以色彩美而留住观赏者的脚步。

（4）对文物纹样、绘画的欣赏，感受文物的装饰美　雕琢在文物上精美的纹饰、描绘在文物上的绘画，具有很强的装饰性，令人叹为观止。

第三节　中国著名的历史遗迹

中国历史遗迹分布于全国各地，那些具有代表意义的著名历史遗迹景观，记载着人类发展的历史，印刻着先人们探索的脚步，是国家文明和进步的真实佐证，具有很强的旅游功能和旅游欣赏价值。

一、古遗址

1. 周口店北京猿人遗址

周口店北京人遗址位于北京市房山区周口店龙骨山，距北京城约50千米。1929年中国古生物学家裴文中在此发现原始人类牙齿、骨骼和一块完整的头盖骨，并找到了"北京人"生活、狩猎及使用火的遗迹，证实50万年以前北京地区已有人类活动。考古学家开始在这里发掘，发现了距今约60万年前的一个完整的猿人头盖骨，定名为北京猿人。以后陆续在龙骨山上发现一些猿人使用的石器和用火遗址。这一发现和研究，奠定了这一遗址在全世界古人类学研究中特殊的不可替代的地位。周口店遗址是世界上迄今为止人类化石材料最丰富、最生动、植物化石门类最齐全而又研究最深入的古人类遗址。1987年被列入《世界文化遗产名录》。

2. 西安半坡文化遗址

半坡遗址位于西安市以东，是一个典型的母系氏族公社村落遗址，属于仰韶文化。这类遗存仅在黄河流域的关中地区就发现了400多处，因此，黄河流域素有中国古代文化发源地之美称。

半坡遗址是1953年春在灞桥火力发电厂施工中偶然发现的。现存面积约5万平方米,分居住区、制陶区和墓葬区3个部分。发掘面积为1万平方米,共发现房屋遗址46座,圈栏两座,储藏物品的地窖200多个,成人墓葬174座,小孩瓮棺葬73座,烧陶窑址6座,以及大量生产工具和生活用品。向我们生动地展现了6000多年前处于母系氏族社会繁荣时期的半坡先民们的生产与生活情景。

1958年,在考古发掘的基础上建立了我国第一座遗址性博物馆半坡博物馆。半坡博物馆现有两个陈列室和1个遗址大厅。第一展室主要展出在半坡遗址发现的生产工具,有石器、渔具、纺轮、骨针、鱼钩、鱼叉等,我们可以由此了解半坡人生产活动的各种场面。第二展室展出的文物反映出半坡人的社会生活、文化艺术和各种发明创造。

3. 余姚河姆渡文化遗址

河姆渡遗址位于距宁波市区约20千米的余姚市河姆渡镇,是我国目前已发现的最早的新石器时期文化遗址之一。河姆渡遗址发现于1973年,遗址总面积达4万平方米,叠压着四个文化层。经测定,最下层的年代为7000年前。通过1973年和1977年两次科学发掘,出土了骨器、陶器、玉器、木器等各类质料组成的生产工具、生活用品、装饰工艺品以及人工栽培稻遗物、杆栏式建筑构件,动植物遗骸等文物近7000件,全面反映了我国原始社会母系氏族时期的繁荣景象。河姆渡遗址的发掘为研究当时的农业、建筑、纺织、艺术等东方文明,提供了极其珍贵的实物佐证,是我国新中国成立以来最重要的考古发现之一,河姆渡遗址出土的文物曾多次出国展览,深深地震撼着整个世界。

二、古城遗址

1. 交河故城遗址

交河故城是世界上唯一的生土建筑城市,也是我国保存2000多年最完整的都市遗迹,唐西域最高军政机构安西都护府最早就设在这里。1961年被列为国家重点文物保护单位。

交河故城维吾尔语称雅尔果勒阔拉,位于吐鲁番市以西10千米雅儿乃孜沟30米高的悬崖平台上。故城状如柳叶形半岛,长约1650米,最宽处约300米。因为两条河水绕城在城南交汇,故名交河。故城为车师人开建,建筑年代早于秦汉,距今约2000~2300年。故城由庙宇、官署、塔群、民居和作坊等建筑组成,总面积达25万平方米。交河故城几乎全是从天然生土中挖掘而成的,最高建筑物有三层楼高。经历了2300年风风雨雨的考验,交河故城巍然屹立,是目前世界上最古老最大也是保护得最好的生土建筑城市。1961年交河故城被首批列入国家重点文物保护单位。交河故城地形狭长,作西北—东南走向,长1760米,最宽处300米,总面积43万平方米,其中建筑面积36万平方米,都集中在故城的东南部,占故城总面积的三分之二。由于河水冲砌。台地周缘形成了高达几十米的断崖,地势险峻,易守难攻,自古就是兵家必争之地。

交河故城是"丝绸之路"上的历史名城,在历史的舞台上至少活跃达1500年以上,期间历代政治地位虽有差异,但是一直是古代西域政治、军事、屯田的中心之一,在东西方文化交流中起过十分重要的作用。交河故城是古代车师、汉、回鹘等民族先后共同开发建设的历史纪念碑。它至今巍然屹立于吐鲁番大地,对研究东西方文化交流、"丝绸之路"历史、中亚文明史以及中国古代城市建筑、宗教、艺术等有重大科学价值。

2. 楼兰古城

楼兰古城地处塔里木盆地东缘的罗布泊凹地中,与附近城镇的直线距离为西北距库尔勒市344千米,西南距若羌县城330千米,古城占地12万平方米,略成正方形,边长约330米,用泥土、芦苇、树枝相间修筑的城墙仍依稀可辨,四周被沙漠、雅丹劣地和坚硬的盐壳所包围,人迹罕至,环境异常的荒凉、凶险。然而据史书记载,早在公元前2世纪楼兰就是西域最繁华的地区之一,古楼兰国有人口14000余,士兵近3000,真可谓是一泱泱大国。古楼兰地处丝绸之路要冲,扼东西交通的门户,是汉王朝进入西域的桥头堡。当年在这条交通线上是"使者相望于道",交通繁忙,城市经济繁荣,楼兰古城有着极盛一时的历史和灿烂的绿洲文化。奇怪的是,声名显赫的楼兰王国在繁荣兴旺了五六百年以后,却史不记载,传不列名,突然销声匿迹了。7世纪时,唐玄奘取经归来,看到楼兰国"城廓岿然,人烟断绝",其萧条之景,使人顿生沧海桑田之感慨!1900年3月斯文·赫定率队考察罗布泊,险些全军覆没,因而宣称这里是可怕的"死亡之海"!楼兰古城究竟是怎样消失的?楼兰遗址究竟在哪里?楼兰的自然环境究竟有多恶劣?楼兰有些什么文化遗存?长期以来一直是中外考古学家和科学家关注的问题。楼兰也是中外探险爱好者憧憬向往的神秘之地。

楼兰古城地区发掘的文物其价值之大震惊世界,其数量之丰难以数计。除新石器时代的石斧、玉斧、石刀、石箭簇外,还有汉简、汉文书、丝织品、木器、陶器、铜器、玻璃制品、古钱币等。其中以晋代手抄《战国策》和汉锦最为珍贵。还发现了著名的"李柏文书",并据该文书又发现了附近的"海头"故城,并发表了一些专著。1927年中国考古学家黄文弼也到楼兰发掘考察,出土了大量文物,发表了专著《罗布淖尔考古记》。中外学者盛赞楼兰是一个埋藏在"沙漠中的宝地",是历史遗落下来的"博物馆"、"东方的庞贝城"。楼兰古城内目前尚遗存陶片、毡片、古铜钱、古兵器、丝绸碎片等众多文物,只需你在地表稍事寻找和挖掘,你就可能成为一名"考古发现者"。

神秘的楼兰强烈刺激着国内外游人的探险欲望,近年来国内外掀起了一股楼兰探险热潮,各国探险队纷至沓来。有险才有奇,神奇的罗布泊、险峻的雅丹龙城地貌以及各种沙漠奇景为楼兰探险倍增了许多新奇刺激,足令探险者终生难忘。

3. 古荆州遗址

湖北省的荆州，又名江陵，它"北踞汉沔，南尽南海，东连吴会，西通巴蜀"，是三国文化的发源地之一，是国务院1982年首批公布的全国24座历史文化名城之一，1996年荆州古城墙又被国务院公布为全国重点文物保护单位。

荆州地处长江中游、江汉平原腹地，在这里孕育了与黄河流域中原文化辉映并重，可与古希腊、古罗马文化相媲美的楚文化。春秋战国时期的楚国，在城北五千米处的纪南城建都长达411年，留下了丰厚的历史文化遗存。

魏、蜀、吴三国时代，荆州是兵家必争的战略要地。一百二十回《三国演义》，就有七十二回的内容涉及荆州。"刘备借荆州"、"关羽大意失荆州"等脍炙人口的故事，就发生在这块古老的土地上。

荆州的古老底蕴，更可上溯到绵延久远的史前时期。距今五六万年前的鸡公山旧石器时代遗址就在古城东北4千米处；古城附近已发现的新石器时代遗址多达20余处。无可置疑的史迹告诉人们，荆州这块古老的热土有着悠久灿烂的历史文化。荆州在中国漫长历史的演进中，所处的这种重中之重的地位和作用，有力地促进了荆州古城的发展与进步。

荆州古城积淀了丰厚的历史文化。荆州城内及其城周附近，有着众多的古迹名胜。大禹治水的息壤，雄楚立国的故都，三国纷争的遗迹，历代名人的胜踪似繁星点点，数不胜数。荆州古城墙就是其中最具代表、最有分量的古迹之一。经最新古城垣考古发掘实物科学验证：荆州古城墙是我国延续时代最长、跨越朝代最多、由土城发展演变而来的唯一古城垣。1998年3月，考古工作者先后发掘出了宋朝和五代时期的砖城；两晋、三国时期的土城。叠压在现城墙10米以下的五代砖城的发现，使荆州城砖城的修造历史从始于明代的普遍认同，又上溯了400多年。这次考古发掘还证实：从三国时代起，荆州古城墙没有发生过大的变迁，移位距离仅在50米左右范围内；土城墙远远早于砖城墙。2000年8月，考古工作者在荆州城小北门西侧，发现了一段长近20米的明代成化年间夯筑的石灰糯米浆城墙。此段城墙虽经500多年，至今仍坚如磐石，世所罕见。

现耸立在人们眼前的雄伟砖城，为明清两代所修造。砖城逶迤挺拔、完整而又坚固，是我国府城中保存最为完好的古城垣。游客在攀登东门城楼的马道上即可见到部分已采取保护措施的文字砖。文字砖是荆州古城墙修建史不可多得的档案实证。同时也是人们游览古城赏析研究的又一道特殊的风景线。

荆州古城墙四周，原有城门6座，即东门、小东门（亦称公安门）、北门、小北门、西门、南门。每座城门均设"双保险"，前后两道门，二门之间建有瓮城，以便"瓮中捉鳖"，致攻城之敌于死地。为缓解城内交通，新中国成立以后，新开城门3座，即新东门、新南门、新北门。新开的城门均无瓮城。6座古城门上原都建有城楼，现只有东门和大北门两处有城楼。因此，游览领略古城墙风采，最好的去处就是东门和大北门。

荆州城古老且历经沧桑，如今古城得到了人民的厚爱。
三、古战场
1. 长平之战遗址

长平之战遗址，位于晋城市北 40 多千米处的高平市，现为山西省重点文物保护单位。遗址范围广阔，西起骷髅山、马鞍壑，东到鸿家沟、邢村，宽约 10 千米；北起丹朱岭，南到米山镇，长约 30 千米，东西两山之间，丹河两岸的河谷地带均属于重点保护区。古长平在今高平市城北 10 千米的长平村。高平春秋时称泫氏，战国时改为长平。这里是中华民族原始文明的发祥地，相传中华民族的始祖，中华第一大帝——炎帝就活动在泽潞盆地，逝世后就埋葬在羊头山东南的庄里村，是为炎帝神农氏的先茔。高平三面环山，丹河从北向南纵贯全境，这里崇山峻岭，地形险要，历来为兵家必争之地。长平之战遍及大半个高平，涉及的山岭、河谷、关隘、道路、村镇五十多处。

长平之战是我国古代战争史上非常著名的一次战争，也是规模最大的一次战争。此次战争过去已经两千多年了，但是，白起坑杀赵卒 40 万，令人触目惊心的杀谷，仍然浸透着萧瑟的战争气氛，而成为人们凭吊古战场之胜地。距今虽然已有 2200 多年的历史，但是，许多优美的战争故事和传说，至今仍然广为流传，许多地名、村名的由来都与此次战争有关，如康营、谷口、围城、箭头、三甲、赵庄、徘徊等。百里长城（又称秦垒）、营防岭、空仓岭、白起台、骷髅山、将军岭、廉颇屯等许多遗址遗迹尚存。秦军为断绝赵军的粮道和援军而修筑的长城，西起丹朱岭，经关和岭、羊头山，到陵川的马鞍山，蜿蜒曲折百余里，至今遗址尚可见到。围城村相传为赵军被秦军围困处，赵括就死于此地。成语"纸上谈兵"就是指赵括用兵的教条主义。

2. 楚河汉界

楚河汉界指的是河南省荥阳市黄河南岸广武山上的鸿沟，沟口宽约 800 米，深达 200 米，是古代的一处军事要地。我们所说的"楚"，在湖北省，而"汉"则在陕西一带。而据史书记载，历史上的楚河汉界则是在古代豫州（今河南省）的荥阳、成皋一带，它的地理位置是北临黄河，西靠邙山，东连平原，南接嵩山，是历代兵家必争之地。西汉初年楚汉相争时，汉高祖刘邦和西楚霸王项羽仅在荥阳一带就爆发了"大战七十，小战四十"，公元前 204 年，刘邦与项羽在此地交战。第二年，刘邦（汉王）凭着兵强马壮、后方粮草供应充足，大举进攻项羽（西楚霸王），因种种原因迫使项羽不得不提出"中分天下，割鸿沟以西为汉，以东南为楚"。于是，长约五百里的大沟——古运河，即历史上所说的鸿沟便成了楚汉的边界，作为两军分界的标志。现在鸿沟两边还有当年两军对垒的城址，东边是霸王城，西边是汉王城。

3. "官渡之战"遗址

"官渡之战"遗址位于郑州中牟县城东北 2.5 千米官渡桥村一带，因傍官渡水而得村名。村内原有关帝庙,存清乾隆年间石碑,碑文云"官渡乃关帝拒袁斩将处"。据《中牟县志》载,这里旧有城叫"官渡城",又有台名"官渡台"或"曹公台",附近有"水溃村"。距官渡 20 千米霍庄有"袁绍岗",传说是袁绍屯兵处。官渡之战发生在东汉建安五年,当时袁绍率兵 20 万南下,曹操率兵 4 万在官渡相拒。当年春,曹操乘袁绍傲慢轻敌,内部失和之际,两次偷袭袁绍后方,焚其粮食辎重,断其粮道,致使袁绍军心动摇,纷纷溃散,曹则全线出击,歼灭袁军主力,为统一北方奠定了基础。这是我国历史上以弱胜强、以少胜多的著名战例之一。

4. 赤壁之战遗址

赤壁遗址,位于长江中游南岸,湘鄂边界的赤壁市西北方向 38 千米处,距武汉市 164 千米,距湖南岳阳 90 千米,是湖北省重点文物保护单位。

赤壁位于赤壁市境。东汉建安十三年(208 年),曹操率二十几万大军南下,孙刘联军巧用火攻,乘东南风大起,向曹营举火,火船借助风势,直冲曹军水寨。曹军船只一时尽着,岸上营落,火逐风飞,烈焰冲天,一片火海,把南岸崖壁照得一派通红,赤壁也因此得名。这就是中国历史上著名的赤壁大战。

赤壁遗址是由 3 座小山组成,即赤壁山、南屏山和金鸾山。这 3 座小山起伏相连苍翠如海,再加上亭台楼阁错落地隐现于其间,景色益显秀美。其主要景点有赤壁摩崖、拜风台、凤雏庵和翼江亭等。这些景点相距不远,且有小径相连,极易寻觅。

赤壁山的西南临江处,岩斜亘 300 余米,怪石嶙峋,汹涌的江水直扑断崖,卷起千堆雪,声如巨雷,两个楷书大字"赤壁"传说为周瑜手迹。南屏山顶的拜风台,传为诸葛亮祭东风时的七星台遗址。金鸾山腰的凤雏庵,相传庞统曾隐居于此。庵内主室所供奉的庞统塑像,庄严刚毅,有凛然不可侵犯的气概。庵四面苍苔布绿,曲径藏幽,古树垂荫,百鸟飞鸣,真有"鸟鸣山更幽"的意境。赤壁山顶的翼江亭,传为诸葛亮、周瑜在赤壁之战时观望曹营的遗址。此亭四周山花烂漫,芳草萋萋,景色十分迷人。在亭中俯瞰长江,可令人故国神游,想见当年赤壁鏖战时"樯橹灰飞烟灭"的情景。

四、古关隘遗址

1. 山海关

山海关是明长城的东北起点,境内长城 26 千米,位于秦皇岛市以东 10 多千米处。据史料记载,山海关自公元 1381 年建关设卫,至今已有 600 多年的历史,自古即为我国的军事重镇。山海关的城池,周长约 4 千米,是一座小城,整个城池与长城相连,以城为关。城高 14 米,厚 7 米。全城有四座主要城门,并有多种古代的防御建筑,是一座防御体系比较完整的城关,有"天下第一关"之称。

山海关人文历史悠久,早在新石器时期,我们的祖先就已在此劳动生息。山海关古称榆关,也作渝关,又名临闾关,明朝洪武十四年(公元 1381 年),中山王徐达奉命修永平、界岭等关，在此创建山海关，因其倚山连海，故得名山海关。山海关景区内名胜古迹荟萃、风光旖旎、气候宜人，是著名的历史文化古城和旅游避暑胜地，区内有开发和观赏价值的名胜古迹达 90 多处。2000 年，山海关景区被评为第一批 4A 级旅游景区，景区以长城为主线，形成了"老龙头"、"孟姜女庙"、"角山"、"天下第一关"、"长寿山"、"燕塞湖"六大风景区，全部对中外游客开放，是国内外著名的旅游区。其中：山海关长城汇聚了中国古长城之精华。明万里长城的东起点老龙头，长城与大海交汇，碧海金沙，天开海岳，气势磅礴，驰名中外的"天下第一关"雄关高耸，素有"京师屏翰、辽左咽喉"之称；角山长城蜿蜒、烽台险峻、风景如画，这里"榆关八景"中的"山寺雨晴，瑞莲捧日"及奇妙的"栖贤佛光"，吸引了众多的游客。孟姜女庙，演绎着中国民间传说——姜女寻夫的动人故事。中国北方最大的天然花岗岩石洞——悬阳洞，奇窟异石，泉水潺潺，宛如世外桃源。塞外明珠燕塞湖，美不胜收。

2. 居庸关

居庸关是长城沿线上的著名古关城，国家级文物保护单位。

关城所在的峡谷，属太行余脉军都山地，地形极为险要。早在春秋战国时代，燕国就曾扼控此口，时称"居庸塞"。汉朝时，居庸关城已颇具规模。南北朝时，关城建筑又与长城连在一起。

关城附近自然景观十分壮美，早在金明昌年间（公元 1190～1195 年）"居庸叠翠"之名即已列入"燕山八景"。1982 年，居庸关又以其重要的人文和自然景观价值，划入八达岭—十三陵风景名胜保护区，成为其中重要的景点。

3. 嘉峪关

嘉峪关，万里长城的西部终点，地处甘肃省河西走廊中部，祁连山脉嘉峪山麓，因山而名。明洪武五年（1372 年）修筑万里长城时置。当时明征虏大将军冯胜看中嘉峪山西北麓的险要地势，选为河西第一隘口，开始筑城设关，以后经历一百多年时间扩建，才形成一个比较完整的防御体系。明弘治年间曾进行重修。嘉峪关雄伟壮观，号称"天下第一雄关"。

嘉峪关是长城上的最大关隘，也是全国规模最大的关隘。现存的关城总面积 33500 余平方米，由外城、内城和瓮城组合而成。关城周长 733 米，内城周长 640 米。门外各筑有瓮城，城楼对称，三层三檐五间式，周围有廊，单檐歇山顶，高 17 米。城四隅有角楼，南、北墙中段有敌楼，一层三间式带前廊。两门内北侧有马道达城顶。关城正中有一官井，旧有亭，今已废。西门外套筑一道凸形城墙，构成一个罗城，这就是外城。外城比内城高 2.7 米。外城正中大门额刻"嘉峪关"三个大字。门顶原有城楼，与东西二楼形制相同，三楼东西成一线，上悬"天下第一雄关"匾额。新中国成立后，关城曾多次维修加固，至今保存完好。

嘉峪关所在地是甘肃省西部的河西走廊最西一处隘口，甘肃西部已属于荒漠地区，河西走廊夹于巍峨的祁连山和北山之间，东西长达1000千米左右。一条古道穿行于祁连山麓的戈壁和冲积平原上，古代"丝绸之路"即此。道路本已艰险，到了嘉峪山隘口处，狭谷穿山，危坡逼道，就更险厄。嘉峪关踞此，形势非常险要。东通古肃州（今酒泉），西有安西。这条古道是古都长安和西域联系的纽带。古代西域，初时仅指天山以南的新疆南部和东部，有许多在绿洲上发展的"城邦"。自建成嘉峪关后，这关便为西部国防重地，对保障河西地区的安全起着重要作用。

嘉峪关矗立于大漠边缘，显得雄壮非凡。嘉峪关的环境又很吸引人。广阔的关城，横卧戈壁滩上，两侧城墙与山相连。巍峨的城楼昂然欲飞，衬托着祁连山如玉的雪峰，美丽如画。登城楼远望，万里长城似龙游于戈壁滩瀚海间，天晴之日，或可见海市蜃楼。城下戈壁滩上骆驼队的浑厚的悠扬的铃声，使人想起古代"丝绸之路"上的商队和旅行者，令人心驰神往！据说当年建这关时，匠师计算用料特别精确，最后建成时竟只剩下一块砖。这是建筑工程上的绝招。现在这块砖还存放在西瓮城门楼的后楼台上，供人观摩。这座雄关和东部的山海关一样，都是古代建筑工程的光辉点，具有重要的历史文物价值，今为国家重点文物保护单位。

五、 古道路遗址

1. 丝绸之路

"丝绸之路"，是古代连接亚欧的东、西方商贸通道的总称。丝绸之路有数条干线和支线，有草原丝绸之路、绿洲丝绸之路、海上丝绸之路和西南丝绸之路。通常所说的丝绸之路，是指绿洲丝绸之路。位于丝绸之路要冲的西域，是历史上世界民族大迁徙的十字路口，是东西方文化交流荟萃之地。中原文化、古罗马文化、波斯文化、阿拉伯文化、中亚文化和印度文化都曾通过丝绸之路在这里粉墨登场。

古代丝绸之路起点是中国的长安，长安是汉朝和唐朝的国都，当时各地丝绸和其他商品集中在长安以后，再由各国商人组成商队，浩浩荡荡爬上陕甘高原，越过乌鞘岭，经过甘肃武威，穿过河西走廊，到达当时的中西交通要道敦煌。另外青海也是丝绸之路的重要通道，再往西便是新疆的塔克拉玛干大沙漠。丝绸之路经河西走廊到达新疆后分为三路：北道，是经伊吾（今哈密）、北庭（今吉木萨尔）到乌鲁木齐，然后经过石河子、阿里麻里（今霍城）、伊犁抵达黑海沿岸；中道，是经吐鲁番、焉耆、轮台、库车、温宿、喀什，翻越帕米尔高原抵达地中海；南道，是经阳光、若羌、且末、于田、莎车，过阿姆河抵达伊斯坦布尔。

丝绸之路所经过的路线，往往是因为可以凭借一块块绿洲获得喘息和补给，因此也可以说，这三条路线也大致反映了当时西域各族人民的居住分布情况。丝绸之路作为亚洲与欧洲联系的动脉，在世界历史发展的过程中占有重要地位，它把世界历史上最主要的古代文明联系起来，对人类文化产生重要的影响。新疆的文物古迹所包含的文化信息也特别丰富，可以很好地印证当时的文化传播情况。新疆是我国的文物大区，特殊的气候环境，较少的人类生产开发活动，为文物的保存提供了良好的条件。

丝绸之路经过的广大地域，自然景观壮丽迷人。包括被联合国称为"人与生物圈"的自然保护区——天池，天山最大的湖泊——赛里木湖，还有风光瑰丽的天山牧场、魔鬼城、远古恐龙化石、硅化木、五彩湾、卡拉麦里自然保护区等令人神往的旅游胜景。如今，这一地区交通便利，公路四通八达，铁路不断延伸。还有民航班机在伊宁、克拉玛依起落，为发展丝绸之路北道的旅游事业创造了有利条件。包括富有神话色彩的火焰山，世界第二低地艾丁湖，绚丽多姿的巴里坤草原，世界上保存完好的高昌故城和交河故城，规模宏大的阿斯塔娜—哈拉和卓古墓群，独具风格的哈密回王陵，民族风情浓郁的吐鲁番葡萄节。走进南疆，进入喀什才算是真正到了新疆，这是维吾尔族世居之地，民风淳朴，风光绮丽，名胜古迹丰富。游这条丝绸路，可从乌鲁木齐出发，乘铁路或公路，饱览吐鲁番，再转赴鄯善、哈密或敦煌等地。到库尔勒后，沿线游览库车、阿克苏、阿图什、喀什等地。进入中国最西部帕米尔高原，领略高原风光。如做海外旅游，可从红其拉甫口岸到巴基斯坦。这一旅游线路，铁路贯穿，公路交织，民航班机天天有发。形成新疆旅游的一条黄金线路。游人要经受大漠、荒山、烈日、狂风、沙暴、干旱等严峻考验，为探险、科考者旅游新疆，体验西部豪情的必游之路。非体质健康、意志坚强、准备充分者不要轻率上路。库尔勒至若羌，沿途有许多城镇、农场、乡村，一块块绿洲散落大漠，人车来往，道路宽敞，食宿方便，经受颠簸燥热之同时，亦体验西出阳关的凄美。丝路南道，早就以沙漠的广袤无垠而被中外旅行家视为畏途。是新疆现有旅游线路中最艰苦的一条，正因如此，它的魅力、特色是其他线路难以代替的。

2. 茶马古道

"茶马古道"是云南、四川与西藏之间的古代贸易通道，由于是用川、滇的茶叶与西藏的马匹、药材交易，以马帮运输，故称"茶马古道"。"茶马古道"连接川、滇、藏，延伸入不丹、锡金、尼泊尔、印度境内，直到抵达西亚、西非红海岸。根据现有的古文物及历史文献资料，早在汉唐时，这条以马帮运茶为主要特征的古道就发挥作用了。抗日战争中，当沿海沦陷和滇缅公路被日寇截断之后，"茶马古道"成为中国当时唯一的陆路国际通道。

茶马古道，从云南普洱茶的产地（今西双版纳、思茅等地）出发，经下关（大理）、丽江、中甸（今香格里拉）、迪庆、德钦，到西藏的芒康、昌都、波密、拉萨，而后再经藏南的泽当等地然后出境。它是世界上通行里程最长的古代商路。总行程在万里以上。茶马古道是壮阔的，而对于当年行走在古道上的马帮来说，却是一条充满了艰险的征途。西南地区山高水急，水上交通险象环生。而山道的险峻曲折，又根本无法行驶车辆。在这样的条件下，马帮成了唯一适用的运输方式，它成了茶马古道上一道独特的风景。可以说茶马古道是一条用人力和马的脚力踩踏出来的道路。从一个山谷到又一个山谷，从一个村寨到又一个村寨，马帮踏出了一条沟通各地的生命道路，成了大西南地区的联系纽带。这些马帮曾经驻足停留、进行商品集散的驿站，成了后来的城镇。今天的丽江古城就是迄今为止茶马古道上保存最为完好的古城，被誉为"活着的茶马重镇"。

3. 古栈道

古栈道又称阁道，位于四川广元城北25千米朝天镇南北的明月峡和清风峡中嘉陵江东岸峭壁上，是古代四川——陕西之间开凿的水栈遗迹，朝天关山险水急，其北为清风峡，下行为明月峡，在两峡的峭壁上可见上、中、下三排石洞，在中排孔洞插以木枋作为梁架，上铺木板为路，下排石孔插以撑木，支撑中层梁架，上排石孔插以木枋，搭遮雨板。两处栈道保存完好，山景秀丽，大可饱览古代蜀道"飞梁架绝岭，栈道接危峦"的风光。

史载：秦惠王欲伐蜀愁蜀道险阴，诈称秦国愿送"金牛"和美女给蜀王。蜀王贪财好色，命王丁力士开设栈道，秦便乘机命司马错、张仪伐蜀，蜀遂亡。可见古栈道始凿于先秦，《史记》有"栈道千里通于蜀汉"的记载，历代续有修葺。今阁道已废，但岩壁上洞孔犹存。洞分上中下三层排列，中层孔洞用作插木桩，上铺木板以作行道；下层作支撑孔眼；上层用以搭篷蔽雨。每个洞孔约30厘米见方，深50厘米左右。远观栈道，宛如凌空廊阁，故又有云阁之称。游人观览此处，可领略到大诗人李白《蜀道难》中描写的壮丽景象。

六、名人故居

1. 曲阜孔府

孔府即衍圣公府，位于曲阜城中紧邻孔庙，是孔子嫡长孙世袭衍圣公的衙署和府第，有"天下第一家"之称。孔府是我国历史上延续时间最长的封建贵族庄园，也是中国封建社会官衙合一的典型建筑。占地16公顷，有厅、堂楼、房463间，三路布局，九进院落，中路前为官衙，后为内宅，最后是花园。

孔府始建于宋宝元年，经多次扩建重修，成为前堂后寝，衙宅合一的庞大建筑群。衍圣公的主要职责是奉祀孔子、护卫孔子林庙，宋以后陆续增加了管理孔氏族人和管理先贤先儒后裔等职责，孔府是中国传世最久、规模最大的封建贵族庄园，同时还设有一套完整的管理机构拥有部分政权职能。

孔府为中国第一批重点文物保护单位，1994年列入世界文化遗产名录。

2. 杜甫草堂

位于成都西门外的浣花溪畔，是唐代诗人杜甫流寓成都时的故居。

杜甫，公元759年12月，为避安史之乱，他从长安经甘肃逃亡到成都，第二年三月在友人的帮助下选定在西郊浣花溪畔建起一座茅屋，自诩为"草堂"。杜甫先后在此居住3年多，创作诗篇240多首，很多诗都是以草堂为题，触景生情而作。如"万里桥西一草堂"、"万里桥西侧，百花潭北庄"等，是写草堂的位置:"浣花溪水水西头,春江一曲抱村流",是描写草堂的环境。而《茅屋为秋风所破歌》更是为后人推崇的千古绝唱。

杜甫草堂当年有多大规模人们不得而知。现今我们游览的草堂是合并了东邻的梵安寺和西邻的梅园而成,总面积20余万平方米。草堂内楠木参天,梅竹成林,古典式的园林建筑,带着浓郁的文化气息,是成都游客最集中的观光胜地之一。草堂建筑从正门始,依次递进是大廨、诗史堂、柴门、工部祠。其中大廨、柴门是杜诗中提到的草堂原有建筑,诗史堂、工部祠则是后世为纪念杜甫而建。诗史堂正中是杜甫立像,堂内陈列有历代名人题写的楹联、匾额。杜甫是唐代伟大的现实主义诗人,其诗作是当时社会生活的真实写照,故有"诗史"之誉。博物馆内珍藏有各类资料3万余册,文物2000余件。文物中包括宋、元、明、清历代杜诗精刻本、影印本、手抄本,以及近现代的各种铅印本。其中还有15种文字的外译本和朝鲜、日本出版的汉刻本120多种。草堂内园林十分幽静,溪水蜿蜒,桥亭相间,花径柴门,曲径通幽,并有春梅、夏荷、秋菊和幽兰相伴。

3. 毛泽东故居

韶山毛泽东故居,位于湖南省韶山市,坐落在苍松翠竹的韶山冲中,距长沙市104千米,是一座土墙灰瓦的普通农舍。从故居堂屋转过右厢房、卧室、廊檐和碓屋之间,可看到毛泽东的全家照,日常器皿和各种农具,其中陈列着毛泽东少年时期用过的肩担、水桶、锄头等。在毛泽东的卧室里,桌上摆着一盏油灯,少年时代的毛泽东经常在这盏桐油灯下学习。

故居前面是一口亩地左右的池塘,此即南岸塘,塘内有荷花。由故居正门进入,可见南墙设神龛。由厨房向东过横屋便到毛泽东父母的卧室。毛泽东的卧室与其父母卧室相邻,有床,床边挂桐油灯,陈设非常朴素。毛泽东卧室顶楼上有开口,顺楼梯可攀上。1925年6月,就在这楼上,毛泽东召开了秘密会议,建立了韶山第一个中共支部。由毛泽东卧室向里,是一个长约7米多的天井,天井西南角是毛泽覃的卧室,毛泽民的卧室则在整栋建筑的最后,开窗可见绿荫苍翠的山林。

毛泽东少年时代读书的私塾叫做南岸,距毛泽东故居仅100米左右,370平方米面积,有10多间房屋。

本章小结

历史遗迹是指人类在社会发展历史过程中为了生存和发展而在其生产和生活中创造并被留存下来的活动遗址、遗迹、遗物及遗风等。历史遗迹按照其原始功能与用途分类可以分为古人类遗址、古城遗迹、古战场遗迹、古关隘遗迹、古道路、名人故居、历史文物、古代工业遗址、古代大型工程遗迹、古建筑(构筑)遗迹、陵寝墓葬遗迹等。

从旅游功能上来看,历史遗迹旅游景观是古代社会历史的真实写照;凝聚着古代人类的文化；高度浓缩着古代的科学技术；可以形象展示景观美学。

我国著名的具有代表意义的历史遗迹旅游景观如下。

古遗址：周口店北京猿人遗址、西安半坡文化遗址、余姚河姆渡文化遗址

古城遗址：交河故城、楼兰古城、古荆州遗址

古战场：长平之战遗址、楚河汉界、"官渡之战"遗址、赤壁之战遗址

古关隘：山海关、居庸关、嘉峪关

古道路：丝绸之路、茶马古道、古栈道

名人故居：曲阜孔府、杜甫草堂、毛泽东故居

重点内容

历史遗迹　旅游景观的含义　历史遗迹旅游景观的类别　历史遗迹旅游景观的功能和欣赏　周口店遗址　交河故城　山海关　丝绸之路　毛泽东故居

案例分析

齐国临淄故城

春秋战国时期齐国都城遗址。齐国初建于周初太公吕望，吕望因伐商有功，被封于营丘。西周后期一度迁都薄姑（今山东博兴东南），齐献公即位后复迁回营丘，称为临淄。学术界一般认定临淄即营丘，但也有人对此处"营丘"是否是周初齐国封地提出怀疑。

临淄作为齐国都城，如果以齐献公迁都算起，直至于公元前221年灭亡，前后长达630余年。临淄故城位于今临淄西部和北部，由大、小二城组成。小城居大城西南，大城周长14千米多，小城周长7千米左右，总面积30多平方千米。20世纪从50年代末至70年代初，有关部门系统地进行调查发掘，大体上查明了古城的一般概貌。

故城为南北长方形，城墙系夯筑，墙基一般宽20~40米。大城西墙长2.8千米、北墙3.3千米、东墙5.2千米、南墙2.8千米。小城是宫殿区，东墙长2.1千米，南墙长1.4千米，西墙长2.2千米，北墙1.4千米。城墙拐角共24处。已发现城门11座，其中小城门5座，大城门6座。还发现4处排水道口和10条交通干道。排水道与天然的河流、城外的护城河及城内河道紧密联接，构成了一个完整的排水网，说明临淄城排水有较科学的安排规划。干道有3条在小城，7条在大城。大城东部南北大道，全长3.3千米，路宽20米；中部南北干道全长4.4千米；其他几条大致类似，构成临淄城的交通干道。

整个临淄古城地势起伏，小城中、南部地势最高，东北部低洼。大城东北部地势高于西北部，西部较平坦，东部为高地。这里的地层堆积复杂，已发现有冶铁、冶铜、铸钱和制骨手工业作坊遗迹。冶铁遗址在小城发现2处、大城4处。炼铜的2处遗址亦分布在大小城。另外，小城内的"桓公台"，台高14米，基呈椭圆形，周围有许多夯土基址，应是宫殿建筑群遗迹。大城是百姓生活的地方，没有大型建筑。但在城内发现了两处墓地。一处位于城东北部，一处在南部。北部墓葬多为大、中型，周围分布殉马坑。清理的随葬物表明均属春秋前期；1964年还在这里发现了一批西周晚期铜器，表明此处是西周到春秋时期齐国贵族的墓地。

从发掘和调查的成果看，齐都临淄城与文献记载基本上是符合的。齐国是春秋战国时代诸强之一，其国土广阔，势力强盛，临淄是它的政治、经济和文化中心。战国时苏秦说该城有户7万，如以每户4口计，即达28万人，在当时实属繁华大都。现存的临淄城较多地保留着东周时代遗物。秦灭齐后，仍沿用旧城，直到魏晋时，大城开始废弃。但小城继续发挥其作用，城内南北存在着唐宋以后的文化层便足以证明这一点。元以后所建临淄城便移至故城之外，即今之临淄。

思考：临淄故城作为历史遗迹景观，其旅游功能和欣赏意义是什么？

基本训练

1. 判断题

（1）"丁村文化"，是研究我国旧石器时代中期文化和人类发展的极为重要的科学资料。

（2）新石器时代是距今250万年至距今1万年之间的历史时期。

（3）由于中国的城市最初是以手工产品集散中心而发展起来的。

（4）我们的祖先，在约万年前的新石器时代就掌握了制陶技术。

（5）八公山古战场遗址在安徽省淮南市西，淮水之南，淝水以北，是发生在世纪的以少胜多的"官渡之战"的古战场。

（6）丝绸之路是古道路遗址中最具代表性的旅游景观之一。

（7）唐代是我国瓷器发展的一个极盛时期，"汝、官、钧、哥、定"五大名窑异彩纷呈。

（8）青铜是人类历史上一项伟大发明，它是黄铜和锡、铅的合金，也是金属冶铸史上最早的合金。

(9) 北京玉器吸收了西洋艺术长处,格调新颖,秀丽潇洒。
(10) 历史遗迹集中凝聚着古代人类的文化。

2. 选择题

(1) 旧石器时代是距今 250 万年至距今 1 万年之间的历史时期。就世界历史而言,旧石器时代占人类历史总长度的(　　)%。
　A. 59　　　B. 69　　　C. 79　　　D. 89　　　E. 99

(2) 属于新石器时代晚期的文化的是(　　)。
　A. 仰韶文化　B. 大汶口文化　C. 马家窑文化
　D. 龙山文化　E. 河姆渡文化

(3) 长平之战古战场遗址是(　　)省的著名历史遗迹。
　A. 陕西　　B. 山西　　　C. 河北　　D. 河南　　E. 湖北

(4) 世界上唯一的生土建筑城市,也是我国保存两千多年最完整的都市遗迹是(　　)。
　A. 交河故城　B. 楼兰古城　C. 荆州古城　D. 殷墟遗址　E. 晋阳古城

(5) 玉器在含义上从上层贵族文化向世俗文化的转折,在造型上从古代装饰风格向写实风格的转折是在(　　)。
　A. 商周时期　B. 秦代　　　C. 汉代　　D. 宋代　　　E. 明代

3. 简答题

(1) 简述历史遗迹旅游景观的分类。
(2) 简述历史遗迹景观的旅游功能。
(3) 历史遗迹景观的欣赏包括哪些内容?
(4) 我国著名的历史遗迹景观有哪些?

4. 实训题

(1) 根据所学的相关理论,试分析各种历史遗迹景观的异同。
(2) 就本章所介绍的我国著名的历史遗迹景观,选出你最喜欢的景观并分析其旅游功能及欣赏意义。

第七章 建筑旅游景观

> **学习目标**

在人文景观中,建筑作为一种特殊的艺术,是旅游景观十分重要的组成部分。特别是中国古代建筑,作为世界建筑领域中独具魅力的特殊组成部分,取得了诸多震惊世界的成就。通过本章的学习,了解古代建筑、现代建筑旅游景观的特点,理解建筑旅游景观的含义、类别,熟悉我国著名的具有代表意义的建筑旅游景观,掌握建筑旅游景观的旅游功能和欣赏价值。

第一节 概 述

建筑是人类文化与艺术的重要组成部分。一个时代的特定建筑往往可以集中地反映特定时代的文化、艺术精华。可以说,一个时代的建筑是一定社会的历史浓缩,因此,也成为一种重要的旅游景观。

一、建筑景观的含义

建筑是利用物质材料,经过设计、施工修建而成的供人类生产、生活使用的一定形体的物体。它集中反映了某一历史时代的科技文化水平,是人类适应自然、改造自然的历史记录,是一种艺术创造物,是特定时代社会生活和政治经济制度的反映,是民族性格的真实写照。建筑旅游景观是指具有文化积淀和有观赏价值的建筑物体或空间。

二、建筑景观的类别

作为旅游资源的建筑景观,按照其建造的历史时期来看主要可以分为两大类,即古代建筑与现代建筑。

1. 古代建筑

在世界建筑体系中,中国古代建筑是一个源远流长的独立发展体系。该体系初步形成于3000多年前的殷商时期,经历了原始社会、商周、秦汉、三国两晋南北朝、隋唐五代、宋辽金元、明清7个时期,以其独特的建筑技术和建筑风格在世界建筑史中独树一帜,直至 21 世纪,始终保持着自己独特的结构和布局原则,成为自成一体的具有较高审美价值的特征形式和风格。

阅读资料 7-1

古代建筑的特点

第一,从构造的角度看,中国古代建筑有以下四个主要特点。

① 主要建筑材料以木材为主,形成独特的木结构建筑形式。以木结构为骨架,一方面在中国古代取材方便,同时又较为适应中国的气候条件,这使得中国古代建筑既达到实际功能要求,又创造出优美的建筑形体以及相应的建筑风格。

② 斗拱结构与构架制原则。斗拱结构的造型变化复杂多样,其巧妙运用具有很高的装饰效果。而以立柱和纵横梁枋组合成各种形式的梁架,使建筑物上部荷载经由梁架、立柱传递至基础。墙壁只起围护、分隔的作用、不承受荷载,具有"墙倒屋不塌"之妙,减少地震危害的可能性。

③ 单体建筑标准化,重视平面组群布局。中国古代建筑往往是由若干单体建筑结合配置成组群庭院。其中,在单体建筑上讲究标准化,无论规模大小,其外观轮廓均由台基、屋身、屋顶 3 部分组成。下面是由砖石砌筑的台基,起承托整座房屋的作用;台基上的是屋身,由木制柱额做骨架,其间安装门窗隔扇;上面是用木结构屋架造成的屋顶,屋面拥有柔和雅致的曲线,四周均伸展出屋身以外,上面覆盖青灰瓦或琉璃瓦。同时,单体建筑的平面通常是长方形,偶尔也采取方形、八角形、圆形等;而园林中观赏用的建筑,则可以采取扇形、字形、套环形等平面。屋顶有庑殿顶、歇山顶、卷棚顶、悬山顶、硬山顶、攒尖顶等形式,每种形式又有单檐、重檐之分,进而又可组合成更多的形式。而为了弥补单体建筑定型化的不足,中国古代建筑组群的布局原则是内向含蓄,多层次,力求均衡对称。每一个建筑组群少则有一个庭院,多则有几个或几十个庭院,组合多样,层次丰富,平面布局取左右对称的原则,房屋在四周,中心为庭院。组合形式均根据中轴线发展(园林的平面布局采用自由变化的原则,有所特殊)。

④ 装饰手段中色彩的大量运用。色彩是中国古代建筑的最主要装饰手段之一。这是木结构体系所决定的,本来是为了木头防止腐烂,发展到建筑彩画,形成了俗话所讲的"雕梁画栋",使建筑物显得色彩斑斓、富丽堂皇。

> 第二，从传统文化的角度，中国古代建筑的特点可以概括为四个方面：一是礼制体现着中国古代建筑文化的主题；二是风水术对中国古代建筑影响很大；三是东方大地的农业文化与"浓于伦理"的哲学思想决定了中国古代建筑文化的材料模式和结构，而以土木为主要建筑材料也就基本上决定了中国古代建筑的技术、结构、空间组合和艺术形象；四是以"诗情画意"为主导思想的自然风景式的中国古典园林。

中国古代建筑按功能分为以下 7 个大类。

（1）居住建筑　是各地民众的居住形式和居室结构的总称，是传统建筑的重要类型之一。各地的民居建筑都沉淀了多年的古老艺术，具有鲜明的区域性和历史文化性，是在当地特有的自然环境中经过长期的发展而形成的，反映了人们的生活方式、生产方式、家庭关系以及审美情趣，是建筑旅游景观的重要内容。

（2）城市公共建筑　城市是一个综合体，是人类各种活动的中心和各类建筑汇集之地。中国古代城市公共建筑主要包括城墙、城楼与城门，还有钟楼和鼓楼。

（3）宫殿建筑　宫殿专指帝王举行仪式、办理政务与居住之所。宫殿建筑集中了当时国内的财力和物力，以最高的技术水平建造而成。明清北京故宫是中国宫殿建筑最后的、也是最成熟的典型。它将各种建筑艺术手法发挥得淋漓尽致，调动一切建筑语言来表达主题思想，取得了难以超越的成就。

（4）礼制与祭祀建筑　人们举行祭祀、纪念活动的建筑，凡是由"礼制"要求产生并被纳入官方祀典的，称为礼制建筑；凡是民间的、主要以人为祭祀对象的，称为祠祀建筑。礼制和祠祀建筑大略分为 4 类：祭祀天地社稷、日月星辰、名山大川的坛、庙；从君王到士庶崇奉祖先或宗教始祖的庙、祠；举办行礼乐、宣教化的特殊政教文化仪式的明堂、辟雍；为统治阶级所推崇、为人民所纪念的名人专庙、专祠。北京天坛是古代坛庙建筑中最重要的遗存，建于明永乐十八年。

（5）陵墓建筑　是专供安葬并祭祀死者而使用的建筑。由地下和地上两大部分组成。地下部分用以安葬死者及其遗物、代用品、殉葬品。地上部分专供生人举行祭祀和安放死者神主之用。大致说，汉代以后，帝王墓葬称陵，臣庶称墓。陕西临潼县秦始皇陵，是中国第一座帝陵。明北京昌平十三陵是一个规划完整、气魄宏大的陵墓群。

（6）佛教建筑　是信徒供奉佛像、佛骨，进行佛事佛学活动并居住的处所，有寺院、塔和石窟三大类型。中国民间建佛寺，始自东汉末。最初的寺院是廊院式布局，其中心建塔，或建佛殿，或塔、殿并建。佛塔按结构材料可分为石塔、砖塔、木塔、铁塔、陶塔等,按结构造型可分为楼阁式塔、密檐塔、单层塔。石窟是在河畔山崖上开凿的佛寺,渊源于印度,约在公元3世纪左右传布到中国,其形制大致有塔庙窟、佛殿窟、僧房窟和大像窟四大类。中国石窟的重要遗存,有甘肃敦煌莫高窟、山西大同云冈石窟、河南洛阳龙门石窟等。

(7) 园林和园林建筑　中国传统园林是具有可行、可望、可游、可居功能的人工与自然相结合的形体环境,其构成的主要元素有山、水、花木和建筑。它是多种艺术的综合体,反映着传统哲学、美学、文学、绘画、建筑、园艺等多门类科学艺术和工程技术的成就。按隶属关系,可分为皇家园林、私家园林、寺观园林和风景名胜四大类。其中现存最具代表性的园林有苏州网师园、拙政园、留园,扬州个园,无锡寄畅园,北京颐和园、圆明园,承德避暑山庄等。

中国传统建筑的功能类型,除上述7类外,还有军事建筑、商业建筑,以及桥梁等公共交通设施,坊表等建筑小品。其中长城经历了2000余年历史,延袤万里,成为中华民族精神的象征。河北赵县安济桥(赵州桥)建于7世纪初的隋代,是世界上第一座敞肩单拱石桥,比西方出现同类结构要早700年左右。所有这些,都反映了中国古代建筑的卓越成就。

2. 现代建筑

中国现代建筑泛指中国19世纪中叶以来受到西方建筑技术与风格影响的建筑艺术及其风格。中国现代建筑是与资本主义生产方式在中国的发展和近代科学技术的进步相联系的新的建筑体系,是中国近代建筑活动的新事物和发展主流。这些建筑,从风格面貌上明显地分为两大分支:即照搬、引用外来建筑形式和沿用并探索中国民族形式。正是这两类演变过程,构成了中国近现代新建筑风格发展的基本脉络。

阅读资料 7-2

鸟　巢

"鸟巢"是2008年北京奥运会主体育场。由2001年普利茨克奖获得者雅克·赫尔佐格、德梅隆与中国建筑师李兴刚等合作完成的巨型体育场设计,形态如同孕育生命的"巢",它更像一个摇篮,寄托着人类对未来的希望。设计者们对这个体育场没有做任何多余的处理,只是坦率地把结构暴露在外,因而自然形成了建筑的外观。

工程总占地面积21公顷,建筑面积258000平方米。场内观众坐席约为91000个,其中临时坐席约11000个。举行奥运会、残奥会开闭幕式、田径比赛及足球比赛决赛。奥运会后成为北京市民广泛参与体育活动及享受体育娱乐的大型专业场所,并成为具有地标性的体育建筑和奥运遗产。

从1840年鸦片战争爆发到1949年新中国成立，中国建筑呈现出中西交汇、风格多样的特点。这一时期，传统的中国旧建筑体系仍然占据数量上的优势，但戏园、酒楼、客栈等娱乐业、服务业建筑和百货、商场、菜市场等商业建筑，普遍突破了传统的建筑格局，扩大了人际活动空间，树立起中西合璧的洋式店面；西方建筑风格也呈现在中国的建筑活动中，在上海、天津、青岛、哈尔滨等城市，出现了外国领事馆、洋行、银行、饭店、俱乐部等外来建筑。这一时期也出现了近代民族建筑，这类建筑较好地取得了新功能、新技术、新造型与民族风格的统一。

1949年中华人民共和国建立后，中国建筑进入新的历史时期，大规模、有计划的国民经济建设，推动了建筑业的蓬勃发展。中国现代建筑在数量、规模、类型、地区分布及现代化水平上都突破近代的局限，展现出崭新的姿态。这一时期的中国建筑经历了以局部应用大屋顶为主要特征的复古风格时期、以国庆工程10大建筑为代表的社会主义建筑新风格时期、集现代设计方法和民族意蕴为一体的广州风格时期，自20世纪80年代以来，中国建筑逐步趋向开放、兼容，中国现代建筑开始向多元化发展。

现代建筑可按使用性质分为以下三大类。

① 工业建筑，人们从事各类生产的房屋，包括生产用房屋及辅助用房屋。
② 农业建筑，供人们从事农牧业的种植、养殖、畜牧、储存等用途的房屋。
③ 民用建筑，供人们居住、生活、工作和从事文化、商业、医疗、交通等公共活动的房屋。

第二节　建筑景观的旅游功能及欣赏价值

中国建筑是由中国传统文化孕育而成的，古代建筑因而形成了封闭而独立的体系，具有极高的审美价值和工艺水平，蕴涵着深远的人文寓意。中国古代建筑艺术成为世界上延续历史最长、分布地域最广、风格非常鲜明的一个独特的艺术体系。而时至今日，随着时代的改变，现代建筑的不断涌现，中国现代建筑与西方的融合与交流更是给设计师们提供了广阔的创作天地，添加了中国建筑景观的欣赏色彩，使中国建筑的旅游功能与欣赏价值都获得了进一步提升。

一、建筑景观的旅游功能

建筑景观由于其具有较高的历史、文化、艺术和科学技术价值，因此，可以相应地满足旅游者在旅游活动中求知、求美、求奇、求异的心理需求，具有丰富的旅游功能。

1. 建筑景观与历史进程密切联系，特别是古代建筑具有突出的历史文化价值，可以满足旅游者的仿古、求奇需求

不同时代的建筑景观从材质、审美风格等多方面展现其所处历史时期的历史

进程，从一个侧面再现了特定时期的历史、文化特色，因此具有相当的历史文化价值。例如，魏晋南北朝时期随着佛教在中国的传播与兴盛，出现了代表当时佛教文化的大批佛教建筑；宋代的中国，文化进一步发展，但是由于国力的衰微，宋代建筑表现出规格一般小于唐代，但是较之唐代更为绚烂而富于变化的特点。因而，旅游者可以透过古代建筑去感受和体验古代文化，满足旅游者仿古的需求。

而现代建筑也随着人们审美价值观的变化从传统的复杂精致向简洁大方转变，表现出现代快节奏社会的文化特色；同时，由于不同地区，不同民族的现代建筑也各有特点。这使得对现代建筑的游览可以满足旅游者对不同地区现代文明的感知，满足旅游者求奇的需求。

2. 建筑景观本身是艺术的表现也是艺术的载体，可以满足旅游者求美的需求

建筑是凝固的音乐，建筑从诞生之初就由于人类的审美心理而与艺术紧密相关。建筑的存在，建筑的功能以及建筑的审美，在更高的层次上具有自身的精神高度，呈现出一种思维空间复杂多变的态势，一种拓扑结构。建筑艺术随着人类认识水平的提高，不断地获得新的生命。在人类对艺术的鉴赏和诠释下，看似凝固的建筑重新被激活，气势恢弘的故宫建筑群、精美的黄鹤楼也在此种激活中具有了新的艺术意义和美学价值。特别是在艺术领域中别具一格的中国古代建筑，在形态上表现出优雅柔和的曲线美，建筑本身成为一件精美的艺术品，具有很高的美学价值。除建筑本身的艺术价值外，建筑同时也是艺术品的最佳载体之一。

与古代建筑不同，中国现代建筑的美学理想是寻求一种客观和普遍的理性美。认为审美经验的最高形式，就是对秩序的理性认识。一件艺术品应该引起一种数学秩序的知觉和激动感，而引起这一秩序的方式则只能在普遍方式中去寻找。普遍的、可传达的造型语言应该是固定的、正式的、简洁的和普遍的。因此，中国现代建筑具有与古代建筑迥异的美学视角，却同样有着巨大的审美价值。

无论是古代建筑优美的曲线造型、精致典雅的建筑风格所展现的形式美学价值，还是现代建筑的理性美学价值，都可以满足旅游者在旅游活动进行中对美的追求与求美的需求。

3. 建筑是科学技术的凝聚，可以满足旅游者求知、求奇的需求

不同时代，建筑的风貌各不相同。远古时期，天然的山洞、简陋的树棚，便是人类的栖身之所了。随着文明的不断进步，土、木、石被广泛应用，聪明的人们尽情挥洒着建筑才艺，不少精美绝伦、雄伟壮观的古建筑保存至今，成为历史的标志和见证。中国的古代建筑无论是秦砖汉瓦等建筑材料的发明和使用、斗拱结构的精巧复杂还是建筑的选址与建造工艺，都一次次地展现了古代中国工匠的非凡创造力与精湛的技艺。因此，修建在崇山峻岭之上、蜿蜒万里的长城，是人类建筑史上的奇迹；建于隋代的河北赵县的安济桥，在科学技术与艺术的完美结合上，早已走

在世界桥梁科学的前列；现存的高达 67.1 米的山西应县佛宫寺木塔，是世界现存最高的木结构建筑；北京明、清两代的故宫，则是世界上现存规模最大、建筑精美、保存完整的大规模建筑群。这些古代建筑成为一系列世界建筑奇迹。

到了现代，科技的突飞猛进促使建筑不断"进化"，钢筋混凝土使建筑有了坚实的骨架，电力使建筑有了明亮的眼睛，中央空调使建筑有了舒适的"体温"。而电话、电视、电脑、网络技术的日新月异，又使建筑中的人们"不出户，知天下"。优秀的建筑，为人们的安居提供了一个良好的物理环境：第一，好的声环境，回音、隔音、防止噪声性能优良；第二，好的光环境，天然光采光、人工光照明效果俱佳；第三，好的热环境，保温、隔热、暖气、通风和空调技术全面应用，建筑中空气清新、温度宜人。由于新材料的使用和新技术的出现，现代建筑表现出令人惊叹的科学技术效果。

阅读资料 7-3

智能建筑

智能建筑的概念，在 20 世纪末诞生于美国。第一幢智能大厦于 1984 年在美国哈特福德（Hartford）市建成。我国于 20 世纪 90 年代才起步，但迅猛发展，势头令世人瞩目。智能建筑是信息时代的必然产物，建筑物智能化程度随科学技术的发展而逐步提高。当今世界科学技术发展的主要标志是 4C 技术（即 Computer 计算机技术、Control 控制技术、Communication 通信技术、CRT 图形显示技术）。将 4C 技术综合应用于建筑物之中，在建筑物内建立一个计算机综合网络，使建筑物智能化。4C 技术仅仅是智能建筑的结构化和系统化。智能建筑应当是：通过对建筑物的 4 个基本要素，即结构、系统、服务和管理，以及它们之间的内在联系，以最优化的设计，提供一个投资合理又拥有高效率的幽雅舒适、便利快捷、高度安全的环境空间。智能建筑物能够帮助大厦的主人，财产的管理者和拥有者等意识到，他们在诸如费用开支、生活舒适、商务活动和人身安全等方面得到最大利益的回报。

建筑智能化的目的是：应用现代 4C 技术构成智能建筑结构与系统，结合现代化的服务与管理方式给人们提供一个安全、舒适的生活、学习与工作环境空间。

于是，建筑成为不同时代科学技术的凝聚，可以激发旅游者强烈的好奇心、求知欲，使旅游者了解相关的科学知识、方法和技能，提高旅游者其观察事物和探索知识的能力。最终，使旅游者在对建筑的游览欣赏中，得到求知、求异的心理满足。

4. 建筑类型多样，蕴涵着丰富的内容，可以极大地满足旅游者的求新、求异需求

我国保存下来的古代建筑非常丰富，它们本身就构成了一部实物建筑百科全书。比较常见的大的类型就有宫殿、坛庙、陵墓、园林、民居、府第、文庙、学宫、佛寺、石窟寺、塔、宫观、清真寺、城垣、桥梁、堤坝、古观象台、楼台亭阁、华表、牌坊、门阙等。而具体来看，我国仅古园林中的建筑类型就有亭、台、楼、阁、斋、堂、轩、馆、屋、榭、庐、舍、塔、幢、坊、表、堤、堰、闸等单体建筑，还有寺、观、坛、庙、街市、城垣等组群建筑，而且一些外来建筑与中国传统建筑相结合的类型，如塔、幢等也成了园林建筑中适用于点景、置景功能的建筑。而现代建筑的类型在古代建筑类型的基础上有了进一步的发展，形成了内容丰富的建筑种类，每一种建筑各有特色，却又浑然一体，使得旅游者在游览过程中可以很好地满足求新、求异心理的需求。

二、建筑景观的欣赏

中国建筑，具有悠久的历史传统和光辉的成就。中国建筑所承载的文化与艺术，使它们像一部部历史教科书，激发起旅游者的爱国热情和民族自信心，同时它也是一种可供人观赏的艺术，给人以美的享受，所以，我国古代的建筑艺术也是美术鉴赏的重要对象。而要鉴赏建筑艺术，除了需要理解建筑艺术的主要特征外，还要了解中国古代建筑艺术的一些重要特点，然后再通过比较典型的实例，进行具体的分析研究。

中国古代建筑艺术的特点是多方面的。从美术鉴赏的角度来说，以下一些特点是应当了解的。

1. 中国建筑形式美的基本法则

中国古代建筑是一种很成熟的艺术体系，因此也有一整套成熟的形式美法则，其中包括有视觉心理要求的一般法则，也有民族审美心理要求的特殊法则，主要法则如下。

（1）对称与均衡　在布局上主要建筑物的中线为轴线，而取得全建筑群左右均衡对称，环境和大组群（如宫城、名胜风景等），多为立轴型的多向均衡；一般组群多为镜面型的纵轴对称；园林则两者结合。

（2）序列与节奏　以主要建筑物的高度为准，取得各建筑物高低起伏变化，表现了一定韵律节奏的连续性。凡是构成序列转换的一般法则，如起承转合，通达屏障，抑扬顿挫，虚实相间等，都有所使用。节奏则单座建筑规则划一，群体变化幅度较大。

（3）对比与微差　很重视造型中的对比关系，形、色、质都有对比。同时也很重视造型中的微差变化，如屋顶的曲线，屋身的侧脚、生起，构件端部的砍削，彩画的退晕等，都有符合视觉心理的细微差别。

（4）比例与尺度　形式美的比例关系成熟，无论城市构图，组群序列，单体

建筑，以至某一构件和花饰，都力图取得整齐统一的比例数字。比例又与尺度相结合，规定出若干具体的尺寸，保证建筑形式的各部分和谐有致，符合正常人的审美心理。

2. 庭院式的组群布局审美

从古代文献记载、绘画中的古建筑形象一直到现存的古建筑来看，中国古代建筑在平面布局方面有一种简明的组织规律，这就是每一处住宅、宫殿、官衙、寺庙等建筑，都是由若干单座建筑和一些围廊、围墙之类环绕成一个个庭院而组成的。一般地说，多数庭院都是前后串连起来，通过前院到达后院，这是中国封建社会"长幼有序，内外有别"的思想意识的产物。中国的这种庭院式的组群布局所造成的艺术效果，与欧洲建筑相比，有它独特的艺术魅力。一般来说，一座欧洲建筑，是比较一目了然的。而中国的古建筑，却像一幅中国画长卷，必须一段段地逐渐展看，不可能同时全部看到。走进一所中国古建筑也只能从一个庭院走进另一个庭院，必须全部走完才能看完。北京的故宫就是最杰出的一个范例，人们从天安门进去，每通过一道门，进入另一庭院；由庭院的这一头走到那一头，一院院、一步步景色都在变换，给人以深切的感受。故宫的艺术形象也就深深地留在人们的脑海中了。

3. 建筑艺术形象的审美

如前所述，建筑不仅仅是技术科学，而且是一种艺术。中国建筑吸收了中国其他传统艺术，特别是绘画、雕刻、工艺美术等造型艺术的特点，创造了丰富多彩的艺术形象，并在这些方面都有着巨大的美学价值。其中比较突出的，有以下三个方面。

（1）屋顶装饰的审美　中国古代的匠师很早就发现了利用屋顶以取得艺术效果的可能性。从汉朝开始，"庑殿顶"、"攒尖顶"、"硬山顶"、"悬山顶"、"歇山顶"五种基本屋顶式样就已经具备了。并且，我国古代匠师充分运用木结构的特点，创造了屋顶举折和屋面起翘、出翘，形成如鸟翼伸展的檐角和屋顶各部分柔和优美的曲线。同时，屋脊的脊端都加上适当的雕饰，檐口的瓦也加以装饰性的处理。宋代以后，又大量采用琉璃瓦，为屋顶加上颜色和光泽，再加上后来又陆续出现其他许多屋顶式样，以及由这些屋顶组合而成的各种具有艺术效果的复杂形体，使中国古代建筑在运用屋顶形式创造建筑的艺术形象方面取得了丰富的经验，成为中国古代建筑重要的审美价值之一。

（2）衬托性建筑的审美　中国古代宫殿、寺庙等高级建筑常用衬托性建筑作为艺术处理手法。最早应用的并且很有艺术特色的衬托性建筑便是从春秋时代就已开始的建于宫殿正门前的"阙"。到了汉代，除宫殿与陵墓外，祠庙和大中型坟墓也都使用。现存的四川雅安高颐墓阙，形制和雕刻十分精美，是汉代墓阙的典型作品。汉代以后的雕刻、壁画中常可以看到各种形式的阙，到了明清两代，阙就演变成现在故宫的午门。其他常见的富有艺术性的衬托性建筑还有宫殿正门前的华表、牌坊、照壁、石狮等。

（3）色彩的审美　中国古代的匠师在建筑装饰中最敢于使用色彩也最善于使用色彩。中国建筑在运用色彩方面有着丰富的经验，例如在北方的宫殿、官衙建筑中，很善于运用鲜明色彩的对比与调和。房屋的主体部分也即经常可以照到阳光的部分，一般用暖色，特别是用朱红色；房檐下的阴影部分，则用蓝绿相配的冷色。这样就更强调了阳光的温暖和阴影的阴凉，形成一种悦目的对比。朱红色门窗部分和蓝、绿色的檐下部分往往还加上金线和金点，蓝、绿之间也间以少数红点，使得建筑上的彩画图案显得更加活泼，增强了装饰效果。一些重要的纪念性建筑，如北京的故宫、天坛等再加上黄色、绿色或蓝色的琉璃瓦，下面并衬以一层乃至好几层雪白的汉白玉台基和栏杆，在华北平原秋高气爽、万里无云的蔚蓝天空下，它的色彩效果是无比动人的。当然这种色彩风格的形成，在很大程度上也是与北方的自然环境有关。因为在平坦广阔的华北平原地区，冬季景色的色彩是很单调的。在那样的自然环境中，这种鲜明的色彩就为建筑物带来活泼和生趣。基于相同原因，在山明水秀、四季常青的南方，建筑的色彩一方面为封建社会的建筑等级制度所局限，另一方面也是因为南方终年青绿、四季花开，为了使建筑的色彩与南方的自然环境相调和，它使用的色彩就比较淡雅，多用白墙、灰瓦和栗、黑、墨绿等色的梁柱，形成秀丽淡雅的格调。这种色调在比较炎热的南方的夏天里使人产生一种清凉感，不像强烈的颜色容易令人烦躁。

4. 中国近现代建筑艺术的审美

中国近现代建筑艺术是伴随着封建社会的解体，西方建筑的输入而形成的，它的发展与每一阶段的社会体制、生产、生活方式和审美趣味有着直接的联系。主要表现为以下几点。

① 传统建筑在数量上仍占主导地位，但由于出现了新的审美趣味，致使建筑风格和某些艺术手法有所变化。

② 近代工业生产和以公共活动为主的新的社会生活，产生了新类型的建筑。

③ 新材料、新结构、新工艺，也要求相应的新形式。

④ 封建等级制度的废除，社会体制的变革，使得传统建筑艺术赖以存在的许多重要审美价值发生了根本动摇，建筑艺术的社会功能有所改变，要求创造出能体现新的审美价值，适应新的社会功能的新形式。

⑤ 传统的审美心理与新的审美价值、新的社会功能产生了新的矛盾，在新建筑中能否体现和怎样体现传统形式，成为近现代建筑美学和艺术创作的核心问题。

在上述社会变革与建筑变革构成的复杂背景面前，中国近现代建筑表现出一些新的艺术特征：传统建筑的园林和装饰艺术出现了新风格。在传统建筑中，园林和装饰是由于审美趣味的变化而变化最敏感的部分。19 世纪中叶以后，以苏州为代表的江南园林和以北京为代表的北方园林大部分经过改建和重建，它们共同的倾向是，建筑的比重大大增加，空间曲折多变，装饰繁复细腻，假山屈曲奇诡，相当一部分流于烦琐造作。建筑装饰则普遍走向大面积满铺雕镂，色彩绚丽，用料名贵，题材范围扩大，手法非常细致，还有一些西方巴洛克、罗可可的手法类杂其中，某些构图意匠也受其影响。

近代出现的新类型建筑开始大都是直接搬用西方同类的建筑，而西方各类建筑又大都有一套基本定型的形式，当时常见的有古典复兴式、哥特复兴式、折衷式等，从哈尔滨到香港，从青岛到喀什，举凡机关、银行、商场、会堂、公寓、住宅、学校等，各自都以基本定型的形式标志出自己的内容，而同类型的形式又大同小异，极少显示出特有的地方民族特色，甚至出现了北方建筑用深拱廊百叶窗，南方建筑设壁炉（古典复兴式）的现象。而在20世纪20～30年代兴起创作民族形式以后，大多数也都是套用古代某一时期官式建筑法式（主要是清代），致使广州的民族形式建筑与北京的无大差别。只在20世纪80年代以后，才较多地注意地方特色，即所谓乡土建筑风格。

近现代建筑打破了传统建筑封闭内向，以表现空间意境为主的审美观念，突出了公共性和开放性的观赏功能，这与同时输入的西方建筑重视表现实体造型的审美观念是一致的。中国近现代建筑的艺术形式包含着两类内容。一是某些大型的、纪念性比较强的建筑仍十分注重造型艺术的社会价值，审美功能要求有较强的政治伦理内容，即以特定的形式表现某些特定的精神含义。如银行、海关常采用庄重华贵的西方古典形式，以显示其财力的坚实富有；一些政府机关和纪念建筑多吸取传统形式，以显示继承传统文化，发扬国粹的精神。二是大多数民用建筑一般只从审美趣味出发，一方面追求时髦新奇，同时仍受到传统审美趣味的影响。19世纪末到20世纪初流行的洋式店面、洋学堂、洋戏院和城市的里弄住宅等，都是所谓中西合璧的形式；以后则更多直接采用西方流行的形式；20世纪80年代以后又兴起了追求乡土风味的形式，这些都是与当代大众的审美趣味一致的。

第三节 中国著名建筑旅游景观

一、宫殿建筑

宫殿建筑又称宫廷建筑，是皇帝为了巩固自己的统治，突出皇权的威严，满足精神生活和物质生活的享受而建造的规模巨大、气势雄伟的建筑物。这些建筑大都金玉交辉、巍峨壮观。

1. 故宫

故宫又称紫禁城，现称故宫博物院，是北京城的核心，是世界上现存规模最大、保存最完整的帝王宫殿建筑群，1987年被联合国教科文组织列为世界文化遗产。

紫禁城其名得于紫微星垣，始建于明永乐四年（公元1406年），是明、清两朝的皇宫，先后有24位皇帝在此居住。

紫禁城占地约72万平方米，有大小殿宇9000余间，建筑面积16万平方米，周围有3千米长、10米高的宫墙，墙外被50余米宽的护城河所环绕，成为一个严实的城堡。城四周各有一座富丽堂皇的大门，南为午门、西为西华门、东为东华门、北为神武门，城四角还矗立有角楼。

紫禁城的所有建筑均显示出封建社会严格的等级制及皇上至高无上的权力，所有大殿均在中轴线上，其他建筑左右分开排布于两翼。所有宫殿均按前朝后寝、左祖右社布局。主体建筑有太和殿（俗称"金銮殿"）、中和殿和保和殿，是历代皇帝登基、庆典、发号施令、阅览奏章、演习礼仪和科举殿试等重大活动的场所。内廷主要有乾清宫、交泰殿、坤宁宫及御花园、东六宫和西六宫等，俗称"三宫六院"，是皇帝处理日常政务及后妃们生活、游玩的地方。

作为帝王的宫殿，故宫还是一座名副其实的宝库。宫内收藏有大量珍贵文物，虽然自1931年"九·一八"后，宫内有2972箱文物被装箱运往南方，后于解放前夕转运至台湾，如今宫内仍藏有文物100多万件，其中国宝级的就有近千件。

2. 布达拉宫

坐落于中国西藏自治区拉萨市郊西北的玛布日山上的布达拉宫，是闻名世界的宫堡式建筑群，它集中体现了藏族古建筑艺术的精华和古藏民高超的智慧与才艺。它是历世达赖喇嘛的"冬宫"，是供奉历世达赖喇嘛灵塔的地方，又是西藏过去政教合一的统治中心。从五世达赖起的重大的宗教、政治仪式均在此举行。

布达拉宫早在公元7世纪的时候就开始建造，至今已近1400年的历史。据说当时西藏的吐蕃王松赞干布为迎娶唐朝的文成公主，特别在拉萨海拔3700多米的红山上建造了1000间九层楼宫宇——布达拉宫。

依山而建的布达拉宫规模宏伟，现占地41万平方米，仅建筑面积就达到了13万平方米。宫体为石木结构主楼有13层，自山脚向上，直至山顶高达115米。5座宫顶覆盖镏金铜瓦，金光灿烂，气势雄伟。

由于历史的变迁，当松赞干布建立的吐蕃王朝灭亡后，古老的宫堡也大部分被毁于战火，直至公元17世纪（公元1645年），五世达赖被清朝政府正式封为西藏地方政教首领后，才开始重建布达拉宫。以后历代达赖又相继进行过扩建，于是布达拉宫就成了今天的规模，并且正式成为了藏传佛教的圣地。

布达拉宫的整体建筑主要由东部的白宫（达赖喇嘛居住的部分），中部的红宫（佛殿及历代达赖喇嘛灵塔殿）及西部白色的僧房（为达赖喇嘛服务的亲信喇嘛居住）组成。在红宫前还有一片白色的墙面为晒佛台，这是每当佛教节庆之日，用以悬挂大幅佛像的地方。

二、古代伟大工程景观

古代伟大工程景观实际上属于古代公共建筑的一种,目前中国著名建筑中,古代伟大工程景观主要包括防御工程景观与水利工程景观等。

1. 防御工程景观——长城

万里长城在我国北方辽阔的土地上,东西横亘着一道绵延起伏、气势雄伟、长达一万多里的长墙。这就是被视为世界建筑史上一大奇迹的万里长城。万里长城是我国古代一项伟大的防御工程,它凝聚着我国古代人民的坚强毅力和高度智慧,体现了我国古代工程技术的非凡成就,也显示了中华民族的悠久历史。长城是中国也是世界上修建时间最长、工程量最大的一项古代防御工程。1987年12月,被列入世界文化遗产。自公元前七八世纪开始,延续不断修筑了2000多年,分布于中国北部和中部的广大土地上,总计长度达5万多千米,被称之为"上下两千多年,纵横十万余里"。如此浩大的工程不仅在中国,就是在世界上,也是绝无仅有的,因而在几百年前就与罗马斗兽场、比萨斜塔等列为中古世界七大奇迹之一。准确地说,长城不只有一座。在两千多年间,各代王朝在中国的北方修建了许多座长城。其中,最"新"的而且也是目前保存最完整的一座建于中国明代(1368~1644年)。明长城是一座结构庞大复杂的边防堡垒,绵延6700千米。它是世界最伟大的人工奇迹。明长城翻山越岭,蜿蜒迂回于崇山之间。看见它,人们不由肃然起敬,感叹在如此险峻的地方使用数量如此众多而且巨大的建筑材料。长城见证了古代中原农业文明和北方游牧民族间剑拔弩张的激烈对抗。明代长城是人类历史上耗费人力最巨,时间最久,物资最多的建筑。这使它成为一件最大的历史文物。在今天这个瞬息万变的世界,保护长城是文化遗产保护领域最具挑战性的任务。

2. 水利工程景观

(1) 都江堰 都江堰位于四川成都平原西部的岷江上,距成都56千米,是2000多年前,中国战国时期秦国蜀郡太守李冰及其子率众修建的一座大型水利工程,是我国现存的最古老而且依旧在灌溉田畴,造福人民的伟大水利工程。2000年11月,被列入世界文化遗产。

战国秦昭王时期,蜀郡太守李冰于公元前227年修建的都江堰,是中国最古老的水利工程,是我国科技史上的一座丰碑,誉为世界奇观。2250多年来,引水灌溉,才使蜀地有"天府之国"的美誉。都江堰是"天府"富庶之源,至今仍发挥着无可替代的巨大作用,灌溉良田1000多万亩。

都江堰水利工程最主要部分为都江堰渠首工程,这是都江堰灌溉系统中的关键设施。渠首主要由鱼嘴分流堤、宝瓶口引流工程和飞沙堰溢洪道三大工程组成。

宝瓶口在开凿以前,是湔山虎头岩的一部分。李冰根据水流及地形特点,在坡度较缓处,凿开一道底宽17米的楔形口子。峡口枯水季节宽19米,洪水季节宽23米。据《永康军志》载"春耕之际,需之如金",号曰"金灌口"。因此宝瓶口古时又名金灌口。宝瓶口是内江进水咽喉,是内江能够"水旱从人"的关键水利设施。由于宝瓶口自然景观瑰丽,有"离堆锁峡"之称,属历史上著名的"灌阳十景"之一。

(2) 京杭大运河　京杭大运河(见图7-1),是中国古代一项伟大的水利工程,也是世界上开凿最早,里程最长的大运河。它南起浙江杭州,北至北京通县北关,全长1794千米,贯通六省市,流经钱塘江、长江、淮河、黄河、海河五大水系。其开凿经过了三个历史阶段:公元前486年,吴王夫差首次在扬州开挖邗沟,沟通了长江和淮河。而至7世纪的隋炀帝时期和13世纪的元代,又先后两次大规模地开凿运河,终于建成了这条沟通我国南北漕运的大动脉。从天津到通县北关、张家湾一段,叫北运河,又称之路河,全长186千米。从通县至北京城的一段名通惠河,该河是元代初年由伟大的水利专家、天文学家郭守敬设计修建的。因北京地势比通县高,在通惠河上修筑了五道闸门,控制水位,使南来的大船才可直达北京城内的积水潭。那时积水潭"舳舻蔽水",成为一个南北漕运的大港口,附近市场繁荣,盛况空前。京杭大运河畅通了数百年,这对促进大江南北经济文化的交流,解决南粮北调等问题均发挥了重要作用。但自19世纪后,由于南北海运开辟,津浦铁路通车,加之黄河改道淤塞运河中段,因此部分河段被断航,只有江浙一线仍畅通无阻,并成为旅游热线。为适应我国现代旅游业迅猛发展的需求,近年来已在北京通县北运河、温榆河等四条河流的交汇处,即通州北关、张家湾的古运河遗址中,兴建起大运河旅游区及纪念馆等,广大中外游人便可到此一览昔日京杭大运河的迷人风姿。

(3) 坎儿井　坎儿井(见图7-2)与万里长城、京杭大运河并称为中国古代三大工程,古称"井渠",是古代吐鲁番各族劳动群众,根据盆地地理条件、太阳辐射和大气环流的特点,经过长期生产实践创造出来的,是吐鲁番盆地利用地面坡度引用地下水的一种独具特色的地下水利工程。

吐鲁番坎儿井,出现在18世纪末叶。主要分布在吐鲁番盆地、哈密和禾垒地区,尤以吐鲁番地区最多,计有千余条,如果连接起来,长达5000千米,所以有人称之为"地下运河"。"坎儿"即井穴,是当地人民吸收内地"井渠法"创造的,它是把盆地丰富的地下潜流水,通过人工开凿的地下渠道,引上地面灌溉、使用。

坎儿井由竖井、暗渠、明渠、涝坝四部分组成。竖井,主要是为挖暗渠和维修时人出入及出土用的。竖井口长1米,宽0.7米。暗渠是坎儿井的主体,高约1.6米,宽约0.7米。明渠,就是暗渠出水口至农田之间的水渠。涝坝,就是暗渠出水口,修建一个蓄水池,积蓄一定水量,然后灌溉农田。

三、 坛宇、 楼阁建筑景观

1. 天坛

天坛(见图7-3)是明、清两代皇帝祭天的场所。据史载,郊祀天地,周代已成大典，汉、唐（公元618～907年）以后相沿成制。15世纪初，明代建成天地坛合祭天地，中叶实行上郊分祀天地日月之制，此处专供祭天，所以名天坛。清代予以扩建，成为中国现存规模最大的坛庙建筑群。1998年11月，被列入世界文化遗产。

天坛占地273公顷，建筑布局呈"回"字形，由两道坛墙构成内坛、外坛两大部分。外坛墙总长6416米，内坛墙总长3292米。内外坛墙的北部呈半圆形，南部为方形，北高南低，这既表示天高地低，又表示"天圆地方"。天坛的主要建筑物集中在内坛中轴线的南北两端，其间由一条宽阔的丹陛桥相连结，由南至北分别为圜丘坛、皇穹宇、祈年殿和皇乾殿等，另有神厨、宰牲亭和斋宫等建筑和古迹。

天坛设计巧妙，色彩调和，建筑艺术高超，是中国非常出色的古建筑之一。

2. 岳阳楼

素有"洞庭天下水，岳阳天下楼"盛誉的岳阳楼踞于岳阳古城的西门之上，其气势之壮阔，构制之雄伟，堪称江南三大名楼之首。名冠天下的岳阳楼构制独特，风格奇异，楼三层、飞檐、盔顶、纯木结构。全楼高达19.72米，平面呈长方形，宽17.2米，进深14.45米，占地251平方米。楼中四柱高耸，楼顶檐牙啄啄，金碧辉煌。远远望去，恰似一只凌空欲飞的鲲鹏，尤显雄伟壮丽。

岳阳楼是以三国"鲁肃阅军楼"为基础，一代代沿袭发展而来。唐朝以前，其功能主要作用于军事上。自唐朝始，岳阳楼便逐步成为历代游客和风流雅士游览观光，吟诗作赋的胜地。成百上千语工意新的名篇佳句，给岳阳楼蒙上了一层浓厚的文化意蕴。

岳阳楼真正闻名于天下是在北宋滕子京重修、范仲淹作《岳阳楼记》以后。大文学家范仲淹写下名传千古的《岳阳楼记》，斯文一出，广为传诵，虽只有寥寥369字，但其内容之博大，哲理之精深，气势之磅礴，语言之铿锵，真可谓匠心独运，堪称绝笔。其中尤以"先天下之忧而忧，后天下之乐而乐"一句成为千古名言。自此，岳阳楼更是名扬中外。以后历朝历代的诗人、作家在此留下了大量优美的诗文。

在岳阳楼一千余年的历史中，几经风雨沧桑，屡毁屡建，有史可查的修葺共30余次。新中国成立后，党和政府对岳阳楼极为珍视，对其进行了彻底的重修。重修后的岳阳楼，保持了原有的规模和结构，保留了原有的建筑艺术和历史风貌。楼堂正面悬挂着清著名书法家张照书写的《岳阳楼》，由12块紫檀木组成。三楼陈列着一代伟人毛泽东手书的杜甫的《登岳阳楼》诗，各楼悬挂着原有的木刻匾对，并增刻了古今名家吟咏岳阳楼的楹联。其中一楼有一幅长达102字的对联，上联为"一楼何奇？杜少陵五言绝唱，范希文两字关情，滕子京百废俱兴，吕纯阳三过必醉。诗耶、儒耶、吏耶、仙耶、前不见古人，使我怆然涕下！"下联为"诸君试看：洞庭湖南极潇湘，扬子江水通巫峡，巴陵山西来爽气，岳州城东道崖疆。潴者，流者，峙者，镇者，此中有真意，问谁领会得来？"而三楼一副短联，仅仅八个字："水天一色；风月无边。"

3. 滕王阁

滕王阁位于江西省南昌市沿江路赣江边。据史料记载，滕王阁为唐太宗李世民之弟李元婴都督洪州（今南昌）被封为滕王时营建，故称滕王阁。公元675年重建滕王阁，九月九日，洪州都督阎伯屿在此邀宴宾客，适逢王勃省亲途经这里，遂得赴宴。席间，王勃应邀为滕王阁作序。只见他当众挥毫，连序带诗，一气呵成，为在座宾客所折服。从此，《滕王阁序》成为了千古流传的名篇。继王勃之后，唐代的王绪写了《滕王阁赋》，王仲舒写了《滕王阁记》，被史书上称为"三王记滕阁"，成为佳话。文学家韩愈也撰文："江南多临观之美，而滕王阁独为第一，有瑰丽绝特之称。"故有"江西第一楼"之誉，且与湖南岳阳楼和湖北黄鹤楼齐名，并称"江南三大名楼"。

在漫长的1300多年中，滕王阁屡毁屡建。1989年10月，南昌市人民政府拨巨款，对滕王阁实施了历史上第29次重建。

这座著名楼阁主体建筑面积为1.3万平方米，高57.5米，共9层。其基部为象征古城墙的12米高台座。正门两旁是毛泽东生前手书"落霞与孤鹜齐飞，秋水共长天一色"巨联，而古今众多书法名家之杰作及楹联牌匾则集于一阁。

如今，游人站在滕王阁上举目远眺，既可饱览霞鹜齐飞与水天一色的佳境，又能尽收江雾与春光浑然一体的美景，真是令人心旷神怡。

4. 黄鹤楼

号称江南三大名楼之一的黄鹤楼，位于在湖北武昌蛇山黄鹤矶头，原为辛氏开设的酒店，一道士为了感谢她千杯之恩，临行前在壁上画了一只鹤，告之它能下来起舞助兴。从此宾客盈门，生意兴隆。过了十年，道士复来，取笛吹奏，道士跨上黄鹤直上云天。辛氏为纪念这位帮她致富的仙翁，便在其地起楼，取名"黄鹤楼"。

黄鹤楼濒临万里长江，雄踞蛇山之巅，挺拔独秀，辉煌瑰丽，很自然就成了名传四海的游览胜地。历代名士崔颢、李白、白居易、贾岛、陆游、杨慎、张居正等，都先后到这里游乐，吟诗作赋。而崔颢的《黄鹤楼》诗，一直被认为是千古佳作，很多人都能背诵。诗云："昔人已乘黄鹤去，此地空余黄鹤楼。黄鹤一去不复返，白云千载空悠悠。晴川历历汉阳树，芳草萋萋鹦鹉洲。日暮乡关何处是，烟波江上使人愁。"

1927年2月，毛泽东考察完湖南农民运动后来到武昌，写下了著名的《菩萨蛮·登黄鹤楼》："茫茫九派流中国，沉沉一线空南北。烟雨莽苍苍，龟蛇锁大江。黄鹤知何去？剩有游人处。"

1957年建长江大桥武昌引桥时，占用了黄鹤楼旧址，如今重建的黄鹤楼在距旧址约1千米左右的蛇山峰岭上。楼共五层，高50.4米，攒尖顶，层层飞檐，四望如一。在主楼周围还建有胜象宝塔、碑廊、山门等建筑。整个建筑具有独特的民族风格。黄鹤楼内部，层层风格不相同。底层为一高大宽敞的大厅，其正中藻井高达 10 多米，正面壁上为一幅巨大的"白云黄鹤"陶瓷壁画，两旁立柱上悬挂着长达 7 米的楹联：爽气西来，云雾扫开天地撼；大江东去，波涛洗净古今愁。二楼大厅正面墙上，有用大理石镌刻的唐代阎伯瑾撰写的《黄鹤楼记》，它记述了黄鹤楼的兴废沿革和名人轶事；楼记两侧为两幅壁画，一幅是"孙权筑城"，形象地说明黄鹤楼和武昌城相继诞生的历史；另一幅是"周瑜设宴"，反映三国名人去黄鹤楼的活动。三楼大厅的壁画为唐宋名人的"绣像画"，如崔颢、李白、白居易等，也摘录了他们吟咏黄鹤楼的名句。四楼大厅用屏风分割成几个小厅，内置当代名人字画，供游客欣赏、选购。顶层大厅有《长江万里图》等长卷、壁画。

四、现代建筑典范东方明珠

东方明珠塔位于上海黄浦江畔、浦东陆家嘴嘴尖上，1991 年 7 月 30 日动工，1994 年 10 月 1 日建成，塔高 468 米，与外滩的万国建筑博览群隔江相望，列亚洲第一，世界第三高塔，设计者富于幻想地将 11 个大小不一、高低错落的球体从蔚蓝的天空中串联至如茵的绿色草地上，而两颗红宝石般晶莹夺目的巨大球体被高高托起浑然一体，创造了"大珠小珠落玉盘"的意境。她犹如一串从天而降的明珠，散落在上海浦东这块尚待雕琢的玉盘之上，在阳光的照射下，闪烁着耀人的光芒，成为上海新的标志性建筑。

东方明珠塔仅次于加拿大多伦多电视塔和俄罗斯的莫斯科电视塔。东方明珠电视塔选用了东方民族喜爱的圆曲线体作为基本建筑线条。主体有三个斜筒体，三个直筒体和 11 个球体组成，形成巨大空间框架结构。筒体内有 6 部电梯，其中一部是可载 50 人的双层电梯，还有一部在上球体和太空舱间运行。塔体可供游览之处有：下球体、中间球体及环廊、上球体及太空舱等。下球顶高 118 米，设有观光环廊和梦幻太空城等；上球顶高 295 米，有旋转茶室、餐厅和可容纳 1600 人的观光平台。上下球之间有 5 个小球，是 5 套高空豪华宾馆；太空舱供外宾观光。灯光在电脑操纵下可以根据天气变化自动调节，产生 1000 多种变化。电视塔的灯光效果也令人叹为观止。

乘上东方明珠塔的电梯，只需 40 秒钟，便可到达 263 米高的观光球上，在这里，极目远眺，上海景色尽收眼底，原来的高楼大厦，现在都显得矮小了许多，蜿蜒的黄浦江上，巨轮如梭，连绵入海。分列两边的两座大桥，如两条巨龙，腾飞于黄浦江上，与中间的东方明珠一起，巧妙地组合成一幅二龙戏珠的巨幅画面。入夜，巨大的球体在五彩灯光的装饰下，光彩夺目，群星争辉，更显得晶莹剔透。与浦西外滩的灯光建筑群交相辉映，展现出现代化大都市的迷人之夜。

此塔与扩大至 15.5 万平方米的浦东公园融为一体，园内还有大小不同 15 个球体，烘托电视塔的两个巨大球体，故有"东方明珠"之称。

本章小结

中国建筑是中国各民族修建的，具有中国文化积淀的建筑物。建筑旅游景观从建筑物建造的时间上分为古代建筑与现代建筑两种类型。建筑景观与历史进程密切联系，特别是古代建筑具有突出的历史文化价值，可以满足旅游者的访古、求奇心理；建筑景观本身是艺术的表现，也是艺术的载体，可以满足旅游者求美的心理；建筑是科学技术的凝聚，可以满足旅游者求知、求奇的心理；建筑类型多样，蕴涵着丰富的内容，可以极大地满足旅游者的求新、求异心理。

我国著名的具有代表意义的建筑景观有以下几种。

宫殿建筑景观：故宫紫禁城、布达拉宫。

中国古代工程景观：长城、都江堰、京杭大运河、坎儿井。

坛宇、楼阁建筑景观：天坛、岳阳楼、滕王阁、黄鹤楼。

现代建筑景观：东方明珠。

重点内容

建筑旅游景观的含义　建筑旅游景观的类别　建筑景观的旅游功能和欣赏
故宫　长城天坛　岳阳楼　黄鹤楼　东方明珠

案例分析

天　一　阁

天一阁中国现存最早的私家藏书楼，也是亚洲现有最古老的图书馆和世界最早的三大家族图书馆之一。阁址在宁波市天一街。始建于明嘉靖十一年（1532 年）。阁主人范钦（1505～1585 年），字尧卿，号东明，嘉靖进士，曾任兵部右侍郎。生平好学，性喜藏书，为搜集图书，遍访藏书名家和各地坊肆。范钦收藏日富，于是建阁存放藏书。天一阁是一座两层木结构楼房，上层不分间，通为一厅，以书橱相隔，下层分为 6 间。"天一阁"之名，出自汉郑玄《易经注》"天一生水，地六成之"，"以水制火"的意思。天一阁楼前有一水池，即作防火之用。清康熙四年（1665 年），范钦的重孙范光文，又在藏书楼前后，砌造假山，架桥构亭，栽花植竹，引水入池养鱼，使藏书楼颇具江南园林的特色。当时藏书达 7 万余卷，其中以明代（1368～1644 年）地方志和登科录最为珍稀。后藏书逐渐散失，及至20世纪40年代藏书只存1.3万多卷，仅及原藏书的五分之一左右。天一阁被列为全国重点文物保护单位后，政府多次拨款进行整修。同时，多方搜集散失在各地的天一阁原藏书3000多卷。许多藏书家也先后把珍藏图书捐献给天一阁。到1995年年底，阁藏古籍增加到30余万卷，其中善本书5万余卷。现存藏书中，共有明代方志271种，有明代登科录、会试录、乡试录共379种，绝大部分为仅见之本，是研究明代人物、科举制度的第一手资料。

思考：天一阁的旅游功能和欣赏价值。

基本训练

1. 判断题

（1）一个时代的特定建筑往往可以集中地反映特定时代的文化和艺术精华。

（2）从实用主义的观点看音乐能在满足实用功能的同时达到艺术的效果，因此，较之建筑似乎更佳。

（3）中西方建筑艺术的差异首先来自于造型的不同。

（4）中国古代建筑是一个源远流长的独立发展体系，初步形成于3000多年前的春秋战国时期。

（5）中国古代建筑的发展经历了原始社会、商周、秦汉、三国两晋南北朝、隋唐五代、宋辽金元、明清7个时期。

（6）斗拱的运用使得中国古代建筑的墙壁只起围护、分隔的作用，不承受荷载，具有"墙倒屋不塌"之妙，减少地震危害的可能性。

（7）色彩是中国古代建筑的最主要装饰手段之一。

（8）工程建筑是人类最早创造的建筑。

（9）中国现代建筑泛指中国16世纪中叶以来受到西方建筑技术与风格影响的建筑艺术及其风格。

（10）民用建筑是供人们居住、生活、工作和从事文化、商业、医疗、交通等公共活动的房屋。

2. 选择题

（1）中国最早的宫殿建筑建于（　　）。

A. 商朝　　B. 周朝　　C. 春秋　　D. 战国　　E. 汉朝

（2）从（　　）开始，"庑殿顶"、"攒尖顶"、"硬山顶"、"悬山顶"、"歇山顶"五种基本屋顶式样就已经具备了。

A. 秦朝　　B. 汉朝　　C. 唐朝　　D. 宋朝　　E. 明朝

（3）中国古代城墙最早起源于（　　）。

A. 旧石器时代　　B. 新石器时代　　C. 商周时期　　D. 秦代　　　　E. 汉代

(4) 干栏式建筑的最早遗迹发现于（　　）。

A. 蓝田　　　　B. 山顶洞　　　C. 河姆渡　　D. 龙山　　　E. 大汶口

(5) 古代坛庙建筑中最重要的遗存是（　　），建于明永乐十八年。

A. 孔庙　　　　B. 岱庙　　　　C. 社稷坛　　D. 天坛　　　E. 地坛

3. 简答题

(1) 建筑景观的内涵是什么？

(2) 建筑景观是怎样分类的？

(3) 建筑景观的旅游功能是什么？

(4) 建筑景观的欣赏包含哪些内容？

(5) 我国著名的建筑景观有哪些？

4. 实训题

(1) 根据所学的相关理论，试分析各种建筑景观的异同。

(2) 就本章所介绍的我国著名的建筑景观，选出你最喜欢的景观并分析其旅游功能及欣赏意义。

第八章 园林旅游景观

> **学习目标**
>
> 我国的园林历史悠久，是人文旅游景观重要的组成部分。园林旅游景观蕴涵着人类对自然的追求和向往、对山水花木的理解和诠释、对美好环境的建造和构筑。它不仅带给游人美感和享受，而且还将民族的文化、习俗、审美情趣等熔铸在其中，表达着深刻的民族历史文化。通过本章的学习，了解中国园林景观的特点，理解园林旅游景观的含义、类别，熟悉我国著名的园林旅游景观，掌握其构成要素、旅游功能和欣赏价值。

第一节 概　　述

我国园林具有悠久的历史，被公认为"世界园林之母"，在国际上享有崇高的声誉和地位，是重要的人文旅游景观。园林旅游景观之所以为异国游客所青睐，主要原因有二：一是我国园林历史悠久，是几千年中国历史文化的集中积淀之一，具有浓重的中国历史文化气息；二是我国园林具有独特的民族风格和建造手法。中国园林具有生境、画境和意境三种艺术境界。

一、园林旅游景观的含义

园林是指人们运用技术和艺术手段，通过改造水貌地形、种植花草树木、建筑楼亭廊榭等方法创作而成的美的生态地域。园林旅游景观是指由园林形成的具有旅游观赏价值、供人游憩娱乐的人文景观。

二、园林旅游景观的类别与特点

园林旅游景观的类别很多，可以从不同的角度来划分。按所处环境条件可分为自然园林景观、寺庙园林景观、城市园林景观等。按占有者身份可分为皇家园林景观和私家园林景观。

1. 自然园林景观

顾名思义，是指在大自然山水景观的基础上，进行简单的人工开发而成，基本上保留了自然的山貌水景。其特点有四：一是天然色彩最重，人工雕琢最少；二是范围规模较大，占地方圆几里甚至几十里；三是公开开放，任人游览；四是以自然景观为主，人工建筑为辅。

2. 寺庙园林景观

"天下名山寺占多"。唐代诗人杜牧曾作《江南春》，其中有："南朝四百八十寺，多少楼台烟雨中。"宋代赵统有诗曰："可惜湖山天下好，十分风景属僧家。"这几句诗确切地点明了寺庙园林景观的地理特点。

寺庙园林景观，狭者仅方丈之地，广者则泛指整个宗教圣地，其实际范围包括寺庙周围的自然环境，某些宗教活动的区域，如石窟、摩崖造像、刻石、塔刹等。

寺庙园林景观遍布全国风景名胜区。寺庙园林景观的特点，概括起来，大致有如下四点：一是寺庙建筑与自然景观结合得十分密切；二是范围较小，往往处于深山老林的一隅，取其自然环境的幽静深邃，以利于实现"远离尘世，念经静修"的宗教功能；三是园林景观突出以自然景观为主，除了必要的寺观、庙堂和塔刹以及宗教功能需要的建筑以外，很少建设仅供观赏游览用的建筑；四是公开开放，任人游览。

3. 皇家园林景观

皇家园林景观在古籍里面称为苑、囿、宫苑、苑圃、御苑。如果从公元前11世纪周文王修建的"灵囿"算起，到19世纪末慈禧太后重建颐和园，已经有3000多年的历史，可谓源远流长。在这漫长的历史时期中，几乎每个朝代都有宫苑的建置。有的建在京城里面，与皇宫相毗连，大多数则建在郊外风景优美、环境幽静的地方，一般与离宫或行宫相结合。

皇家园林景观的最大特色，概括言之，便是"皇家气派"。具体言之，大致有四：其一，规模宏大；其二，建筑富丽；其三，浓重的皇权象征寓意；其四，全面吸取江南园林的诗情画意。

4. 私家园林景观

除皇家动用国库造园以外，封建贵族、士大夫、地主、富商等以私家造园，称为私家园林景观。

私家园林景观的特点，概括言之，大致有四：其一，规模最小；其二，选址多在城市，宅园住宅诸功能合一；其三，"虽由人做，宛自天开"，园林的建造，全须凭人力，但在艺术效果上，则尽力追求"自然"之趣，尽量不留人工雕凿痕迹；其四，"咫尺山林，多方胜景"。私家园林由于规模最小，便要在小中做文章，在咫尺之地，突破空间的局限性。"妙在小，精在景，贵在变，长在情"，最集中地体现了我国园林艺术的精华。

第八章　园林旅游景观　　175

第二节　园林景观的旅游功能与欣赏

一、园林景观的旅游功能

园林景观是人文景观中独具魅力的旅游景观，具有很高观赏价值和旅游吸引力，具有审美功能、娱乐功能、文化功能、生态功能。

阅读资料 8-1

我国园林景观的构成要素

我国园林景观的构成要素，概括言之，有四：一曰山景，二曰水景，三曰花木，四曰建筑。

山景。在旅游景观中，山的景观特别丰富多彩，各地的名山，或以险、或以雄、或以奇、或以秀为特点，往往令游者叹为观止而流连忘返。在中国人的旅游审美观中，山景既然占据第一要位，因而作为自然景观缩小版并再创造的中国园林，自然要把山景的构造作为造园的第一要素。可以毫不夸张地说：造园必须有山，无山难以成园。自然园林、寺庙园林往往选址于自然山水佳境，外借自然山林成景；皇家园林除选址于自然山水佳境（如承德避暑山庄）以外，如果无自然山景可借，就与私家园林一样，只得垒石叠山。按古语说，这就叫做"仁者乐山"。

水景。古人云："无水不成园。"我国园林景观的重要特征之一是有山必有水，有水必有山，山水相映成趣、相得益彰。水随山绕，水石交融，园林景观才能清幽雅逸。明代人邹迪光说得好："园林之胜，惟是山与水二物。无论二者俱无，与有山无水、有水无山，不足称胜。"可见水景是继山景之后的我国园林景观的第二大要素。

花木。观赏花木是构成我国园林的四大要素之一，是空间的弹性部分，是极富变化的动景，增添了我国园林的生机和野趣，丰富了景色的空间层次，起着划分景区、点缀景点等作用。花木的色、香、姿、声、光等物理属性，可供游人直接欣赏品玩；花木的刚直、高洁、淡雅、潇洒等精神属性，将花木的物理属性拟人化，令游人引起无限的联想，使游人的情操为之升华。

建筑。园林建筑是我国园林构成的四大要素之一，不论是皇家园林、寺庙园林乃至私家园林，都是以园林建筑作为主体的。园林中因为有了精巧、典雅的园林建筑的点染，显得更加优美多姿，更适合人们游玩、观赏的需要。由于园林建筑是人工创造出来的，比起山、水、植物来，人工的味道更浓，受到自然条件的约束更少。建筑的多少、大小、式样、色彩等处理，对园林风格的影响是很大的。一个园林的创作，是要幽静、淡雅的山林田园风格，还是要富丽、豪华的趣味，也主要决定于建筑是否淡妆浓抹的不同处理方法。园林建筑不同于一般建筑，它是由于园林的存在而存在的，没有园林风景，就根本谈不上园林建筑这一种建筑类型；反过来，若没有相应的园林建筑，园林就缺少了重要的观赏内容。建筑景观与风景景观的紧密结合，是园林建筑的基本特征，也是它区别于其他建筑类型的一个最重要的标志。

总之，山景是园林景观形成的"骨架"，是孕育其他景观的母体，由它派生形成众多的景观子体；水景是园林景观的"脉络"，赋予园林景观以活力、生气和韵律特征；花木是园林景观的"皮肤"，是影响和制约其他景观要素的链带，是蕴涵生命力的宝库；建筑是园林景观的"眼睛"，赋予园林景观神采飞扬，同时起着联系人文景观与自然景观的媒介作用，是文化与历史的重要象征。

1. 审美功能

我国园林景观是自然美与人工美的高度结合，造园大师们凭借山石、水体、花木等自然要素塑造出园林的主要风景形象。同时，为了更好地表达其艺术匠心与抒情意境，还要通过各种建筑来画龙点睛，对园中主要景观进行人工装点，使人工美与自然美巧妙地融为一体，给游客以布局美、意境美、色彩美等美的享受。

2. 娱乐功能

我国园林景观整体设计主次分明、疏密相间，构成园林景观的自然要素互相搭配，再加上起画龙点睛作用的建筑有序点缀，形成了一幅丰富多彩、千变万化的立体画卷，使游人在游览过程中，通过动与静的结合，达到步移景换的视觉效果，对游人来说，既是美的享受，又起到了娱乐作用。

3. 文化功能

我国园林景观的发展受山水画、山水诗的影响很大，造园大师们又常借此来表达自己的思想感情，达到"无处不是画，无景不入诗"的意境，可以说我国园林景观是画与诗的物化。我国文人写意山水园林，多为怀才不遇或坎坷不平的文人画家命题立意或参与建造的。他们造园如作诗，如画画，总要抒发一种感情，表达一种意愿，追求一种理想，在园林创作中"以景寓情，感物吟志"。这种意境，总是通过园林的命名、匾额、横联、题咏和铭记中明确反映出来，对景物特点和神韵进行高度概括，将园林景观的内在美和艺术美点染出来，形成丰厚的文化积淀和浓郁的文化氛围，提高了园林景观的知名度和观赏价值。

第八章 园林旅游景观

4. 生态功能

我国园林景观不仅具有观赏、审美、娱乐等作用，而且还具有保护和改善环境的生态功能。花草树木能够在一定程度上吸收二氧化碳等有害气体和吸附尘埃，释放氧气，净化空气，减轻污染；可以调节空气的温度、湿度，改善局部气候；还有减弱噪声和防风等作用。在安静和优美的园林景观中游览，有助于消除长时间工作带来的紧张和疲劳，使脑力、体力得到较好的恢复，同时还能丰富文化知识和充实精神生活。

二、园林景观的欣赏

我国园林景观是风景美的一种物质载体。园林景观的可欣赏性或者说美学价值主要有布局美、意境美、色彩美、音响美和韵律美五方面。

1. 布局美

我国古代的造园大师们，在造园过程中，首先就要创造出一个"木欣欣以向荣，泉涓涓而始流"的生机盎然的"自然美"环境；其次要在这赋予自然美的小天地中，构造若干个能挡风雨、避寒暑的建筑物，形成一个"悦亲戚之情话，乐琴书以消忧"的气息浓厚的"生活美"环境。然后就是把从自然和生活中发现和体验到的美，通过取舍、概括、熔炼和提高，使之成为一个有主次、有烘托、有呼应的多样统一的完整布局，把美的素材通过艺术加工，融入中国山水画的笔意，上升到"艺术美"的境界。我国古典园林都是根据中国山水画的布局理论来造景布局的。我国园林景观实际就是立体的中国山水画，形象之美不言而喻。

2. 意境美

我国园林景观不但要创造富于生活气息的生境和上升到富于画意的画境，而且更要创造"触景生情"，产生浪漫主义的激情和理想主义的追求，"寻找可以显现心灵方面的深刻而重要的旨趣"，进入情景交融的境界，即"意境"。文学大师鲁迅说"形美以感目，意美以感心"，我国园林景观就是通过艺术加工过的高山流水、清风明月、鸟语花香、亭台楼阁来激发游人的美的感情、美的抱负、美的品格、美的向往和追求。这种境界，是园林艺术的最高境界，即"理想美"的境界，也是造园家们所孜孜追求的最终境界。

3. 色彩美

唐代诗人杜牧的千古名句"停车坐爱枫林晚，霜叶红于二月花"说明了风景中的色彩美给予人以强烈的视觉感染力。"以色传神，以色抒情。"历来造园者都非常重视运用色彩来创造园林景观。园林景观中的色彩美是多样性的，有山水色彩美，有花木色彩美，有建筑色彩美。这些色彩同时又受不同季节、不同气候的影响，而发生种种变化。

4. 音响美

自然界的种种万籁之声，可通过不同方式，借来为我所用，构成园林景观中的"小夜曲"、"轻音乐"。松涛瑟瑟、山泉叮咚、山林鸟语、古刹梵音、雨打芭

下篇　人文旅游景观

蕉、夜间虫唱，构成园林景观中一曲曲和谐美妙的轻音乐，使其增添勃勃生机。自然界中的各种音响，或清新，或悠远，或激越，或苍凉，此种天然交响曲，是音乐家难以尽仿、诗人墨客难以尽描的。在园林景观中，为满足游人的听觉美需要，聪敏的造园家通过种种构造设施，或外借我用，或自造再现。为了"风起松涛"，要多种松柏；为了"竹韵玉音"，要多栽竹；为了"雨打芭蕉"，要多植芭蕉；为了"留得残荷听雨声"，要多栽荷花；为了"柳浪闻莺"，要多种柳树；为了"情难乔木"，要多种高树；为了"夹镜明琴"，要使溪流成为有源之活水等。"何必丝与竹，山水有清音"，这句古诗正说明了园林景观音响美的重要。

5. 韵律美

园林艺术素称"凝固的音乐"。因为园林与音乐都有共同的节奏与韵律。园林建筑艺术是通过立体和平面的构图，运用点、线、面和体，各部分的平衡、对比、比例、对称和空间序列的变化等，取得节奏与韵律的艺术效果。在我国园林景观中，有距离便有层次，有洞天便有曲折，有山水便有变化，有厅堂便有明暗，有楼阁水榭便有间歇。曲径通幽，是艺术上的含蓄；平面开阔，是节奏上的流畅。造园家把山石、池水、树木、花草、亭台、楼阁作为音符，组成一首成功的凝固乐曲。游览其中，时而一山如屏障，时而又豁然开朗，时而粉墙挡道，时而别有洞天，时而一水横陈，时而曲径通幽，时而登高望远，时而钻洞呼友，其疏密相间、起落跌宕的韵味，即便是一部动听的乐曲，也难以和它争比高下。这便是园林艺术的独特魅力。

阅读资料 8-2

苏州园林甲天下

苏州建城于公元前514年，吴王夫差的父亲阖闾命楚国叛将伍子胥建阖闾城，距今已有2500多年的历史了。春秋时期，这里是吴国的都城，至今还保留着许多有关西施、伍子胥等的古迹。隋开皇九年（公元589年）始称苏州，沿用至今。苏州城建城早，规模大，水陆并行，河街相邻，古城区至今仍坐落在原址上，为国内外所罕见。

苏州园林甲天下，已被列入世界文化遗产名录，在中国四大名园中，苏州就占有拙政园、留园两席；"吴中第一名胜"虎丘深厚的文化积淀，使其成为游客来苏州的必游之地；而唐朝诗人张继的一首《枫桥夜泊》，令古今游客争相来访枫桥，闻听寒山寺的钟声。

姑苏城外自然风光秀丽，灵岩、天平、天池和洞庭诸山，点缀于太湖之滨，形成了富有江南风情的湖光山色。

苏州既有园林之美，又有山水之胜，自然、人文景观交相辉映，加之文人墨客题咏吟唱，使苏州成为名副其实的"人间天堂"。

第三节　中国著名园林景观

一、自然园林景观

1. 济南大明湖

大明湖在济南市区北部，为小清河上源，由珍珠泉、芙蓉泉、王府池等多处泉水汇成，湖面约700亩，周长4.25千米，湖水出小清河入渤海。一湖烟水，绿树蔽空，碧波间荷花映日，景色秀丽。清人刘凤诰有"四面荷花三面柳，一城山色半城湖"之句。沿湖亭台楼阁、水树长廊，参差有致。

湖区内外，亭台楼阁、寺堂庙宇布局有致。纪念唐代诗人杜甫的历下亭，八角重檐，中悬乾隆手书"历下亭"木匾。亭前回廊临水见阁，亭周碧波荡漾，为大明湖景色最佳处。湖南遐园建于清末，仿宁波天一阁建造，被誉为济南第一庭院。湖外还有南丰寺、北极庙、铁公祠、稼轩祠等古迹。

2. 二十四桥景区

扬州在历史上虽不是都城，但从隋朝起，扬州就常常成为帝王临幸之地，建造了数不清的离宫别馆、亭台楼阁。到了唐朝，无论政治、经济和文化，在当时的世界上都是首屈一指的，至今在海外还有把中国人称为唐人的。扬州在唐朝占有十分重要的地位，它位于长江与南北大运河的交汇点，为东南财富的集散地和全国经济重心之一。

二十四桥景区的建筑，在风格上注意突出扬州园林的"既有北方园林之雄，又有南方园林之秀"的地方传统与特色。景区主体建筑熙春台，规模宏大，气势雄伟，光彩照人，与端庄华丽的五亭桥遥相呼应，颇有北方园林的华贵气派。而望春楼与玲珑花界都是江南园林的风格，两者又各具风韵。玲珑花界以栽种芍药、牡丹为特色。建筑物的风格情调朴素、淡雅。望春楼下层南北两间分别为水院、山庭，将室外自然景物引借入室内。楼上皆为活动门窗，卸去即成露台，具有多种功能。两楼之间以水池相连，整个景点有温馨亲切的庭院景观氛围。二十四桥景区的湖面以平远为特征：熙春台以两极露台相过渡，伸向湖面，两面是九曲桥和二十四桥；宽大的露台，"横可跃马，纵可方轨"，与水面相接后，使空间更为舒展，使人体味到"水令人远"的境界。湖面东向通五亭桥，北向通蜀冈，与五亭桥之间有小岛遮隔，与蜀区有二十四桥束腰，这是游人顿然产生有源而无限和幽邃深远之感。二十四桥是一座由山涧栈道、拱桥、曲桥三部分相连的组合桥。山涧栈道由黄石垒成，雄浑古朴；拱桥长2.4米，围以24根玉石栏杆，桥的两头采用错位隐形的手法，明月之夜，空幻神奇。

二、寺庙园林景观

1. 北京西山八大处

西山八大处位于石景山区北部，西山支脉东麓的翠微、平坡、卢师三山之间，距北京市区15余千米。这里三面青峰环抱，南面敞向平原，林木茂密，野草清香，奇石嶙峋，泉水清清，八座古庙分散在三座山上，是一座历史悠久的寺庙园林古迹，总称"西山八大处"，占地140公顷，大都是明清遗存。

西山八大处景色幽美，自明朝以来屡加建设，每朝竞胜，蔚然可观："绝顶望远"、"春山杏林"、"翠峰云断"、"卢师夕照"、"烟雨鹃声"、"雨后山洪"、"水谷流泉"、"高林晓月"、"五桥夜月"、"深秋红叶"、"虎峰叠翠"、"层峦晴雪"为十二景，吸引海内外游客纷至沓来。

2. 北京碧云寺

碧云寺位于北京香山的北侧，碧云寺始建于元至元二十六年（1289年），是西山风景区最雄伟壮丽的一座古老寺院。

明人王汝骥《碧云寺》诗说："西山台殿数百十，侈丽无过碧云寺。"全寺占地4万余平方米，院落殿宇，严谨壮观。主要有孙中山纪念堂、五百罗汉堂和金刚宝座塔等景观。金刚宝座塔（见图8-1），通高34.7米，分塔基、塔座、塔身三部分，于清乾隆十三年（1748年）建于全寺最高处。此塔全用汉白玉砌成。塔座为方形，左右有石级到塔座顶。塔座上共有8座塔：石级出口处是一座屋形方塔；前方左右各有两座圆形喇嘛塔，后有五座密檐方塔，布局为中央一座，四角各一座。整个金刚宝座塔布满精致浮雕。1925年曾在这座塔内停放过孙中山的灵柩。1929年灵柩南迁，将孙中山的衣物葬在塔内，于是成了孙中山的衣冠冢。在正中开券洞的墙上有一汉白玉匾额。上书金字"孙中山先生衣冠冢"。

3. 承德殊像寺

殊像寺在河北省承德市内，建于清乾隆三十九年（1774年）。为乾隆皇帝的家庙。乾隆皇帝幼年的一些生活用品，如银壶、金碗、象牙箸、瓷盘等，都曾在其云乘殿内存放。

承德殊像寺是具有寺庙建筑特色的建筑组群，可谓中国寺庙园林的佳例。寺庙园林是中国园林中的特殊类型：它既要用园林艺术的手法，把建筑空间进行利用和美化，又要符合宗教气氛和功能要求；它既要利用山石、水面、花木和建筑等园林要素，布置出"仙境"般的园林意境，又要在灵活多变中保持宗教的庄严肃穆气氛。因而，寺庙园林既借用了不少园林艺术构筑手法，又不同于一般园林。承德殊像寺中很多建筑的名称，都有一般园林建筑韵味，如"指峰"、"面月"、"云来"、"雪净"等。此外，像"清凉楼"、"倚云楼"、"香林室"，更是中国园林建筑常用的雅号。整个寺院不仅借景于真山，而且在会乘殿以北利用自然山势，加以人工叠石辟路，使香客迂回婉转于假山涵洞之间，然后达到顶巅的"宝相阁"。这部分的建造手法，使人联想到北京颐和园的佛香阁：殊像寺是寺中有园，颐和园是园中有寺，颐和园佛香阁的建筑很可能借鉴了承德殊像寺的宝相阁建筑。总之，承德殊像寺是一处设计很完善的寺庙园林。

4. 苏州西园寺

西园寺在苏州阊门外，隔虎丘路与留园东西相望，始建于元代至元年间，初名"归元寺"。明代嘉靖年间（1522～1566年），太仆徐泰时置建东园（后为留园），同时将归元寺改为别墅和宅园，并易名"西园"。徐泰时死后，其子徐溶（杉亭）又将园改为寺，仍称"归元寺"。崇祯八年（1635年）该寺住持和尚茂林为弘扬"律宗"，改寺名为"戒幢律寺"，俗称"西园寺"。

西园寺庙部分包括金刚殿、大雄宝殿、罗汉堂、观音殿和藏经楼等。罗汉堂建筑呈"田"字形，沿四方靠壁排列泥塑贴金全身五百罗汉像，神态动作各异。其中，香樟木雕四面千手千眼观音像，精巧的雕工令人惊叹。泥塑济公像别开生面，在面部造型上作了一番努力：突出右侧眉梢的皱纹，看上满面笑容；左侧加深了嘴角皱纹，看去又是一脸愁气；中间当面看去，则似喜非喜，似愁非愁，人们称之为"啼笑皆非"。简而言之，右面是笑，左面是恼，前面是又好气又好笑，一像兼具三种神情，堪称杰作。

大殿以西，为明代西花园遗迹一角，按照佛教功能作了布局：园中宽广明净的放生池安排在中心位置，四周环绕亭、台、厅、馆，曲槛回廊，花木山石掩映其中，形成一派秀丽开敞的园景。放生池是寺庙园林特有的水体景观，为一蝌蚪状大池，"头部"在南，"尾部"在北，并折向东南，面积相当宽大。池内鱼鳖之类极多，大都是佛教信徒所放生。其中五色鲤鱼，可与杭州玉泉鲤鱼媲美。池中稀有动物大鼋，是明代老鼋繁衍的后代，寿命已历三百余年，炎热天气，才出水面一现，游客常争相投放饼类、面包、馒头等食物，引君出水就食，以饱眼福。一个拳头大的馒头，大鼋只需一张口，居然整个吞进，由此可以推想躯体之大。有一首佚名所作《西园看神鼋》诗，所写即这一趣观："九曲红桥花影浮，西园池水碧如油。劝郎且莫投香饵，好看神鼋自在游。"放生池东侧有四面厅，名曰"苏台春满"，为园内主要建筑。厅前临池，紫藤盘曲，形似游龙，春时花开，瑰丽多姿。厅前有曲桥贯通两岸，曲桥正中有垂檐六角湖心亭，造型端庄。游人驻足憩息，是观赏周围景色和水中游鳞的最佳位置。

三、皇家园林景观

1. 北京北海公园

北海公园位于北京故宫西北部，东靠景山，南临中南海，北接什刹海。它是我国现存历史最悠久和最完整的一座皇家园林。全园面积1000多亩，其中水面占了一半以上。

北海公园园内青山绿水，雕梁画栋，风景特别幽雅。综观北海全园布局，以琼华岛为主体，以白塔为中心，四周是广阔的水面，视野开阔。园内有山有水有建筑有花木，相互结合，借景增辉，在造园艺术上有极高的成就。其造园布局虽然明显受到江南园林的影响，但仍然保持北方园林端庄稳重的特点。

琼华岛，宫称大宁宫，仿照神话中的蓬莱、方丈、流洲的仙景。岛上建筑精美，高低错落有致，依山势分布，掩映于苍松翠柏之中。南面以永安寺为主体，有法轮殿、正觉殿、普安殿及其配殿堂廊、钟鼓楼等，黄瓦红墙，色彩绚丽。西面为悦心殿、庆宵楼、琳光殿以及存放乾隆时摹刻珍品《三希堂法帖》的阅古楼。岛东建筑不多，但林木成荫，景色幽静，别具一格。北面山麓沿岸一排双层六十间的临水游廊，像一条彩带将整个琼岛拦腰束起，回廊、山峰和白塔倒映水中，景色如画。东南面有石桥和岸边相连，与秀美的景山、壮丽的故宫交相辉映，构成一幅壮丽的画卷。

在北海所有建筑中，琼华岛之巅的白塔处于全园的制高点和中心位置，成为北海的主要景观和标志物。塔高35.9米，塔基为白石须弥座，座上为三层圆台，中部是瓶形塔肚，上部是相轮，顶部覆以铜质镀金主盖，四周悬挂铜铃。塔肚中部为红底黄字组成的藏文图案，内藏有喇嘛经文和衣钵。塔前有一座上圆下方的琉璃小殿——善音殿。塔的四周为汉白玉石栏环绕，游人多从塔下四周沿石级登上此处，凭栏远眺全园景色。

著名的"九龙壁"，是一座彩色琉璃砖影壁，建于清乾隆年间（1736～1795年）。面阔25.86米，高6.65米，厚1.42米，底座为青白玉石台基，上有绿琉璃须弥座，座上的壁面，前后各有九条形态各异、奔腾在云雾波涛中的龙浮雕。各龙体态矫健，龙爪雄劲，形象生动，栩栩如生。壁东面为旭日东升、江崖海水、流云图像，西面为明月当空、江崖海水、流云纹饰。壁顶为琉璃筒瓦调大脊庑殿顶，大脊上饰以黄琉璃流云飞龙纹。影壁色彩绚丽，古朴大方，是清代琉璃建筑中的杰作。

全园布局以山石水池为主，配以斋亭楼轩，并用游廊相联。正门与琼华岛隔水相望，四周绕以短墙，南面为透空花墙，使内外景色交融，既保持了御宛对称的格局、庄重的气氛，又富于变化，具有江南园林的情调，可谓园林中的一颗明珠。

2. 北京中南海

"中南海"，是"中海"和"南海"的合称，位于故宫西侧，北海大桥南面。中海开辟于金代，南海开凿于明初。明清时期和北海统称为"西海子"，或称"太液池"。面积约1500亩，其中水面约700亩。民国初年，把中南海和北海分成两园，南海南岸的宝月楼改建为门，就是现在的新华门。

南海东岸有流水音（流杯亭）、千尺雪、交芦馆、蕉雨轩、云绘楼等建筑。往西过桥是中南海最有名的地方——瀛台。瀛台，是一座四周环水的岛屿，又称"南台"。始建于明末，清初重修。康熙皇帝曾在此听政，后来成为清代皇帝读书和宴游避暑之地。岛上林木葱郁，叠石奇伟，具有天然林壑之美。殿阁楼台，金碧辉煌。瀛台正中北向的建筑是翔鸾阁，可供登临俯瞰。它的左右有延楼环抱，东名祥辉楼，西为瑞曜楼，南为涵元门，西配殿名景星，东配殿名庆云。过涵元门是涵元殿，对着涵元殿北向的是香扆殿。殿左右各有室，西名虚舟，东名兰室。1898年戊戌变法失败后,光绪皇帝被慈禧太后幽禁于此,1908年死在兰室。瀛台南岸临水有迎黛亭,是座深入湖面的水阁凉亭,亭前碧波荡漾,浮光耀金,好似杭州西湖"平湖秋月"的景致。

中海部分有结秀亭、丰泽园、居仁堂、怀仁堂、紫光阁等建筑。怀仁堂,清光绪十三年(1887年)建,原名"仪銮殿",慈禧曾在此居住。1900年,八国联军侵占北京,殿被焚毁,后重修,改名"佛照楼",民国初年改名"怀仁堂"。丰泽园,是清代皇帝演习耕种的地方,清初曾有稻田数亩,桑树数十株。丰泽园内为颐年堂,殿东为菊香书屋,殿西为澄怀堂。西边有一山林小园,称为静谷,内有纯一斋、春耦斋、爱翠楼、植秀轩,并有连理柏一株。园内屏山镜水,云奇岩秀,有"园中之园"的美誉。春耦斋属丰泽园一部分,乾隆帝曾在此观画吟诗,斋内曾储藏唐代韩滉《五牛图》等历代名画。紫光阁建于明代正德年间(1506~1521年),为明代皇帝习射的地方。清康熙时,每年仲秋,康熙帝常召集侍卫大臣在阁前演习射箭。乾隆以后,则是殿试武进士并进行筵宴之所,阁中曾绘有功臣像。每年正月十九日,清帝总要在这里大宴群臣。中海水上有一亭子名水云榭,著名的燕京八景之一的"太液秋风"石碑,就立在亭中。

辛亥革命后,中南海是北洋政府的所在地,1928年辟为公园。新中国成立后,党中央和国务院在这里办公。毛主席曾住过颐年堂,现在定期对外开放,并可同时参观瀛台、静谷等名胜。

3. 颐和园

我国著名的皇家园林颐和园,坐落在北京海淀区,是北京现存规模最大、最完整的古典园林。总面积4350亩,水域占四分之三。园内有明净清澈的湖水,青葱秀丽的山峦,金碧辉煌的殿宇,精巧别致的亭轩。在风和日丽的春天,或是天高气爽的秋时,颐和园的门前总是车如流水,园内游人如织,在国内外享有极高声誉。1998年11月,被列入世界文化遗产。

颐和园原为帝王的行宫和花园。金贞元元年(1153年),完颜亮设为行宫。明代,皇室将它改建为好山园。清代乾隆十五年(1750年)改建为清漪园。咸丰十年(1861年),被英法联军所毁。光绪十四年(1888年),慈禧太后挪用海军经费重建,改称今名,作为避暑游览地。

颐和园是万寿山和昆明湖的总称,拥山抱水,绚丽多姿。浓绿的万寿山,耸立在昆明湖北畔。万寿山原名瓮山,高58.59米。明弘治七年(1494年),皇帝乳娘助圣夫人罗氏在山前建圆静寺。乾隆十五年,乾隆帝为庆祝母亲六十寿辰,于圆静寺旧址建大极恩延寺,并将山改名万寿山。又将开拓昆明湖的土方,按造园布局的需要堆放在山上,使东、西两坡舒缓而对称,成为全园的主体。建筑群依山而筑,现存的是英法联军烧毁后由慈禧重新建造的。万寿山前的佛香阁,是全园的中心建筑,是颐和园的标志和灵魂,其选择的地理位置、高度和雍容大度的雄姿,无可挑剔,起到了交响乐的主旋律作用。从山脚的"云辉玉宇"牌楼,经排云门、二宫门、排云殿、德辉殿、佛香阁,直至山顶的智慧海,形成一条层层上升的中轴线,东侧有"转轮藏",西侧有五方阁和铜铸的宝云阁。山上还有景福阁、重翠亭、写秋轩、画中游等楼台亭阁。整个建筑群,金碧辉煌,气势宏伟。登临万寿山,可俯瞰昆明湖上的美丽景色。

沿前山湖岸是一条彩色长廊,东起邀月门,中穿排云门,西迄石丈亭,两侧对称点缀留佳、寄澜、秋水、逍遥四座重檐八角攒尖亭子。廊长728米,共273间。内部梁上绘有精美的西湖风景及人物、山水、花鸟等苏式彩画12000余幅,素有"画廊"之称。此廊之长、绘画之多、建筑之精美,不仅是中国长廊之最,恐怕也是世界长廊之最。它的建筑构思十分巧妙。整个画廊是随坡就弯建成的,但游人在长廊中游览时,始终感觉不出它的起伏和曲折。4座八角亭的相隔修建,一则起到高低过渡和变相连接作用;二则还可打破长廊的单调,起到音乐的乐章作用,使整个长廊富有音乐韵律感;三则起着连接山水和诸座建筑的过渡作用,使其连成一体,犹如花之有叶,蝶之有翼,真是巧夺天工,美不可言。长廊原是乾隆皇帝为其母观赏湖上雨景、雪景而建的;每逢雨天,烟雨空蒙,湖上天水混茫,西堤、湖岛,若有若无,备感空灵缥缈;雪天,凝立长廊,四顾皎然,似乎天地间唯留下这一条长廊,五彩斑斓,漫步其中,恍若乘画舫在雪海上迤逦而行。即令非雨非雪,长廊信步,也自有妙趣:山色与湖光在这里分界,而又在这里融合;一根根廊柱与横楣、条凳,构成一个个天然取景框,步移景换,层出不穷,使人应接不暇。

颐和园东部,昆明湖东北侧,是宫殿建筑群集中处。颐和园曾有"水旱十三门",正门为东宫门,门内原是清廷以仁寿殿为主体的政治活动区。仁寿殿面阔七间,室内设有御案宝座,庭院里松柏古槐,奇石假山,点缀其间。阶前陈列着古铜宝鼎和铜龙铜凤。

颐和园是中国古典园林艺术的一件瑰宝,其园林布局集我国造园艺术之大成,气魄宏伟,手法巧妙,为我国园林艺术中"虽由人作,宛自天开"的典范,在世界园林艺术史上具有极高的地位。

4. 北京圆明园遗址

圆明园(见图8-2)位于北京海淀区,是我国园林史上的艺术典范,也是世界上最瑰丽的皇家园林。

圆明园由圆明园、万春园、长春园三园组成,成倒"品"字形排列,故又称"圆明三园"。周长约10千米,占地5200亩。最后形成圆明园四十八景,万春园三十景,长春园三十景,三园共一百零八景。每一景内建有很多楼、台、殿、阁、廊、榭、轩、馆,很多名景都是模仿全国著名园林设计建造的。由于它规模极为宏大,景色变化万千,因而被誉为"万园之园"。

全盛时期的圆明三园,除了壮丽的建筑、绚丽的风光外,尚有数以百万株计的名贵花木,历代珍藏下来的古今名人书画和典籍文物,集中了我国古代文化的精华。这座汇集了天下名园胜景的"万园之园",在当时是一座最为出色的世界独一无二的大型皇家园林。

圆明园于1860年遭受英法联军破坏,1900年又遭八国联军破坏,院内宝物被洗劫一空,使世界上的"万园之园"变成废墟,仅存遗址。

5. 承德避暑山庄

承德避暑山庄,坐落在距北京250千米的河北省承德市区,位于武烈河(热河)西岸,是我国现存最大的皇家园林。它占地面积为564万平方米,约合8400余亩,比颐和园大1倍,比北海公园大8倍,比同时建成的圆明园也大得多。1994年12月,承德避暑山庄及周围寺庙被列入世界文化遗产。

避暑山庄是一座大型皇家离宫别苑,始建于清康熙四十二年(1703年),六年后初具规模,乾隆五十七年(1792年)最后完工,前后用了近90年时间。它地处燕山丛中、武烈河畔一狭长谷地。周围筑以气势雄伟的虎皮石宫墙,长10千米,宽1.3米。墙上有雉堞,可以布哨。山庄地势在海拔1000米以上,西部是山区,东南部是平原和湖区,整个地形是西北部高、东南部低,这里夏季平均气温虽在35℃左右,但由于茂密的古树参天蔽日,辽阔的湖面水气清爽,所以即使在盛夏季节,山庄的气候也凉爽宜人,是避暑的极好地方。

避暑山庄是中外旅游者向往的旅游胜地。名闻遐迩的七十二景,像镶嵌在绿色画屏上的珍珠,以各自的风采吸引着寻胜觅奇的游客。七十二景由于建筑年代的不同,分为由康熙以四字题名的前三十六景和乾隆以三字题名的后三十六景。各景随四季变化,取山、水、泉、林等自然景观命名,集中我国南北方园林建筑布局的特点。整体布局,大致分宫殿区和苑景区两大部分,苑景区又可分为湖区、平原与山峦三个景区。

避暑山庄的设计营造,在我国园林建筑艺术中别具一格。它以自己独特的风采,区别于国内其他著名园林。它充分利用了自然地势,在山岳、平原、湖泊皆备而且富于变化的地形上,分别营建宫殿和苑景,使人工建筑和自然风光和谐地融为一体。建筑的风格,既有北方四合院式的整齐对称,也有江南园林的灵活错落、精巧玲珑。其中宫殿建筑不像北京故宫那样的高大雄伟、富丽堂皇,而在庄严肃穆之中,显得简素淡雅,别开生面。景观的特色,既有雄浑粗犷的北国风光,也有明媚秀丽的南国情调。还注意外借离宫外的景物:东面的磬锤峰,南面的僧冠山、罗汉山,东北面山坡修建的外八庙,都借来为我所用,使内外景观交相辉映,在武烈河谷形成了一个瑰丽多姿的庞大的艺术性建筑群的整体。总之,它集中了中国南北造园艺术的大成,这不仅是我国,同时也是世界园林艺术中无可比拟的珍品。

四、私家园林景观

1. 苏州沧浪亭

沧浪亭位于苏州市人民路南段附近三元坊,是苏州现存最古老的园林,自五代以来就享有盛名。2000年11月，沧浪亭与苏州艺圃、耦园、狮子林和退思园5座园林作为苏州古典园林的扩展项目被批准列入《世界遗产名录》。

沧浪亭以清幽古朴见长，布局和风格在苏州诸名园中独树一帜。苏州的其他园林，往往以高墙围绕，自成丘壑。沧浪亭则不落凡响，敢于破格，大胆借取外景，一反高墙深院的常规，融园内园外为一体，具有山林野趣，向以"崇阜广水"为其特色。以往这里"积水弥数十亩"，船只可以自由航行，现在园外水面仍很宽广，在苏州各园尚属难得。有人说得好："千古沧浪水一涯，沧浪亭者，水之亭园也。"确实，从其园名也可看出水在沧浪亭的地位。然而，沧浪之水并不像通常所见那样深藏于园内，而是潆洄围绕在园林之外。自西而东，环园而南出，几乎占园周之一半。水流自然澄澈，水中游鱼戏逐，水面莲叶如盘，入夏红裳翠盖，一水皆香。未进园门，已是绿水回环，垂柳迎风，园林意趣油然而生，游人已为之神驰遥想。

园门前有曲桥斜渡，桥头有"沧浪胜迹"石坊耸立。石坊两侧沿池北岸，围石栏数十档，种植碧桃垂柳，树荫下石凳成排，可供游人休息观景。池南岸系园基，沿水叠石，传说为五百罗汉像，远远望去，古趣盎然，毫无堆凿之感。临水建筑，亭台水榭，曲折长廊，倒影历历。桃柳围栏与亭廊树石隔水相对，山色水光，浮映成趣。沧浪亭的妙处，其水"清可濯缨，浊可濯足"的意境，在未入园的大门外临水一带，亦浓烈地感受到了，使游人一到园外，即有身已入园中之感，其造园者可谓聪明之极。

沧浪亭的面积约十六亩，园内布局以假山为中心，简洁大方，与以园内池水为中心的其他苏州园林风格不同。将园外的水与园内的山截然分开，造成"水令人远，石令人出"的强烈对比效果。入园后抬头便见一座腰形土山，隆然横卧于园中间。土山的东段用黄石砌成，相传为宋代遗物。西段杂用湖石补缀，虽然玲珑，但较杂芜，显然是晚期杂补所成。附近凿一水池，很陡峻，山脚大石上刻"流玉"二字，为俞樾所书。山上石径盘回，四面林木葱郁，藤萝蔓挂。道旁箬竹披复，野卉丛生，景色朴素自然，置身其间，犹如盘桓在真山野岭之中。有人把沧浪亭喻为"城市山林"，确是点明了沧浪亭假山的特色。沧浪亭建于假山东首最高处，亭为方形，飞檐翘角。石刻四桥上，雕刻有仙童、鸟兽、花树图案，建筑古朴，结构形式与整个园林的气氛非常协调。亭上刻有俞樾所书楹联："清风明月本无价，近水远山皆有情。"

在园内假山与园外池水之间，沿池岸筑有一条向内凹曲的复廊。廊分内、外两边，内依山，外依水，依山傍水，曲折上下。通过廊壁漏窗花格，由内向外，可借看园外水景、岸柳；由外向内，可借看园内假山、长廊、亭观堂室，沟通内山外水两景，使其自然地融为一体。

环绕假山，随地形高低，再配以适量楼阁亭榭。"明道堂"在沧浪亭之南，旧为讲学之所。明道堂之南为"瑶华境界"，南有丛竹掩映，北与明道堂相对，中间形成一个爽朗清静的院落。瑶华境界东边为"看山楼",建筑在一座假山洞屋之上,上下两层,高旷清爽,飞檐翘角,结构精巧,为苏州园林中一座别致的楼台。登上可眺望园外西南诸峰,而从窗洞中回望沧浪亭,犹如置身于深山丛林之中。楼下有石屋二间,中设石凳,屋额刻有"印心石屋"四字,为清道光帝御书。看山楼北面有"翠玲珑"馆三间,小馆曲折,绿窗环围。前后掩映有竹、柏、芭蕉。中间壁上嵌有明代著名画家文征明的画像石刻,走廊壁上有《沧浪五老图咏》、《沧浪小坐图》等石刻。仰止亭之北有"五百名贤祠",祠内壁上刻有594幅历史人物石刻像,每5幅合刻一石。每幅人像,上面写像赞,下面画人像,靠右一行题姓名、职衔。总共125方碑石,分嵌在祠的三面粉壁上。他们是清末以前2000多年间与苏州历史有关的人物,包括政治、经济、军事、文化、科学、艺术、医道、水利、历算以及隐士、逸客等,绝大部分是地道的吴人,也有外地来苏做过官的名宦,有一定的历史文献价值。祠北为"清香馆",为一长五间的画廊式建筑,院前种有桂花丛,秋来逸香,环境清幽。清香馆西北,环绕假山西南侧,有一条弧形走廊,中间有一半亭,名"步碕亭",点明此地弯曲有致,漫步其间,奇趣迭出。由此循走廊曲折北下,可到假山西首的"御碑亭",亭中嵌有清代康熙帝所书碑刻。另在假山之东,观鱼处与闻妙香室之间,也有一座"御碑亭",保留有乾隆帝御碑刻石,亦可一观。

纵观沧浪亭,面积虽不大,但富有自己的特色。进园之前,园外景色,已先一路铺陈渲染;进园以后,又渐入佳境,恰到好处,充满山林自然之美和简朴大方之态,能把苏州所特有的恬静幽美的格调充分显露出来,难怪中外游客每每至此,往往流连忘返。

2. 苏州狮子林

狮子林位于苏州城东北的园林路,原为寺庙园林。元末至正二年(1342年),僧天如禅师(惟则)为纪念其师中峰和尚(普应国师)而创建,名为"菩提正宗寺"。因为中峰和尚原住浙江天目山狮子岩,而其地又本是宋代废园,多竹林怪石,状类狮子,因此又名为"狮子林"。

狮子林平面呈长方形,面积约十五亩左右(包括祠堂部分),四周是方整的高墙峻宇,全园布局紧凑。东南部分多山,西北部分多水,建筑主要布置东部与北部两翼,长廊三面环抱,曲径通幽,林间楼阁隐现,峰峦俊秀,在苏州各园中,风格独特别致。清代康熙、乾隆南巡时曾多次来游,乾隆还令侍从画家临摹其图,并在北京长春园和承德避暑山庄先后仿建,可见其喜爱之极,狮子林也因此名声大振。

入园进门厅,楹柱上挂有一副对联:"吴会名园此第一,云林画本旧无双。"联语高度概括、重点突出,对游客产生了强烈的吸引力。入园循走廊北行,抵达"燕誉堂",系为全园主厅,高敞宏丽。堂有额,为清代画家、书法家毕贻策所书。堂名取于《诗经》:"式燕且誉,好尔无射。"在堂屋圆洞门上,各镌有"入胜"、"通幽"、"听香"、"读画"、"幽观"、"胜赏"砖刻匾额；中堂内有屏刻倪云林《狮子林图》和《重修狮子林记》等。

东部假山区为全园主景。狮子林以湖石假山众多著称，以洞壑盘旋出人的奇巧取胜，素有"假山王国"之誉。园中石峰林立，均以太湖石堆叠，玲珑俊秀，有"含晖"、"吐月"、"玄玉"、"昂霄"等名称，而以"狮子峰"为诸峰之首。此外，还有木化石、石笋等，皆为元代遗物。山上满布着奇峰巨石，大大小小，各具姿态。多数像狮形，有的像狮舞，有的像狮吼，有的像雄狮蹲坐，有的如母狮沉睡，有的如狮子滚绣球，有的如双狮搏斗，共有五百多种形状，真是千姿百态。假山中央的平地上，建有"卧云室"，原为佛教禅室，是佛家参禅之处。禅室环抱于各种形态的峰石之中，四周境界幽静，如在云间，故有此名。因佛陀说法称曰"狮子吼"。其座称"狮子座"，故禅室四周均模拟狮形，以示为佛陀说法的场所。所以此区叠石，原并非堆叠假山，而系富有宗教意识的狮子石林，具有极高的宗教艺术价值。

指柏轩之西有"古五松园"，中间隔一竹园。园里旧有五棵大古松。庭园内散列石峰、古树，环境十分幽静。园内有砖刻、对联和大量书条石。园西南有著名的"真趣亭"，傍地而建。亭内金碧辉煌，结构装饰精致，屋架梁柱上刻有"凤穿牡丹"图案，围屏纱窗夹堂及裙板上刻有花卉、人物。乾隆御笔"真趣"两字题匾，高悬亭内中央。

真趣亭西邻有石舫，掺揉不少西洋建筑手法，横列于池水边。石舫处于全园西北最低处，上下两层，结构精致。从舫上朝东南望去，只见一派林木山石，曲折高低，恍如身在石林洞水之中。石舫北岸有"疏香暗影楼"，位于全园的西北角。楼名取自宋代林和靖的"疏影横斜水清浅，暗香浮动月黄昏"诗句意。此处仰对池对岸"问梅阁"，推窗即可以见到梅花。

由此循走廊转弯，向南抵达"飞瀑亭"。亭侧有假山，引水成人工瀑布，游客至此可闻涛声，故房内有"听涛"匾额。亭为近代新建，因园主久客海上，建此亭寓闻声不忘航海景象和居安思危之意。这里为全园最高处，用湖石叠成三迭，下临深渊，上有水源，开动机组，即成人工瀑布，为苏州园林中仅有的造景。瀑布飞流直下，如不知情，几可乱真。"问梅阁"是园西景物中心，阁名取自李俊明的"借问梅花堂上月，不知别后几回圆"诗意。阁上悬"绮窗春讯"额，旧有古梅名"卧龙"，旁植梅花多株。阁内窗纹、器具、地面皆雕刻成梅花形，屏上书画内容也都取材于梅花。

循廊继续南行至"扇子亭"，它位于全园的西南角，其亭建于曲尺形的两廊之间，与两廊贯通，是一个象形建筑物。亭后空间辟为小院，布置竹石，犹如一幅国画小品，显得气韵生动。由此而东为"文天祥诗碑亭"和"御碑亭"，此三亭均傍园的南墙，由一条走廊将其连接。三亭之东，长廊之下，有池水一潭。左边壁立黄石假山一座，藤蔓纷披，极为自然。靠近"修竹阁"，又叠黄石为拱桥，桥仿天然石壁溶洞形状，并用以划分狭长带状水面。这里长廊环绕，构成一个清幽境界，因石色黄赤，称做"小赤壁"。园南墙走廊东端折为复廊。过此可至东部庭院，内建有"立雪堂"，堂名取自"程门立雪"典故。堂内院中砌湖石，形如牛、蟹、雄狮和青蛙等。由复廊西部前行可到"修竹阁"，因这里种有竹林，故名。阁间有砖刻"飞阁"、"通波"。阁跨涧而建，一面连山，三面环水，像在一个"品"字的中间。东西两组假山东涧北端相连接，连绵成整体，手法别具匠心。由此入山涧，可进入卧云室，这是通向卧云室的北路。

狮子林回廊曲槛，高下升降，全依地形；从东到西，又自北而南，环绕了园西南两面，远远望去，把园林的境界拓广了，使人感到窈曲无穷。这是苏州古典园林"实者虚之，虚者实之"布景手法的典型例子。狮子林被园林界视为元代园林建筑的代表，誉为苏州四大名园之一。2000年11月，被列入《世界遗产名录》。

3. 苏州拙政园

拙政园位于苏州娄门内东北街。明御史王献臣解官隐苏州，于正德四年，以原大弘寺址为基础，拓建为园，取"拙者为政"之意而名。拙政园占地六十余亩，是苏州面积最大的名园，不仅是明代园林建筑代表作，也是全国名园之一。1997年12月，拙政园与留园、环秀山庄、网师园共同做为江苏苏州古典林代表被列入《世界遗产名录》。

拙政园的特点是多水。此处原是一片积水弥漫的洼地，初建园时，利用洼地积水，浚沼成池，建成一个以水景为主的风景园。现在水面约占全园面积的五分之三，总体布局以水池为中心，主要建筑物均临水而筑，朴素简雅。在纵长的水面和苍翠满目的林木中，各式楼阁亭轩，交相掩映。池水的交汇与转折处，每以桥梁或走廊相联，人们的视线随着它的起伏望去，境界更为深远。而老树傍岸，垂柳点水，槐荫路曲，楼台掩映，是从传统的中国山水画构图脱胎而来的池水妙物，堪称江南水乡景色的艺术再现。

拙政园分为东、中、西三子园，每个子园各具自己的个性特色。从园门进去，即是东园，面积约三十一亩，原旧址久已荒芜不治。1955年开始新建，于东北和西南部分布置了大片草地，群植黑松、玉兰、桂花、青枫、香樟等大片树木。以平冈草地为主，凿池垒山，点缀"芙蓉村"、"天泉亭"、"秋香馆"、"兰香堂"、"放眼亭"等建筑，既沿袭传统，又有所创新，给人以舒畅爽朗之感。

中园是拙政园的主体部分和全园的精华所在。面积十八亩半，水面约占三分之一以上。由东园横过一带花窗长廊，到"倚虹亭"。亭前有一座石栏小桥，雕刻古朴可爱，石质斑驳，是园中仅存的明代遗物之一。跨过小桥，即到中园主体建筑"远香堂"，体制似为明代结构，其特点是庭柱为"抹角梁"，并巧妙地分设在四周廊下，因而室内没有一根阻碍视线和行动的柱子。四周都嵌了玲珑剔透的长玻璃窗，可环观周围不同景色，犹如观赏长幅画卷，所以又称"四面厅"。此处面临荷池，每当夏日，荷风扑面，清香满堂。

西园的主要建筑是"卅六鸳鸯馆"和"十八曼陀罗花馆"。这座主建筑具有特殊风格，梁上配有弯椽，四角带有耳室，中间银杏木雕刻的玻璃屏风，从中间把整个厅堂一分为二：北为鸳鸯馆，南为曼陀罗花馆。曼陀罗即山茶花的别称，由于此地曾有名种山茶十八株，如"东方亮"、"洋白"、"渥丹"、"西施舌"等名目，其中尤以"十八学士"最为著名。可惜现存只有十五株，而且还是后来补种的。院内另有名贵的白皮松两株和题名"云坞"的假山一座。鸳鸯馆北临水池，池内养有鸳鸯。从前这里是园主宴会和观看昆曲之处。四角耳室，系戏曲艺人化妆和更衣的地方。馆之东假山上有六角形"宜两亭"。此亭建在中园和西园分界墙边的石山上，从亭上可以俯瞰中、西两园的景色，实际是一种借景手法。馆南端有八角形"塔影亭"，建在长池南端，影子倒映在水中，宛如亭亭一塔，其亭从顶部到底部及周围八面窗格，都拼成八角图案，是园内最精致的建筑物之一。亭下有湖石砌成的羊肠小道，微露水面，称做水假山，人行其上，仿佛凌波而步。鸳鸯馆西北经过折桥是"留听阁"，阁前有平台，两面临池，池中种有荷花。阁内有雕刻成云龙图案的楠木落地罩和螺钿雕漆屏风等，雕刻极其精巧，为木雕之珍品。西园北半部，池水环抱，中有岛屿，北部有土山。岛上建有"浮翠阁"，为八角形双层建筑。此阁建在假山之巅，为全园最高点。登阁四望，满园古树，耸翠浮青。阁下桥南有一小亭名"笠亭"，取其形似笠帽为名，其构筑极其匀称美观，配合亭前的水石，恰如钓翁下钩一般。向东转角处是"与谁同坐轩"，意取古人词句："与谁同坐？明月、清风、我！"此轩依势而筑，平台作扇形，轩内桌、凳与窗洞都为扇形，故亦称"扇亭"。在此眺望东北的倒影楼、西部的鸳鸯馆、东南的宜两亭，有举目——入画的意趣。西园东北角有"倒影楼"，与见山楼隔墙东西相望。楼临水，池水清澈如镜，楼影倒映波心，远望尤妙。楼下为"拜文揖沈之斋"，壁上嵌有明代著名画家文征明、沈周两人的画像、传记、石刻和文征明所书《王氏拙政园记》、《补园记》石刻。在倒影楼和宜两亭之间，沿池水东边建有一条波形长廊，系用黄石、湖石混合堆砌而成，随地势高下，起伏有致。中段有小树突出，即"钓台"。这条波形廊是苏州园林中的典型建筑形式，望去如卧波临水，轻风过去，绿水荡漾，水底廊影，恰似游龙戏水一般，耐人观赏，故俗称"水廊"。

拙政园作为一个园林艺术的杰作，从特定的意境出发，采取朴实自然的手法，于平中见奇，形成了独特的明净风格，使形象具有鲜明的个性和经久耐看的艺术魅力，达到了"绚烂之极归于平淡"的艺术境界。

4. 苏州留园

留园（见图8-3），位于苏州阊门外。始建于明代嘉靖年间（1522～1566年）。初为封建大官僚徐泰时的私家花园之一，时称"东园"。清乾隆末年，为刘蓉峰所得，并加以修建于嘉庆三年（1798年）落成。始称"刘园"，后称"留园"。抗日战争时期，留园遭到严重摧残，几成废墟。1949年后经过整修，复使一代名园重焕风采。1997年12月，被列入《世界遗产名录》。

留园具有清代园林风格，以建筑布局紧密，厅堂宽敞华丽、装饰精雅见长，尤以建筑空间的处理著称，善于利用各种建筑群，把全园空间进行巧妙地分隔，组合成若干不同而又具特色的景区，曾有"吴中第一名园"之誉。留园的紧密结构风格，同拙政园的疏朗境界风格，并称"苏州园林两绝"。

留园占地面积约五十余亩，总体布局分成中、东、北、西四个景区：中部以山水为主，以原寒碧山庄为基础，经营最久，明洁清幽，峰峦回抱；东部以建筑见长，重檐叠楼，曲院回廊；北部为田园风光；西部是自然山林。其中以中部和东部为全园精华所在。

一进留园大门，是个比较宽敞的前厅，然后自右侧进入窄长的通道，采用"欲扬先抑"的手法，经过三折以后，进入一个面向天井的敞厅，天井中有山石花木大小景装点，随后以一个半遮半敞的小空间与入中园的序幕"古木交柯"相接。这段行程原是沉闷的高墙夹弄，造园师巧妙地采用空间大小和光线明暗的对比手法，即虚与实、放与收、明与暗相交替，以空间反复的节奏变化，来打破进园漫长通道的单调沉闷感觉。在窄廊的两侧，还忽左忽右不断安排了采光的天井，在天井中布置富于画意的山石花木小景，使建筑通道增添生意。

穿过通道进入"古木交柯"，由暗而明，由窄而阔。迎面漏窗一排，光影迷离。透过窗花，山姿水态隐约可见。回首南顾，清风丽日溢于小庭，雪白的粉墙衬托着一株虬曲苍劲的古木。庭中旧有明代遗物古柏及耐贞各一，交柯连理。整个空间，疏朗明净，古朴自然。从西面两个八角形窗洞中，透出"绿荫轩"之外的山池庭院。由窗旁小门进入绿荫轩区，可见一更小的天井，与古木交柯区的天井虽只一墙之隔，并敞门相通，可是意趣截然不同。巧石修竹，使天井显得无比幽雅秀丽，在140平方米的空间内，显示了极为丰富的层次，南墙上刻有"花步小筑"四字额。

由绿荫轩穿过镂花木隔门，几经曲折，来到"明瑟楼"，两面临水。这是中部山水园的起景。楼后小院里有假山，上刻"一梯云"三字，系取郑谷"上楼僧踏一梯云"诗句为名。再西行，便是中部主厅"涵碧山房"，其名取朱熹诗句"一水方涵碧，千林已变红"之意。厅内轩敞高爽，陈设雅致。厅前平台宽广，依临水池，盛夏赏荷纳凉，此处最佳。往北远眺，四面山林起伏，山巅"可亭"翼然，绿树婆娑，浓荫蔽日。对岸"小蓬莱"、"濠濮亭"，也一一在望。西北侧是连绵起伏的假山，石峰屹立，间以溪谷，池岸陡峭，野趣横生。这是山水园的主景所在。

沿西侧墙廊北上到"闻木樨香轩"，此地山石掩映，桂树丛生，秋日丹桂盛开时，芬芳四溢，香沁心脾。凭轩四顾，中园景色尽收眼底。再沿墙廊北上折东，到达中园东北角的"远翠阁"，取古诗"前山含远翠，罗列在窗中"之意为名。在此眺望，绿树翠竹，确似有遥远之感。阁之下名"自在处"，取陆游诗"高高下下天成景，密密疏疏自在花"之意。前有石砌蔷薇花台，花纹雕刻生动，为明代遗物。由此下假山，跨过曲折的石桥，桥两段中间有小岛，飞落一流碧水之中，上荫紫藤花架，名之为"小蓬莱"。桥东头有方亭，名"濠濮亭"。"濠濮"，古人观鱼之地；此亭三面环水，在此观池鱼最佳。其东为"曲溪楼"，环池而筑。楼中嵌有文征明撰写的砖刻"曲溪"匾额，并有古树两株，苍老之致。在曲桥东部与曲溪之间，一片池水，明净如镜，楼台倒映，引人入胜。此楼长10米，宽3米，虽极瘦长，但因其两端均有更窄长的空间与之形成对比，两端出入口又偏在西边，使室内有停留回旋的余地，所以入楼后并无穿行过道的感觉。自曲溪楼向右转入东部内院的"西楼"，室内地面稍稍抬高，使竖向发生变化。过西楼，是"清风池馆"，依水池东侧而筑，以水榭形式向西敞开，不设门窗，并与对岸闻木樨香轩形成对景。由于近水，清风徐来，分外舒适，故有此名。中部游程至此为止。综观中园布局，实际上又可细分为东、西两区：西区以山池为主，池水清澈明净，实景与倒景交相辉映，西、北两侧是连绵起伏的假山，石峰屹立，间以溪谷，池岸陡峭，林木森茂，富有自然意趣；东区则以建筑庭园为主，散列着高低虚实互相错落的厅、楼、廊、轩、亭等建筑，不仅富于变化，而且皆面向山池，组成与西北区的山林相对的画面。东南角环以走廊，临池一面置有各种式样的漏窗、敞窗，使园景于窗洞中清晰可见；其另一面，则建有花台小院，布置精巧自然，四时花木，斗奇竞妍，使游人左右逢源，目不暇接。

东部景区以建筑见长，原是园主进行各种享乐活动的所在，以高大豪华的主体建筑——"五峰仙馆"为中心。馆前峰石挺秀，取李白"庐山东南五老峰，青天秀出金芙蓉"诗句为名。此馆的梁柱用珍贵的楠木建造，所以又称"楠木厅"。建筑富丽堂皇，高深宏敞，陈设布置精雅大方，装修精致，槅扇制作精细，花鸟虫鱼，栩栩如生，金石拓片古朴大方，楠木几案上的盆景古玩，清奇鲜艳。厅前庭院中有气势浑厚的湖石峰峦，堆叠得非常精巧，相传象征十二生肖形态，是苏州各园厅堂中规模最大的一处，不愧为江南厅堂建筑的典型。后院回廊花径，透迤多姿，下有金鱼池，玲珑可观。

五峰仙馆的西北角有"吸古得绠处"。此处原是书房，系园主子孙静心攻读的所在，以典故名其房，意在勉励后代子孙：钻研古人学问，必须下恒心苦读，只有下工夫找到一条线索，才能真正学到其精粹，这和欲汲深井之水必须先要有一根长绳一样。在五峰仙馆东北还有一间书斋，名曰"还我读书处"，这里藤竹茂密，繁花似锦，一带曲廊回旋，真是安静闲适，深邃无尽。揖峰轩内有精巧的红木装饰，中央粉墙上深色的窗框，使人顿觉窗外景物被构成一张张图画，好似张挂在墙上。揖峰轩南面为"石林小屋"，隐于树丛湖石之后，绕过东廊到达这里，诱人小憩。宋代词人叶梦得居湖州时，有"石林小院"，这里拿来借用。环顾三面粉墙,窗外蕉叶、竹影随风弄姿,透过绿丛可见月洞小门,门后仍然绿荫蔽日。在这浓郁的绿色笼罩下,真不知"庭院深深,深几许"。出亭,沿廊至"鹤所",只见西墙空窗外,五峰仙馆前院翠竹潇洒,湖石挺拔;东墙上则是细密的棱花窗,疏密、虚实结合得宜,令人惬意。

自揖峰轩东行为"林泉耆硕之馆",与五峰仙馆并为东园景区主要建筑之一。这是一座精致的建筑物,馆中门窗、挂落、挂灯等,雕刻精细,玲珑剔透,其精美华丽,可与五峰仙馆相媲美,被誉为我国古典园林厅堂建筑的精品。厅堂中间有银杏木精雕的月宫门洞屏风,将馆隔成南、北二室:前室雕梁画栋,后室朴素简雅,因前后结构和陈设不同,故又名"鸳鸯厅"。屏风南面刻有俞樾所书《冠云峰赞》,北面刻《冠云峰回》。除隔扇精雅,有名人书画外,尤以地罩构图精美华丽,为苏州园林之冠。

五峰仙馆与林泉耆硕之馆之间,联系着连绵的曲廊与三个小型院落,大小异形,疏密相间,产生由大到小,再由小到大的对比作用,在园林造型艺术上,极尽相互对照之能事。同时这两处院墙与走廊分成若干小空间,将景物分开,又通过各式花窗和门洞,将许多小空间和景物联成一气,并在各种不同小院内点缀树、石、花、竹、蕉,形成许多不同的对景,宛如一幅幅精美的绘画小品,是小型庭院布局的杰作。

林泉耆硕之馆的北院,矗立着著名的留园三峰:"冠云峰"、"瑞云峰"和"岫云峰"。冠云峰雄峙居中,瑞云、岫云两峰屏立左右。这三峰相传为宋代"花石纲"遗物,当年在采运过程中,曾落入太湖,捞取后移来园中,成为留园压园之宝。其中冠云峰高6.5米,清秀挺拔,兼具"漏、透、瘦、皱"的特点,有"江南园林峰石之冠"的美誉。三峰之下,假山围成花台小径,罗列着山峰石笋,花草松竹点缀其间,景色绝妙。三峰之前,池水一流,清流碧泉,更显"林下水边,胜地之胜"。三峰四周,建有"浣云馆"、"冠云亭"、"冠三台"、"冠云楼"与"伫云庵"建筑,皆围绕三峰作文章,可见园主对此三峰珍爱之至。各处建筑皆自成院落,优雅幽静,更是不凡。其北端冠云楼地势很高,由东端假山登楼,前望可以一览院内全景,北望虎丘,更是风景如画,是园内运用借景的佳例。中有匾额题曰"仙苑停云",其意说三峰在此,望云如蓬莱仙苑,可谓天堂胜境。楼下中间壁上,嵌有古代化石一方,鱼虾宛然,鳞甲生动。伫云庵南面,前有长方形小院,院南端有"亦不二亭",与之遥遥相对。此亭面对伫云庵,旧为园主学佛之所。在冠云峰之西有"佳晴喜雨快雪之亭",长廊三面环绕,自成一座小院。亭中有楠木屏门门扇,雕刻多种走兽花果,技艺精湛。

北园景区紧傍中园和东园景区的北侧,循曲径步出,是一片旷朗的月季园,花枝烂漫,清香宜人。再往西为"又一村",自月洞门至西部山麓,有长达数十丈的棚架蜿蜒伸展,下为嵌有花石的路径,两侧有花岗石长栏,顶上满架各种葡萄。南面园地满植桃、杏、梅、李,春时如霞似醉,景色随季节而变化。春花、夏荫、秋实，是此园的特色，俨然江南农家气派。北面陈列有树桩盆景和水石盆景，朴拙苍劲，峻奇多姿，集苏州盆景艺术之大观，是为又一特色。在饱览山石之美和游罢厅堂楼台之胜后，来到这里，眼界顿然一新，犹如置身于村野之中，故取陆游"山重水复疑无路，柳暗花明又一村"诗意为名，并借以点明这是留园别具一格的子园，也是江南农村风光在园林中的艺术再现。

西部园区，东西狭窄而南北长，占地约有十余亩。北园棚架尽处，即入西园景区，与中部园区仅一高墙之隔。其北为"小桃坞"，桃花成林。中段有土石相间的假山一座，堆砌自然，高下有致。山上有亭两座，北面一座为"至乐亭"，南面一座称"舒啸亭"。两亭构造别致，登亭可望虎丘、西园等名胜。山上满植枫树，春夏浓荫蔽日，深秋红叶似锦，叶花与银杏相映，色彩绚丽。山左有云墙一带，高下起伏，称为龙墙。山南有"之"字形小溪一条，潺潺绿水，通过小桥，向西南流去。两岸遍植桃柳，尽头壁上嵌有"缘溪行"三字，借以比拟陶渊明名作《桃花源记》里"缘溪行"的情景。山东麓有水榭，名"活泼泼地"，以状这里"鸢飞鱼跃，天机活泼"。山南为花圃，杂植花木，山林田园风味更浓，与中园、东园的富丽堂皇形成鲜明的对比。

留园四个子园景区，以曲廊作为联系纽带，曲廊共长700多米，随形而变，顺势而曲，或翻山腰，或穿水际，到处连贯，始终不断，通幽达壑，透迤相续，使园景显得堂奥纵深，变化无穷。长廊两面墙壁上，嵌有历代名家书法石刻300多方，称为"留园法帖"，既丰富了园内书卷气氛，又为继承和发扬书法艺术，提供了可贵的借鉴。

本章小结

园林是指人们运用技术和艺术手段，通过改造水貌地形、种植花草树木、建筑楼亭廊榭等方法创作而成的美的生态地域。园林旅游景观是指由园林形成的具有旅游观赏价值、供人游憩娱乐的人文景观。

按所处环境条件可分为自然园林景观、寺庙园林景观等。按占有者身份可分为皇家园林景观和私家园林景观。

园林旅游景观具有审美功能、娱乐功能、文化功能、生态功能。同时具有形象美、意境美、色彩美、音响美、韵律美等美学价值。

我国著名的具有代表意义的园林景观有以下几处。

自然园林景观：大明湖、二十四桥景区

寺庙园林景观：西山八大处、碧云寺、殊像寺、西园寺

皇家园林景观：北海公园、中南海、颐和园、圆明园遗址、承德避暑山庄

私家园林景观：沧浪亭、狮子林、拙政园、留园

重点内容

园林景观　园林景观的旅游功能　园林景观的审美　西山八大处　颐和园　拙政园

案例分析

苏州耦园

耦园位于苏州白塔东路东头，耦园、东园和动物园三园连为一体。东园主要景点有明轩、图腾柱、石灯笼等。耦（同"偶"）园，因有东、西两个园而得名。东花园布局以山为主，以池为衬，主体建筑坐北朝南，是一组重檐的楼厅。东北角略为突出，内辟小院3处，重楼复道；西与住宅相连，总称城曲草堂；中间设大厅3间是旧日园主饮宴聚会的地方，这种结构，为苏州园林所仅见。楼厅前隔以宽阔的平坡草地，又有黄石叠成假山，气势雄浑，假山东侧凿水池一泓，南北狭长。池东有廊，北接大厅东部，南通临水小亭。池水则自假山向东伸展，有曲桥架于水上。池南端有阁跨水而建，称做山水间，内有"岁寒三友"落地罩，雕刻精美。城曲草堂前的黄石假山，叠石气势雄伟，是全山最精美的部分。西花园在住宅中轴线西侧，以书斋为中心分隔成前后两个小院。书斋名"织帘老屋"。书斋后面又有一院，隔山石树木有书楼一座，在建筑布局上书房和庭院结合紧密，这也是耦园的一个特色。耦园格外幽静、雅致，是拙政园、狮子林等景点所无法比拟的。2000年11月，被列入《世界遗产名录》。

思考：耦园的旅游功能和欣赏价值。

基本训练

1. 判断题

（1）园林是指人们运用技术和艺术手段，通过改造水貌地形、种植花草树木、建筑楼亭廊榭等方法创作而成的美的生态地域。

（2）我国园林景观是画与诗的物化。

（3）皇家园林景观在古籍里面称之为苑、囿、宫苑、苑囿、御苑。

（4）水景是园林景观形成的"骨架"。

（5）"中南海"，是"中海"和"南海"的合称，位于故宫西侧，北海大桥南面。

（6）苏州狮子林东部假山区为全园主景。

（7）拙政园占地六十余亩，是苏州面积最大的名园，拙政园的特点是多山。

（8）二十四桥景区的建筑，在风格上注意突出扬州园林的"既有北方园林之雄，又有南方园林之秀"的地方传统与特色。

（9）颐和园总面积 4350 亩，水域占三分之二，是万寿山和昆明湖的总称。

（10）西园是拙政园的主体部分和全园的精华所在。

2. 选择题

（1）自然园林景观有哪几个特点：（   ）。

A. 天然色彩最重，人工雕琢最少

B. 范围规模较大，占地方圆几里甚至几十里

C. 公开开放，任人游览

D. 以自然景观为主，人工建筑为辅。

（2）皇家园林景观的最大特色包括：（   ）。

A. 规模宏大　　　　　　B. 建筑富丽

C. 浓重的皇权象征寓意　　D. 全面吸取江南园林的诗情画意

（3）（   ）是园林景观的"皮肤"。

A. 建筑　　　B. 山脉　　　C. 花木　　　D. 水景

（4）北京西山八大处的第一处是（   ）。

A. 三山庵　　B. 长安寺　　C. 灵光寺　　D. 大悲寺　　E. 龙王堂

（5）大明湖有三门，（   ）为正门。

A. 东门　　　B. 西门　　　C. 南门　　　D. 北门

3. 简答题

（1）园林景观是如何分类的？具体特点是什么？

（2）园林景观的旅游功能是什么？

（3）园林景观的构成要素包括什么？

（4）园林景观的欣赏包含哪些内容？

（5）我国著名的园林景观有哪些？

4. 实训题

根据所学的相关理论，试分析不同园林景观的异同。

就本章所介绍的我国著名的园林景观，选出你最喜欢的景观并分析其旅游功能及欣赏意义。

第九章
城镇村落旅游景观

学习目标

我国幅员辽阔，城镇村落众多。在我国广阔的版图上，承载了城镇村落色彩纷呈的地域文化。城镇村落旅游景观是旅游者最感兴趣的内容之一，这样它就成为重要的旅游资源。通过本章的学习，了解城镇村落旅游景观的类别，理解城镇村落旅游景观的含义、特点，熟悉我国历史古都和名城及具有鲜明特色的小镇村落旅游景观，掌握城镇村落旅游景观的旅游功能和欣赏价值。

第一节 概　　述

我国地域辽阔，城镇村落众多。在我国广阔的版图上，承载了城镇村落色彩纷呈的地域文化。城镇村落旅游景观是旅游者最感兴趣的内容之一，这样它就成为重要的旅游资源。异地的城镇村落风景、建筑和民俗风情等，给旅游者一种完全不同的文化享受。

一、城镇村落旅游景观的含义

城镇村落是人口集中，工业或农业、商业等发达的地区，通常是某一地区的政治、经济、文化中心。城镇村落旅游景观是指城镇村落中具有旅游观赏价值、供游人领略或体验的人文景观。

二、城镇村落旅游景观的类别

我国的城镇村落旅游景观可分为历史古都、历史名城、特色小镇、特色村落四种类型。

1. 历史古都

顾名思义，古都即古代的都城。北京、西安、南京、杭州、开封、洛阳、安阳并称中国七大古都，它们在中国文明发展史上都曾经起过举足轻重的作用，尽管是各领风骚几百年，但对中国古代的政治、经济、文化发展所起的作用都是不可磨灭的。七大古都，风格各异，展现了不同历史时期、不同地域的不同风情。深厚的历史背景和丰富的文化底蕴，为后人留下了宝贵的历史文化遗产，并在一定程度上奠定了后来城市发展的基础。

2. 历史名城

名城即著名的城市。上海、天津、重庆、香港、澳门、台北等城市，在历史上的各个时期，为中国的政治、经济、文化发展起到了重要作用。如今，这些历史名城又焕发了新的生机和活力，许多的历史古迹、文物和名胜都得到了很好的保护，成为新城市全面发展的起点。

3. 特色小镇

特色小镇即有独特风格和特点的小城镇。凤凰古城、平遥古城、丽江古城、蓬莱等小城镇各具特色，或山清水秀、人杰地灵，或依山傍海、风景秀丽，或建筑独特、民风古朴等。这些小镇虽然规模不大，但名气不小，独特的风景和民俗吸引着中外旅游者纷沓而来。

4. 特色村落

特色村落即有独特风格和特点的村庄。西递、宏村、王村、周庄、同里等村庄是我国古民居建筑艺术之典范，或被称为"桃花源里人家"，或被称为"中国画里的乡村"，或被称为"中国第一水乡"，或被称为"东方小威尼斯"，或直接更名为"芙蓉镇"，独特的民居和风景吸引着世界各地游客前来观光游览。

第二节　城镇村落旅游景观的旅游功能与欣赏

城镇村落旅游景观是重要的旅游资源。城镇村落旅游就是以城镇村落景观作为观赏对象，以观赏、了解、领略、体验城镇村落景区景点和风土人情为主要目的的旅游活动，它是一种高层次的文化旅游。我国幅员辽阔，城镇村落众多。各城镇村落有着不同特色的民居、民俗和风采，以其巨大的魅力吸引着世界各地的旅游者。

一、城镇村落旅游景观的旅游功能

城镇村落旅游景观具有审美功能、娱乐功能、文化功能。

1. 审美功能

我国城镇村落和民族众多，各地、各族人民千百年来积累了丰富多彩、独具魅力的地域文化。城镇村落旅游作为异地的文化参与活动，是在完全新鲜的环境中亲身体味异地生活情调、感受奇异风俗。对于旅游者来说，是完全陌生和新奇的审美体验。城镇村落旅游审美是对其自然风光、名胜古迹、建筑风格和文化艺术的欣赏，是对异地的跨文化的审美活动，是高级的精神享受。

2. 娱乐功能

城镇村落旅游是寓游于乐，寓游于趣的活动，带有极其浓厚的娱乐性质，尤其是在节日庆典或游艺活动中。节日庆典和游艺活动是最富观赏性、最具参与性、最有娱乐性的一种城镇村落旅游活动，很受旅游者的欢迎。

3. 文化功能

在我国五千年的历史发展进程中，由于各个地域和民族的不同境遇，使不同地域和民族的人民在文化方面做出了各自不同的选择。这不同的选择产生了各地域和民族文化的丰富性，不同地域和民族多样的文化丰富了人类文化的宝库。在现代旅游业迅速发展的今天，各不相同的地域和民族文化是城镇村落旅游观赏的重要内容。更多的旅游者接触和了解不同地域和民族的文化，促进了各地域、民族间的跨文化交流。

二、城镇村落旅游景观的欣赏

城镇村落旅游景观的可欣赏性或者说美学价值主要有生活美、形象美、建筑美三方面。

1. 生活美

不论旅游者走进中外闻名的历史古都或名城，还是来到富有特色的小镇或村落，在浓浓的异地情调包围下，旅游者不仅可以从中学到许多有关历史、地理、民族等方面的知识，而且在与当地人民进行的接触交流中，加强了相互间的了解，增进了相互间的友谊，体验和享受着亲切、自然而有趣的生活美感。

2. 形象美

我国的七大古都和历史名城，风韵各异，给旅游者展现了不同历史时期、不同城市的不同风貌。我国的特色小镇或村落，风格各异，给旅游者呈现了不同历史时期、不同村镇的不同风情。它们或是繁华都市、车水马龙、绚丽多彩，或是古镇村落、小桥流水、形象别致，形象之优美给国内外旅游者留下了难忘的印象。

3. 建筑美

北京的新高楼大厦与老四合院各显风采，上海外滩老式的西洋建筑与浦东现代的摩天大厦交相辉映。丽江纳西族的"三坊一照壁"式民宅，西递宏村的明清民居等，建筑造型别致、美观实用、特色鲜明、技艺精湛。古都名称和古镇村落都以不同的建筑风格和形象吸引着中外旅游者，具有很高的审美价值。

第三节 中国著名城镇村落旅游景观

一、历史古都

1. 北京

北京是一座具有悠久历史的古城，为中国七大古都之一。北京是中华人民共和国首都，是世界闻名的历史古城、文化名城，是全国的政治、经济、文化和交通中心。这里荟萃了中国灿烂的文化艺术，留下了许多名胜古迹和人文景观，是世界旅游热点城市之一。

北京，经历了中华民族的历史沧桑，50万年前的"北京人"、1.8万年前的"山顶洞人"就在这里繁衍生息，并创造了远古文化，后来一直是兵家必争之地。从金朝开始，历明、清皆建都于此，长达660年，加上新中国亦定都于此，总计建都达700多年，是中国最重要的最大的古都之一。

北京城因处燕京要塞，自古就是北方的军事重镇和贸易中心，北方各民族权利争夺和生活交流地，故多民族特色隐含在各种旅游景观中，清朝的兴衰，更是给北京的旅游景观打下深深的烙印。总之，北京现存的旅游景观，是一部用特殊文字书写的中华民族史。记述着历史上最悲壮的篇章，闪烁着各民族的智慧，铭刻着兄弟民族相残的教训，还格外清晰地记述着近现代史上文明掩盖下的暴行和伟大民族的抗争。这些无比深厚的文化内涵是其他古都无法比拟的，是世界都城不可比拟的，是北京旅游资源的最重要特色。北京旅游景观内容之多、品位之高雄居榜首，如故宫、颐和园、天安门、十三陵、长城、天坛、碧云寺、雍和宫、周口店遗址等。新中国成立以来，北京发展日新月异，昔日的帝都又融进了现代化城市的气息，街道宽阔，高楼林立，环境优美，是全国政治、文化、科技、交通中心。

北京有着的明显的四季更迭变化：春的柔顺与明丽，夏的妩媚与多情，秋的成熟与风韵，冬的纯洁与晶莹。北京是古老的，但同时又焕发着美丽的青春。北京正以一个雄伟、奇丽、新鲜、现代的姿态出现在世界上。

2. 西安

西安是一座具有3000多年历史的古都，古称长安。历史上，从公元前1122年起，曾先后有西周、秦、西汉、西晋、前赵、前秦、后秦、西魏、北周、隋、唐等十一个朝代在此建都，共历时1160年，与世界名城雅典、开罗、罗马齐名，同被誉为世界四大古都，当然也是中国七大古都之一。周人曾于此制礼作乐，铸典章于金石；秦始皇在此建造了中国建筑史上的杰作阿房宫，在骊山修建了规模巨大、埋藏极为丰富的历史宝库秦始皇陵。自汉朝起，这里便成为我国与世界各国进行交流的重要城市，著名的丝绸之路就是从这里出发的。至唐代，这里尤其繁荣，城市名称经多次更改，直到明洪武二年（1369年），改称西安府，"西安"之名便由此开始。至唐安史之乱，这里便不再成为国都。现为陕西省省会所在地，是全省政治、经济、文化和交通中心。

深厚的历史文化积淀使西安拥有了人类社会变迁的各个历史阶段丰富的文化遗产，漫步古城街头，触目皆是秦砖汉瓦；踏青郊野，满目景物都可引发人们对历史的凭吊。其境内有重点文物保护单位314处（其中国家和省级重点文物保护单位84处），古遗址、古陵墓4000余座，出土文物12万余件，其中包括旧石器时代的蓝田猿人遗址，以及秦始皇陵、汉高祖长陵、汉武帝茂陵、汉文帝霸陵、唐太宗昭陵、唐高宗李治与武则天的合葬墓乾陵等。此外，著名古迹还有始建于北宋哲宗元祐五年（1090年）的西安碑林，明朝留下的城墙、钟鼓楼，一系列的古城阙遗址，包括周镐京遗址、汉长安城遗址、隋大兴城遗址、唐长安城遗址、明西安城遗址，以及著名的寺院古塔，包括大雁塔、小雁塔、大兴善寺、草堂寺、清真寺、香积寺、城隍庙等以及其他如华清池、师山、阿房宫、关中书院、曲江池、翠华山等名胜。秦始皇陵是最早列入世界遗产名录的中国古迹。西安明代城墙是至今世界上保存最完整、规模最宏伟的古城堡。市内有6000多年历史的半坡遗址、文物储藏量居全国之最的陕西历史博物馆、唐代著名高僧玄奘法师译经之地大雁塔、西北最古老的清真寺化觉巷清真寺等。近年，汉阳陵的开发又成为举世瞩目的焦点，出土的裸体彩俑有"东方维纳斯"之誉。

今日的西安是一座经济繁荣、环境优美、整洁文明的现代化城市，旅游业已经成为其支柱产业。

3. 南京

南京位于江苏省西部，东依宁镇山脉，滔滔长江流贯市区北部，诸葛亮曾对南京一带的山川形势评价说："钟阜龙蟠，石城虎踞。"地势险固，风景秀丽，为孙吴、东晋、宋、齐、梁、陈等王朝都城。南唐、明（洪武）、太平天国以及解放前国民党政府也曾在此建都。南京简称"宁"，别名"金陵"，也曾称建业、建康、石头城等。现为江苏省省会，是长江下游西部的中心城市。

"六朝金粉地，金陵帝王州"。有着6000多年文明史和2400多年建城史的南京，是中国七大古都之一。自公元229年东吴孙权迁都南京以来，历史上先后有10个朝代在此建都，故有"十朝都会"之称。

南京文化古迹遍布，从中可以探寻历史的源头：中山陵依山而建，结构严整，观之而生一股浩然之气；夫子庙建筑群古色古香，漫步其间，让你体味明清时代的市井繁荣；中华门气势宏伟，设计巧妙，置身城内，壁垒森然，耳边似有战马嘶鸣；此外还有灵谷寺、石象路、三国东吴所筑石头城遗址、明代朱元璋的陵墓（明孝陵）以及革命纪念地雨花台等，引人遐思无限；古老的秦淮河玉带般蜿蜒舒展，站立桥头，眼前宛然是历史在悠悠流过；点缀两旁的玄武湖和莫愁湖静如处子，似在幽然倾诉；钟山、栖霞山迤逦悠长，"神龙"般延续着千年的守卫；金陵古城默然而立，城内的沧桑繁华铭刻着它的年轮。

古老悠久的文化遗产，现代文明的经济都市，与蔚为壮观的自然景观构成了南京独特的园林城市风貌。

4. 杭州

杭州是浙江省省会，是全省政治、经济、科教和文化中心，是全国重点风景旅游城市和历史文化名城。杭州地处长江三角洲南翼，杭州湾西端，钱塘江下游，京杭大运河南端，是长江三角洲重要的中心城市和中国东南部的交通枢纽。

杭州历史悠久，自秦时设县治以来，已有2200多年历史。杭州是华夏文明的发祥地之一。早在4700多年前，就有人类在此繁衍生息，并产生了被称为文明曙光的良渚文化。杭州曾是五代吴越国和南宋王朝两代建都地，是我国七大古都之一。"上有天堂，下有苏杭"，杭州因有美丽的西湖而成为闻名于世的风景旅游城市。北宋词人柳永在《望海潮》一词中写道："东南形胜，三吴都会，钱塘自古繁华。烟柳画桥，风帘翠幕，参差十万人家。云树绕堤沙，怒涛卷霜雪，天堑无涯。市列珠玑，户盈罗绮，竞豪奢。重湖叠巘清嘉，有三秋桂子，十里荷花。羌管弄晴，菱歌泛夜，嬉嬉钓叟莲娃。千骑拥高牙，乘醉听箫鼓，吟赏烟霞。异日图将好景，归去凤池夸。"千百年来，不知有多少中外人士被西湖那秀丽温馨的湖光山色所陶醉，萌生无限缱绻的情怀。此外，还有钱塘江的浩荡大潮，京杭大运河的悠扬古韵，以"山青、水清、史悠、境幽"四绝为特色的富春江-新安江-千岛湖国家级风景名胜区，天目山、清凉峰两个国家级自然保护区和千岛湖、大奇山、午潮山、富春江、青山湖国家森林公园。

5. 洛阳

洛阳市位于黄河南岸的伊洛盆地，四面环山，气候温和，土沃物饶。洛河、伊河、涧河等诸河纵横流贯其间，北通幽燕，南抵江汉，东邻齐鲁，西据崤肴、关中，自古就是中原的交通枢纽。

洛阳因地处古洛水之阳而得名，是国务院首批公布的历史文化名城，是我国七大古都之一。以洛阳为中心的河洛地区是华夏文明的重要发祥地。自夏朝以来，有13个朝代在洛阳建都，经历1529年之久。留下无数宝贵文化遗产，成为世人了解中国古代的脉搏。以黄河中游段南岸边的洛阳为中心的河洛地区，是华夏文明的摇篮与象征地。而今仍可见从偃师二里到漳河东岸20千米范围内分布着的夏、商、隋、唐五大都城遗址。从某种意义上说，洛阳的历史就是中华民族五千年沧桑历史的缩影。

洛阳东临嵩岳，西依秦岭，南望伏牛，北靠太行，地形、地貌复杂多变，孕育了名山大川、河湖瀑布、溶洞温泉、原始森林等风景名胜。2000年龙门石窟荣列世界遗产名录。中华民族的母亲河黄河及举世瞩目的小浪底水利枢纽工程，浩渺水面与崇山峻岭融为一体，构成一幅北方千岛湖的壮观画面。东80千米有中岳嵩山及少林寺名胜，青山叠翠，峰峦耸峙，寺庙巍巍，武校林立。南部和西部50~160千米范围内，分布有国家森林公园白云山、龙峪湾、花果山和国家级自然保护区伏牛山，有栾川老君山、洛宁神灵寨、嵩县天池山、新安青要山等8个省级森林公园和自然保护区，还有"北国第一溶洞"鸡冠洞、"北国水乡"重度沟和陆浑水库旅游度假区等景点。这些胜景密布且景景相连的自然景观，或山巍水澈，或峰奇石怪，或谷狭洞幽，或竹翠林茂，或泉清瀑壮，融雄峻、奇险、秀丽于一炉，集豪放刚阳、明秀阴柔为一体，兼具南北自然风光之神韵。随着景区基础设施建设的逐步完善，特别是小浪底至南部自然景区旅游快速通道的建设，这些久违人间的美丽景色正吸引着越来越多的中外游客。

6. 开封

开封市位于河南省东部，是国务院首批公布的24座历史文化名城和我国七大古都之一。开封是中华民族的主要发祥地之一，迄今已有2700多年的历史，古称汴京。现在保存在北京故宫博物院里的珍宝，北宋著名画家张择端的《清明上河图》风俗画卷，为我们重现了八百多年前东京都城汴河沿岸店铺林立、酒肆茶楼、商贩叫卖、车来人往的一片繁荣景象。

开封是一座人文与自然景观交相辉映的城市。开封具有"文物遗存丰富、城市格局悠久、古城风貌浓郁、北方水城独特"四大特色。在开封2700多年的历史长河中，开封城虽屡毁屡建，但城址和中轴线始终不变，被誉为城市发展史中罕见的特例。同时，开封城下还叠压着5座城池，其叠压层次之多、规模之大，在中国5000年文明史上是绝无仅有的，在世界考古史和都城史上也是独一无二的，被著名历史地理专家、中国古都学会会长朱士光教授誉为"活的化石"。目前，全市有文物保护单位238处，其中北宋东京城遗址、开封城墙、铁塔、延庆观、山陕甘会馆、繁塔、焦裕禄烈士陵园7处文物被列入全国重点文物保护单位，省级文物25处，国家4A级旅游点4处。龙亭湖风景区被评为全国创建文明风景旅游区示范点，包公湖景区被命名为省文明风景旅游区。名胜古迹、人文景观以宋代特色为主，元、明、清、民初各代特色齐备。开封市区分布着包公湖、龙亭湖、西北湖、铁塔湖、阳光湖等诸多湖泊，水域面积达145公顷，占老城区面积的1/4，是著名的"北方水城"，享有"一城宋韵半城水"的盛誉。

开封是一座文化底蕴丰厚的城市。开封是"宋文化"的发源地，从宋代勾栏瓦肆中流传下来的各种民间艺术，对中原文化产生了广泛而深远的影响。作为"戏曲之乡"，开封是豫剧"祥符调"的发源地。作为"书画之乡"，这里在宋代曾产生过"苏、黄、米、蔡"四大书法派系，开封翰园碑林已成为集诗、书、画、印于一体的艺术宝库。作为"木版年画艺术之乡"，开封朱仙镇木版年画是中国四大木版年画之一，被国内外专家学者誉为国宝。作为"盘鼓艺术之乡"，开封盘鼓参加了香港、澳门回归和建国五十周年庆典活动，并多次在全国民间艺术大赛中夺得金奖。作为"菊花之乡"，这里诞生了世界第一部菊艺专著，种菊、赏菊的历史长达1600多年，有"汴菊甲天下"的美誉。作为中国五大名绣之一的汴绣，以其独特的针法成为中国工艺美术的精品。开封是荟萃南北精华的"豫菜"发祥地，饮食文化具有"名店、名吃、名产"的特色，素有中国烹饪始祖之称的伊尹就出生于开封。古城开封以其深厚的历史文化底蕴、浓郁的现代文化氛围，正日益成为一座秉承传统、富有特色的文化强市。

7. 安阳

安阳位于河南省最北部晋冀豫三省交会处，是我国七大古都之一，是黄河流域华夏文明的发祥地之一。早在旧石器时代及原始社会，远古人类便在这里生息繁

204　下篇　人文旅游景观

衍，如今新石器时代的遗址遍布安阳全境。公元前14世纪，商王盘庚十四年（公元1387年）在此开始建都，历史上称为"殷"。殷商王朝，在此历八代十二王，使安阳成为商代后期的政治、经济、文化中心，也是中国最古老文字——甲骨文的故乡。自殷起，安阳作为古都的时间先后有370多年。

安阳是国家优秀旅游城市，旅游资源十分丰富，令人"观此胜于读古书"。安阳的主要名胜古迹有殷墟、文峰塔、袁林、岳飞庙、修定寺塔、灵泉寺石窟、颛顼和帝陵等。安阳自然风光秀丽多姿，小南海风景区、珍珠泉风景区和旖旎的太行风光，令中外游客流连忘返。独具特色的国际航空滑翔运动基地，因其优越的天然地势而深得跳伞、滑翔运动爱好者的青睐。

安阳是国家历史文化名城，文化底蕴深厚。坐落在安阳殷墟保护区内的中国社会科学院考古研究所安阳工作站，是世界级研究殷商文化的中心，通过一大批考古学家的辛勤劳动，给人们留下了宝贵的财富。认识中华文明，应从安阳殷墟开始！

阅读资料 9-1

殷　墟

殷墟是中国商代后期都城遗址，是中国历史上被证实的第一个都城，位于中国河南安阳市殷都区小屯村，横跨洹河两岸。商代从盘庚到帝辛（纣），在此建都达二百七十三年，是中国历史上可以肯定确切位置的最早的都城。殷墟是中国历史上第一个文献可考、并为考古学和甲骨文所证实的都城遗址。殷墟的发现和发掘被评为20世纪中国"100项重大考古发现"之首。20世纪初，因盗掘甲骨而发现，1928年正式开始考古发掘。1961年，殷墟成为中国全国重点文物保护单位，2006年7月13日，在联合国教科文组织第30届世界遗产大会上被列入《世界遗产名录》。

二、历史名城

1. 上海

上海（见图9-1），简称"沪"，别称"申"。大约在6000年前，现在的上海西部即已成陆，东部地区成陆也有2000年之久。上海地处中国东海岸的中心，是长江流域的门户。上海气候宜人，四季分明。上海是中央直辖市、中国最大的经济和贸易中心、综合性工业基地、中国第一大港和沿海开放城市、历史文化名城。

上海是一座历史悠久的文化城市。至2003年年末，上海被列入全国重点文物保护单位有16处，市级文物保护单位114处，纪念地点29处，保护地点14

处。迄今仍保留着我国唐、宋、元、明、清以来的若干古迹和富有特色的园林。有具有1000多年历史的龙华古寺，有建于三国时期的静安古寺和国内外知名的玉佛寺，有号称江南名园之秀的豫园，有嘉定的孔庙，松江的方塔、醉白池等。

上海是一座具有光荣革命历史传统的城市，留下了无数革命者的足迹和不少革命遗址。有诞生中国共产党的中共一大会址；有革命先行者孙中山先生故居；有一代伟人毛泽东、周恩来的寓所；有文化巨匠鲁迅先生的故居等。

上海是一个不断发展日渐强盛的城市，是我国最大的商业、金融中心，也是西太平洋地区重要的国际港口城市。其内外联系广泛，交通、通讯设施发达。

20世纪90年代以来，上海相继建成了一批享誉国内外的功能性建筑，构成了迷人的都市风景线，同时也成为上海的旅游新景观，向世人展示了上海的新风貌。有象征上海的外滩；有被誉为"城市绿肺"的人民广场；有创造了十个"世界第一"的东方明珠广播电视塔；有中国第一摩天大楼金茂大厦；以及南京路步行街、上海博物馆、上海大剧院、上海城市规划展示馆、上海马戏城等。上海历来以繁华的都市风貌、丰富的人文资源闻名海内外，颇具现代气息的旅游新景观以及绚丽多彩的上海旅游节和众多的展销交易会都使上海这座国际大都市焕发出更加迷人的风采！

今日的上海，是一座极具现代化而又不失中国传统特色的海派文化都市。繁华的大上海处处显现着她的独特魅力，令人着迷——外滩老式的西洋建筑与浦东现代的摩天大厦交相辉映；徐家汇大教堂圣诗声声，玉佛寺香烟袅袅；群众剧场的沪剧、滑稽戏，大剧院的交响乐、芭蕾舞；老饭店的本帮佳肴，杏花楼的广式粤茶，云南路的各地小吃，红房子的法国大菜，小绍兴的三黄鸡；上海老街的茶馆，衡山路的酒吧，中西合璧，各有各的精彩。夜幕降临，霓虹闪耀，夜上海粉墨登场，和平饭店的爵士乐，豫园的丝竹音乐，让人追忆二十世纪二三十年代老上海的旧梦，而现代迪斯科的节奏，遍地开花的网吧，又把人带回了新世纪的现代文明……

2. 重庆

重庆，又被称为"山城"、"火炉"和"雾都"。具有3000多年的悠久历史，是中国著名的历史文化名城，是巴渝文化的发祥地。

重庆市是中国西南地区和长江上游最大的经济中心城市，位于青藏高原与长江中下游平原的过渡地带，中国经济发达的东部地区与资源富集的西部地区的结合部，长江上游三峡库区及四川盆地东南部。在地貌构成上，最典型的特征是山多河多。众多山脉连绵起伏，大小河流纵横交错。长江干流自西向东横贯全境，在重庆境内流程665千米。重庆借长江"黄金水道"之便，自古就是重要的西南通衢。现在重庆已形成铁路、公路、水运、航空和管道运输相结合的综合运输体系，天上地下、四通八达，成为长江上游和西南地区最大的水陆空交通枢纽。

重庆终年和风轻拂，林木葱翠，山水俊秀。市区高阜园林，别具风格。枇杷山公园耸峙居中，是瞭望全市，欣赏重庆夜景的最佳处。被誉为"山城花冠"的南山公园，四季飘香；黄山上，别墅幢幢，多是"陪都"遗址。市郊南温泉公园、北温泉公园，岩壑幽深，景色迷人；四面山自然风景区，配置成趣。驱车大足，有唐末两宋以来的五万多尊摩崖石刻雕像。

由重庆乘船顺流东下，可饱览川江的小山城长寿，巴国古都涪陵，传说中的阴曹地府丰都，再经蜀先主刘备托孤的白帝城，进入夔门，就可以尽情地欣赏"长江小三峡"和"长江三峡"的风光。

3. 香港

香港得名于香江，素称"东方明珠"，位于珠江口外，原属广东省新安县，含香港岛、九龙半岛及新界三部分。香港是一个举世闻名的国际大都市，繁华地段、商业中心及行政官署主要集中在香港岛北部的中区和九龙半岛南部一带。

香港于1997年7月1日回到祖国怀抱，结束了100多年的殖民统治。有自己独立的货币、法律、海关。香港的现代化气息浓郁，经济、通讯、科技、交通、生活、娱乐都处于世界发展水平的前沿，尤为著名的是香港的电影业，对世界电影业都产生了广泛的影响。

香港地少人多，公共交通网络完善，车辆24小时川流不息，香港的地下铁路、海底隧道几乎都是世界最繁忙的交通网络之一。香港是一个集世界美食于一地的著名的"美食之都"。游客在香港可以品尝到全世界各地最可口的美酒佳肴。香港虽然地狭人稠，却能在购物方面为旅客提供最大的满足感，不论价钱、种类或服务，都名列世界之最，是名副其实的购物天堂。

紧张工作之后需要一个放松发泄的环境，这也造就了香港的娱乐业的发达。香港人对赛马的狂热举世无双，赛马活动的个人平均投注额是全球之冠。由于香港赛马会乃非牟利机构，所有收益均捐赠慈善机构、教育及环保团体，所以投注者对博彩失利往往毫不介意。香港这个不夜城似乎没有一刻静下来，其夜生活之繁华璀璨，可与其他著名国际大都会媲美。香港文化中心音乐厅设有2085个座位，装置了全东南亚最大的机动管风琴；"百宝迷宫"是亚洲最大及全球第二大的迷宫；位于尖沙咀东部的富豪夜总会是全球最大的日式夜总会；夜间观光包括乘坐天星小轮横渡海港，或是乘山顶缆车登上太平山顶，眺望维多利亚港的迷人夜色。

4. 澳门

澳门（见图9-2），被称做东方蒙地卡罗。澳门位于珠江入海口的西侧，由澳门半岛、凼仔岛和路环岛两个离岸小岛组成。它北与珠海市相连，东与中国香港特别行政区隔海相望，相距仅40海里。今天的澳门陆地面积达到23.5平方千米。澳门人口密度为世界之最，平均每平方千米有人约2万人，其中澳门半岛的人口密度达每平方千米5万多人。澳门现有人口中华人占96%，其余以葡萄牙人居多。澳门的经济结构主要由出口制造业、旅游博彩业、金融业和地产建筑业等构成。1999年12月20日回归祖国。

凼仔和路环是澳门的两个离岛，三地之间有大桥及公路相连接。凼仔和路环属于郊区，环境优美，空气清新，是休闲游乐的好去处。在这两个岛上，遍布葱翠的山丘、迷人的沙滩以及古朴清纯的村庄，洋溢一片大自然的醉人景色。时至今日，离岛的建筑，除了新近兴建的高层大厦之外，仍然保留着低矮的平房村屋建筑，部分楼宇更具浓厚的葡萄牙建筑风格色彩。凼仔，位于澳门半岛以南，建筑宏伟壮观的赛马会和澳门大学，均矗立在凼仔岛上。路环岛地方较为广阔，岛上保持自然风光，有山丘、树林、海滩和天然的海水浴场，风景美丽；其中以黑沙和竹湾最为著名。路环岛是一个绿化保护区，到处都可见绿树红花，弥漫一片清新自然景象，与烦嚣的都市成为强烈对比。

澳门属热带季风气候，温暖多雨。主要分冬夏两季，春秋短暂而不明显。夏热多雨，冬稍干冷，春温多雾，秋日晴朗。澳门的主要传统节日有春节、农历正月初四的"财神日"、农历七月十四日的"盂兰节"、中秋节以及其他一些中外节日。

阅读资料 9-2

拉 萨

拉萨市位于西藏自治区中部，地处雅鲁藏布江支流拉萨河中游北岸。拉萨是西藏自治区首府，是全区政治、经济、文化、宗教和交通中心，是一座具有1300多年历史的高原古城。1951年和平解放，1960年设市。现辖7县，市区人口11万多。地处西藏高原，全年无雾，光照充足，有"日光城"之称。

公元7世纪中叶，吐蕃部族首领松赞干布在此创基立业。公元641年，松赞干布完成统一大业后，迎娶唐朝文成公主，公主进藏后建议用白山羊背土填湖建庙。于是，人们把最初的寺庙，即现在的大昭寺，命名为"惹萨"，藏语的意思是"山羊背上"。最后，"惹萨"被译成了"逻些"，逐步又变成为"拉萨"了。而上千年来，这里曾几度成为西藏政教活动中心，于是，拉萨成为名副其实的"神圣之地"。

拉萨市内和郊区名胜古迹众多，布达拉宫、大昭寺、哲蚌寺、色拉寺和甘丹寺等早已驰名中外。其他景点还有藏王陵、楚布寺、达扎路恭纪功碑、甘丹颇章、拉萨清真寺、龙王潭、罗布林卡、曲贡遗址、西藏革命展览馆、小昭寺、药王山、直贡噶举派寺庙群等。

拉萨无疑是这个世界上最具特色、最富魅力的城市。这不仅因为它海拔3700米的高度令初来者感到晕眩，还因为它1300年的历史留下的文化遗迹以及宗教氛围所带给人们的震撼。

三、 特色小镇

1. 凤凰古城

凤凰古城，被称做中国最美的两个小城之一。这里山清水秀、人杰地灵，像一幅山水画；这里土家族、苗族、汉族杂居，完好地保留着苗族、土家族的建筑风格，似一幅民族风情画卷。新西兰作家路易·艾黎说，中国有两个最美的小城，一个是福建长汀，另一个是湖南凤凰。

凤凰县城位于湖南省西部边缘，西邻贵州的松桃和铜仁。从湖南湘西土家族苗族自治州首府吉首市向南，沿209国道大约80千米处，是湘西一个著名的县城。这里人才辈出，著名画家黄永玉、作家沈从文的家乡均在此地。凤凰县城的历史可一直追溯至先秦，古称"五竿"至清朝在此屯军后改称凤凰。

凤凰分新旧两个城区，城中土家族、苗族、汉族杂居。老城区傍沱江而建，沱江如酒，沿江的吊角楼就如美人醉酒一样憨态可掬。城内大街小巷中辣子与熏肉的香味四季飘香，多情湘女，婆娑而过。有月光的晚上，苗民男女的对歌声可惊醒每一扇临水的窗户。条石铺砌的街巷，依江而建的木制吊角楼，完好地保留着苗族、土家族的建筑风格。清浅的沱江穿老城而过，红色砂岩砌成的城墙伫立在岸边，南华山衬着古老的城楼，城楼还是清朝年间的，锈迹斑斑的铁门，还看得出当年威武的模样。北城门下宽宽的河面上横着一条窄窄的木桥，以石为墩，两人对面都要侧身而过，这里曾是当年出城的唯一通道。

清晨出北门外，看人们沐浴在晨曦中沿江洗衣劳作，逛逛老街，两边店铺林立，染坊、银器作坊、酒坊、土特产店，还有身着民族服饰的摊贩散布其间，构成了一幅湘西市井图；转转城中的庙宇、宗祠，其中以城西北的陈氏宗祠为代表，具有浓烈的地方特色。出了城，可见一山如利剑穿空，拔地而起，曰天星山。进山，再见斧削刀砍的绝壁中一清溪蜿蜒。跨过清溪，登栈道，古树夹道，怪石峥嵘。上山顶，一平台豁然开朗，中有一方池为"天池"，汩汩溪流，却久旱不涸，常有麋獐探水，百鸟低回。下得山来，兴犹未尽，去奇梁洞。沿溪水入洞，洞内有云雾山、天堂、龙宫、阴阳河等景，收桂林、张家界奇景于一洞。出洞入江，可再去看湘西最大的瀑布大龙洞和黄丝桥古城。

老城中许多深巷的另一端连接到新城区，一头是明清遗留的古朴建筑，一头是钢筋混凝土的现代建筑，一边是身着民族服装的老人，另一边是打扮入时的少年，恍若一条条时空隧道从中穿行而过，让人产生无限的遐想。傍晚时的吊角楼是城中富有情趣的拍摄题材，远远望去一根根木桩撑起间间小屋，清澈的江水在屋下流过，屋中摇曳的灯火若隐若现，让人不由得想起沈从文笔下的边城风姿。

2. 长汀

长汀是福建省西部重镇，历史上著名的汀州古城，自盛唐到清末均为州、郡、路、府的治所。它不仅是以光辉灿烂的革命文化作为重要组成部分的国家历史文化名城，而且是亘古绵延的唐宋古城、历练千年的客家首府和原汁原味的中国客家菜之乡。

"一川远汇三溪水，千嶂深围四面城"。长汀是一个民风淳朴、山清水秀的古老山城，城内卧龙山，一峰突起，不与群峰相连。依山沿河修筑的唐宋古城墙，把半个卧龙山圈进城内，构成了挂壁城池、城内有山、山中有城的独特格局。客家母亲河——汀江更像一条飘逸的白练，穿城而过。山城枕山临溪，犹如一颗璀璨的明珠，镶嵌在汀江之畔。

作为唐宋古城，悠久的历史给这块神奇的土地留下了许多珍贵的文物古迹，积聚了深厚的文化底蕴。始建于唐代的古城墙、古城门、古城楼，宏大壮观的明清两代的汀州试院，气势恢弘的汀州府文庙，雕梁画栋的汀州天后宫，独特罕见的唐宋古井"双阴塔"，以及成片保留下来的唐宋以来形成的传统古街区和民居，还有城隍庙、天后宫、南禅寺等众多古迹见证了这座历史文化名城厚重的文化内涵。唐代宰相张九龄、世界法医鼻祖宋代长汀知县宋慈、宋代民族英雄文天祥、清代著名大学者纪晓岚和长汀籍清代著名画家上官周等一大批文人志士都在长汀留下了珍贵的足迹，为这座悠悠千年古城增添了浓厚的华夏文化色彩。

长汀是海外闻名的客家首府，是历史上客家人聚居最具有代表性的城市。悠久的历史给长汀留下独具魅力的客家文化：客家民俗文化、客家服饰文化、客家建筑文化、客家风土文化和客家饮食文化。享誉海内外的客家山歌、名扬四海的客家美食、巧夺天工的客家传统花灯、丰富多彩的民间艺术如船灯、马灯、龙灯、十番、鼓吹、台阁、花鼓等构成长汀引人入胜的客家传统艺术的宝库。长汀的客家美食中外闻名，被评为"中国客家菜之乡"、"福建省美食名城"，素有"食在长汀"的美誉。长汀客家菜具有品种繁多、风味独特、自成一体的特点，经国家和省级评定的有6个"中华名小吃"、34个"福建省风味名小吃"、8家餐饮名店。

福建西部的莽莽大山和涓涓泉流，赋予了长汀灵山秀水的美丽风光，有风光独特的汀江龙门；古树苍郁、奇石嶙峋的汀江龙潭；白云缥缈、青松耸翠的卧龙山；烟霞丹照、古寺钟悠的朝斗岩；巧夺天工的奇妙溶洞官坊石峰寨。还有河田的天然温泉，岇龙山自然生态保护区等。

尤其是，特殊的革命历程给长汀留下了丰富而厚重的红色旅游资源。长汀被称为"红军的故乡、红色土地和红旗不倒"的"三红"土地，是全国21个革命圣地之一；是第二次国内革命战争时期中央苏区的经济文化中心，被誉为"红色小上海"；是距长征落脚点最远的一个长征出发地；是毛泽东思想的发祥地之一。

长汀紧紧抓住国家启动红色旅游工程这一发展良机，充分利用历史文化、客家文化、革命文化三位一体的旅游资源优势，努力打造"中央苏区红色小上海，万里长征起始点"这一红色旅游品牌，长汀旅游的明天必更具魅力。

3. 平遥古城

位于山西的平遥古城，是一座具有2700多年历史的文化名城，是中国目前保存最为完整的四座古城之一，也是目前我国唯一以整座古城申报世界文化遗产获得成功的古县城。1997 年 12 月被列入《世界遗产名录》。平遥旧称"古陶"，明朝初年，为防御外族南扰，始建城墙，洪武三年（公元 1370 年）在旧墙垣基础上重筑扩修，并全面包砖。以后景德、正德、嘉靖、隆庆和万历各代进行过十次大的补修和修葺，更新城楼，增设观敌台。康熙四十三年（公元 1703 年）因皇帝西巡路经平遥，而筑了四面大城楼，使城池更加壮观。平遥城墙总周长 6163 米，墙高约 12 米，把面积约 2.25 平方千米的平遥县城一隔为两个风格迥异的世界。城墙以内街道、铺面、市楼保留明清形制；城墙以外称新城。这是一座古代与现代建筑各成一体、交相辉映、令人遐思不已的佳地。

鸟瞰"三坊一照壁"式民宅城门六座，南北各一，东西各二。城池南门为龟头，门外两眼水井象征龟的双目。北城门为龟尾，是全城的最低处，城内所有积水都要经此流出。城池东西四座瓮城，双双相对，上西门、下西门、上东门的瓮城城门均向南开，形似龟爪前伸，唯下东门瓮城的外城门径直向东开，据说是造城时恐怕乌龟爬走，将其左腿拉直，拴在距城二十里的麓台上。这个看似虚妄的传说，闪射出古人对乌龟的极其崇拜之情。乌龟乃长生之物，在古人心目中自然如同神灵一样圣洁。它凝示着希冀借龟神之力，使平遥古城坚如磐石，金汤永固，安然无恙，永世长存的深刻含义。城墙上还有 72 个观敌楼，墙顶外侧有垛口 3000 个，传说它是孔子 3000 弟子、72 贤人的象征。

迄今为止，古城的城墙、街道、民居、店铺、庙宇等建筑仍然基本完好，原来的形式和格局大体未动，它们同属平遥古城现存历史文物的有机组成部分。这座坚实完整的砖石城池，数百年来在军事防御和防洪御险等方面发挥了很大的作用。

平遥古城素有"中国古建筑的荟萃和宝库"之称，文物古迹保存之多、品位之高实为国内所罕见。其中有始建于西周，扩建于明洪武三年，规模宏大，气势雄伟的国内保存最完整的古城墙；有始建于北汉天会七年（963 年）被列入我国第三位的现存最珍贵的木结构建筑镇国寺万佛殿；有始建于北齐武平二年（571 年）被誉为"中国古代彩塑艺术宝库"的双林寺；有中国宋金时期文庙的罕见实物——文庙大成殿；有中国金融上的开山鼻祖，被誉为"天下第一号"、"汇通天下"的"日升昌"票号；有始建于唐显庆二年，国内古建筑中罕见的"悬梁吊柱"奇特结构的清虚观；有遍布古城内外 1000 通碑刻及年代不一、形式多样、色彩缤纷的各种琉璃实物。同时，平遥古城是中国古代民居建筑的荟萃中心之一。古城内现存 4000 处古、近代民居建筑中，有 400 余处典型地体现着中国古、近代北方民居建筑的风格和特点。

平遥古城历史悠久，文物古迹众多。它完整地体现了 17～19 世纪的历史面貌，为明清建筑艺术的历史博物馆。其古建筑及文物古迹，在数量和品位上均属国内罕见，对研究中国古代城市变迁、城市建筑、人类居住形式和传统文化的发展具有极为重要的历史、艺术、科学价值。联合国教科文组织对平遥古城的评价是:"平遥古城是中国汉民族城市在明清时期的杰出范例,平遥古城保存了其所有特征,而且在中国历史的发展中为人们展示了一幅非同寻常的文化、社会、经济及宗教发展的完整画卷。"

4. 丽江古城

丽江(见图9-3)地处金沙江上游,历史悠久,风光秀美,自然环境雄伟,是古代羌人的后裔纳西族的故乡。丽江古城海拔2400米,是丽江纳西族自治县的中心城市,是中国历史文化名城之一,是国家重点风景名胜区。1997年12月3日,联合国教科文组织世界遗产委员会将丽江古城列入《世界遗产名录》。

山川流水环抱中的丽江县城,相传因形似一方大砚而得名"大研镇"。探寻它的过去,人们发现这片曾被遗忘的"古纳西王国",远古以来已有人类生息繁衍。今日的主人纳西民族,则是古代南迁羌人的后裔。这里地处滇、川、藏交通要道,古时候频繁的商旅活动,促使当地人丁兴旺,成为远近闻名的集市和重镇。

依山就水的丽江大研镇,既无高大围城,也无轩敞大道,但它古朴如画,处处透出自然和谐。镇内屋宇因地势和流水错落起伏,人们以木石与泥土构筑起美观适用的住宅,融入了汉、白、藏民居的传统,形成独特风格。当地常见的是"三坊一照壁"式民宅,即主房、厢房与壁围成的三合院。每房三间两层,朝南的正房供长辈居住,东西厢房一般由下辈住用。房屋多在两面山墙伸出的檐下,装饰一块鱼形或叶状木片,名曰"悬鱼",以祈"吉庆有余"。许多庭院门楼雕饰精巧,院内以卵石、瓦片、花砖铺地面,正面堂屋一般有六扇格子门窗,窗心的雕刻大多是四季花卉或吉祥鸟兽。堂前廊檐大多比较宽,是一处温馨惬意的活动空间。

丽江纳西人历来重教尚文,许多人擅长诗琴书画。在古城多彩的节庆活动中,除了通宵达旦的民族歌舞和乡土戏曲,业余演奏的"纳西古乐"最为著名。其中,《白沙细乐》为集歌、舞、乐为一体的大型古典音乐套曲,被誉为"活的音乐化石";另一部丽江《洞经音乐》则源自古老的道教音乐,它保留着许多早已失传的中原辞曲音韵。丽江纳西古乐曾应邀赴欧洲多国演出,受到观众的热烈欢迎和赞誉。闻名于世的丽江壁画,分布在古城及周围15座寺庙内,这些明清壁画,具有多种宗教及各教派内容融合并存的突出特点。遗存于丽江白沙村大宝积宫的大型壁画《无量寿如来会》,把汉传佛教、藏传佛教和道教的百尊神佛像绘在一起,反映了纳西族宗教文化的特点。丽江一带迄今流传着一种图画象形文字"东巴文"。这种纳西族先民用来记录东巴教经文的独特文字,是世界上唯一活着的图画象形文。如今分别收藏在中国以及欧美一些国家图书馆、博物馆中的20000多卷东巴经古籍,记录着纳西族千百年辉煌的历史文化。其中称做《磋模》的东巴舞谱,包括数十种古乐舞的舞蹈艺术中,是极为罕见的珍贵文献。被誉为古代纳西族"百科全书"的东巴经,对研究纳西族的历史、文化具有重要价值。

阅读资料 9-3

成　都

成都历史悠久,既是国务院公布的我国第一批历史文化名城,又是全国闻名的旅游胜地。成都市区内名胜古迹众多,郊外自然风光秀丽,终年游人不绝。此外,成都是四川省陆路交通和航空枢纽,也自然形成全川旅游和我国大西南旅游的中心城市。成都已有2000多年的历史,在历史长河中留下的众多遗迹和人文景观不胜枚举。

成都郫县的望丛祠是祭祀古蜀国开国帝王望帝杜宇、丛帝鳖灵的祠庙;2000多年前建成的都江堰水利工程,世世代代泽被川西;西汉蜀郡太守文翁在成都筑石室兴学,今故址犹存;汉代司马相如、扬雄出生在成都,如今邛崃的文君井及成都的驷马桥、小船坞墨池尚有历史遗迹;三国蜀主刘备和蜀相诸葛亮等人的纪念地有汉昭烈庙、武侯祠、惠陵、衣冠庙;散花楼和杜甫草堂是凭吊诗人李白、杜甫的胜地;锦江南岸的望江楼,是纪念唐代女诗人薛涛的地方。

成都也与宗教结下了不解之缘。这里不仅诞生了汉代的道学家严君平,大邑县的鹤鸣山,还是张道陵创立道教之处,青城山是其降魔传道的胜地;佛教传入巴蜀,曾兴盛于汉,唐代的高僧玄奘法师未去西天取经前曾在成都受戒;文殊院、昭觉寺、宝光寺禅林久负盛名。

成都不仅名胜古迹等人文景观众多,而且由于地理条件优越,自然景观也遍布各郊县。除久负盛名的青城山外,还有都江堰国家森林公园——龙池,大邑县的西岭雪山,彭州的九峰、银厂沟,邛崃的天台山等。此外,还有不少新辟景点和新建的游乐设施。

文化名城成都,以其悠久的历史、灿烂的文化载于史册,而成都美丽的自然景观,则以其雄奇壮美姿态,闻名中外。

四、特色村落

1. 古黟村落

2000年11月30日在澳大利亚凯恩斯召开的第24届世界遗产委员会会议做出决定,将中国安徽古黟村落(西递、宏村)列入世界遗产名录。

(1) 西递　西递(见图9-4)是黄山市最具代表性的古民居旅游景点,坐落于黄山南麓,距屯溪54千米,距黄山风景区仅40千米,距黟县县城8千米。该村东西长700米,南北宽300米,居民300余户,人口1000多。因村边有水西流,又因古有递送邮件的驿站,故而得名"西递",素有"桃花源里人家"之称。

据史料记载,西递始祖为唐昭宗李晔之子,因遭变乱,逃匿民间,改为胡姓,繁衍生息,形成聚居村落。故自古文风昌盛,到明清年间,一部分读书人弃儒从贾,他们经商成功,大兴土木,建房、修祠、铺路、架桥,将故里建设得非常舒适、气派、堂皇。历经数百年社会的动荡,风雨的侵袭,虽半数以上的古民居、祠堂、书院、牌坊已毁,但仍保留下数百幢古民居,从整体上保留下明清村落的基本面貌和特征。

西递村中至今尚保存完好明清民居近200幢。徽派建筑错落有致,砖、木、石雕点缀其间,目前已开发的有凌云阁、刺史牌楼、瑞玉庭、桃李园、东园、西园、大夫第、敬爱堂、履福堂、青云轩、膺福堂、应天齐艺术馆等20余处景点。该村建房多用黑色大理石,两条清泉穿村而过,99条高墙深巷,各具特色的古民居,使游客如置身迷宫。村头有座明万历六年(公元1578年)建的三间四柱五楼的青石牌坊,峥嵘巍峨,结构精巧,是胡氏家族地位显赫的象征。村中有座康熙年间建造的"履福堂",陈设典雅,充满书香气息,厅堂题为"书诗经世文章,孝悌传为报本"、"读书好营商好效好便好,创业难守成难知难不难"的对联,显示了儒学向建筑的渗透。村中另一古宅为"大夫第",建于清康熙三十年(公元1691年)。"大夫第"为临街亭阁式建筑,原用于观景,楼额悬有"桃花源里人家"六个大字,有趣的是,近人多将此楼当作古装戏中小姐择婿"抛绣球"的所在,现已成为西递村举办此项民俗活动的场所。"大夫第"门额下还有"做退一步想"的题字,语意双关,耐人寻味。此外,村中各家各户的富丽宅院、精巧的花园、黑色大理石制作的门框、漏窗,石雕的奇花异卉、飞禽走兽,砖雕的楼台亭阁、人物戏文,及精美的木雕,绚丽的彩绘、壁画,都体现了中国古代艺术之精华。且"布局之工,结构之巧,装饰之美,营造之精,文化内涵之深",为国内古民居建筑群所罕见,堪为徽派古民居建筑艺术之典范。

(2)宏村 宏村,古称弘村,位于黄山西南麓,距黟县县城11千米,是古黟桃花源里一座奇特的牛形古村落。整个村落占地30公顷,枕雷岗面南湖,山水明秀,享有"中国画里的乡村"之美称。山因水青,水因山活,南宋绍兴年间,古宏村人为防火灌田,独运匠心开仿生学之先河,建造出堪称"中国一绝"的人工水系,围绕牛形做活了一篇水文章。统看全村,就像一只昂首奋蹄的大水牛,成为当今"建筑史上一大奇观"。九曲十弯的水圳是"牛肠",傍泉眼挖掘的"月沼"是"牛胃","南湖"是"牛肚","牛肠"两旁民居为"牛身"。湖光山色与层楼叠院和谐共处,自然景观与人文内涵交相辉映,是宏村区别于其他民居建筑布局的特色,成为当今世界历史文化遗产的一大奇迹。

全村现完好保存明清民居140余幢,承志堂"三雕"精湛,富丽堂皇,被誉为"民间故宫"。著名景点还有:南湖风光、南湖书院、月沼春晓、牛肠水圳、双溪映碧、亭前大树、雷岗夕照、树人堂、明代祠堂乐叙堂等。村周围有闻名遐迹的雄山木雕楼、奇墅湖、塔川秋色、木坑竹海、万村明祠"爱敬堂"等景观。

宏村，经过前代人的辛勤劳作和后代人的合理保护，现已得到世人的公认。这份珍贵的遗产，可以让来自世界各地的游人了解古徽州文化深刻的内涵。

2. 周庄

周庄（见图 9-5）坐落在喧闹拥挤的上海、苏州附近，闹中取静，反倒具有了便利的交通环境。周庄历史悠久，文物古迹众多。刘公祠、澄虚道观、四义士祠、水冢和迷楼，各有不胜枚举的精彩。作为周庄的标志，全福塔和石牌楼更是人所注目的焦点。太师淀从不为人所知的湖泊变为世界人文历史的灿烂瑰宝，全靠1977年出土的新石器时代的大批文物。现在的太师淀已被鉴定为良渚文化的鼻祖。

周庄，有着丰富的人文景观和优美的水乡景色。素有"中国第一水乡"之称。她独特的城镇建筑格局以及保存完好的水镇建筑，一直为人称道。以沈厅、张厅为代表的周庄民居，犹存古风。周庄还有诸多历史悠久的桥梁建筑，享誉中外的双桥就坐落在这座古镇。古时名及一时的周庄八景，虽然随着时代的变迁遗失殆尽，但经过整饬的周庄又出现了许多新的旅游景点。如南湖园、全福讲寺等。

周庄镇自古为泽国，南北市河、后港河、油车漾河、中市河形成"井"字形，因河成街，傍水筑屋，呈现一派古朴、明静的幽雅，是江南典型的"小桥、流水、人家"。全镇桥街相连，小船轻摇，绿影婆娑，崇尚返朴归真的游人会情不自禁地吟诵：吴树依依吴水流，吴中舟楫好夷游。

周庄的水乡风韵孕育出她特有的风土人情，悠久的历史和丰厚的文化积淀，是值得游人细细品味的。每年举行的起源于清初的摇快船，抒发着水乡人民的豪情。闲情雅趣的阿婆茶有着浓浓的乡里乡情。静静河面，在夜色时分映衬着划灯的光芒。被称为"江南第一灯"的划灯，涌泻几十里，清丽雅致，蔚为壮观。

阅读资料 9-4

乌　镇

一提起"江南"、"古镇"这样的字眼，让人想到柔柔的水，斑驳老墙之间的石板路，以及木雕精美绝伦的民居的千年古镇——乌镇，一个原汁原味的古镇风貌。

有人对这千年古镇——乌镇或许生疏；可是，它正是现代文学巨匠、中华人民共和国第一任文化部长沈雁冰（笔名茅盾）的出生地；茅盾的小说《林家铺子》改编而成的同名电影，描绘的就是这个千年古镇。

乌镇地处江南六大古镇的中心位置，它离上海只有80分钟的车程，距离杭州则是50分钟的车程。在江南的水乡，有不少像乌镇这样的古镇，美丽宁静地像一颗颗珍珠。可是，乌镇除了小桥、流水、人家之外，更多地飘逸着一股浓郁的历史与文化气息，自宋至清，这里出了161名举人，其中进士64人。这可能是它的历史最悠久，文化最发达的缘故。

乌镇旅游景区的游程达2千米，由东栅老街、观前街、河边水阁、廊棚组成，自东往西复往东，依次是传统作坊区、传统民居区、传统餐饮区、传统商铺区和水乡风情区，由于景点众多、内容丰富、风格独特，游客多有流连忘返之感。从景区朝宗门进入，仿佛进入历史隧道，来到晚清（19世纪）乌镇的时空中。传统作坊区内的模拟工艺品制作坊场景，如蓝印花布印染，绝对"土气"的布鞋制作，刨烟制作等，让人了解了这些民间传统产品的制作工序。转入传统民居区，映入眼帘的是清代遗留下来的民居建筑。这里的民居，有的保留相当完好，梁、柱、门、窗上的木雕和石雕十分精湛雅致，游客可以从中获得民居建筑美学的知识和乐趣。乌镇这方风水宝地，地灵人杰，山清水秀，远离都市，历史上很多达官高士在此修筑园第别墅；如庸园、翰林第、徐家厅等。传统文化区主要景点有茅盾故居、林家铺子、立志书院、文昌阁、修真观、皮影戏馆、戏台、翰林第、竹刻工艺馆、江南百床馆、余榴梁钱币馆、汇源典当等。

茅盾故居是浙江省嘉兴市迄今唯一的全国重点文物保护单位，坐落在乌镇市河东侧的观前街17号，是一座四开间两进两层木结构楼房，坐北朝南，总面积450平方米。故居分东西两个单元，是茅盾的曾祖父分两次购买。老屋临街靠西的一间房是茅盾曾读过书的家塾，故居内部的布置简单，却散发着沈家世代书香特有的静雅之气。

千百年来，乌镇居民临河而建，傍桥而市，逶迤千余米的古帮岸、水阁和廊棚透出水乡悠悠的韵味，形成典型的江南水乡风情。

本章小结

城镇村落旅游景观是指城镇村落中具有旅游观赏价值、供游人领略或体验的人文景观。城镇村落旅游景观可分为历史古都、历史名城、特色小镇、特色村落四种类型。

城镇村落旅游景观具有审美功能、娱乐功能、文化功能，同时具有生活美、形象美、建筑美等美学价值。

我国具有代表意义的城镇村落景观有以下几种。

历史古都：北京、西安、南京、杭州、洛阳、开封、安阳

历史名城：上海、重庆、香港、澳门

特色小镇：凤凰古城、平遥古城、丽江古城、长汀

特色村落：西递、宏村、周庄

重点内容

城镇村落景观的含义　城镇村落景观的审美　七大古都　上海　香港　凤凰古城　平遥古城　古黟村落

案例分析

广　州

广州是广东省的省会，是中国最重要的大城市之一。她拥有一连串响亮的美称：五羊城（羊城）、穗城、花城，又是中国的历史文化名城。羊城和穗城的含意充满吉祥。

广州的旅游业非常发达，早在20年前已开风气之先，辟出白云山游览区、越秀公园、广州起义烈士陵园、流花公园、兰圃、麓湖公园、广州动物园、华南植物园等八大旅游公园，接着又有东方乐园、南湖乐园、飞图梦幻影城等大型娱乐公园。

现代人的趣味不断变化，旅游也要追赶潮流。于是，新型的景点纷纷涌现，老景点也花样翻新，叫人刮目相看。白云山仗着得天独厚、无可替代的自然环境，把山林泉湖修饰得更清明幽雅，另一方面又开辟出一个动感世界，加入了森林滑道、蹦极跳、滑草场等充满活力的极限运动项目，让人耳目一新；动物园侧畔新建了一个海洋馆，现代科技配合精彩的表演，把海洋生物展示得奇幻诱人；东方乐园引进仿佛好莱坞片场的东方电影世界，又搞了年年不同的欢乐节，吸引人们去了又来。

新景点都出手不凡。在白云山下，新建了云台花园，把中外名花异卉交织成一个美轮美奂的百花世界，美得很有现代感；又用广州著名雕塑家的众多作品组成一个空间广大的广州雕塑公园，欣赏着一个个造型生动的雕塑人物，仿佛能与南越国时代、辛亥革命时代、西关大屋时代的先人们对话。有一阵子，在广州东部崛起的"海陆空"成了旅游热点，即是前面说过的海洋馆，加上建在天河区东圃镇的"世界大观"和"航天奇观"。世界大观是一个集五大洲风情和世界自然奇观、著名建筑和表演艺术于一园的大型主题公园；航天奇观则用高科技的声、光、电和机械等手段展示

了中国和世界的航空航天技术。广州海洋馆几年来更是长盛不衰,成为目前世界上最有特色的海洋生物乐园之一。它设有海洋广场、海底隧道、深海景观、海洋剧场、淡水世界、鲨鱼馆、海狮乐团、海洋科普厅等多个场馆,压轴戏是海洋剧场的海兽表演,走运被选中的人,还可以亲身与可爱的海豚、海狮们一起玩乐,真是趣味无穷,精彩万分!

自从香江野生动物世界建成,又成了广州旅游新的当头大热点。香江野生动物世界的"镇园之宝",就是拥有众多在世界上极罕见的白老虎和白狮子。一个世界级的动物世界还嫌不够,近年来,在它的旁边又冒出一个"长隆夜间动物世界"来。从此,游动物园可日以继夜了。在这个号称世界最大的夜间动物世界里,游客可以坐着小火车,穿行于中华山麓、南美河谷、南非高原、印度森林、西非沼泽,探险猎奇,观赏各种动物,显得格外神秘。其实,许多动物的本性都是"夜游神",白天懒洋洋睡大觉,晚上才神采飞扬,专讨夜游人欢心。

最精彩的还是一场世界最大型的马戏表演,在那可容纳 12000 名观众的演艺广场上,白老虎、河马、猴子、小狗、山羊、骏马,各种动物各显神通,它们与世界顶尖的各国马戏演员和驯兽师通力合作,献给观众一个欢乐的夜晚。

而广州的"世界大观",则在有限的空间领略世界风貌;移步"民俗文化村",又可以领略到我国各个民族多姿多彩的风土人情;连绵数千千米的海岸线,不乏出色的海滨浴场,还有温泉、度假村都是人们休闲游览的场所。

思考:试对广州的旅游景观进行评价。

基本训练

1. 判断题

(1) 节日庆典和游艺活动是最富观赏性、最具参与性、最有娱乐性的一种城镇村落旅游活动。

(2) 北京有国家重点文物保护单位 51 个,现存古寺庙 2666 座,古文化遗址 23 处。

(3) "燕京八景"是指卢沟晓月、琼岛春阴、金台夕照、太液秋风、玉泉趵突、蓟门烟树、居庸叠翠和西山晴雪。

(4) 北京位于华北大平原的最东端,属典型的大陆性季风气候。

(5) 南京历史上先后有 10 个朝代在此建都,故有"十朝古都"之称。

(6) 苏州是浙江省省会,是全省政治、经济、科教和文化中心,是全国重点风景旅游城市和历史文化名城。

（7）开封市位于河南省东部，是国务院首批公布的 24 座历史文化名城和我国七大古都之一。

（8）洛阳是中国最古老文字——甲骨文的故乡。

（9）上海有世界第一高摩天大楼金茂大厦。

（10）香港是名副其实的"购物天堂"，著名的"美食之都"。

2. 选择题

（1）以下为历史古都的有（　　）。

A. 西安　　　B. 杭州　　　C. 开封　　　D. 南京　　　E. 重庆

（2）我国的特色小镇有（　　）。

A. 周庄　　　B. 平遥古城　C. 丽江古城　D. 凤凰古城　E. 蓬莱

（3）"中国四大古都"有（　　）。

A. 北京　　　B. 洛阳　　　C. 西安　　　D. 南京

（4）重庆，又被称为（　　）。

A. "云都"　　B. "山城"　　C. "火炉"　　D. "雾都"

（5）新西兰作家路易·艾黎说：中国有两个最美的小城（　　）。

A. 湖南王村　B. 福建长汀　C. 湖南凤凰　D. 山西宏村

3. 简答题

（1）什么是城镇村落景观？

（2）城镇村落景观是如何分类的？

（3）城镇村落景观的旅游功能是什么？

（4）城镇村落景观的欣赏包含哪些内容？

（5）我国著名的城镇村落景观有哪些？

4. 实训题

（1）根据所学的相关理论，试分析城镇村落景观的异同。

（2）就本章所介绍的我国著名的园林景观，选出你最喜欢的城镇村落景观并分析其旅游功能及欣赏意义。

第十章
宗教文化旅游景观

> 学习目标

宗教是人类社会发展到一定历史阶段的产物。宗教文化是人类传统文化的重要组成部分，是有特色和吸引力的人文旅游景观。遍布于我国各地的佛教名山、道教名山、石窟寺和摩崖造像群，拥有极其丰富的建筑、石雕、泥塑、壁画等，是中华民族的艺术瑰宝。通过本章的学习，了解宗教文化旅游景观的类别，理解宗教文化旅游景观的含义、特点，熟悉我国著名的宗教文化旅游景观，掌握宗教文化景观的旅游功能和欣赏价值。

第一节 概 述

宗教是人类社会发展到一定历史阶段的产物。宗教文化是人类传统文化的重要组成部分，是重要的旅游资源之一。遍布于我国各地的佛教名山、道教名山、石窟寺和摩崖造像群，拥有极其丰富的建筑、石雕、泥塑、壁画等，是中华民族的艺术瑰宝。宗教文化景观是富有特色和吸引力的人文旅游资源，极具旅游观赏价值。

一、宗教文化旅游景观的含义

宗教文化不仅是人类文化的有机组成部分，而且是有特色和吸引力的人文旅游资源。宗教文化旅游景观是指宗教文化中具有旅游观赏价值、供游人领略、体验或参与的人文景观。

二、宗教文化旅游景观的类别

我国宗教文化旅游景观可分为佛教名山、道教名山、石窟寺和摩崖造像群三种类型。

1. 佛教名山

佛教名山是指以佛教建筑和信仰为主的名山。如山西五台山、浙江普陀山、四川峨眉山、安徽九华山。它们合称佛教四大名山（又称四大道场），为明代以来禅僧和一般佛教徒集中参拜的地方。明代有"金五台，银普陀，铜峨眉，铁九华"之说，以区别四山在佛教信徒心目中的不同地位。

2. 道教名山

道教名山是指以道教建筑和信仰为主的名山。如青岛崂山、湖北武当山、江西龙虎山、安徽齐云山、四川青城山等。

3. 石窟寺和摩崖造像群

石窟寺是指以佛教或道教石雕、泥塑、壁画等为主的人工造像石窟寺或摩崖造像群。如敦煌石窟、云冈石窟、龙门石窟、麦积山石窟、乐山大佛、大足石刻等。

第二节　宗教文化旅游景观旅游功能与欣赏

宗教文化旅游景观是重要的旅游资源。宗教文化旅游就是以宗教文化景观作为主要观赏对象，以了解、领略、体验、虔诚参拜或考察研究为主要目的的旅游活动。我国地域辽阔，佛教名山、道教名山、石窟寺众多，各有特色和风采，其巨大的宗教和艺术魅力吸引着各地朝拜者和旅游者。

一、宗教文化旅游景观旅游功能

宗教文化旅游景观具有审美功能、宗教功能、文化功能。

1. 审美功能

我国佛教名山、道教名山、石窟寺众多，千百年来积累了丰富多彩、独具魅力的宗教文化。对于旅游者来说，宗教文化旅游审美是对佛教名山、道教名山、石窟寺等名胜古迹、建筑风格、文化艺术和自然风光的欣赏，是一种跨文化的审美活动和高级的精神享受。

2. 宗教功能

宗教是一种社会意识形态。旅游者参观寺观教堂或石窟内的仪式、设施和文字图画等资料，无不体现宗教的教义。而各种宗教教义又具有独特的哲学观、社会观、伦理道德观、人生价值观等，必然会对旅游者产生一定的影响。其中有关劝人积德行善、去除恶念、净化身心、知足常乐等行为准则和处世哲学，往往是旅游者愿意接受的。

3. 文化功能

宗教文化是人类传统文化的重要组成部分，佛教文化、道教文化等宗教文化的多样性丰富了人类文化的宝库。在我国，佛教名山、道教名山、石窟寺等是传播佛教文化、道教文化等宗教文化的重要场所。在现代旅游业迅速发展的今天，更多的旅游者接触和了解佛教文化、道教文化等不同的文化，能起到增长宗教文化知识，陶冶情操，修身养性的作用，还可以促进各国各地宗教文化的交流和研究。

二、宗教文化旅游景观的欣赏

宗教文化旅游景观的可欣赏性或者说美学价值主要有形象美、建筑美、艺术美三方面。

1. 形象美

我国的佛教名山、道教名山、石窟寺和摩崖造像群，风格各异，造型别致，给旅游者展现了不同历史时期的不同个性和风貌。形象之优美给来自世界各地的旅游者留下了难忘的印象。

2. 建筑美

宗教建筑如寺院、石窟、古塔、经幢等建筑造型别致、风格各异、特色鲜明、技艺精湛，都以不同的建筑风格和形象吸引着中外旅游者，具有很高的审美价值。

3. 艺术美

在早期的佛教、道教传播过程中，为了争取更多的信徒，让更多的人接受其教义，就充分利用雕塑、壁画、音乐、文学、艺术等各种形式，向人们展示其思想和内容。这些雕塑、石刻、壁画等更是艺术史上的瑰宝，是祖国珍贵的艺术遗产。如敦煌莫高窟堪称世界佛教艺术的圣地，其艺术魅力令来自世界各地的旅游者折服。

第三节　中国著名宗教文化旅游景观

一、佛教名山

1. 五台山

五台山位于山西省五台县，传说是文殊菩萨道场。自北魏创建大浮灵鹫寺后，即佛寺林立。元、明、清三代，藏传佛教传入五台山。五台山是我国唯一兼有汉地佛教和藏传佛教道场的佛教圣地。2009年6月，被列入《世界遗产名录》文化景观。青庙与黄庙并存，显教与密教竞传，是500年来五台山佛教的最大特色。现在，五台山存有40余座寺庙。显通寺的前身是建于北魏的大浮灵鹫寺，因而是五台山历史最悠久、最负盛名的寺院，属全国重点文物保护单位。塔院寺的大白塔，通高75.3米，为尼泊尔阿尼哥设计的藏式白塔，为五台山的象征标志。菩萨顶寺系传说中的文殊菩萨居住处，为五台山黄庙（藏传佛教寺院）之首。位于台外的南禅寺，建于唐建中三年（782年），其大雄宝殿是我国现存最古老的木结构建筑，属于全国重点文物保护单位。位于台外的佛光寺，其东大殿建于唐大中十一年（857年），亦是我国现存最古老的佛寺之一，建筑年代仅次于南禅寺，属全国重点文物保护单位。

2. 普陀山

普陀山是我国四大佛教名山之一，传说是观音菩萨道场，也是著名的海岛风景旅游胜地。如此美丽，又有如此众多文物古迹的小岛，在我国可以说是绝无仅有，前人对普陀山作了这样高的评价："以山而兼湖之胜，则推西湖；以山而兼海之胜，当推普陀。"把普陀与人间天堂西湖相比，应该说，这个评语是客观的。

普陀山位于浙江杭州湾以东约 100 海里，是舟山群岛中的一个小岛。全岛面积 12.5 平方千米，呈狭长形，南北最长处为 8.6 千米，东西宽约 3.5 千米。最高处佛顶山，海拔约 300 米。

普陀山的海天景色，不论在哪一个景区、景点，都使人感到海阔天空。虽有海风怒号，浊浪排空，却并不使人有惊涛骇浪之感，只觉得这些异景奇观使人振奋。普陀山既以海天壮阔取胜，又以山林深邃见长。登山览胜，眺望碧海，一座座海岛浮在海面上，点点白帆行驶其间，景色极为动人。

普陀山的风景名胜、游览点很多，主要有：普济、法雨、慧济三大寺，这是现今保存的二十多所寺庵中最大的。普济禅寺始建于宋，为山中供奉观音的主刹，建筑总面积约 11000 多平方米。法雨禅寺始建于明，依山凭险，层层叠建，周围古木参天，极为幽静。慧济禅寺建于佛顶山上，又名佛顶山寺。

普陀山奇岩怪石很多。著名的有磐陀石、二龟听法石、海天佛国石等二十余处。在山海相接之处有许多石洞胜景，最著名的是潮音洞和梵音洞。岛的四周有许多沙滩，但主要的是百步沙和千步沙。千步沙是一个弧形沙滩，长约 3 里，沙细坡缓，沙面宽坦柔软，是一个优良的海水浴场。夏天去游览，可带上游泳衣在这里畅游。岛上树木葱郁，林幽壑美，有樟、罗汉松、银杏、合欢等树。大樟树有 1000 余株。其中有 1000 年古樟，树围达 6 米。还有一株"鹅耳枥"，是我国少见的珍贵树种，列为国家二等保护植物。普陀山流传着许多有关佛教的民间故事。

普陀山作为佛教圣地，最盛时有 82 座寺庵，128 处茅篷，僧尼达 4000 余人。来此旅游的人，在岛上的小径间漫步，经常可以遇到身穿袈裟的僧人。美丽的自然风景和浓郁的佛都气氛，使它蒙上一层神秘的色彩，而这种色彩，也正是它对游人有较强吸引力的所在。

3. 峨眉山

峨眉山位于中国西南部的四川省，距成都 156 千米，走高速公路需 1.5 小时。主峰金顶绝壁凌空高插云霄，巍然屹立。登临其间，可西眺皑皑雪峰，东览莽莽平川，气势雄而景观奇，有云海、日出、佛光、圣灯四大奇观。中部群山峰峦叠嶂，含烟凝翠，飞瀑流泉，鸟语花香，草木茂而风光秀。是我国著名的游览胜地，1996 年被联合国教科文组织列入"世界自然与文化遗产"。

从晋代开始，峨眉山一直传说为佛教普贤道场，是中国四大佛教名山之一，距今已有1000多年的文化史。峨眉山高出五岳，秀甲天下，山势雄伟，景色秀丽，气象万千，素有"一山有四季，十里不同天"之妙喻。清代诗人谭钟岳将峨眉山佳景概括为十景："金顶祥光"、"象池夜月"、"九老仙府"、"洪椿晓雨"、"白水秋风"、"双桥清音"、"大坪霁雪"、"灵岩叠翠"、"罗峰晴云"、"圣积晚钟"。

现在人们又不断发现和创造了许多新景观。进入山中，重峦叠嶂，古木参天；峰回路转，云断桥连；洞深谷幽，天光一线；灵猴嬉戏，琴蛙奏弹；奇花铺径，别有洞天。

春季万物萌动，郁郁葱葱；夏季百花争艳，姹紫嫣红；秋季红叶满山，五彩缤纷；冬季银装素裹，白雪皑皑。峨眉山以优美的自然风光、悠久的佛教文化、丰富的动植物资源、独特的地质地貌而著称于世。素有"峨眉天下秀"的美誉。唐代诗人李白诗曰："蜀国多仙山，峨眉邈难匹。"明代诗人周洪谟赞道："三峨之秀甲天下，何须涉海寻蓬莱。"当代文豪郭沫若题书峨眉山为"天下名山"。古往今来峨眉山就是人们礼佛朝拜、游览观光、科学考察和休闲疗养的胜地。

4. 九华山

九华山位于安徽西部青阳县城西南，传说是地藏菩萨道场。现有寺庙80余座，僧尼300余人，是具有佛教特色的风景旅游区。在中国佛教四大名山中，九华山独领风骚，以"香火甲天下"、"东南第一山"的双重桂冠而闻名于海内外。

九华山方圆约百千米，号称九十九峰、十八景，鼎盛时寺庵一百五、僧尼三四千。九华山群峰争峙，却玲珑秀丽。之所以成名，除了它得天独厚的优美环境外，还应归功于诗仙李白和高僧金乔觉。九华山原名九子山，李白游山时，远眺九峰如天赐九莲，触景生情，咏有《遥望九华峰》一诗，赞曰"妙有分二气，灵山开九华"，从此"九华名遂闻于天下"。稍后，朝鲜半岛高僧金乔觉，渡海来九华修行，传说他是地藏菩萨的化身，普度众生，功德无量，"远近焚香者，日以千计"。

九华山不仅以佛教人文景观著称，而且山水雄奇、灵秀，胜迹众多。在全山120平方千米范围内，奇峰叠起，怪石嶙峋，涌泉飞瀑，溪水潺潺。鸟语伴钟鼓，云雾现奇松。自然风光十分迷人。唐代诗人刘禹锡赞曰："奇峰一见惊魂魄。"宋代文学家王安石则云："楚越千万山，雄奇此山兼。"

九华山最高峰十王峰，海拔1342米，素有"东南第一山"之称，其次为七贤峰（1337米）、天台峰（1306米）。海拔1000米以上的高峰有三十余座，云海翻腾，各展雄姿，气象万千。险峰多峭壁怪石，天台峰西"大鹏听经石"，传说有大鹏听地藏菩萨诵经而感化成石。观音峰上观音石，酷似观音菩萨凌风欲行。十王峰西有"木鱼石"，钵盂峰有"石佛"，中莲花峰有"罗汉晒肚皮"，南蜡烛峰有"猴子拜观音"等，惟妙惟肖，越看越奇，耐人寻味。又有幽深岩洞，堆云洞、地藏洞，相传金地藏最初来九华时曾禅居洞内。还有老虎洞、狮子洞、华严洞、长生洞、飞龙洞、道僧洞等，均为古代僧人居室，清静雅致，极利禅修。

224　　下篇　人文旅游景观

深山多秀水。九华山溪水清澈，泉、池、潭、瀑众多。有龙溪、缥溪、舒溪、曹溪、濂溪、澜溪、九子溪等，源于九华山各峰之间，逶迤秀丽，闪现于绿树丛中。龙溪上有五龙瀑，飞泻龙池，喷雪跳玉，极为壮观。又有弄珠潭，激流直下，浪花似珠玉四处乱弹。舒溪三瀑相连，注入上、中、下雪潭，断崖飞帘，如卷雪浪。此外还有碧桃岩瀑布、濯缨瀑、七布泉瀑布、百丈箭瀑布、百丈潭瀑布、百丈岩瀑布等。潭有饮猿潭、清漪潭、濯缨潭、伏龙潭、百丈潭、鲇鱼潭等，正是"藏在深山人未识，一朝踏勘情难忘"。

九华山山水风景最著名者，旧志载有九华十景：天台晓日、化城晚钟、东崖晏坐、天柱仙踪、桃岩瀑布、莲峰云海、平岗积雪、舒潭印月、九子泉声、五溪山色。此外，还有龙池飞瀑、闵园竹海、甘露灵秀、摩空梵宫、花台锦簇、狮子峰林、青沟探幽、鱼龙洞府、凤凰古松等名胜。

阅读资料 10-1

天心永乐禅寺

　　天心永乐禅寺始建于唐代贞元（公元790年）年间，是福建武夷山最大的佛教寺院。武夷山方圆百里，群峰林立，如成千的莲叶簇拥着一朵莲花，而禅寺正处于莲心之位置，因而古称"山心庵"。禅寺周边古木深崖，移步见奇，涉目成趣。站在禅寺前面的小山上回望，五只大象正拖着长长的鼻子匍匐而来，如同前来朝圣这座千年古刹。天心永乐禅寺不但坐拥"千叶莲心"、"五象朝圣"之美景，而且高僧辈出，名流荟萃，屡被朝封，佛教文化积淀悠远绵长，还精制出国宝级的名茶"大红袍"。名山、名寺、名僧、名流、名茶交相辉映，共同成就了这座千年古刹、华胄名山。

　　游览天心永乐禅寺不但可以领略"举步登山，山浮云际"的惬意，可以享受"到此般般放下，从此步步高升"的快慰，可以放牧"天晴月圆，花枝春满"的心情，可以体味"禅茶一味"的悠然禅趣，更可以徜徉在历史的时空，与先贤对话、向古圣交心而启迪人生的智慧，与青山对坐，用白云洗心而荡涤心灵的尘土。

二、道教名山

1. 武当山

武当山，又名太和山，在湖北西北部均县和房县交界处，方圆400千米，有七十二峰、二十四涧、十一洞、三潭、九泉、十池、九井、十石、九台等风景胜迹，主峰天柱峰，海拔1612米。在这风景优美的峰峦环抱中，宫观庙宇星罗棋布，有二观、八宫、三十八庵堂、七十二岩庙，主要有金殿、太和、南岩、紫霄、五龙、遇真、玉虚等宫，复真、元和二观及磨针井、玄岳门等。1994年12

月,武当山古建筑群被列入《世界遗产名录》文化遗产。

武当山是我国道教第一名山,素有道门仙境之称。在武当山的所有宫观中,供奉最多的是真武帝的塑像。塑像有石雕的,铜铸的,千姿百态,栩栩如生。历朝各代都供奉真武帝,道观越修越多,形成了一个庞大的古建筑群。其中天柱峰上的金殿全部由铜铸部件拼合而成,总重达80余吨,内有真武祖师坐像及金童玉女、水火二将等铜雕群像,姿态各异,造型逼真。武当山传说是真武成仙的地方,故民间有"非真武不足以当之"的说法。

武当拳全称"武当太乙五行拳",是我国武术上的重要遗产。武当派的创派祖师是"邋遢真人"张三丰,原名张君宝,他创造的拳术称为动静结合的太极十三式。传说,当年张君宝在武当山上修习觉远大师所授的九阳真经,数年之后内力大进,其后多读道藏,于道家练气之术更深有心得,领会了武功中以柔克刚的至理,他以自悟的拳理、道家冲虚圆通之道和九阳真经中所载内功,创出了辉映后世、照耀千古的武当一派武功。后来北游宝鸡,见到三峰挺秀,卓立云海,于武学又有所悟,乃自号三丰。到明弘治年间,武当山紫霄宫第八代宗师张守性,综合张三丰的太极十三式的华佗的气功五禽戏,发展成为武当山道士世代相传的一种独特拳术,亦称内家拳,流传甚广。张三丰虽属全真,却直属麻衣道人、陈抟、火龙真人一系。他秉承了宋元以来,内丹派三教同源之说,认为"儒是行道济时,佛是悟道觉世,仙是藏道度人"。而主张儒、道双修。张三丰是武当内家拳的祖师,也是今日太极拳的始祖。不论是武当拳或武当剑,都是以静制动,以柔克刚。内家拳分太极,八卦,形意,太成诸门,而以太极门为主。张三丰是位多才多艺,清高绝俗,远离名利的隐仙。他精通三教经典,善剑好道,医术高明,尤善诗文。由于武当是道教武林圣地,与佛教的嵩山少林寺齐名,故武术界有"北宗少林,南崇武当"之说。

武当山山势奇特,一峰擎天,众峰拱卫,既有泰山之雄,又有华山之险;悬崖、深涧、幽洞、清泉星罗棋布,名胜古迹较多。武当山古建筑群1994年已被联合国教科文组织列为世界文化遗产。

2. 龙虎山

龙虎山位于江西省鹰潭市区南郊20千米处,是中国道教发祥地,国家级重点风景名胜区。整个区200平方千米,素有"神仙所都"、"人间福地"之誉。

龙虎山源远流长的道教文化,独具特色的碧水丹山和历史悠久、出土文物丰富的古崖墓群构成了龙虎山自然景观和人文景观的"三绝"。中国古典名著《水浒》第一回"张天师祈禳瘟疫,洪太尉误走妖魔",以生动的文字描写这里的景色:"千峰竞秀,万壑争流。瀑布斜飞,藤萝倒挂";"远观磨断乱云痕,近看一吞明月魂"。登高可览九十九峰龙腾虎跃之雄峻,乘筏可赏二十余里仙踪缥缈之画屏。寻天师遗迹,拜道教祖庭,探崖墓之秘,眺龙腾虎跃,观民风之淳,见景见趣,赏心悦目,美不胜收。龙虎山原名云锦山,传说东汉中叶,第一代天师张道陵来到这里肇基炼九天神丹,"丹成而龙虎见,山因以名"。之后,张道陵精诚修道,创立了道教,先后获"黄帝九鼎丹书"和"太清丹经",撰写《老子想尔注》进行解说,并携带弟子入蜀布道,用符水咒法为人治病祛灾,深得人民爱戴。天师世家承袭六十三代,历经1900多年,是我国一姓嗣教时间最长的道派,在中国百姓中具有广泛的影响,素有北孔(孔夫子)南张(张天师)之称。至今保留完好的龙虎山上清嗣汉天师府,占地3万多平方米,建筑恢弘,尚存古建筑6000余平方米,全部雕花镂刻,朱红细漆,古色古香,一派仙气。被历史上许多皇帝赐号"宰相家"、"大真人府",历来被尊为道教祖庭。龙虎山的大上清宫,始建于东汉,为祖天师张道陵修道之所,简称上清宫。道教兴盛时期曾建有十大道宫,二十四道观,三十六道院。宫内伏魔殿的镇妖井,就是施耐庵生花妙笔下梁山一百零八将的出处,整个建筑规模宏大,是中国建筑史上一大奇观。龙虎山是我国典型的丹霞地貌风景,景区有九十九峰、二十四岩、一百零八处自然和人文景观,二十多处神井丹池和流泉飞瀑。明净秀美、婀娜多姿的泸溪河,由南向北从景区贯穿而过。她宛若一条银色的飘带,把上清宫、天师府、龙虎山、仙水岩等宝珠串为一体,形成龙虎山旅游观光的最佳线路。从上清千年古镇乘竹筏顺泸溪河而下,二十里山水二十里画屏,两岸奇峰怪石,竹林青翠欲滴,移步即景,宛若仙境。历史上许多文人墨客都曾游览于此,吟诗作画,流芳千古。历时2600多年的春秋战国崖墓,是龙虎山风景旅游区的又一"绝"景,崖墓分布广、数量多、位置险、造型奇特、文物丰富,为中国之最。

3. 齐云山

齐云山位于安徽黄山脚下,在黄山市(屯溪)西33千米,因其"一石插天,与云并齐",故名齐云山。它是一处以道教文化和丹霞地貌为特色的山岳风景名胜区,历史上有"黄山白岳甲江南"之称,1981年列为省重点保护单位,1994年国务院公布为国家重点风景名胜区。

齐云山海拔高度仅585米,用"插天"来形容其高虽有些夸大,但有36奇峰、72怪岩、24飞洞,加之境内河、湖、泉、潭、瀑构成了一幅山清水秀、峭拔明丽的自然图画。白岳的特点是峰峦怪谲,且多为圆锥体,远远望去,一个个面目各异的圆丘,自成一格。主要景观有:洞天福地、真仙洞府、月华街、太素宫、香炉峰、小壶天、玄天太素宫、玉虚宫、方腊寨、五青峰、云岩湖等。齐云山碑铭石刻星罗棋布,素有"江南第一名山"之誉。该山道教始于唐乾元年间(公元758~760年),至明,道教盛行,香火旺盛,故成为我国四大道教名山之一。

4. 青城山

青城山位于四川都江堰市西南15千米,离成都70千米,周围约120千米,有"青城天下幽"的美誉,意思是天下名山中,青城山是最幽深、恬静的一个。山名青城,是因为诸峰环绕,状若城郭。山上树木茂盛,山路两旁古木参天,浓荫覆地,四季常青。青城山是我国道教发源地之一,属道教名山。它的主要风景名胜有：建福宫，始建于唐代，规模颇大。它建在丈人峰下，宫前有一条清溪，四周古木葱茏，环境幽美。宋代诗人陆放翁曾写诗赞颂。这座宫是游山的起点。天然图画，是清光绪年间建造的一座阁。这里苍岩壁立，绿树交映，游人至此，如置身画中，故将此建筑名为"天然图画"。天师洞，洞中有"天师"张道陵及其三十代孙"虚靖天师"像。现存殿宇建于清末，规模宏伟，雕刻精致，并有不少珍贵文物和古树。附近有三岛石、洗心池、上天梯、一线天等名胜。

青城山确实有"幽"的特点。由于历代开拓者颇为上山的人设想，在崎岖的山路上，游人每行 10 分钟左右，就可以遇到一座小亭，略事休息。这些小亭，有的建在路旁，有的建在跨涧越壑的石桥上，与周围景色颇为协调，而且越往上，亭距越短，因为这时游人已感疲乏，需要多休息几次。游览青城山的乐趣就在于沿着浓荫密布的石阶山路，缓缓攀登，一路上欣赏山上的多种美景，有时俯临深涧，有时又攀登危崖，来到一处道观，就可以坐下来喝一杯茶，欣赏观中建筑和所藏文物。

青城山，素有"洞天福地"、"人间仙境"之誉，青城山分青城前山和青城后山。前山景色优美，文物古迹众多；后山自然景物神秘绮丽、原始华美如世外桃源。著名作家老合作《青蓉略记》，叹青城山"青得出奇"，是一种使人吸到心中去的"似滴未滴，欲动未动的青翠"。2000 年 11 月，被列入《世界遗产名录》文化遗产。

阅读资料 10-2

三 清 山

　　三清山位于江西玉山、德兴两县交界处。主峰玉京峰海拔 1817 米，因山有三峰，名为玉京、玉华、玉虚，如三清（即玉清、上清、太清）列坐其巅，故名。三清山南北狭长，约 56 平方千米，由于长期地貌变化，形成了三清山别具一格的奇峰怪石、急流飞瀑、峡谷幽云等雄伟景观。2008 年 7 月，被列入《世界遗产名录》自然遗产。

　　三清山为历代道家修炼场所，自晋朝葛云、葛洪来山以后，便渐为信奉道学的名家所向往。最先在三清山修建道观的为唐朝信州太守王鉴的后裔。唐僖宗时（873～888 年）王鉴奉旨抚民，到达三清山北麓，见到此山风光秀丽，景色清幽，卸任后即携家归隐在此。到宋朝时，其后裔王霖捐资兴建道观，成为道家洞天福地。延至明景泰年间（1450～1456 年），王霖后裔王祜又在三清山大兴土木，重建三清宫。从登山处步云桥直至天门三清福地，共兴建宫观、亭阁、石刻、石雕、山门、桥梁等 200 余处，使道教建筑遍布全山，其规模与气势，可与青城山、武当山、龙虎山媲美。因此，三清山有"露天道教博物馆"之称。

5. 青岛崂山

崂山位于山东青岛市东北部黄海之滨，主峰崂顶海拔 1133 米。因其山海毗连、风姿独特、峰雄壑险、水秀云奇、海光山色交相辉映，自古以来就以"海上名山第一"而著称。

崂山是我国道教名山，传说全盛时有九宫、八观、七十二庵，为"道教全真天下第二丛林"，素被称为"神仙窟宅"、"灵异之府"。名道士邱处机、张三丰、徐复阳等都曾在崂山修真传道，是一处令人神往的圣地。据历史记载，秦始皇和汉武帝都到过崂山，唐玄宗曾派人进山炼长生之药，并把崂山改名为"辅唐山"。由于历代帝王的赏识，著名道士的推崇，古往今来多少名人逸士纷纷慕名而来，题字吟诗，更为雄伟奇秀的崂山增光添彩。东汉大经学家郑康成曾在崂山授徒讲学；唐代大诗人李白曾赋诗"我昔东海上，崂山餐紫霞。亲见安期生，食枣大如瓜"；明代名画家文征明、清代学者顾炎武等都曾到崂山游览题咏；近代政治家康有为、作家郁达夫、诗人臧克家等都在崂山留下了诗文刻石。

登临峰顶，犹如置身天半。远望大海，浩渺无垠，海天一色；近观群峰，千姿百态，奇峰竞秀。登巨峰可看到崂山三大奇观，即"巨峰旭照"、"云海奇观"和雷雨时出现的"崂山火球"。

巨峰是我国近海适于观赏日出奇景的最高峰，故在岩壁上刻有许多历代石刻，如"惟此独尊"，"东海奇观"等。这是对这一胜境的高度评价和赞美。站在极顶上，云浪就在脚下的群峰峡谷间游荡，使人飘飘欲仙，微风吹来，云浪沿着山涧左旋右转，拥拥簇簇。恰似大海荡起了滚滚波涛。云浪间隙中忽而闪露出几片粼粼波光，忽而显现出几座山峰形成的岛屿，形成"海中之海"的奇观。

如果有幸能看到"崂山火球"的话，那景象更令人惊心动魄；当山腰乌云滚滚，雷雨如注时，峰顶往往晴空万里。此时站在峰顶俯瞰，只见脚下云间，一个个火球上蹿下跳，左右翻滚，一条条火龙摇头摆尾，你追我赶，沉雷轰响，山峦震颤，令人心悸魄动，瞠目咋舌。虽然这种奇景游人不易遇到，但却更令人神往，引人遐思。

崂山有句谚语："不游北九水，不算逛崂山。"这话虽有些夸张，但足可以说明"九水画廊"多么引人入胜了！"九水画廊"是指北九水，北九水是和"南九水"相对得名。北九水又分内九水和外九水。论地势，北九水是崂山的心脏；论风景，北九水是崂山的精华。在崂山十二名景中，这一带就占了三个："九水明漪"、"岩瀑潮音"和东北不远处蔚竹庵的"蔚竹鸣泉"。

外九水从最下游的"菊湾"到北九水疗养院前的"滚水桥"，全长 6.5 千米，河水曲曲折折，形成许多奇景；一水的"菊湾""银水吐花"，三水的"三水垂帘""珠帘当空"，五水的"玉笙独奏"，六水的"驼峰烟云"，七水北面的奇石"仙人挽髻"，九水西坡仙姑洞的"神窟仙宅"。不要说身临其境，听听这些美妙的名称，足以使人连声叫绝了。

进入"内九水",风光迥异全是曲折幽深的峡谷。踏叠岩,穿石隙,跨陡涧,越溪流,脚下激湍跌宕,头上峰险天狭,别有奇趣。如果说游外九水如游览一幅幅名画,那么在这里就会感到"悠然身在画图中"了。

崂山风景秀丽,气候宜人,有得天独厚的海湾和天然海水浴场,是开展旅游和度假的理想之地。1982年被国务院公布为首批国家风景名胜区。

三、石窟寺

1. 敦煌石窟

敦煌石窟(见图10-1)位于甘肃省敦煌市。敦煌石窟以莫高窟规模为最大、最著名。莫高窟,俗称千佛洞,位于河西走廊西端,在鸣沙山东麓50多米高的崖壁上,洞窟层层排列。保存有自前秦、北魏至元朝各代的壁画4.5万多平方米和彩塑2145多尊,是我国也是世界上现有规模最大的佛教艺术宝库。莫高窟是集建筑、彩塑、壁画为一体的文化艺术宝库,内容涉及古代社会的艺术、历史、经济、文化、宗教、教学等领域,具有珍贵的历史、艺术、科学价值,是中华民族的历史瑰宝,人类优秀的文化遗产。1961年被国务院列为国家重点文物保护单位,1987年被联合国教科文组织列入《世界文化遗产名录》。

敦煌石窟尤以唐代壁画艺术著称于世。公元4世纪前后的十六国时期,北方军阀割据,互相混战,致使生产遭到破坏,社会动乱不安。各族人民深受战祸之苦,生活于水深火热之中。西汉末年从印度传来的佛教,便在这个苦难的时代得以迅速和广泛地传播,各地建寺刻石造佛成风。敦煌是沟通中西交流的丝绸之路上的一个重要据点。前秦建元二年(公元366年),僧人乐尊于敦煌三危山对面的岩壁上开凿了第一个洞窟。其后,法良禅师又开凿了第二个洞窟。经前秦、北魏、西魏、北周、隋、唐、五代、宋、西夏、元共十代千余年不断的开凿,在1.5千米长的岩壁上凿成了1000多个洞窟。因风沙长期侵蚀和人为的破坏,现仅存492个洞窟,有彩塑2000多尊,壁画4.5万多平方米。若将其展开排列起来,可布置成长达二三十千米的画廊。

2. 云冈石窟

云冈石窟(见图10-2)位于山西省大同市西郊武周山的北崖,石窟东西绵延1千米。建于北魏(公元386~534年)文成年间,当时有上万名石刻工匠经过40年的努力,在公元494年北魏迁都洛阳时,基本完成建设。它是中国皇室经营开凿的第一所石窟。这里的石雕技艺继承和发展了秦汉的艺术传统,并吸取了古代印度佛教艺术的精华。特点是佛像的形状一般是唇薄、鼻高、目长、脸颊丰满,肩膀宽阔。其中昙耀五窟的五尊大佛高大宏伟,神情可畏,显示出举世独尊的豪壮之气。它是北魏文成帝时为纪念开国的五位皇帝而凿的。这五尊佛像是模拟了北魏道武、明元、大武、景穆、文成五位皇帝的形象,由著名高僧昙曜主持进行雕凿,故称"昙曜五窟"。

云冈石窟现存主要洞窟53个,小龛1100余个,大小石雕造像51000余尊。

云冈石窟的绝大多数都是北魏时代开凿的洞窟和雕像，雕刻题材主要是佛像和佛教故事，内容丰富，千姿百态、粗犷古朴、气魄雄伟。云冈石窟的第一期工程是"昙曜五窟"，它位于云冈石窟中部偏西，其中编号第 20 窟，造像露天，主像是释迦牟尼坐像，高 13.7 米，胸部以上石质坚硬，保存完好，两肩宽厚，面形丰圆，薄唇高鼻，神情肃穆，是云冈石窟最宏伟的雕像，也是云冈石窟的象征。背光的火焰纹和坐佛、飞天等浮雕十分华美，把主佛衬托得雄浑大气，是云冈石窟中的代表作品。云冈晚期石窟的造像已基本上采用了当时流行的"秀骨清像"式的中原风格，佛、菩萨的表情神态，比以前更生动活泼，富有人间生活气息，飞天的形象更加潇洒飘逸，这一切正是佛教艺术中国化、世俗化的结果。

云冈石窟的内壁、外壁、佛光、藻井等都刻有成群的"飞天"，形态生动活泼，展示了佛教徒所幻想的极乐世界。这里的佛像，都采用拟人的高超手法，富于人的天性和表情，具有无限的活力，不愧是中华文明的古老珍宝。2001 年 12 月，被列入《世界遗产名录》文化遗产。

3. 龙门石窟

龙门石窟位于河南省洛阳市南 13 千米伊水两岸东、西山上，南北长约 1 千米。石窟始建于北魏迁都洛阳（公元 494 年）前后，历经东魏、西魏、北齐、隋、唐、北宋。两山现存窟龛 2100 多个，造像 10 万余尊，碑刻题记 3600 多品，佛塔 40 余座。2001 年 12 月，被列入《世界遗产名录》文化遗产。

龙门石窟造像的第一次高潮，是在北魏孝文帝、宣武帝时。北魏迁都前后，已有利用原有天然岩洞凿龛造像之举，此即古阳洞的早期造像。古阳洞、宾阳洞和莲花洞并称北魏龙门三大窟。雕刻手法已呈现从云冈直平刀法向龙门圆刀刀法过渡的趋向，艺术风格也从云冈的浑厚粗犷转向龙门优雅端庄的作风，这种具有更鲜明民族特点和风格的中原佛教艺术，是形成中国式佛教石窟艺术过程中承前启后的重要一环。北魏开凿，隋代完成的宾阳南洞中，主佛阿弥陀佛面部丰润、唇厚，衣纹自然、流畅。在洞造像上既上续北魏刚健雄伟，又下开唐代生动活泼之风，属于过渡时期的风格。洞内众多的造像题记为研究者提供了珍贵的文字资料。

唐代造像是龙门石窟造像时间最长，规模最大，题材内容更为丰富的一个时期。盛唐时期，龙门石窟造像达到高潮，也是龙门石窟在规模上和艺术成就上的鼎盛期。盛唐石造像，艺术风格逐渐脱离印度影响，向民族化、世俗化发展，造像身躯健美，丰满端庄。龙门石窟以奉先寺最为著名。奉先寺包括主像卢舍那佛及弟子、菩萨、天王、力士等 11 尊雕像。主像卢舍那佛高 17 米多，群像布局严谨，刀法纯熟，是龙门造像的代表作。在这里，宗教神秘气氛被人世间情调所代替，注重刻画人物动作与感情，身躯肥硕，刀法豪壮，佛像衣褶流利自然，菩萨端庄温柔，天王力士雄武有力。奉先寺中的卢舍那大佛为龙门石窟最大造像，也是龙门石窟的象征。

龙门石窟碑记题记之多，居国内石窟之冠。魏碑体书法以龙门二十品为代表，代表了当时书法艺术的时代水平。唐碑中则有贞观十五年岑文本撰文、褚遂良书写的《伊阙佛龛碑》和开元十五年（公元722年）补刻的大卢舍那像龛记碑，分别为初、盛唐楷书中的精品。

4. 麦积山石窟

麦积山石窟位于甘肃省东部的天水市，因该山形似麦堆而得名，属全国重点文物保护单位。后秦时开窟造像，创建佛寺。西魏时，再修崖阁，重兴寺宇，魏文帝皇后乙弗氏亮，凿麦积崖为龛而葬。隋文帝统一全国后，"再修岩窟"，亲自降诏，在麦积山建宝塔"敕葬神尼舍利"，并敕赐麦积山寺院为"净念寺"。

历代开窟造像在距山基20～30米、70～80米高的悬崖峭壁上，层层叠叠，上下错落，密如蜂房。唐开元年间地震，崖面中间塌毁，窟群分成东西两崖。现存北魏、西魏、北周、隋、唐、五代、宋、元、明、清等代洞窟194个，泥塑像、石窟像7000余身，壁画1300多平方米。麦积山石窟主要以其精细优美的泥塑著称，有"东方塑像馆"之称。

麦积山石窟西秦和北朝早期造像、壁画风格与莫高窟、炳灵寺大致相同，具有西域作风。自北魏中、晚期则逐步民族化和完全民族化（早于敦煌莫高窟）。圆润质朴的面型代替了高鼻深目，褒衣博带的汉装代替了半披肩和通肩袈纱，柔和流畅的阴阳线刻代替了键陀罗式衣纹；造像题材也以汉人生活习俗为准则而创造了各种不同的形象，从而具有浓郁的民族特色。麦积山石窟造像以北魏为多，窟龛89个，几乎占全部窟龛的二分之一，精品也大多是北朝作品。

东崖以涅桨窟、千佛廊、七佛阁、牛儿堂为最精美。涅桨窟前有4根粗短的石柱、柱头有莲瓣浮雕，柱顶不用斗拱，而代之以浮雕的"火焰宝珠"，构思巧妙，为我国石窟寺建筑的珍品，踏着栈道凌空而上，就到了千佛廊。崖壁上分两层整齐地排列着258尊石胎泥塑神像，神情各异，栩栩如生。出廊攀梯而上，便到了规模最为宏伟的散花楼上七佛阁。窟内塑像75躯，体态丰腴端庄，面容慈蔼安详，龛内上端壁间，绘有精美的壁画。上七佛阁的下侧是牛儿堂和中七佛阁，是一座汉式崖阁。通过隧洞，便到了牛儿堂。一头"金角银蹄"的牛犊，蹲伏在天王脚下，昂首展望，跃跃欲试，神气显得十分可爱。

西崖，山势陡峭，险峻难攀，悬崖上聚集着万佛堂、天堂洞、牛儿堂、寂陵等最有价值的洞窟。万佛堂内现存泥塑30余件。迎面是一尊3.5米高的接引佛，双目微合，恬静慈祥，双手作接引之态；前壁左上侧留有影塑千佛千余身，窟龛中有许多制作精巧、形神兼备的弥勒、沙弥、供养人塑像。天堂洞在栈道的顶点，是两崖最高的石窟。窟内全是大型的魏代石刻造像，造型雄浑有力，气韵生动。

麦积山石窟西接敦煌、炳灵，东连云冈、龙门，南近巴蜀，既受西部佛教艺术的影响，又受中原文化之熏陶。在石窟艺术发展中，起着承前启后，继往开来的作用。

5. 乐山大佛

1996年12月峨眉山乐山大佛被联合国教科文组织遗产委员会列入《世界遗产名录》。乐山大佛位于峨眉山东31千米的四川省乐山市，依凌云山栖霞峰临江峭壁凿造而成，又名凌云大佛，为弥勒坐像，是乐山最著名的景观。乐山大佛开凿于唐玄宗开元初年（公元713年）。当时，岷江、大渡河、青衣江三江于此汇合，水流直冲凌云山脚，势不可挡，洪水季节水势更猛，过往船只常触壁粉碎。凌云寺名僧海通见此甚为不安，于是发起修造大佛之念，一使石块坠江减缓水势，二借佛力镇水。海通募集20年，筹得一笔款项，当时有一地方官前来索贿，海通怒斥："目可剜，佛财难得！"遂"自抉其目，捧盘致之"。海通去世后，剑南川西节度使韦皋，征集工匠，继续开凿，朝廷也诏赐盐麻税款予以资助，历时90年大佛终告完成。佛像高71米，是世界最高的大佛。大佛头长14.7米，头宽10米，肩宽24米，耳长7米，耳内可并立两人，脚背宽8.5米，可坐百余人，素有"佛是一座山，山是一尊佛"之称。

大佛依凌云山的山路开山凿成，面对岷江、大渡河和青衣江的汇流处，造型庄严，虽经千年风霜，至今仍安坐于滔滔岷江之畔。人们观赏这尊世界第一大佛，往往只看到依山凿就的外表，看到他双手抚膝正襟危坐的姿势，而对他的部位结构则看不真切。其实，细究他的形体结构，是很有趣味的。

乐山大佛具有一套设计巧妙，隐而不见的排水系统，对保护大佛起到了重要的作用。在大佛头部共18层螺髻中，第4层、第9层和第18层各有一条横向排水沟，分别用锤灰垒砌修饰而成，远望看不出。衣领和衣纹皱折也有排水沟，正胸有向左侧也有水沟与右臂后侧水沟相连。两耳背后靠山崖处，有洞穴左右相通；胸部背侧两端各有一洞，但互未凿通，孔壁湿润，底部积水，洞口不断有水淌出，因而大佛胸部约有2米宽的浸水带。这些水沟和洞穴，组成了科学的排水、隔湿和通风系统，防止了大佛的侵蚀性风化。沿大佛左侧的凌云栈道可直接到达大佛的底部。在此抬头仰望大佛，会有仰之弥高的感觉。坐像右侧有一条九曲古栈道。栈道沿着佛像的右侧绝壁开凿而成，奇陡无比，曲折九转，方能登上栈道的顶端。这里是大佛头部的右侧，也就是凌云山的山顶。此处可观赏到大佛头部的雕刻艺术。大佛顶上的头发，共有螺髻1021个。远看发髻与头部浑然一体，实则以石块逐个嵌就。大佛右耳耳垂根部内侧，有一深约25厘米的窟窿，长达7米的佛耳，不是原岩凿就，而是用木柱作结构，再抹以锤灰装饰而成。在大佛鼻孔下端亦发现窟窿，露出三截木头，成品字形。说明隆起的鼻梁，也是以木衬之，外饰锤灰而成。大佛胸部有一封闭的藏脏洞。封门石是宋代重建天宁阁的纪事残碑。洞里面装着废铁、破旧铅皮、砖头等。据说唐代大佛竣工后，曾建有木阁覆盖保护，以免日晒雨淋。从大佛腿臂胸和脚背上残存的许多柱础和桩洞，证明确曾有过大佛阁。宋代重建之，称为"天宁阁"，后遭毁。维修者将此残碑移到海师洞里保存,可惜于后来被毁。大佛头部的右后方是建于唐代的凌云寺,即俗称的大佛寺。寺内有天王殿、大雄殿和藏经楼等三大建筑群。

大佛造型庄严,设计巧妙,排水设施隐而不见,使它历经千年风霜,至今仍然安坐在滔滔江水之畔,静观人间的沧海桑田,具有很高的艺术价值和丰富的文化内涵,是中华民族的文化瑰宝,是世界历史文化的宝贵遗产。

6. 大足石刻

位于重庆大足境内。存有晚唐、五代、两宋摩崖造像5万多躯,分布40多处。以两宋石造像为代表。

1999年12月1日,联合国教科文组织世界遗产委员会第23届会议表决通过,将重庆大足石刻中的北山、宝顶山、南山、石篆山、石门山五处摩崖造像,正式列入世界文化遗产,重庆大足石刻进入《世界遗产名录》的行列。大足石刻位于重庆市,以大足县、潼南县、铜梁县、璧山县为范围,在此地可欣赏到代表中国唐、宋时期的石刻造像艺术。大足石刻是大足县境内主要表现为摩崖造像的石窟艺术的总称。大足石刻石刻造像70多处,总计10万多躯,其中以宝顶山和北山摩崖石刻最为著名,其以佛教造像为主,儒、道教造像并陈,是中国晚期石窟造像艺术的典范,规模之宏大,艺术之精湛,内容之丰富,可与敦煌莫高窟、云冈石窟、龙门石窟齐名。大足石刻因地处中国内地山区,过去交通不便,幸免了历代战争的浩劫和人为破坏,具有很高的文物、艺术和旅游价值,尤以北山摩崖石刻和宝顶山摩崖石刻最集中。

北山摩崖(石窟)石刻位于大足县城北两千米处,开凿于唐代昭宗景福元年(892年),历经五代,两宋相继在佛湾、营盘坡、观音坡、北塔寺、佛耳岩等处造像近万躯。长达500米余,共编为290号龛窟。其中有碑碣6通,题记和造像55处,经幢8座,银刻线阁1幅,石刻造像364龛窟。

北山石刻以佛湾造像最为集中,共编290号龛窟。在长300多米、高7米的崖壁上,有碑碣6通,题记和造像铭记55则,经幢8座,阴刻"文殊师利问疾图"一幅,石刻造像264龛窟。佛湾佛像雕刻精细,体态俊逸,风格独特。"心神车窟"中的"普贤菩萨"造像精美,被誉为"东方维纳斯";"转轮藏经洞"被称为"石雕宫阙";"韦君靖碑"、"蔡京碑"、"古文孝经碑"为世界所独存,既是书法珍品,又可补史料之遗缺,价值极高。佛湾石刻分南北两个区域,南区大多是晚唐、五代作品,北区大多为两宋时期作品。晚唐时期的作品,人物造型端庄丰满、气质浑厚、衣饰简朴、线条流畅。五代时期的作品,玲珑精巧、多彩多姿,衣着服饰由简到繁,逐渐摆脱了外来文化影响,具有石刻造像过渡期的特征。两宋时期的作品,民族特色已十分突出。

宝顶山摩崖(石窟)石刻距大足县城东北15千米,石刻创始人为宋蜀中名僧赵智凤,建于南宋淳熙六年至淳祐九年(1179～1249年),历时70多年,石刻共13处,造像数以万计,以大佛湾和小佛湾规模最大。宝顶山是佛教圣地之一,有

下篇 人文旅游景观

"上朝峨嵋，下朝宝顶"之说。

大佛湾为幽深的马蹄形山湾，雕刻分布在东、南、北三面，先以小佛湾为蓝图，后在此雕造。由19组佛经故事组成的大型群雕，各种雕像达15000多躯，设计之精巧，竟无一雷同，破了"千佛一面"之说。宝顶圆觉洞，为整石开凿，宽敞如室。洞正壁刻佛像三尊，主佛前有跪菩萨一尊，俯首合十，恭敬虔诚，左右壁为十二圆觉菩萨，跌坐莲台，妙丽庄严，姿态不一，衣服、肌肉质感真实，似薄纱突身，衣裙流畅自如。壁间刻楼台亭阁，人物鸟兽，花草树木，幽泉怪石，近似写实作品，是大佛湾雕刻的精华。巨型雕有30多幅，著名的有：六道轮回、广大宝楼阁、华严三圣像、千手观音像、释迦涅槃圣迹图、九龙浴太子、孔雀明石经变、父母恩重经变像、大方便佛报恩经变像、六耗图、地狱变像等，以佛经故事为主要题材，造像旁还刻有经文、颂词等文字说明，宛如一幅幅图文并茂的连环图画，是不同于中国其他石窟的显著特点。

大足石刻不仅有规模巨大的佛教造像和体系完整的道教造像，还有石窟造像中罕见的纯儒家造像，而且"三教"、"两教"合一的雕刻也很多。大足石刻的这种文化现象作为实物例证，反映出在中国文化史上儒、道、释三家长期以来既斗争又融合，到宋代时"孔、老、释迦皆至圣"，"惩恶助善，同归于治，三教皆可通行"的"三教合流"思想占主导地位的局面已经巩固。大足石刻，"凡佛典所载，无不备列"，在艺术上"神的人化与人的神化"达到高度统一。

大足石刻纵贯千余载，横融佛道儒，造像精美，完好率高。同时伴随造像出现的各种经文、傍题、颂词、记事等石刻铭文有15万余字，而且多为金石史中的佳品，是一座难得的文化艺术宝库。具有鲜明的民族特色，具有很高的历史、科学和艺术价值，在我国古代石窟艺术史上占有举足轻重的地位，被国内外誉为神奇的东方艺术明珠，是天才的艺术，是一座独具特色的世界文化遗产的宝库。

阅读资料10-3

柏孜克里克千佛洞

柏孜克里克千佛洞坐落在新疆吐鲁番市东45千米火焰山中段，木沟河谷西岸的悬崖峭壁上，南距高昌古城仅15千米，是新疆境内较大的著名佛教石窟寺遗址之一。柏孜克里克千佛洞始凿于南北朝后期，历经唐、五代、宋、元朝，始终是西域地区的佛教中心之一。原共有洞窟83个，现存的57个中，有壁画的为40个，壁画总面积1200平方米，壁画内容主要有以大型立佛画像为中心的"佛本生经变"故事画、佛教故事画、因缘故事画以及千佛像等，目的是颂扬佛法，供善男信女礼拜瞻仰。

第十章　宗教文化旅游景观

回鹘高昌是该石窟群最繁华的时期。公元13世纪末，高昌王室东迁甘肃永昌，加之伊斯兰教传入吐鲁番后，佛教渐衰，柏孜克里克千佛洞随之衰落，在异教冲突中遭到毁坏，壁画人物的眼睛全部被挖掉。20世纪初，又屡遭不良洋人盗劫破坏，雪上加霜，面目全非。尽管如此，劫余的佛座华丽精致，残余的壁画内容丰富，多彩多姿，仍不失为一座规模宏大的文化艺术宝库。

本章小结

宗教文化旅游景观是指宗教文化中具有旅游观赏价值、供游人领略、体验或参与的人文景观。我国宗教文化旅游景观分为佛教名山、道教名山、石窟寺三种类型。

宗教文化旅游景观具有审美功能、宗教功能、文化功能，同时具有形象美、建筑美、艺术美等美学价值。

我国著名的宗教文化旅游景观有以下几种。

佛教名山：五台山、普陀山、峨眉山、九华山

道教名山：崂山、武当山、龙虎山、齐云山、青城山

石窟寺：敦煌石窟、云冈石窟、龙门石窟、麦积山石窟、乐山大佛、大足石刻

重点内容

宗教文化旅游景观的含义　宗教文化景观的审美　五台山　普陀山　崂山　武当山　敦煌石窟　云冈石窟　龙门石窟

案例分析

梵　净　山

梵净山位于贵州省东北部铜仁市，是佛教朝拜圣地之一。据记载开发于明万历年间（1573~1620年），后经修建梵刹庙宇，开凿朝山便道，成为驰名全国的佛教朝圣名山之一。山上庙宇殿堂星罗棋布，山顶修建了承恩寺、报国寺、钟灵寺、太平寺、释迦殿、弥勒殿等大小48座庙宇，释迦殿和弥勒殿中分别设有释迦、弥勒两佛像。梵净山是与峨眉山、五台

山、普陀山、九华山遥相对应的佛教名山，是全国名山中唯一的弥勒道场，"梵净"二字即是佛学超凡脱俗清静之意。

梵净山上的所有景物，都有着神话般的传说，诸如"蘑菇岩"、"万卷书"、"九龙池"、"佛光"、"月镜"、"瀑布云"、"说法台"、"香炉台"、"炼丹台"等。在金顶半腰，有观音洞，洞中供有观音菩萨像。

在梵净山老山（老金顶）建有通明殿，明万历四十六年（1618年）户部郎中李芝彦为重修金顶寺庙而撰写的石碑立于此，清道光十二年（1832年）重建，后又毁。在老山与金顶之间。还建有承恩寺（又名古茶殿），寺分上下二殿，山腰有一石墙和一拱门，门框上嵌一块石板，刻有"敕赐圣旨承恩寺"七字，至今仍清晰可见。在下茶殿之断垣残壁边，竖立着一块巨大石碑《梵净山茶殿碑》。九皇洞依石壁而建，石墙上，刻有"洞天佛地"四个大字，笔锋隽秀。此外，梵净山还有水源寺、太平寺、白云寺、灵宫殿等，号称48寺庵，使梵净山寺庙成林，香火鼎盛。几百年来，湖南、湖北、四川、江西、贵州等省的香客，不远千里，前来朝拜，络绎不绝。

思考： 梵净山的旅游功能和欣赏价值。

基本训练

1. 判断题

（1）五台山是观音菩萨道场。
（2）普陀山位于浙江杭州湾以东约100海里，是舟山群岛中的一个小岛。
（3）九华山素有"一山有四季，十里不同天"之妙喻。
（4）崂山自古以来就以"海上名山第一"而著称。
（5）青城山是我国佛教发源地之一，属佛教名山。
（6）三清山有"露天佛教博物馆"之称。
（7）敦煌石窟尤以宋代壁画艺术著称于世。
（8）龙门石窟是中国皇室经营开凿的第一所石窟。
（9）乐山大佛像高77米，是世界最高的大佛。
（10）布达拉宫是历世达赖喇嘛的冬宫，也是过去西藏地方统治者政教合一的统治中心。

2. 选择题

（1）佛教四大名山（　　）。
A. 湖北武当山　　B. 山西五台山　　C. 四川峨眉山

第十章　宗教文化旅游景观　237

D. 浙江普陀山　　　E. 安徽九华山

(2) 五台山存有（　　）余座寺庙。

A. 40　　　B. 50　　　C. 60　　　D. 70　　　E. 30

(3) 九华山是（　　）菩萨道场。

A. 普贤　　　B. 观音　　　C. 文殊　　　D. 地藏

(4) 九华山最高峰（　　）素有"东南第一山"之称。

A. 七贤峰　　　B. 天台峰　　　C. 十王峰　　　D. 鸡冠山

(5)（　　）年12月初，西藏拉萨布达拉宫被列入《世界遗产名录》。

A. 1984　　　B. 1994　　　C. 1996　　　D. 1993

3. 简答题

(1) 什么是宗教旅游景观？

(2) 宗教景观又是如何分类的？

(3) 宗教景观的旅游功能是什么？

(4) 宗教景观有哪些美学价值？

(5) 我国著名的宗教景观有哪些？

4. 实训题

(1) 根据所学的相关理论，试分析佛教名山、道教名山、石窟寺和摩崖造像群景观的异同。

(2) 就本章所介绍的我国著名的宗教景观，选出你最喜欢的景观并分析其旅游功能及欣赏意义。

第十一章 古墓葬旅游景观

> 学习目标

在人文景观中，古墓葬，尤其是帝王、名人的墓葬，是一宗宝贵的旅游景观。古墓葬旅游景观主要包括：历代帝王陵墓、具有历史意义的名人墓地、具有重要历史和艺术价值的墓葬。通过本章的学习，了解古墓葬旅游景观的类别，理解古墓葬旅游景观的含义、特点，熟悉我国著名的古墓葬旅游景观，掌握古墓葬旅游景观的旅游功能和欣赏价值。

第一节　概　　述

一、古墓葬旅游景观的含义

1. 古墓葬的含义

墓葬习俗是人类重要的生活习俗，"由生而死，由死而葬"。墓，是指用以放置尸体或其残余的固定设施。葬是掩埋死者遗体，即处置遗体的方式，指人类将死者的尸体或尸体的残余按一定的方式放置在特定的场所。埋葬遗体的方法（称之为葬法）很多，如火葬、水葬、天葬、树葬、塔葬、路葬、悬棺葬、洗骨葬等，但中华民族最标准的葬式是土葬，即通过墓穴墓室以土掩埋的葬法，又叫墓葬。民间常把埋葬死人之地称为坟墓，即筑土为坟、穴地为墓。

2. 古墓葬的起源

中国墓葬，是伴随华夏文明诞生而同步发展的，是特定社会历史时期社会生活的一个侧面缩影。从旧石器时代的晚期北京周口店山顶洞人洞穴下室葬地，到新石器时代仰韶聚落遗址四周壕沟的南北两处的公共墓地；从氏族公社母系、父系社会葬式的嬗变，到被称之为"东方文明曙光"的红山文化遗存，大规模制度严明的石冢出现，华夏远古的先民们在创造华夏文明的同时，也在谱写着中国墓葬文化史。

中国墓葬的起源与发展，是随着当时人们对生命终结思维方式变化而变化的。许多人认为，最初的墓葬是出于先民们的灵魂不死观念而产生的。墓葬的源头出于人的亲情，这也是从"猿人"进化到"新人"的必然。

阅读资料 11-1

仰韶文化遗址葬俗

仰韶文化的墓葬已发现有 2000 多座，其中三分之一是埋葬小孩的瓮棺葬。成人墓以半坡和史家类型的居多数。葬俗随着时代的推移而有所变化。

半坡类型的墓葬主要有半坡、北首岭和姜寨 3 处墓地。基本特点是以单人葬为主，葬式多样，除仰身直肢葬外，尚有二次葬、俯身葬、屈肢葬，个别的实行同性合葬，头向西，一部分墓葬有随葬品。

半坡类型的葬俗，具有较大的一致性。多种葬式的存在，可能是对不同死因或不同身份成员的处理，或者还为其他各种信念所决定。值得注意的是，在这几个墓地都发现了"割体葬仪"，被埋葬者的骨骼往往缺少手指、足趾，而在随葬的陶器中或在墓坑填土里却发现零星的指骨，在有的墓内除墓主外还另埋放他人的下肢骨。这类墓仅在半坡墓地就有 12 例。关于其用意，从民族学的材料看，有的属于埋葬死者时对死者关切的一种献祭行为，也有的是为限制死者的行动所采取的措施。

3. 古墓葬的形制

（1）坟丘的形制　墓（或茔）是指墓葬的埋棺之处，而在墓上的堆土则称为坟或冢，墓与坟合称"坟墓"。

在我国的春秋前期以及更早以前，是以土坑竖穴墓为主，在墓之上不起坟冢。这种只有墓没有坟的墓葬形制称为"不封不树"。例如，安阳殷墟的商王墓葬群，陕西凤翔雍城秦公墓等，都具有形制宏大的地下墓穴，但是没有封土遗迹。

春秋晚期，出现了以封土为坟的墓葬形制，堆土为坟，目的是将坟作为墓的标志。孔子曾经对其弟子说："吾见封之若堂者矣，见若坊者矣，见若覆夏屋者矣，见若斧者矣。"并且，因为孔子认为自己是四方奔走的人，应该为父母的合葬墓建立标志，"于是封之，崇四尺"。

封土坟丘出现后，迅速流行普及，很快从春秋之前的"不封不树"发展到"又封又树"甚至是"大封大树"，用坟丘的高低和数目的多少来标志墓主人的身份。到战国时期,墓葬的封土形制已经成为定制,秦汉时期则无墓不坟,这种墓葬形制延续使用了近两千年。

从战国以来,一般坟丘多为圆丘形、圆锥形、长方切角。但是作为统治阶级的权威象征,帝王的墓葬封土形制有一定的特殊性,其封土占地面积广、封土高,封土气势恢宏犹如山陵,因此,帝王的墓葬不称为坟而称为陵。从历史时代具体来看:①秦汉时期,帝王墓葬流行"方上",即夯土筑就上小下大顶平的方锥体,又叫做覆斗形,方指其形,上指其位(于墓室之上),方形为贵,代表主宰大地四方的帝王威严;②唐代帝王墓葬形制形成"因山为陵"的建制,一方面可以节俭防盗,但更主要的是以山作为封土,可以利用山的气势造成陵的威严;③唐末至元末帝王墓葬封土出现了多种形制,例如南方诸国流行圆丘形封土、宋代的小规模重层方上形封土、元代则乱马踏平不起封土;④明清时代里帝王墓葬封土多采用"宝城宝顶"的形制,受到早期南方圆丘坟的影响,地宫之上用砖砌圆形的宝城,中间填土,成为圆丘形宝顶,宝城向前方突出的城台上建造方城明楼,供立帝王谥碑,达到帝王陵墓封土形制的高峰。

(2) 墓穴的形制 墓穴,又叫做墓室、墓圹。随着历史时代的不同,墓穴的形制有竖穴和横穴之分。竖穴是从地面一直往下挖掘而成的土坑,横穴是先掘到地下一定深度,再横向掏挖而成的洞室。不管是竖穴、横穴,如果在垫土起坟后,使安放棺木和随葬品的墓穴仍能保持一个空间,就形成了墓室。墓室是坟墓的地下部分,就结构而言,除土室外,还有砖室、石室、木椁室等,其形制和规模则随时代和墓主身份的差异而有所不同。早期的墓室除少数帝王显贵或用木石外,一般都是土室。大约从战国晚期起,出现了用大块空心砖砌筑的墓室,并在西汉颇为流行。东汉和魏晋南北朝时期用小型砖砌筑的券顶砖室墓最为常见,直到近代,仍被广泛采用。石室墓在东汉魏晋南北朝有一定程度的流行,历代帝王陵墓基本上也都是石室结构。木椁室墓则多见于战国至西汉前期。一般小型墓葬的墓室往往只能容纳一两口棺木(西汉中叶以后夫妇合葬已成为普遍的习俗,常见同一墓室先后葬入夫妇两棺的现象),而大型墓葬墓室则高大宏敞,或分为数室,装饰种种彩绘壁画、石刻浮雕。不同时代的墓室虽然各有特点,但有一点是相同的,那就是无不有意模仿现实生活中的宫室房屋。虽然由于时代、地域的不同和贫富有别,居室形式会有相应的变化,丰俭大小更是大不一样,但前堂后室的总格局,大致相沿不改。

帝王的墓穴又被称为地宫、玄宫、幽宫。商周时期多为竖穴形制,同时根据墓道的多少和形式,又可以分为"亚"字、"中"字、"甲"字几种墓穴。战国晚期开始出现了砖砌墓室;两汉时代则流行砖砌的券形室顶,雕刻图案,阶梯或斜坡墓道;唐代陵墓在前后墓室前出现多重过洞、天井,墓穴形制犹如墓主人生前的多进庭院,墓壁上盛行反映墓主人生前生活场景的壁画装饰。唐代这种前为庭、后为堂的形制一直沿用到以后的各朝,分为前朝后寝。

第十一章 古墓葬旅游景观 241

(3) 葬具的形制　葬具是指装盛死者遗体或骨灰的器具。葬具有棺、椁、匣、骨灰盒、罐等。在传统丧葬礼俗中，葬具也是根据死者生前的身份而有所不同的。

棺。直接盛尸的器具。有木制的，金属制的，水晶制的，玻璃制的，银制的等。木制棺材讲究很多，据说楠木、檀木棺材有保护尸体不腐烂的作用。木制棺材用料也极讲究，三寸、七寸，甚至尺外者都有，重到几十人不能移动。且《礼记》记载，天子除了内棺之外，还有四重外棺，即大棺、属棺（合称梓宫）、斜棺（又称椑）、革棺（牛皮制）；诸公三重；诸侯双重；大夫一重；士不重。

椁。棺材外面的套棺，棺或套棺的外面隔较大的空间再加一重称之为椁。椁多用木料榫卯构成，下底上盖，分为数格，中置棺木，旁置随葬品，所以有时也叫椁室、井椁。汉代帝侯之墓的椁多使用黄心的柏木垒嵌，且层层向内，称为"黄肠题凑"。

4. 墓地建筑

墓室是墓地的地下建筑，而在一些规模较大的家庭墓地和独立的大型墓葬所在地，地面上还有附属建筑。主要的墓地建筑有如下几种。

(1) 寝　最早出现的墓地建筑是用来供墓主的灵魂起居止息的。人们相信死者的遗体虽然埋入地下，但灵魂不灭，而且可以自由出入，所以需要在墓地上建一小屋供其使用。这种习俗大约起源于原始社会后期。进入阶级社会后，这种用来供奉死者灵魂的墓地建筑称做寝，王侯贵族的墓葬普遍使用。

(2) 祠堂　从西汉中期开始，墓地上又出现了祠堂。祠堂又称享堂，是用来祭祀死者的，其作用与供死者灵魂日常起居的寝不同。祠堂内设有祭台，上置神座，但只在特定的祭祀之日用馨香降神的方法招致死者的灵魂享受供品。

(3) 墓阙　阙本是一种高台建筑，最初用于登高楼观，矗立在宫殿、祠庙之前，往往同时建造两座，左右相对。墓前建阙，大约也始于西汉中期。至东汉时，墓阙多用石块垒砌而成，由基座、阙身和有檐阙顶组成。一般在正阙之旁又有子阙连为一体。墓阙形制较小，也无梯级可登，只起供墓主灵魂登临远望的象征性作用。有的墓阙刻有记载墓主生平的铭文和装饰花纹。后世墓阙之制基本废弃，几乎不再出现，但帝王陵墓前或建高台，多少犹存墓阙遗意。

(4) 墓碑　《说文》对碑字下的定义是"竖石也"。先秦古书提到的碑，都是指这一类长条形的竖石。从西汉末年开始，有人把石制的碑立在墓前，既不埋于墓中，也不在下葬后撤除，而且在石碑上刻下墓主的官爵姓名，这就成了墓碑。东汉时墓前立碑蔚成风气，许多墓碑除刻有墓主官爵姓名外，还刻上介绍墓主家世生平事迹并加以颂扬的长篇文字，碑阴则详列立碑人的姓名。唐宋时准许一定级别的官员墓前立碑。碑首称碑额，刻有螭（chī，无角的龙）、虎、龙、雀等图样，碑身下还有碑座，称为趺。明清时更把墓碑的形制作为体现墓主身份的标志，规定更为细致。

帝王贵族和一些高级官僚墓前辟有竖向的通道，称为神道。如在神道上立碑，就叫神道碑。后世记述墓主家世和生平事迹并加颂扬的文字多刻在神道碑上，立在墓前的碑碣一般只刻官爵、姓氏、名讳。

阅读资料 11-2

乾陵武则天 "无字碑"

乾陵"无字碑"，也称丰碑，是为女皇武则天立的一块巨大的无字石碑。它与西侧唐高宗的述圣纪碑相对应。历代对武则天为何要立"无字碑"有不同的说法，或许较为合理的解释是，这"无字碑"是按武则天本人的临终遗言而立的，其意无非是功过是非由后人评说。因为她临终前已经历了被逼退位，早已预见到她身后将面临的无休止的荣辱毁誉的风风雨雨……

（5）石雕群　在墓前神道两侧排列石雕人像、动物像、传说中的神兽像等，也是用来显示身份的。

这种石兽，叫做"石像生"，体现着墓主高贵的地位。帝王陵墓神道两侧排列石雕群，名目繁多，宏伟精美，是臣下无法比拟的。

5. 古墓葬的特点

（1）社会等级性鲜明　根据中国古代墓葬礼仪制度，墓葬坟丘的大小、墓室的性质与多少、棺椁重层的多少、随葬品的多少、墓前石刻规格等都与墓主生前的社会等级高低与权力的大小直接相关，象征着墓主人的身份。墓葬形制等级的高低实质上取决于墓主人社会等级的高低，古代墓葬具有非常鲜明的社会等级性。

（2）宗族伦理观念强烈　中国墓葬与传统宗法观念也是密切相关的，是宗族伦理观念的直观反映。墓主人安葬的地点、方式都严格地依据宗族亲缘关系。宗族墓葬往往集中在一地，以墓葬群的方式出现。宗族中的成员按照在家族中的关系安葬在一起。妻子应与其丈夫安葬在一起，出嫁的女儿不得安葬在娘家家族墓地，不肖子孙不得入祖坟（对不肖子孙的最大惩罚）等观念均为墓葬中强烈宗族伦理观念的体现。

（3）风水术的影响持久广泛　风水术对墓葬环境选择的影响，自其产生起就从未被轻视过。相反，随着历史的推进它被愈演愈烈。风水术在汉代已相当流行，东汉以后已将墓地的好坏与生者的贫富贵贱联系起来，到了魏晋南北朝时期，墓地风水术已形成系统的理论，出现了大量风水术方面的著述，著名的如郭璞的《葬书》。晋代郭璞在《葬书》中对风水作了如下解释：葬者，乘生气也，经曰：气乘风则止，古人聚之使不散行之使有止，故谓之"风水""造风聚气，得水为上……故谓之风水"。上述"乘生气""藏风聚气"其实就是中国风水文化中对墓葬自然环境选择的要求。风水术要求墓葬乘大自然之生气，并以良好的自然环境寄托了逝者与对未来美好生活的希冀追求和生者对逝者的哀悼。

（4）"事死如事生"的表现形式　中国人有着"事死如事生，事亡如事存"的伦理观念。中国传统宗教认为，祖先死后仍然在坟墓中生活，可以庇护后代。因此，墓葬要按照墓主人生前生活的情景来安排。这一点在中国古代的帝王墓葬中有十分突出的表现，特别是帝王陵寝地下建筑的"前朝后寝"等。

二、古墓葬旅游景观的分类

中国为数众多的古墓葬总体来看可以分为三大类。

1. 帝王陵墓

帝王陵墓，实际上包括陵墓及其附属建筑，合称为陵寝。在我国的帝王陵寝不仅数量众多、历史悠久，在世界上独一无二，而且布局严禁、建筑宏伟、工艺精湛，具有独特的风格，在世界文化史上占有重要的地位。

（1）中国帝王陵寝的结构　封土，指地上的坟头，即封土建坟。陵区建筑主要包括神道和祭祀区建筑两大部分：神道是通往陵墓的大道，宽广笔直；祭祀区建筑主要有用来祭祀先皇的殿坛，祭殿两侧建有配殿、廊庑。地宫，最初的地宫由木构成，后发展为砖石地宫。

（2）历代帝王陵墓　夏商时期：夏商开始，历代的帝王陵墓都按照家族血缘关系，实行"子随父葬，祖辈衍继"的埋葬制度，集中在一个地区。在陵墓和附属建筑的周围通常还划出一定的地带作为保护、控制的范围，称为陵区。商王陵的地面上没有封土坟丘。商代后期使用人牲和人殉的现象已经相当普遍。随葬品包括有青铜礼器、兵器、工具、车马器，玉、石、骨、角、象牙、白陶等，种类繁多，制作精美，其中很多是中国的文化瑰宝，制作精湛令人惊叹。

两周时期：在东周时期已经出现了陵园。西周已经存在夫妻合葬。人牲和人殉在西周仍然很普遍，西周中期以后杀殉逐渐减少，但直到战国初期的一些贵族的大墓中仍然大量存在。战国中期以后出现了用木俑和陶俑来替代人殉随葬。秦国在献公时废除了人殉制度。

秦代：秦始皇开创的陵寝制度对以后历代帝王陵园建筑影响是最大的。秦始皇时，陵园的布局既继承了秦国的陵寝制度，同时又吸收了东方六国陵寝的一些做法，规模更加宏大，设施更加完备。总体上仿照都城宫殿的规划布置，充分体现了中央集权制封建皇权的至高无上。

两汉时期：西汉继承了秦代陵寝制度并且有所发展。西汉开始，帝王陵墓除了掘地起坟之外，还出现了一种"凿山为陵"的形制。这种形制在当时的一些诸侯王墓中也普遍存在。到了西汉的中晚期，墓室结构发生了重大变化。竖穴式的坟改用砖和石料构建墓室。形制和结构完全模仿了现实生活中的房屋、宫殿和院落。汉代是中国历史上厚葬之风最盛行的时期。包括珍宝、明器、陶俑、车马、粮食等，身前身后的用品无所不有。东汉帝陵地下建筑改变了西汉以柏木黄心为椁的制度，多用石头砌建椁室，称为"黄肠题凑"。

魏晋南北朝：这个时期的陵墓主要是设法防止盗掘。出于这个特点，这一时期的陵墓建设，蒙上了一层神秘的色彩。为了把墓室隐蔽起来，让人难以寻找。并且佛教艺术对南朝陵寝制度有较大的影响。

隋代：隋朝是一个短命的王朝，文帝和炀帝又都死与非命，所以在陵寝制度上，隋朝虽然恢复了秦汉封土为陵的规则，但是在营建规模上还远远比不上秦汉陵寝那样高大宏伟。

唐代：唐代皇陵最突出的特点是"因山为陵"，气势恢弘。另外的特点是，陵区内有很多殿宇楼阁组成的地面建筑；功臣陪葬，皇亲从葬；有大量威武雄壮、富有时代感的陵墓石刻。

宋代：北宋的陵寝制度大体上沿袭了唐代初的制度，只是改变了汉唐预先营建寿陵的制度。北宋的陵寝在皇帝死后才开始建造，而且全部工程必须在七个月内完成。由于这个原因，宋代的陵园规模不如唐代。

元代：留有蒙古游牧部族的特征，反映在葬制习俗上，古贵族实行秘密潜埋习俗。据史料记载，贵族死后不起坟，埋葬之后"以马揉之使平"。

明代：为了推崇皇权，朱元璋恢复了预造寿陵的制度，并且对汉唐两宋时期的陵寝制度作了重大改革。这些改革表现在很多方面。首先，陵墓形制由唐宋时期的方形改为圆形，以适应南方多雨的地理气候，便于雨水下流不致浸润墓穴。所以，这一时期非常讲究棺椁的密封和防腐措施，墓中的尸体一般都保存地比较好。其次，陵园建筑取消了下宫建筑，保留和扩展了谒拜祭奠的上宫建筑。明代陵园建筑的艺术风格比较以前历代都有较大的突破，形成了由南向北、排列有序的相对集中的木结构建筑群。这是明清陵寝制度的一个显著特点。

清代：两个陵园清东、西二陵在规模形制上基本沿袭明代，所不同的是陵冢上增设了月牙城。清东陵和清西陵，是中国现存规模最大、保存最完整的帝王陵墓群。与历代帝王陵园相比，它的年代距今最近，影响也较大，在陵寝发展史上处于突出的地位。

2. 具有历史纪念意义的名人墓地

在我国古代的众多名人墓葬中，又分为两种类型。

（1）史前时期人物墓葬　一些史前时期人物本身虽然并不一定存在，其墓葬也是为了纪念而在后世根据神化传说建造的。墓葬内并没有遗体，墓葬的意义主要在于纪念。例如，伏羲氏陵、女娲陵、黄帝陵、炎帝陵、尧陵、舜陵、禹陵等。

> **阅读资料 11-3**
>
> ### 黄 帝 陵
>
> 　　黄帝陵是中华民族的祖先轩辕黄帝的陵园。因位于延安黄陵县城北约0.5千米的桥山之上，故又称桥陵。是国务院公布保护的第1号古墓葬。
>
> 　　汉司马迁《史记》称："黄帝崩，葬桥山。"桥山黄帝陵相传创自汉代，唐太宗大历中期在城北桥山西麓，宋太祖开宝五年，下令移建于今址。元至正，明天启、崇祯，清顺治、雍正、乾隆、道光及后期都有重修，均有碑记载或录于县志中。因黄帝为我中华民族历史文化的渊祖，年年农历二月初九前后人们络绎不绝前往祭祀瞻拜。

　　(2) 名人墓葬　这是指本身存在过的名人的墓葬。这些墓葬的墓主人都是在历史上起过重要作用或有过重要影响的，包括著名将领、政治家、思想家、文学家、科学家等。因墓主人本身受到世人的敬仰和怀念，为纪念其历史功绩而修建的墓葬，作为对其瞻仰凭吊之所。例如：孔林、司马迁墓、霍去病墓、昭君墓、岳飞墓等。一般规模不大，随葬品也不多。

　　3. 具有重要历史和艺术价值的墓葬

　　这是指因其墓葬本身墓室的建筑形式、建筑技艺、建筑艺术、随葬的文物、建造环境等具有特殊的历史、科学、艺术、文化价值而受到重视的墓葬。墓葬的主人本身知名度不一定很大。例如，辽宁辽阳的汉魏壁画墓葬、何背景县的封式墓群、河南南阳画像汉墓、吐鲁番阿斯塔纳古尸墓葬群、四川等地悬棺墓葬等。

第二节　古墓葬旅游景观的旅游功能与欣赏

一、古墓葬旅游景观的旅游功能

　　丧葬是人类重要的传统民俗之一。陵墓作为人类历史的产物，其建筑形式既反映了不同历史时期的建筑水平和风格，同时也反映了人们当时的生活环境、宗教信仰和生活需要，具有极高的艺术价值和历史文化价值。尤其是帝王陵寝，宏伟的建筑，丰富的陪葬文物和优美的环境，更是具有强大的旅游吸引力。

　　1. 历史文化价值

　　丧葬习俗本身一般不会构成旅游项目，而一些陵墓之所以成为旅游资源，是因为它们具有很高的历史文化价值。丧葬是历史的产物，必然在许多方面反映出当时的历史。例如可以发现社会发展阶段的痕迹。在中国新石器时期是"公墓制度"。在距今6000年前出现了以家庭为单位的和单人的墓葬，而当母系社会转化为父系社会之后，出现了男女合葬，并且是以男性为主，妇女即使在死后也处于次要的地位了。通过它还可以探寻民族迁徙和文化传播的轨迹。

2. 科学技术与艺术价值

许多陵寝不仅地上地下建筑辉煌，而且随葬品丰富。其中往往包括珍贵文献古籍，还有生产工具、武器、生活器皿、乐器、装饰品、食品、纺织品、药品、陶瓷器、漆器、金银器、绘画、雕刻、珠玉珍宝、植物种子等。这些都是极珍贵的文物，有些是世上已经绝迹的，对于了解当时的社会状况，生产水平，文学、艺术、科学技术发展水平等，都是极为重要的佐证。例如对中国奴隶社会的研究，很大程度上得力于安阳小屯古墓中的发现。秦始皇兵马俑坑中的一柄铜剑，竟用铬作了防腐处理，在地下埋藏了2000余年仍然寒光闪闪。这将促使改写整个冶金史。因此，古陵墓的意义首先在于其具有重要的科学和艺术价值。这对于旅游者，尤其是专业考察旅游者，其吸引力是不难想象的。

3. 景观美学价值

中国陵墓多选址于兴盛壮观、环境优美的地区。由于被划为"皇陵禁地"，严禁采伐，植被格外好，故陵区风景足可观赏。陵寝建筑气势宏伟，布局有独到之处，再加上有珍贵的文物、精美的雕像，所以成为中国的重要旅游项目。西安市旅游业迅速发展，以致成为中国四大旅游城市之一，很大程度上是由于秦始皇陵随葬坑的发现和汉、唐陵寝的存在。

4. 其他文化价值

葬时通常有祭文，其中有些是非常出色的文学作品。根据古墓中出土的乐器编排的文艺节目现已搬上舞台，不仅丰富了艺术领域，也有助于提高古陵墓在旅游业中的地位。

近年来中国陵墓考古收获颇丰。这方面的旅游项目正在不断增加。河北满城出土的中山靖王刘胜的金缕玉衣、西安秦始皇陵兵马俑等，都多次到国外巡展，成为宣传中国文化、招徕国际旅游客源的重要手段。

二、古墓葬旅游景观的旅游欣赏

古墓葬旅游景观的欣赏可以由以下几个方面入手。

1. 古墓葬本身的规模、建筑、气势欣赏

规模宏大、建筑雄伟、富丽堂皇。帝王为了使自己在地下也能永享人间的帝王生活，都不惜大量的人力、财力为自己建造陵墓。如号称世界第八奇迹的秦始皇陵兵马俑坑，动用了70万人力，耗时近10年，帝王陵墓的规模更是宏大异常。帝王陵寝除建筑雄伟壮丽外，装饰也富丽堂皇。如慈禧太后的定东陵，陵墓的三殿内用了64根贴金明柱，仅此一项就耗用黄金4600两，充分展示了帝后极尽奢华的生活。

2. 古墓葬随葬品历史文化、科学、艺术价值的欣赏

古墓葬中的随葬品作为文物丰富而珍贵，极具历史文化价值和科研价值。特别是帝王陵寝中极为丰富的殉葬品，包括金银珠宝、文献古籍、雕刻绘画、生产

工具、生活器皿、丝绸锦缎、食品药品、兵器乐器、甚至植物种子等。这些文物多是稀世珍宝，价值连城。如，慈禧陵墓的地宫中陈设的西瓜、甜瓜、白菜、桃子、李子、杏子、枣子等蔬菜水果，全由颜色天然的美玉与宝石雕成，做工精湛考究，是精美绝伦的艺术佳品。帝王陵寝中的文物不仅珍贵，具有很高的艺术价值，而且极具历史文化价值和科研价值。通过陵墓建筑、雕刻、绘画、出土文物等，可以了解当时的生产水平和科技发展水平，了解那个时代的社会状况和文学艺术。各朝各代陵墓的出土文物，是这个国家几千年文明史的缩影，为研究历史提供了珍贵资料，作为当时社会上最流行也最有代表性的器物和当时社会忠实的文字记录，而且都适时地安全转移到了地下，免遭社会上焚烧删改之祸和受社会变迁的影响而保留着历史的真面目。

3. 古墓葬所在地景观美学的欣赏

由于深受风水术的影响，中国古代墓葬往往选建在优美的自然环境中。特别帝王陵墓选址讲究山环水抱，山要求重峦叠嶂，秀丽挺拔，水流要清澈明净，自然环境非常优美。加上"皇陵禁地"保护严密，使优美的生态环境得以保存，成为可开发观赏、休闲、避暑、考古研究等多种旅游活动的特色风景区。

第三节　中国著名古墓葬旅游景观

一、帝王陵墓

1. 秦始皇陵

秦始皇陵位于陕西省西安市以东30千米的骊山北麓（另两资料分别为：秦始皇陵位于临潼以东5千米处的下河村；秦始皇陵位于西安市以东35千米的临潼区境内），它南依骊山的层峦叠嶂之中，山林葱郁；北临逶迤曲转、似银蛇横卧的渭水之滨。高大的封冢在巍巍峰峦环抱之中与骊山浑然一体，景色优美，环境独秀。

秦始皇陵是中国历史上第一个皇帝陵园。其巨大的规模、丰富的陪葬物居历代帝王陵之首，是最大的皇帝陵。陵园按照秦始皇死后照样享受荣华富贵的原则，仿照秦国都城咸阳的布局建造，大体呈回字形，陵墓周围筑有内外两重城垣，陵园内城垣周长3870米，外城垣周长6210米，陵区内目前探明的大型地面建筑为寝殿、便殿、园寺吏舍等遗址。据史载，秦始皇陵陵区分陵园区和从葬区两部分。陵园占地近8平方千米，建外、内城两重，封土呈四方锥形。秦始皇陵的封土形成了三级阶梯，状呈覆斗，底部近似方形，底面积约25万平方米，高115米，但由于经历两千多年的风雨侵蚀和人为破坏，现封土底面积约为12万平方米，高度为87米（另一资料：陵园初高120米，"高大若山"，后经风化侵蚀及人为破坏，降低了40多米）。整座陵区总面积为56.25平方千米。建筑材料是从湖北、四川等地运来的。为了防止河流冲刷陵墓，秦始皇还下令将南北向的水流改成东西向。

秦王朝是中国历史上辉煌的一页，秦始皇陵更集中了秦代文明的最高成就。秦始皇把他生前的荣华富贵全部带入地下。秦始皇陵地下宫殿是陵墓建筑的核心部分，位于封土堆之下。《史记》记载："穿三泉，下铜而致椁，宫观百官，奇器异怪徙藏满之。以水银为百川江河大海，机相灌输。上具天文，下具地理，以人鱼膏为烛，度不灭者久之。"考古发现地宫面积约18万平方米，中心点的深度约30米。陵园以封土堆为中心，四周陪葬分布众多，内涵丰富、规模空前，除闻名遐迩的兵马俑陪葬坑、铜车马坑之外，又新发现了大型石质铠甲坑、百戏俑坑、文官俑坑以及陪葬墓等600余处，数十年来秦陵考古工作中出土的文物多达10万余件。在陵园里设立有多处文物展台，展示了秦陵近20年来出土的部分文物；布置有水道展区，重现当年陵园内科学周密的排水设施；相信随着考古工作的进展，肯定还会有更大的意想不到的发现。

秦始皇陵是中国历史上第一座帝王陵园，是我国劳动人民勤奋和聪明才智的结晶，是一座历史文化宝库，在所有封建帝王陵墓中以规模宏大、埋藏丰富而著称于世。据《史记·秦始皇本纪》记载，陵墓一直挖到地下的泉水，用铜加固基座，上面放着棺材……墓室里面放满了奇珍异宝。墓室内的要道机关装着带有利箭的弓弩，盗墓的人一靠近就会被射死。墓室里还注满水银，象征江河湖海；墓顶镶着夜明珠，象征日月星辰；墓里用鱼油燃灯，以求长明不灭……

秦始皇陵是世界上规模最大、结构最奇特、内涵最丰富的帝王陵墓之一。秦始皇陵兵马俑是可以同埃及金字塔和古希腊雕塑相媲美的世界人类文化的宝贵财富，而它的发现本身就是20世纪中国最壮观的考古成就。它们充分表现了2000多年前中国人民巧夺天工的艺术才能，是中华民族的骄傲和宝贵财富。法国总统希拉克对它的"世界第八奇迹"的赞誉，使秦始皇陵为更多的世人所知。世界文化遗产的桂冠，为秦始皇陵更增光彩。

2. 乾陵

乾陵是世界历史上独有的夫妻皇帝陵，位于陕西乾县城北的梁山。这里因埋葬着中国历史上一位叱咤风云的女皇而蜚声中外。

乾陵，是中国乃至世界上独一无二的一座两朝帝王、一对夫妻皇帝合葬陵，是唐代帝王"因山为陵"葬制的典范和闻名中外的旅游胜地。

乾陵陵园的所有营建工程经历了武则天、中宗至睿宗朝初期才全部竣工，历时长达57年之久。

乾陵营建时，正值盛唐，国力充盈，陵园规模宏大，建筑雄伟富丽，堪称"历代诸皇陵之冠"。陵园仿唐都长安城的格局营建，分为皇城、宫城和外郭城，其南北主轴线长达4.9千米。文献记载，乾陵陵园"周八十里"，原有城垣两重，内城置四门，东曰青龙门，南曰朱雀门，西曰白虎门，北曰玄武门。陵园内城约为正方形，其南北墙各长1450米，东墙长1582米，西墙长1438米，总面积约

230万平方米。城内有献殿、偏房、回廊、阙楼、狄仁杰等60朝臣像祠堂、下宫等辉煌建筑群多处。

乾陵的巨大魅力不光在于它是世界上独一无二的两朝帝王、一对夫妻皇帝合葬陵,更在于它体内珍藏的无价文物瑰宝。特别是,乾陵是目前唯一未被盗掘的唐代帝王陵墓。据乾陵《述圣纪》碑记载,唐高宗临终遗言,要求将他生前所珍爱的书籍、字画等全部埋入陵中。武则天营建乾陵的目的是为了报答唐高宗的知遇之恩,因此,陪葬入乾陵的稀世珍宝一定不少。这是一个满藏无价瑰宝的地宫。目前考古工作者将乾陵地宫内可能藏有的文物分为六大类:①金属类,有金、银、铜、铁等所制的各类礼仪器、日常生活用具和装饰品、工艺品等;②陶、瓷、琉璃、玻璃等所制的器物、人物和动物俑类;③珊瑚、玛瑙、骨、角、象牙等制成的各类器具和装饰物;④石质品:包括石线刻、石画像、人物及动物石雕像、石棺椁、石函和容器;⑤壁画和朱墨题刻;⑥纸张、典籍、字画、丝绸和麻类织物,漆木器、皮革和草类编织物等。可以深信,乾陵幽宫重启之日,必是石破天惊之时。那时,盛唐文化的独特风采将让世界为之瞩目。

3. 明十三陵

明十三陵(见图11-1)位于北京市昌平县天寿山南麓方圆40平方千米的小盆地上,距北京城区50千米。这里青山环抱,风景秀丽,在方圆约40平方千米的小盆地里,错落有致地分布着明代13位皇帝、23位皇后和众多的嫔妃、太子、公主等的陵墓,后人称为明十三陵。2000年11月,被列入《世界遗产名录》文化遗产。

十三陵是明代皇陵,位于昌平县天寿山下的盆地中。其中包括长陵(成祖)、献陵(仁宗)、景陵(宣宗)、裕陵(英宗)、茂陵(宪宗)、泰陵(孝宗)、康陵(武宗)、永陵(世宗)、昭陵(穆宗)、定陵(神宗)、庆陵(光宗)、德陵(熹宗)、思陵(思宗)共13处,统称十三陵。

十三陵广达40平方千米,建造用时长达200多年(1409~1644年),工程极为浩大。陵区三面环山,蟒山、虎峪雄踞两侧;北京平原横陈于前。神路长达20余里。

整个陵区周围原来建有围墙,设有大小宫门两座和十个关口,各关口都设置敌楼。十三个皇帝的陵寝,建筑风格、整体布局基本相同,均为前方后圆,只有面积大小、筑饰繁简略有差异。十三个陵寝中,建筑最为雄伟的是长陵,结构最为精美的是永陵,规模最小的是思陵。陵区南北长达7千米的中轴线上,建有宏阔壮观的神路。

而十三陵中的长陵坐落在天寿山中峰之下,是十三陵中修建最早、规模最大、保存较完整的一座陵墓,埋葬的是明代第三帝朱棣(年号永乐,庙号成祖)和皇后徐氏。

定陵,始建于明万历十二年(1584年),历时六年竣工,役使军匠、工匠达三万余人，耗银 800 万两占地 18 公顷。出土了大量珍贵文物。地下宫殿距墓顶 27 米，由前、中、后、左、右五个高大宽敞的殿堂组成，总面积 1195 平方米。地宫内全部是石结构，为拱券式无梁建筑，殿门均用汉白玉雕成。地宫前殿是空的，中殿放有三个汉白玉石雕宝座和三盏"长明灯"。左右配殿放有棺床，但没有棺椁。后殿是地宫最大的一个殿，地铺磨光花斑石，棺床上放置着帝后棺椁，皇帝居中，左右各一个皇后棺椁周围放着 26 只朱漆木箱，内装随葬器物。

昭陵，在定陵西约 0.5 千米处。这里依山傍水，环境幽雅，占地面积 3.5 公顷，是明代第 12 位皇帝穆宗朱载垕的陵墓，葬在一起的还有他的三位皇后。昭陵也是按前殿后寝格局修建的，前面是两进方形院落，长 187.5 米，宽 95 米。后面因地势修为纵向椭圆形的宝城，周长约 440 米。中轴线上的建筑从前至后依次有碑亭、石桥、陵恩门、棂星门、石五供、明楼、宝顶等。陵恩殿前两侧对称地建有配殿和神帛炉。宝顶下面是玄宫（即地下宫殿）。目前昭陵的陵恩殿，是"明昭陵秋祭复原陈列"处；西配殿有"昭陵帝后简介"；东配殿有"明代皇族墓葬陈列"；大门右边有"明陵珍品展览"，游客可在此看到出土文物中的精品。

阅读资料 11-4

高句丽王城、王陵及贵族墓葬

高句丽政权始于公元前三十七年，止于公元六百六十八年，曾是中国东北地区影响较大的少数民族政权之一，在东北亚历史发展过程中发生过重要作用。高句丽政权发轫于今辽宁省桓仁县，公元三年迁都至国内城（今吉林集安），四百二十七年再迁都至平壤。桓仁与集安是高句丽政权早中期的政治、文化、经济中心所在，累计共四百六十五年，是高句丽文化遗产分布最集中的地区。

二、林

依据中国古代墓葬礼制，百姓的墓叫"坟"，王侯的墓叫"冢"，皇帝的墓称"陵"，圣人的墓则称"林"。

1. 孔林

孔林本称至圣林，是孔子及其家族的墓地。孔子死后，弟子们把他葬于鲁城北泗水之上，那时还是"墓而不坟"（无高土隆起）。到了秦汉时期，虽将坟高筑，但仍只有少量的墓地和几家守林人，后来随着孔子地位的日益提高，孔林的规模越来越大。东汉桓帝永寿三年（公元 157 年），鲁相韩勑修孔墓，在墓前造神门一间，在东南又造斋宿一间，以吴初等若干户供孔墓洒扫，当时的孔林"地不过一顷"。到南北朝高齐时，才植树 600 株。宋代宣和年间，又在孔子墓前修造石仪。进入元文宗至顺二年（公元1331年），孔思凯主修了林墙，构筑了林门。明洪武十年（公元1684年）将孔林扩为3000亩的规模。雍正八年（公元1730年），大修孔林，耗帑银25300两重修了各种门坊，并派专官守卫。据统计，自汉以来，历代对孔林重修、增修过13次，增植树株5次，扩充林地3次。整个孔林周围垣墙长达7.25千米，墙高3米多，厚约5米，总面积为2平方千米，比曲阜城要大得多。孔林作为一处氏族墓地，2000多年来葬埋从未间断。在这里既可考春秋之葬、证秦汉之墓，又可研究我国历代政治、经济、文化的发展和丧葬风俗的演变。1961年国务院将其公布为第一批全国重点文物保护单位。"墓古千年在，林深五月寒"，孔林内现已有树10万多株。相传孔子死后，"弟子各以四方奇木来植，故多异树，鲁人世世代代无能名者"，时至今日孔林内的一些树株人们仍叫不出它们的名字。其中柏、桧、柞、榆、槐、楷、朴、枫、杨、柳、檀雒离、女贞、五味、樱花等各类大树，盘根错节，枝繁叶茂；野菊、半夏、柴胡、太子参、灵芝等数百种植物，也依时争荣。孔林不愧是一座天然的植物园。

"断碑深树里，无路可寻看"。在万木掩映的孔林中，碑石如林，石仪成群，除一批著名的汉碑移入孔庙外，林内尚有李东阳、严嵩、翁方钢、何绍基、康有为等明清书法名家亲笔题写的墓碑。因此，孔林又称得上是名副其实的碑林。

神道。北出曲阜城门，就见两行苍桧翠柏，如龙如虬，夹道而立，这就是孔林神道。道中巍然屹立着一座万古长春坊。这是一座六楹精雕的石坊，其支撑的6根石柱上，两面蹲踞着12个神态不同的石狮子。坊中的"万古长春"四字，为明万历二十二年（公元1594年）初建时所刻，清雍正年间却又在坊上刻了"清雍正十年七月奉敕重修"的字样。石坊上雕有盘龙、舞凤、麒麟、骏马、斑鹿、团花、祥云等，中雕二龙戏珠，旁陪丹凤朝阳纹饰，整个石坊气势宏伟，造型优美。坊东西两侧各有绿瓦方亭一座，亭内各立一大石碑。东为万历二十二年（公元1594年）明代官僚郑汝璧及连标等所立，上刻"大成至圣先师孔子神道"十个大字；西为次年二人立的"阙里重修林庙碑"。两碑均甚高大，碑头有精雕的花纹，碑下有形态生动的龟趺。

洙水桥。由至圣林门西行为辇路，前行约200米，路北有一座雕刻云龙、避邪的石坊。坊的两面各刻"洙水桥"三字，北面署明嘉靖二年衍圣公孔闻韶立，南面署雍正十年年号。坊北有一券隆起颇高的拱桥架于洙水之上。洙水本是古代的一条河流，与泗水合流，至曲阜北又分为二水。春秋时孔子讲学洙泗之间，后人以洙泗作为儒家代称。但洙水河道久湮，为纪念孔子，后人将鲁国的护城河指为洙水，并修了精致的坊和桥。桥的南北各有历代浚修洙水桥的碑记，洙水桥桥上有青石雕栏，桥北东侧有一方正的四合院，称做思堂，堂广3间，东西3间厢房，为当年祭孔时祭者更衣之所。室内墙上镶嵌着大量后世文人赞颂孔林的石碑，如"凤凰有时集嘉树，凡鸟不敢巢深林"，"荆棘不生茔域地，鸟巢长避楷林风"等等。此院东邻的另一小院，门额上刻"神庖"二字，是当年祭孔时宰杀牲畜之处。

享殿。洙水桥北，先是一座绿瓦三楹的高台大门——挡墓门，后面就到了供奉孔子的享殿。去享殿的甬道旁，有四对石雕，名曰华表、文豹、角端、翁仲。华表系墓前的石柱，又称望柱；文豹，形象似豹，腋下喷火，温顺善良，用以守墓；角端，也是一种想象的怪兽，传说日行1万8千里，通四方语言，明外方幽远之事；翁仲，石人像，传为秦代骁将，威震边塞，后为对称，雕文、武两像，均称翁仲，用以守墓。两对石兽为宋宣和年间所刻，翁仲是清雍正年间刻制的，文者执笏，武者按剑。甬道正面是享殿，殿广5间，黄瓦歇山顶，前后廊式木架，檐下用重昂五彩斗栱。殿内现存清帝弘历手书"谒孔林酹酒碑"，中有"教泽垂千古，泰山终未颓"等诗句。解放战争时，朱德总司令曾在此殿内召开过军事会议。

孔子墓。享殿之后是孔林的中心所在——孔子墓。此墓似一隆起的马背，称马鬣封。墓周环以红色垣墙，周长里许。墓前有巨篆刻"大成至圣文宣王墓"，是明正统八年（公元1443年）黄养正书。墓前的石台，初为汉修，唐时改为泰山运来的封禅石筑砌，清乾隆时又予扩大。孔子墓东为其子孔鲤墓，南为其孙孔伋墓，这种墓葬布局名为携子抱孙。

漫步孔林深处，饱览林内瑰宝，使人感叹不已。

2. 关林

关林，亦叫关帝冢，位于洛阳市南7.5千米的关林镇，从洛阳到龙门的公路从其西侧经过。它是河南省重点文物保护单位。近年来，关林进行了整修，现已成为旅游胜地，游人甚多。

相传这里是三国蜀汉名将关羽的墓冢。关羽，字云长，本字长生，山西解县人。《三国演义》中说，东吴袭荆州，孙权处死了关羽后，生怕刘备起兵讨伐，把关羽的首级送到洛阳，欲嫁祸于曹操。曹识破其计，遂刻沉香木为躯，以王侯之礼葬关羽于洛阳南门外。历代帝王对关羽亡灵不断进行追封，由"侯而王，王而帝，帝而圣，圣而天"褒封不尽，庙祀无垠，整个封号是"仁勇威显护国保民精诚绥靖翊赞宣德忠于神武关圣大帝"。既有历代帝王追封，又是关羽首级埋葬之地，因而洛阳关帝庙被修建得规模宏伟，形势壮观，殿宇堂皇，隆塚丰碑。现在的关林，始建于明朝万历年间，后经清朝多次修葺，乃成今日之规模。庙内有古柏800多株，多为明朝所植，成排成行，苍翠成林。关林占地86000平方米，红墙碧瓦，古柏掩映。

关林是一座完整的古建筑群，自南而北的主要建筑有：庙前是一高大的舞楼（俗称戏楼）；庙门五间三门道，门前明代雕刻的汉白玉石狮一对，分列左右。二门前明代铁狮子一对，分列东西。二门内东有钟楼，西有鼓楼，中央甬道左右树起盘龙石柱各一，再北是月台，月台与甬道以石栏围之，石栏间隔的石柱上刻有姿态各异的104个狮子，个个玲珑剔透，逗人喜爱。月台后为卷棚五间紧连正殿。正殿七间，二殿五间，都是四面起坡，五脊飞檐的建筑形式。三殿五间，三明两暗。三殿后是关羽冢墓，高20多米，围以红墙。冢前建一亭，亭前有丰碑一通，正面刻关羽封号，背面刻关羽传记。亭前并列三座石坊，坊后有石狮一对，东西两廊，各20间。庙内碑刻甚多，有70余方，还有乾隆、慈禧、光绪等人的题匾。

关羽庙内还设有洛阳古代石刻艺术馆，展出大量古代碑刻、雕像和出土墓志。目前，关林庙东廊为碑刻墓志陈列室，西廊为石刻艺术陈列室。这是研究古代社会政治、经济、文化、艺术十分宝贵的资料，因之，也成为中外游客必游之地。

三、崖葬

崖葬是指在崖穴或崖壁上安葬人的遗体的一种葬俗。崖葬习俗早在中国古代濮、越、巴、僚、汉等民族部分人中即已盛行。《临海水土志》对崖葬已有记载。中国的崖葬主要分布在：福建，浙江，江西的仙霞、武夷山区，贵州，广西山区、西江流域，湖南、贵州和四川接壤处的酉、辰、巫、武、沅等五溪流域，四川东南的长江及其支流沿岸，四川、云南的乌蒙山区北麓至金沙江边，台湾各岛屿。据碳14测定，福建武夷山崖葬船棺最早，约于春秋、战国时期。及至近代，部分壮族、布依族、苗族、瑶族、仡佬族，以及现在贵州西南部的部分苗族和台湾兰屿高山族雅美人都行崖葬。

崖葬大体可分为四种类型：崖洞葬、崖墩葬、崖窟葬、悬棺葬。崖葬的葬制分一次葬和二次葬两种。

葬具有多种：葬尸多用木棺、石棺、陶棺和布袋；葬骨或骨灰多用小匣、小函和陶瓮。一些崖葬处还伴有崖画、享堂或木偶。崖葬的葬所，有的仅置一二葬具，有的置有数十葬具。同一处的若干葬具有的是同族或合寨择期举行仪式后同时葬入的，有的则是陆续葬入的，待葬满一穴后再另择它处。

1. 三峡悬棺葬

悬棺是我国古代一种奇特的葬俗，它曾分布于我国南方许多地区，已知有中国台湾、福建、江西、广东、广西、湖南、湖北、贵州、四川等省区，在东南亚及太平洋南部岛屿上也有发现。神奇的悬棺现象，一直是我国名胜古迹之谜，历来为中外学者所关注。

中国的悬棺葬制有着悠久的历史，其时代，远自我国商周时代便已出现。如福建武夷山上的船棺，经科学测定为3800年前的遗物，被认为古代越人先祖所为。其他还有江西贵溪的崖棺，被定为2000年前春秋战国的遗物，其民族被定为干越和瓯越人。贵州省松桃的悬棺是距今1600年前的晋代遗物，视为濮人所葬……

四川大宁河小三峡内的岩棺就是典型的悬棺遗迹。在"岭峭山奇险水多"的小三峡旅行，能看到陡峭如劈的褐色山崖的岩隙中，横搁着一具具漆灰色的棺木，当地人称其为"铁棺材"或"仙人棺"。泛舟大宁河，仰望铁棺材高悬云雾中，特感神秘莫测。

大宁河岩棺一共有多少？据有关单位查勘，已发现 7 处岩棺群，岩棺总数 300 多具，其中棺木保存完整的有 70 多具。岩棺距河面最低的有 30 米，最高者有 500 米以上；从岩顶下去也有 300 多米。如此"上不着天，下不着地"的悬棺是怎样安置进去的？实在让人百思不得其解。综合各地悬棺的现场观察，人们有这样三种解释：一为栈道说，即悬棺是通过平行的桩孔，联桩铺道而设置；二为下索说，人们曾在桩孔旁发现有踏脚窝，即用绳索从山顶悬着棺材向下放置的；三为上攀说，即指距地面较近的棺木，可能为人工攀登悬置而成。大宁河小三峡的悬棺重达千斤，要将它搁置在崖洞岩洞之中，的确不易。至于用何种办法，说法也挺多，但比较可信的是第二种说法，即下索说。

据巫山县志记载，古代人死之后。"于临江高山半助龛凿以葬之。自山上悬索下枢，弥高者以为至孝。"过去巫山一带民间有这样的说法，老人在未死时，自己选好一个岩洞作为葬地，命小辈营造，死后就能及时安葬。这些营造悬棺葬地的人，是用"放虹"（即用绳索自山顶悬荡而下）的办法，进岩洞做好地基。然后再将悬棺化整为零，一块块吊下来，在岩洞里就地再安装成。待人死了，就将尸体和随葬品分别用同样的"放虹"方法，悬放下来，安置在棺中。巫山某些地方至今仍保留有生前预营墓地风俗，也许能说明这种解释有一些可信处。

这种"放虹"，可放 300～500 米长。由于绳索是用葛麻加细篾、皮条搓就的，故不易磨损和被飞禽猛兽咬断。巫山一带的农民到岩壁上采药，大都用这种办法。过去有的人以为悬棺中有金银财宝，就"放虹"荡下去，见棺材里无非是一具尸骸加上一些竹木器皿，便一扔了之，破坏了不少悬棺。

2. 闽南悬棺葬

在武夷山悬崖洞穴中发现的古代悬棺葬，是中国闽南独特的人文景观之一。福建境内出土的观音岩和白岩棺木，经碳十四测定，距今有三千多年，相当于商末周初，其族属只能是《周礼》记载的闽族或"七闽"的一支。江西境内的仙岩和水岩棺经碳十四测定，距今两千多年，相当于春秋晚期，其族属也是闽族或"七闽"的一支。两地悬棺葬明显的有早晚承袭关系。闽族这种独特的悬棺葬文化，最早起源于福建境内的观音岩和白岩，春秋晚期传到江西贵溪仙岩和水岩，然后随着闽族的迁徙，自东向西扩展到湖南、湖北、广东、广西、四川、云南和陕西南部；东北到浙江；东南到中国台湾，绵亘万里。随着范围的扩大，各地悬棺葬的碳十四测定年代依次递减，从商末周初到春秋战国、汉、晋、唐、宋、直至明、清。江西贵溪硬陶罐上的蛇形附耳，俨然是闽族蛇图腾的标识。《华阳国志》中出现的西南"闽濮"、云南"滇王之印"上的蛇纽、石寨山铜鼓上的"祀蛇盛典"、黄土仑出土的仿铜陶鼓（与湖北崇阳的西周铜鼓相似）、建瓯大铜钟等，揭示了以蛇为图腾、盛行奇特的悬棺葬俗、很早就使用铜鼓铜钟的先秦闽族，三千多年来自东向西迁徙发展的历史印迹。

从考古实物考察，三千多年前的悬棺柩内四壁平整，壁厚仅2~3厘米，系用整棵楠木剡凿而成。要加工这种长227厘米、宽47厘米、深44厘米的棺内深槽，没有锋利的金属刀具是办不到的。白岩船棺挡板上留有青铜斧加工的弧状凿痕。特别是船棺尾呈槽状起翘、底厚仅1~4厘米，加工时稍有不慎即会断裂。因此，可以说，三千多年前的闽族已进入先进的青铜时代。

福建白岩悬棺内陪葬了一件龟形木盘，放置于尸体正中，其意甚大。《列子·汤问篇》记载龙伯钓鳌的故事。《楚辞·天问》曰："鳌戴山抃，何以安之？释舟陵行，何以迁之？"王逸注引《列仙传》说：有巨灵之鳌，背负蓬莱之山，而鳌舞戏沧海之中。《史记·三皇本纪》云："女娲氏断鳌足，立四极。"由此可见，这件殉葬的龟形木盘应称"木鳌"，它不仅反映悬棺葬主人生前"山行水处"的生活习性，还赋予"巨灵之鳌，背负蓬莱之山"登遐升天的思想。《山海经·海内南经》也有"闽在海中，其西北有山，一曰闽中山在海中。"可见，白岩悬棺葬中的木鳌还反映了商周时期闽族先民与海洋的密切关系。

本章小结

古墓葬是指埋葬遗体的方法，在中华民族最标准的葬式是土葬，即通过墓穴墓室以土掩埋的葬法。古墓葬主要可以分为帝王陵墓、具有历史纪念意义的名人墓地、具有重要的历史和艺术价值的墓葬等。

古墓葬旅游景观的特点有：鲜明的社会等级性；强烈的宗族伦理观念；风水术的影响持久广泛；"事死如事生"的表现形式。

从旅游功能上来看，古墓葬具有：历史文化价值、科学技术与艺术价值、景观美学价值以及其他文化价值。

我国著名的具有代表意义的古墓葬旅游景观有以下几种。

帝王陵墓：秦始皇陵、乾陵、明十三陵

林：孔林、关林

崖葬：三峡悬棺葬、闽南悬棺葬

重点内容

古墓葬　旅游景观的含义　古墓葬旅游景观的欣赏　秦始皇陵　乾陵　明十三陵　孔林　关林　三峡　悬棺葬　闽南悬棺葬

案例分析

唐代昭陵

昭陵是唐朝第二代皇帝李世民的陵墓，是陕西关中"唐十八陵"中规模最大的一座，位于礼泉县城东北 20 多千米处。陵园周长 60 多千米，总面积 2 万余公顷，陪葬墓 180 余座，被誉为"天下名陵"和世界最大的皇家陵园。从唐贞观十年太宗文德皇后长孙氏首葬到开元的二十九年，昭陵陵园建设持续 107 年之久，地上地下遗存了大量的文物。它是初唐走向盛唐的实物见证，是我们了解、研究唐代乃至中国封建社会政治、经济、文化难得的文物宝库。

昭陵首开中国封建帝王"依山为陵"的先河，是唐代改革开放的一个缩影。

昭陵保存了大量的唐代书法、雕刻、绘画作品，为我们研究中国传统的书法、绘画艺术提供了珍贵的资料。昭陵墓志碑文，堪称初唐书法艺术的典范，或隶或篆，或行或草，多出书法名家之手。欧阳询、褚遂良、李治、王知敬、殷仲容、赵模、高正臣、畅整、王行满、李玄植的书法，都以其独特的风格，争奇斗艳，成为中国书法艺苑中光彩耀人的奇葩。"昭陵六骏"浮雕，构图新颖，手法简洁，刻工精巧，鲁迅先生曾称其"前无古人"。昭陵陪葬墓壁画，多为唐代现实生活的写照，又不乏浪漫主义色彩，其用笔，或奔放泼辣，或遒劲有力；其用色，或简洁明快，或细腻精致，人物造型无不形神兼得，栩栩如生，堪称唐墓壁画之上乘。昭陵陪葬墓出土的大量彩绘釉陶俑，工艺精湛，造型优美，色彩绚丽，亦为全国罕见。

思考：唐代昭陵的旅游功能与欣赏意义。

基本训练

1. 判断题

（1）墓，是指掩埋死者遗体，即处置遗体的方式。
（2）墓（或茔）是指墓葬的埋棺之处，而在墓上的封土则称为坟或冢。
（3）唐宋时代里帝王墓葬封土多采用"宝城宝顶"的形制。
（4）墓室是坟墓的地上部分，就结构而言，除土室外，还有砖室、石室、木椁室等。
（5）最早出现的墓地建筑是用来供墓主的灵魂起居止息的。

(6) 石像生是一种高台建筑，最初用于登高楼观，矗立在宫殿、祠庙之前，往往同时建造两座，左右相对。

(7) 秦代帝侯之墓的椁多使用黄心的柏木垒嵌，且层层向内，称为"黄肠题凑"。

(8) 风水术对古墓葬环境选择有着重要影响。

(9) 帝王陵墓，实际上包括陵墓及其附属建筑，合称为陵寝。

(10) 昭陵是世界历史上独有的夫妻皇帝陵。

2. 选择题

(1) 中华民族最标准的葬式是（　　）。
A. 土葬　　　B. 树葬　　　C. 火葬　　　D. 天葬　　　E. 悬棺葬

(2) 帝王墓葬封土多采用"宝城宝顶"的形制的朝代是（　　）。
A. 商周　　　B. 秦汉　　　C. 宋金　　　D. 隋唐　　　E. 明清

(3) 在墓前神道两侧排列石雕人像、动物像、传说中的神兽像等叫做（　　）。
A. 墓碑　　　B. 石像生　　C. 墓阙　　　D. 寝殿　　　E. 祠堂

(4) 中国历史上第一座帝王陵园是（　　）。
A. 西周燕王陵　B. 楚国晋侯陵　C. 乾陵　　　D. 秦始皇陵　E. 昭陵

(5) 以"因山为陵"为帝王陵墓特点的朝代是（　　）。
A. 秦朝　　　B. 汉朝　　　C. 唐朝　　　D. 宋朝　　　E. 明朝

3. 简答题

(1) 简述古墓葬景观的分类。

(2) 简述古墓葬景观的特点。

(3) 古墓葬景观的旅游功能。

(4) 古墓葬景观的欣赏包括哪些内容？

(5) 我国著名的古墓葬景观有哪些？

4. 实训题

(1) 根据所学的相关理论，试分析各种古墓葬景观的异同。

(2) 就本章所介绍的我国著名的古墓葬景观，选出你最喜欢的景观并分析其旅游功能及欣赏意义。

第十二章 民俗文化旅游景观

> **学习目标**

　　民俗文化作为人类社会文化的重要组成部分，有着极为丰富的内涵和多彩的外在形式。在现代旅游业中，民俗文化中具有表象性的部分成为旅游活动的重要对象，即民俗文化旅游景观。随着旅游业的不断发展，人们日趋重视在旅游过程中与不同民族、不同地区间的文化交流和参与活动，因此民俗文化旅游景观更显示出在旅游活动中的重要作用和意义。通过本章的学习，了解民俗文化旅游景观的类别，理解民俗文化旅游景观的含义、特点，熟悉我国著名的民俗文化旅游景观，掌握民俗文化旅游景观的旅游功能和欣赏价值。

第一节　概　　述

　　一方水土养一方人，一方水土培育一方文化。在伟大祖国广阔的版图上，承载了五彩缤纷的地域文化。在中华民族温暖的大家庭里，孕育了异彩纷呈的民俗文化。民俗文化旅游景观是游人最感兴趣的内容之一，这样它就成为重要的旅游资源。从本质上说，旅游是一种文化认知活动。异地的民俗风情，给游人一种完全不同的文化享受。

一、民俗文化旅游景观的含义

　　民俗文化是广大劳动人民所创造和传承的民间文化，是在共同地域形成的积久成习的文化传统。民俗文化作为人类社会文化的重要组成部分，有着极为丰富的内涵和多彩的外在形式。民俗文化旅游景观是指民俗文化中具有旅游观赏价值、供游人体验或参与的人文景观。

二、民俗文化旅游景观的类别

民俗文化有着极为丰富的内涵和多彩的外在形式，作为旅游对象的民俗文化景观主要是民俗文化中具有表象性的部分，也就是游人在旅游活动中能够观赏、体验或参与的部分。民俗文化景观可分为如下几类。

1. 民居、服饰与民间工艺美术

在民俗建筑中，一些地区、各民族的民居具有鲜明的审美特色。如北京的胡同、四合院，山西祁县的乔家大院，福建地区的土楼，周庄、同里的水乡民居；蒙古、哈萨克、柯尔克孜、塔吉克等民族的蒙古包（毡房），侗族、苗族的吊脚楼、半边楼以及鼓楼、风雨桥，傣族的竹楼等。民居类型丰富，建筑技艺精湛，各有特色，具有很高的旅游欣赏价值。各民族的服饰更是绚丽多姿。苗族、瑶族、侗族各不相同的"花衣"与百褶裙，傣族妇女的花筒裙，藏族的藏袍，维吾尔族的"恰袢"和连衣裙，满族的旗袍等。各民族和各地的民间工艺美术也极为丰富多彩。

2. 习俗、节日礼仪与庆典活动

在习俗中包括饮食、婚恋、生日、丧礼、待客习俗等，其中大多数是旅游者可以参与或观赏的。例如侗族青年的恋爱习俗"走寨坐妹"；苗族婚姻礼仪的"拦路歌"、唱"酒歌"；小孩的"三朝酒"、"满月酒"、"拜寄娘"；老人的拜寿酒宴等习俗仪式。不同地区和各民族都有着各自特点的待客习惯和待客方式。节日礼仪与庆典则更为丰富，春节、元宵节、清明节、端午节、中秋节，傣族的傣历新年泼水节，藏族的藏历新年，瑶族的达努节（祖娘节），藏族的雪顿节，彝族的火把节，蒙古、鄂温克、达斡尔族的"那达慕"大会，白族的三月街等。这许多节日礼仪、庆典活动最为集中地展现出不同民族、地域民俗文化的丰富内涵，给旅游者提供了观赏和体验民族民俗审美文化的良好机会。

3. 民俗游艺与竞技活动

我国各地区、各民族有着丰富多样的民俗艺术表演、游乐活动和体育竞技活动。像舞龙、舞狮、踩高跷，龙舟竞渡，东北与西北地区的太平鼓，陕西安塞腰鼓，东北的二人转，湖南的花鼓戏，广西的彩调，苏州的评弹，粤语地区的粤曲，藏族的锅庄，苗族的芦笙舞，傣族的孔雀舞，彝族的阿细跳月，朝鲜族的长鼓舞，壮族的扁担舞，维吾尔族的十二木卡姆等艺术表演活动。还有苗族爬竿、上刀梯，蒙古族群众喜欢的马球运动，哈萨克、柯尔克孜、塔吉克族的叼羊，朝鲜族的跳板运动以及蒙古族摔跤、赛马，傣、景颇、白、纳西等族的"打磨秋"等民俗游乐与体育竞技活动，这些游艺活动都有着很高的旅游观赏性，而且相当一部分都具有参与性，旅游者可以与当地人民一起同乐共舞。

4. 民俗信仰与祭祀活动

我国各地区各民族有着各自不同的信仰与祭祀活动。如对于中华民族祖先黄帝、炎帝的祭典活动，蒙古族的成吉思汗祭典，福建、中国台湾的妈祖庙祭祖活动;汉、苗、壮、侗、黎、鄂温克等族的二月"龙抬头日"、"上八日"(祭祖日),"乌思珠耶"(跳舞神),瑶族的"还盘王愿",藏族喇嘛教的酥油灯会、晒佛、礼佛活动,侗族的"敬萨坛",苗族的"跳香",侗族的"拉木鼓",中国台湾渔民的放彩船等。这些民俗信仰与祭祀活动相当一部分有一定的规模,气氛热烈,显现出这一民族和这一地域本源的文化与审美特征,有着独特的旅游审美价值。而展示民俗信仰的一些物质载体,如财神、门神,哈尼族的龙巴门,蒙古族祭扫用的玛尼堆等都可以成为旅游观赏的对象。

此外,具有民族或地区特点的生产活动、商贸活动、饮食文化都可以成为旅游观赏、体验、参与的对象。

第二节 民俗文化旅游景观的旅游功能与欣赏

民俗文化是重要的旅游资源。民俗旅游就是以民俗文化景观作为观赏对象,以观赏、了解、领略、体验、参与风土人情为主要目的的旅游活动,它是一种高层次的文化旅游。民俗旅游与山水风光旅游、文物古迹旅游是我国旅游活动的三大系列。我国56个民族,有着不同特色的民俗文化风采;此外,汉族由于地域历史发展进程中的差异,各地区之间也有着"十里不同风,百里不同俗"的民俗特色。民俗文化是取之不尽,用之不竭,也是最有特色的旅游资源,以其巨大的魅力吸引着国内外旅游者。

一、民俗文化旅游景观的旅游功能

民俗文化旅游景观具有审美功能、娱乐功能、文化功能、教育功能。

1. 审美功能

我国是一个多民族的国家,各族人民千百年来积累缔造的民俗文化,门类繁多,表现各异,丰富多彩,独具魅力。民俗文化旅游作为异域的文化参与活动,是在完全新鲜的环境中亲身体味他乡生活情调、感受从未接触过的奇异风俗。对于旅游者来说,是完全陌生和新奇的审美体验。民俗文化旅游审美与对自然风光、名胜古迹以及旅游地的文化艺术的观赏一样,都是异地的跨文化的审美活动,是高级的精神享受。

2. 娱乐功能

民俗文化是中下层劳动人民智慧的结晶,又供人民群众享受和利用。传承于民间的大部分民俗文化活动,都是寓教于乐,寓教于趣,带有极其浓厚的娱乐性质,尤其是节日庆典民俗文化和游艺民俗文化。比如春节是中国最隆重的传统节日,除汉族外,蒙古、壮、布依、朝鲜、侗、瑶族等都过此节,除夕之夜,家家团聚,吃团圆饭,唱守岁歌,整个中华大地融合在"天增岁月人增寿,春满乾坤福满门"的欢乐气氛中。人们通过各种传媒互相拜年问候,还将分散于各地,甚至五大洲的华人也团结在一起，共同欢乐、庆祝。游艺民俗文化是民俗旅游中利用最多的一种资源，因为它是人文利用资源中最富观赏性、最具参与性、最有娱乐性的一种，游艺民俗旅游的开展，使民俗旅游更显多姿多彩。

3. 文化功能

民俗文化是一个国家和地区的一个民族世世代代传承的基础文化，也是创造一个国家和民族高雅文化的基础。民俗文化产生于民间社会生活之中，又世代相习传承于民间社会生活之中。在漫长的历史发展进程中，由于各个民族、地域人民的不同境遇，各民族心理不同的成长轨迹，使不同民族、不同地域的人民在民俗文化以及其他文化方面做出了各不相同的文化选择。这不同的选择导致了各民族、地域民俗文化的丰富性，不同民族或地域多样的民俗文化丰富了人类文化的宝库。在现代旅游业迅速兴起，人类相互间的跨文化交流更为广泛的今天，各不相同的民俗文化更成为旅游观赏的重要内容。民俗文化已不仅仅是少数专家学者考察研究的对象，已为更多的旅游者、社会大众所接触和了解，以与生活水乳交融的基础文化特征推动着各民族、地域间的跨文化交流。

4. 教育功能

民俗文化的产生，起初就含有一定的功利目的，即与教育的功能联系在一起。在现实生活中，至今我国各民族总是通过丰富多彩的民俗文化活动，对本民族人民实行传统的思想教育，帮助人们学会许许多多的有关生产和生活的知识，使本民族人民熟悉自己祖先所创造的文化，从而产生强烈的民族自豪感和民族自信心。千百年来，正是通过不断地积累和淘汰，人们在人的自身、人与人之间、人与群体之间形成了十大传统美德（仁爱孝悌的道德品格，谦和好礼的立身处世美德，诚信知报自主自立的品德，精忠爱国的民族气节，克己奉公的集体主义精神，修己慎独的道德修养，见利思义的伦理道德取向，勤劳廉正的优秀品质，笃实宽厚的质朴品格和务实精神，勇毅力行的道德意志）。可以说这些美德从民俗中产生，在民俗旅游活动中不断传播、完善，成为人们处世立身的准则和奋发前进的动力。

二、民俗文化旅游景观的旅游欣赏

民俗文化旅游景观的可欣赏性或者说美学价值主要有生活美、形象美、色彩美、艺术美四方面。

1. 生活美

民俗文化是通过民众口头、行为和心理表现出来的事物和现象，既蕴藏在人们的精神生活传统里，又表现在人们的物质生活传统中，与现实生活紧密相连、水乳交融。民俗文化并不等同于某些落后地区的奇风异俗，它既不是穷乡僻壤的"专利品"，也不是古老部落才具有的"土特产"，而是遍布于任何地区、任何人群、任何形式的民间文化现象。云南彝族山乡有火把节的民俗文化，北京都市里有胡同、四合院的民俗文化。在浓浓的异乡情调包围下，旅游者不仅可以从中学到许多知识，并且在与当地人民进行相互尊重、平等的情感交流中，加强相互间的了解和友谊，体验着、享受着亲切、自然而有趣的生活美感。

2. 形象美

我国的民居建筑造型别致、美观实用、特色鲜明、技艺精湛，以不同的形象、风格吸引着旅游者，具有很高的审美价值。各少数民族的服饰更是绚丽多彩、举世闻名，傣族妇女的花筒裙、苗族妇女的百褶裙、藏族的藏袍、彝族男子的披风"查尔瓦"等形象别致，美不胜收。尤其是中国女装的典型代表——旗袍，庄重典雅的式样，一直受到国内外女性的喜爱，给外国旅游者留下了美好的印象。

3. 色彩美

我国各少数民族服饰讲究色彩和造型，绮丽的色彩和别致的造型所展现的民族风情犹如旅游途中一道道奇异的风景令游人难以忘怀。苗族的"白苗"、"黑苗"、"花苗"等就是依据所着服装的色彩而得来的自称或他称。彝族女子头顶红色头帕（有黄、黑纹饰），前至额、后垂至颈，以发辫在中间缠绕固定；上身背心多黑色，大襟，纽扣硕大，自左肩至右腋下有一宽带装饰；下装为用几截不同色彩布料连结成的多层次的大褶裙，做大幅度摆动时飘然若仙，美丽动人，给国内外旅游者留下了深刻而美好的印象。

4. 艺术美

世界著名的瓷都——景德镇生产的瓷器，"白如玉、薄如纸、声如磬、明如镜"，各类艺术瓷器备受世人赞赏。有"陶都"之称的宜兴制造的紫砂壶等陶器，造型各异、技术精湛，具有极高的艺术品位。"世界风筝都"潍坊的风筝，"中国魅力文化传承名镇"杨柳青的年画，色彩鲜艳、工艺独特，富有民族特色、把玩、购买、观赏这些工艺品，对来自异国他乡的游人都是一种难以忘怀的艺术享受。

第三节　中国特色民俗文化旅游景观

中国各民族丰富多彩的民俗风情、风俗习惯，是一部活的人类社会发展史，是具有科学价值的活化石，是中国旅游景观的重要组成部分，对旅游者有着磁石般的吸引力。

一、艺术景观

中国的民间艺术有鲜明的民族特点，在东方乃至世界，自成一体，独树一帜。它是中国悠久而灿烂的古代文化的重要组成部分，也是极其珍贵的旅游景观。

1. 景德镇瓷器

景德镇位于江西省东北部，是世界著名的瓷都，制瓷历史悠久，文化底蕴深厚，雄踞长江之南，素有"江南雄镇"之称。历史上与广东佛山、湖北汉口、河南朱仙镇并称全国四大名镇，是国务院首批公布的全国24个历史文化名城之一。

史籍记载，"新平冶陶，始于汉世"，可见景德镇早在汉代就开始生产陶瓷。宋景德元年（1004年），宫廷诏令此地烧制御瓷，底款皆署"景德年制"，景德镇因此而得名。自元代开始至明清历代皇帝都派官员到景德镇监制宫廷用瓷，设瓷局、置御窑，创造出无数陶瓷精品，尤以青花、粉彩、玲珑、颜色釉四大名瓷著称于世。上海"APEC"会议用瓷及国宾馆用瓷以及各类艺术陶瓷备受世人赞赏。景德镇瓷器享有"白如玉、薄如纸、声如磬、明如镜"的美誉。郭沫若先生曾以"中华向号瓷之国，瓷业高峰是此都"的诗句盛赞景德镇灿烂的陶瓷历史和文化，陶瓷把景德镇与世界紧密相连。

景德镇市旅游景观内涵丰富、独具优势。包括陶瓷文化、人文景观、生态环境等，尤以陶瓷资源独具优势。全市现已发现30多处陶瓷历史遗址，如古代著名的瓷用原料产地及世界通称制瓷原料高岭土命名地高岭、湖田古窑遗址、明清御窑厂遗址等，分别列为国家级、省级文物保护单位，具有世界性的影响力和吸引力。景德镇陶瓷馆是来景德镇观光的游客不可不游的去处。郭沫若亲笔题写的"景德镇陶瓷馆"六个大字镶嵌在门楼上。该馆建于建国初期，后规模不断扩大，展出内容分"历史之部"、"新中国之部"和专题展览厅。前者以朝代为序，展出古瓷1000多件；后者按类别陈列，展出建国后收藏的陶瓷珍品1500多件。有五代的青瓷、白瓷；宋代的青白瓷；元代的青花瓷、卵白瓷、釉里红；明代的青花瓷、五彩瓷、斗彩、各类颜色釉瓷；清代的数十类精品陶瓷。现代各陶瓷工厂、陶瓷研究所和陶瓷名家的作品也都有收藏。这些珍贵的陶瓷真实地反映了景德镇历史发展的全过程，展示了历代景德镇陶瓷工人的聪明智慧和伟大创造。驻足欣赏，令人流连忘返。湖田窑是我国宋、元两代制瓷规模最大、延续烧造时间最长、生产的瓷器最精美的古代窑场。遗址保存的遗物非常丰富，历代古窑遍地，有宋末的"马蹄窑"、明早中期的"葫芦窑"等。在该遗址上建立起来的湖田古窑址陈列馆，展示了在这里出土的各种窑具和瓷器。1982年，湖田古窑遗址被国务院列为第二批全国重点文物保护单位。

景德镇市的风景名胜和景观众多，有保留完好的明清古建筑村、徽派建筑群、古戏台；有号称中国第二、江南第一的浮梁古县衙；有以三闾大夫屈原命名的古建筑三闾庙；有宋太祖朱元璋作战时藏身的红塔和瑶里的仰贤台、洪源仙境、太阳岛、月亮湖、阳府寺、历居山、翠屏湖等。景德镇也是具有光荣革命传统的地区，著名的新四军瑶里改编就在浮梁县瑶里镇，红十军的诞生地在乐平市众埠镇。1997年，景德镇市被国家旅游局等单位推介为"97中国旅游年"全国35个王牌景点之一。

2. 宜兴陶器

宜兴地处长江三角洲太湖流域，隶属无锡市，是江苏省最南边的一个县，境内山多水多，山水相依，景色秀丽。宜兴素以陶瓷工艺扬名。从几何印纹硬陶和原始青瓷到精美的紫砂陶，均为陶中上品。宜兴制陶技术精益求精，不断改进。宜兴陶器发明创造于5000多年前的新石器时代，成熟于晋宋，大放异彩于明清。相传春秋时代的范蠡与西施，亦曾在此制陶。如今宜兴陶业中心鼎蜀镇，已由过去的家家做坯、处处皆窑的集镇，变成了拥有二十多家工厂、近两万名工人机械化生产的多品种陶瓷工业基地。

宜兴向有"陶都"之称，所产陶瓷种类极多，有细陶、精陶、均瓷、青瓷等几十大类、数千个品种。在琳琅满目的宜兴陶器中，最有名的是紫砂陶。

紫砂陶的原料含有三氧化二铁，呈紫红色，所以称之为紫砂。紫砂陶主要品种有壶、杯、瓶、鼎、碗、盘、碟等，造型各异、丰富多彩，尤以紫砂茶壶最为出色。紫砂壶取其泥料本色，朴素，雅致，赋有民族风格，有深紫、朱红、淡黄等多种颜色。紫砂壶制作缜密精巧，里外不施釉，在烧结得十分致密的沙土中间有肉眼看不见的小气孔，故而透气性能良好。用紫砂壶泡茶，没有丝毫的化学变化，茶水特别清醇。紫砂壶经久耐用，壁内存积的茶锈，名曰"茶山"，如在空壶中注入沸水，也有茶叶清香。此外，用紫砂锅蒸炖鸡、鸭、肉类，味道鲜美，肉嫩汤醇。

宜兴又以茶叶、毛竹生产基地著称。宜兴阳羡紫笋茶历来与杭州龙井茶、苏州碧螺春齐名，被列为贡品。三国时代以"国山舜茶"称雄江南，唐朝以"阳羡唐贡茶"名扬天下。在宜兴山区，茶园依山就坡，一望无际，人称"茶的绿洲"。这里的太华山区，是江苏最大的毛竹基地。全市竹林面积达18万亩。翠竹连岗接坡，挺拔茂密，层峦叠翠。山风过处，竹影婆娑，绿浪起伏，有"竹海"美称。

宜兴雅称"洞天世界"，80多个石灰岩溶洞千姿百态，遍布全市。尤以"江南第一古迹"暨"海内奇观"善卷洞与张公洞及绚丽多彩气势宏伟的灵谷洞名扬天下。

3. 潍坊风筝

潍坊市位于山东半岛中部，南依峰峦起伏的泰沂山脉，北濒碧波万顷的渤海莱州湾，东与海港名城青岛、烟台相连，西与石化城东营和齐国故都淄博为邻，是一座风景秀丽的旅游城市。潍坊历史悠久，早在7000多年前的新石器时代，境内就有氏族部落生产和生活。夏代、商代分别建有封国，春秋战国时期，分属齐、鲁等国。久远的历史给潍坊境内留下了不同时期的文化群带，风筝文化便是其中一支。

潍坊是名扬中外的"世界风筝都"。每年4月下旬举办的潍坊国际风筝会（风筝节）期间，这里是风筝的海洋，不同肤色的人们云集潍坊，共享蓝天，可以尽情地放风筝、赛风筝、购风筝、赏风光、尝风味。潍坊共有各类旅游景点50余处，也是举办多种专项旅游的好地方。20世纪80年代以来，在充分挖掘、整理本地民俗旅游资源的基础上，新开辟了千里民俗旅游线，开创了我国民俗旅游的先河，每年都吸引着数以千计的中外游客，成为全国最有影响的民俗旅游区。旅游者在这里可以观赏到全国唯一的风筝博物馆；被称为民间艺术"三绝"的高密剪纸、泥塑、扑灰年画；中国三大画市之一的杨家埠木版年画；"寿比南山"、"人无寸高"源于此的云门山石刻大"寿"字；"扬州八怪"之一郑板桥的书画真迹；隋唐时期雕刻而成的齐鲁最大佛窟——驼山石佛造像；稀世珍宝山旺古生物化石；有"东小泰山"之称的沂山风光；清澈透底、四季恒温的名泉老龙湾；堪与香山媲美的石门坊红叶；"小巧玲珑、匀称紧凑、兼有南北园林特色"的十笏园；"东方迪斯尼"富华游乐园；"人与自然和谐统一"的青云山民俗游乐园；全国著名的寿光蔬菜、花卉等。丰富多彩的民俗旅游、娱乐旅游和观光旅游、田园生态旅游，可使来自异国他乡的游客尽情地领略潍坊风格独特的民俗文化和乡土文化。

潍坊也是历史上著名的手工业城市，清乾隆年间便有"南苏州、北潍县"之称，是我国历史上最大的风筝、木版年画的产地和集散地。潍坊的嵌银漆器、仿古铜、核雕、刺绣、布玩具等传统工艺品蜚声海内外。

4. 杨柳青年画

有着千年文化底蕴的杨柳青镇，是中国北方历史名镇，在2005年中央电视台首届"中国魅力名镇"评选中，荣获"中国魅力文化传承名镇"称号。

明清时杨柳青即为中国北方民间艺术集散地，它孕育出了中国四大木版年画之首的杨柳青年画、享誉津京的杨柳青风筝和剪纸等民间艺术奇葩，杨柳青砖雕石刻、民间花会等也为一时之大观。

杨柳青的民俗文化气息十分浓郁。小镇旧有戏楼、牌坊、文昌阁，称为杨柳青三宗宝，现在文昌阁尚存。清代有津门著名的崇文书院及古寺院40余座，现尚存普亮宝塔、报恩寺、白檀寺遗址等。位于镇中的清末建筑石家大院以其规模宏大、建筑华美而驰名华北。这些文化遗址与古朴的清代街衢、四合宅院、古运河风光共同构成了杨柳青淳美的风俗画卷。

杨柳青年画是中国著名的三大民间年画之一。始于明代崇祯年间，清代达到鼎盛时期。在中国版画史上，杨柳青年画与南方著名的苏州桃花坞年画并称"南桃北柳"。那时，天津市西青区杨柳青镇及其附近村庄，大都从事年画作坊生产，有"家家都会点染，户户都善丹青"之称。

杨柳青年画继承宋、元绘画的传统，吸收了明代木刻版画、工艺美术、戏剧舞台的形式，采取木板刻印和人工彩绘相结合的方法制作，即先用木板印出线纹，后用彩笔填色而成，形成一种既有遒劲功力的木刻韵味，又有民族绘画风貌的独特格调。杨柳青年画以色彩艳丽、富有夸张表现力、画面热闹喜庆、具有浓烈的地方生活气息而独树一帜。它以其喜闻乐见的形式，受到了人们的喜爱，成为中国美术史上最令人瞩目的一页。

杨柳青年画名目浩繁，分为：神话故事、历史典故、师祖神、仕女、娃娃、吉祥图案、山水花卉等，其中尤以娃娃画最具代表力，杨柳青的娃娃画的特点：短胳膊短腿大脑壳、小鼻子大眼没有脖、鼻子眉眼一块凑、千万别把骨头露。杨柳青年画最惹人喜爱的主角永远是圆头圆脑的胖娃娃，如同在现实主义的舞台上拎起裙子跳一段浪漫主义的舞蹈，从中窥见了农耕民居的淳朴和灵气。

现在，游人到杨柳青镇仍然可以看到杨柳青年画作坊，在这里参观游览，不仅能了解杨柳青年画的发展历史，还能亲自观看年画制作的全过程。

杨柳青民俗风情街（明清街）是处在杨柳青民俗旅游区"中心"的一条商贸旅游街，是参观各景点的必经之路，已成为津门集古文化、旅游、商贸、影视为一体的金街，成为经营文化用品、工艺品、民间艺术的专营市场，重现古镇杨柳青清代商贸繁荣街景的盛况。

去杨柳青，最不容错过的应该是正月。每年腊月二十三开始到正月十六，西青区都会举办杨柳青民俗文化旅游节。届时，在石家大院、年画馆、杨柳青广场、运河景区、明清街、峰山药王庙等地点，会有秧歌、花会、堂会、灯谜、迎春庙会、民间杂耍、民间吹歌大型焰火晚会等多项文化活动，让人们充分领略民俗文化，过足文化瘾。

二、民居景观

哪里有民众，哪里就会有民居。中国民居之美既是自然美的设计，又是艺术美的创造，更是自然美与艺术美精彩完美的结合。我国幅员辽阔，地势、气候、风力、温度、降水量相差很大，经济发展也不平衡，因而居住习俗也因地而异，形成了各具特色的民居景观。

1. 北京四合院

游览北京城，逛过皇宫殿宇、寺庙坛观、园林风光后，再去看看那些藏在大小胡同中的四合院，那是别有民俗情趣的。

四合院多为坐北朝南，东南角开门。门如屋宇，广为一间，顶似卷棚，不复"雀替"。门前有一对精致的石鼓，门内正中的照壁上，"平安"二字，灿然在目。

入门西去，五间南房一溜排开。北墙正中为"垂花门"。檐有垂莲，板饰雕花，门上红格髹出金字，或"鹤鹿同喜"，或"富贵寿考"。推门而入，顿觉别有洞天。只见山石巍峨，海棠若盖，芍药争芳，满庭春色，如火如荼。院内的布局是：北房三间，一明两暗，另有两间不大的耳房。居住的顺序：正房多住家长，厢房住晚辈，耳房隽秀，通常用做小姐的"闺房"。院中设有十字前路，严如棋局。雨过天晴，院无积水，花畦越艳，葡萄欲滴，姹紫嫣红，赏心悦目。

讲究的四合院，在垂花门与厢房间有曲廊连接，称做"抄手游廊"。另在院西北角开一小门，内有市道，经此可去后罩房。正房与厢房间亦有廊相通，称做"穿山游廊"。厢房南侧各建一小房，名曰"来顶"，或居仆役，或充厨房。

正房光照充足，冬暖夏凉，最宜读书静养。室内空间，多用隔窗、落地罩、

第十二章 民俗文化旅游景观　267

栏杆罩等巧作布局，满屋皆呈深棕色。客人进来，如见法书在壁，满架珍玩，钢缆护窗，花团锦簇，便知是官宦人家了。书香门第则不同，唯见大小书柜，上叠至棚。柜门凹有绿字，如"史记"、"汉书"、"渊鉴函"、"诸子集成"等。兼有文稿在案，笔砚横陈，一派儒生气，盈室樟木香。如果屋内镜光闪闪，陈设奢华，颇多洋气，偏少图书，即可肯定是商人无疑。

四合院不只是几间房子，它是中国古人伦理、道德观念的集合体，艺术、美学思想的凝固物，是中华民族文化的立体结晶。不是砌几堵墙盖上个顶，就叫四合院。四合院是砖瓦石当作笔墨纸，记载了中国人传统的家族观念和生活方式。

2. 乔家大院

在中国历史上，山西商人闻名全球。北方有"晋商"，南方有"徽商"，两者并列称雄。在这些巨商大贾中，著名的有张家、翼家、孙家，后来又有乔家、渠家、何家。其中渠家大院是全国独有的五进穿堂院，院中有堂、厅、楼、阁、池、桥、山、水，有书、有画、有砖雕石刻。

"皇家看故宫，民宅看乔家。"山西祁县晋商乔家大院（见图 12-1）可谓黄土高原上的"紫禁城"。

乔家大院是一个全封闭的城堡式大院。大门坐西朝东，仿佛一座城门，厚重而森严。大院中间是一条巷道，尽头为祠堂。巷道左右两侧各有三个大门，共有六个院落。每个院落中又有两三进的小院，小院两侧往往还有侧院，共计 19 个小院。它们共同组成一个结构复杂、富于变化的建筑空间。由于六个院落建筑时间有先有后，体现在建筑风格上，各有不同，院落形式上有四合院、穿心院、偏正套院、过庭院等。

大院内共有房屋 313 间，包括正房、厢房、穿心过厅、倒座、门楼、更夫楼、眺阁等。总体特征是屋顶向里倾斜，草坡顶背后的高墙对准院外。屋顶造型则变化多端，有敬山式、硬山式、悬山式、卷棚式等，还有一些平顶房。门窗形式活泼多变，房屋构件上有人物、花卉、飞禽走兽、明暗八仙、文房四宝等木雕和砖石雕图案，造型生动，雕功精致。房内的家居摆设则是一色的楠木硬雕。

乔家大院现为祁县民俗博物馆。展览共分六大部分，以时岁节令、供奉祭祖、婚丧礼仪、生活起居等为主题，较为系统地反映了清末民初晋中一带的民俗与风情。馆内还有各种专题陈列，展品包括族谱、匾额及民间工艺品等。作为著名影片《大红灯笼高高挂》的拍摄外景地，如今，大院内仍是灯笼高悬，给游人更添情致。

3. 陕北窑洞

在黄土高原的腹地，黄河从内蒙古托克托急转直下，向南冲开高原的原始基岩，划出一道长达 700 千米的大峡谷，由于它是山西和陕西两省的地理分割线，所以称"晋陕峡谷"。就在晋陕峡谷两岸的黄土高坡上，人类迄今沿用着一种古老的居住形式——窑洞。日本学者曾惊叹窑洞在黄河流域分布之广，说"荒凉的黄土地下是一个百万都市"。

窑洞（见图12-2）民居历史悠久。它最初起源于古猿人的"仿兽穴居"。在遥远的第四纪冰川时期，酷寒的气候变化，迫使古猿人脱离巢居而栖居地面。当时他们唯一可选择的办法只能是穴居。穴居的第一阶段，是选择合适的天然岩洞，并学会把火种保存在洞中。然而，生活在黄河流域的先祖们却没有或者很少有天然洞穴可供栖居。他们只能采取另一种穴居方式，即"人工穴居"。由于黄土所具有的良好的整体性、稳定性和适度的可塑性，以及黄土层的良好保温性能，解决了古人类的冬季御寒问题。因而，这种居住形式自旧石器时代晚期至新石器时代，已在黄河中游一带相当普及了，历经上百万年而一直延续至今。

由于土地是宝贵的，应该用来种庄稼，以解决人们赖以生存的衣食温饱问题。因而，黄土高原的人们大多采取依崖凿洞的方式。先是找一个理想的土坡土崖，在向阳的边缘地区铲出一个立面，铲下的土堆出一个平台，然后在立面上凿进去一个横穴。根据山坡面积的大小和山崖的高度，可以依着等高线布置出好几层台梯式的窑洞。为了避免上层窑洞的荷载影响底层窑洞，台梯是层层后退布置的，底层窑洞的窑顶就是上层窑洞的前庭。这种靠山窑是窑洞的主要类型，它们组成了黄土高原的主要人文景观。你若站在黄土高坡上，透过悬浮在山腰的袅袅炊烟，就会看到像蜂窝一样垒叠的窑洞，洞口的拱券曲线，连成一条条起伏的抛物线，宛如微风掠过海面，激起层层涟漪，与座座山崖连成的山际线形成美妙而和谐的呼应，使人觉得黄土高原与窑洞真是天造地设之合。

窑洞都是民间匠师或农民自己动手挖掘的，在样式上，一个地区往往保持惊人的一致性。单体窑洞从尺寸模数到构件和材料，几乎一成不变，立面形象也几乎没有区别。然而仔细观赏，气窗处的木格子花却彼此各异，相邻窗洞气窗上的窗棂花饰是一定不雷同的。如果说窑洞民居的总体风格是古朴粗犷，那么它的窗饰则是粗中寓细，土中含秀。尤其到了过年的时候，心灵手巧的妇女们，一人一把剪刀，顷刻之间，红红绿绿的窗花便堆满一炕，贴在粉白透亮的窗格纸上，给窑洞带来盎然春意和喜庆气氛。

窑洞建筑虽然是古代穴居的一种发展类型，但它取之自然，融于自然，是最符合现代建筑原则的建筑类型之一。它因地制宜，适应气候，土生土长，具有浓郁的地域建筑特色。它妙据沟壑，深潜土原，功能合理，隔热、保温性能好，因而冬暖夏凉，是天然的节能建筑。经测试表明，窑洞中的温度同地表温度一般保持正负8℃左右的天然差别，等于家家户户都装上一架不耗能量的冷热两用空调器。

从审美角度考察，黄土高原的窑洞具有一种独特的整体壮美。放眼望去，沟壑梁塬整齐排列，就像秦始皇兵马俑坑中井然有序的军阵。沟与沟，梁与梁，没有什么太大的区别，正是这种单调的无穷的重复，造就了黄土高原浑然一体的气势，造就了一种整体的序列美，在这里，个性和个体的美已经让位给整体的美，

第十二章　民俗文化旅游景观　269

一个单体的窑洞也许打动不了观赏者，但一个金字塔式的布满无数蜂窝孔的窑洞群落，却往往使观赏者为之动容惊叹。这种壮美，完全不同于江南水乡的"湖光山影，翠竹轻筏，渔帆灯火人家"的那种秀美景色。

4. 福建土楼

用最古老的方式建造的规模庞大的"福建土楼"（见图 12-3），以其悠久的历史，奇特的风格，巧妙的构筑，恢弘的规模，被誉为"世界民居建筑的奇观"。2008 年 7 月，以漳州南靖、龙岩永定、漳州华安为代表的"福建土楼"被列入《世界遗产名录》文化遗产。它不仅引起了建筑界的注意，同时也吸引了历史学、地理学、人类学、民俗学等中外学者专家的浓厚兴趣。大批海内外旅游者也乐于专程前往，一饱眼福，使"福建土楼之旅"成了旅游热线。

"福建土楼"主要分布在闽西、闽南的永定、南靖两县。早在 1900 多年前的五代十国时代，中原一带战争频繁，人们为了逃避战争的灾难，举族南迁，几经辗转，来到闽西南一带的山区，成为当地的"客家人"。为了避免外来的冲击和欺凌，他们不得不恃山经营，聚族而居。采用当地的生土、砂石、稻草，经过反复地揉、捣、压、夯，建筑成坚固的楼墙，利用杉木做屋架、门窗，先建成单屋，继而连成大屋，进而垒起厚重封闭的土楼。楼内凿有水井，备有粮仓，如遇战乱、盗匪，大门一关，自成一体。万一被围，也可数月粮水不断，加以冬暖夏凉、防震抗风，土楼成了客家人代代相袭、繁衍生息的住宅。如果说建筑是"凝固的音乐"，那么，这些大大小小的土楼奏出的，便是一曲气势恢弘、古风沉郁的旋律。

土楼，按其形态的不同，大致可以分成五凤楼、方楼和圆楼三种。五凤楼，主要分布在永定县一带，历史最悠久，是一种中原四合院式民居在福建特定环境下衍变的产物。"三堂两落"式的五凤楼，保持了明确的中轴线和规整、内向的传统布局，两侧横屋是四合院厢房的加高，后进的正房变成高大的主楼。这种主次分明、高低错落、和谐统一的建筑构思，既显示了封建宗法制度的尊严和古朴庄重的艺术风格，又体现了土楼与中原文化的千丝万缕的联系。

方楼，是从五凤楼衍变出来的一种新形式。如永定洪坑的"福裕楼"，就是将后堂两侧加高成四层楼，同时将前堂改成两层，与两侧横屋连成一体，这是一种介于五凤楼与方楼之间的形式。进一步的发展，即再把前堂加高，就完全围合成四方楼。方楼进一步加强了防卫性，建筑构造趋于简单，因而成了客家人广泛采用的住宅。现存方楼数量最多，仅永定一县就有方楼 4000 余座。

圆楼，是福建土楼中最为奇特壮观的建筑。它依山傍水，居高俯视，环环相连，如神工造就一般，令人叹为观止。外国友人将其形象地喻为"地下冒出的巨大'蘑菇'，天上降下的'飞碟'"。与方楼相比，圆楼对风的阻力要小得多，抗震能力要强得多，它可以获得最好的通风和采光效果。任何一个房间，都是圆周上的普通一点，严格的平等，有利于家庭内部的经济分配和关系上的和谐。

永定县大竹乡高头村的"承启楼"，是现存最大的圆楼。它建于清康熙年间

(1662~1722年)，直径达73米，全楼为三圈，由外向内，环环相套。外圈四层，高11.4米，每层设72个房间，共计288间；第二圈两层，每层设40个房间，共计80间；第三圈为单层，共设32个房间。全楼共400个房间，中心为祖堂。楼内建有水井、浴室、磨房等设施，整楼建筑面积约6000平方米。内住60余户，共约400余人。难怪一位日本朋友参观后，惊叹地说："这与其说是一座庞大的住宅，不如说是一座城市。"此楼因而被号称为"天下客家第一楼"。

华安县沙建乡的"齐天楼"，恐怕是圆楼中最古老的了，约建于明代初年，至今已有600多年的历史。它雄踞于小山之上，有"齐天"之气概，故而得名。此楼底层石砌，二层夯土，每一开间各有小天井及楼梯上下，是中国现存最古老的单元式住宅。此楼的大门朝南，曰"生门"，嫁女娶媳由此进；西门曰"死门"，殡葬由此出，是一奇特的风俗。

华安县高东乡的"雨伞楼"，坐落在海拔920米的一个孤立的小山上。圆楼由内、外两圈组成，内圈两层，高于山尖，外围三层，顺应山势呈跌落状。四周山谷环绕，仅凭一陡峭的小石阶登临，远眺黑瓦屋顶，犹如撑开的雨伞，故而得名。

云霄县深上乡东平村有座圆楼，构建形式十分特别，当地人称之为"八卦堡"。整个村子由五圈圆环构成，中心是完整的圆楼，外围四圈，断断续续按八卦阵布局，环绕四周，体现了传统文化中向心力和凝聚力在客家人中潜移默化的影响。

奇异壮观的福建土楼，向世界展示了我国古代劳动人民伟大的创造力，吸引了越来越多的海外游客前往参观游览。

5. 傣家竹楼

古人说："宁可食无肉，不可居无竹。"从这个意义上说，生活在云南西双版纳地区的傣族算得上是最最幸福的人，因为他们不仅居住在"竹"楼里，还吃着"竹"筒饭、喝着"竹"筒酒，真是比神仙还逍遥。来到西双版纳，最令人心动的就是那成片的竹林以及掩映在竹林中的一座座美丽别致的竹楼（见图12-4）。从外形上看，它像开屏的金孔雀，又似翩然起舞的美丽少女，美丽的景致让人恍然如在梦中。

傣家竹楼的造型属干栏式建筑，它的房顶呈"人"字型，西双版纳地区属热带雨林气候，降雨量大，"人"字型房顶易于排水，不会造成积水的情况出现。一般傣家竹楼为上下两层的高脚楼房，高脚是为了防止地面的潮气，竹楼底层一般不住人，是饲养家禽的地方。上层为人们居住的地方，这一层是整个竹楼的中心，室内的布局很简单，一般分为堂屋和卧室两部分，堂屋设在木梯进门的地方，比较开阔，在正中央铺着大的竹席，是招待来客、商谈事宜的地方，在堂屋的外部设有阳台和走廊，在阳台的走廊上放着傣家人最喜爱的打水工具竹筒、水罐等，这里也是傣家妇女做针线活的地方。堂屋内一般设有火塘，在火塘上架一个三角支架，用来放置锅、壶等炊具，是烧饭做菜的地方。从堂屋向里走便是用竹围子或木板隔出来的卧室，卧室地上也铺上竹席，这就是一家大小休息的地方了。整个竹楼非常宽敞，空间很大，也少遮挡物，通风条件极好，非常适宜于西双版纳潮湿多雨的气候条件。

整个竹楼的所有梁、柱、墙及附件都是用竹子制成的，竹楼上的每一个部分都有不同的含义。走进竹楼就好像走进傣家的历史和文化，傣家的主人会一一告诉你它的含义。竹楼的顶梁大柱被称为"坠落之柱"，这是竹楼里最神圣的柱子，不能随意倚靠和堆放东西，它是保佑竹楼免于灾祸的象征，人们在修新楼时常常会弄来树叶垫在柱子下面，据说这样做会更加坚固。除了顶梁大柱外竹楼里还有分别代表男女的柱子，竹楼内中间较粗大的柱子是代表男性的，而侧面的矮柱子则代表着女性，屋脊象征凤凰尾，屋角象征鹭鸶翅膀。

千百年来，傣家竹楼已经经历了从竹质结构建筑、木质结构建筑到砖混结构建筑的变化。早年那种竹柱、竹梁、竹门、竹墙的竹楼已成"历史文物"，但竹楼这个名称却依然响亮。如今的竹楼，其实已经以木材为主要材料，是木柱、木梁、木檩、板墙的瓦楼。城镇附近的傣寨里，还出现了一批钢混结构，瓷砖贴面的现代"竹楼"。有些竹楼，还单独设置厨房，使客厅显得更宽敞干净。昔日客厅中的竹桌、竹凳已被家用电器和沙发取代。如今的竹楼，阳台上有花，竹楼旁有果。只要走下阳台便可赏花、摘果。这等"楼居"已是今非昔比，到西双版纳游览的客人，无不为之叫绝。

6. 蒙古包

恰似"莲花"洒草原的蒙古包古代称为"穹庐"或"毡帐"，是蒙古民族特有的传统民居，是历史上"逐水草而居"的游牧生产生活方式的产物。蒙古人在寻找适合自己生活的居室的时候，经过千百年来的摸索，终于在窝棚的基础上形成了适用于四季游牧搬迁和抵御北方高原寒冷气候的住宅，找到了蒙古包这种能够经受大自然考验的居住形式。

蒙古包呈圆形尖顶，包身用若干个称做"哈那"的木条围成，通常用羊毛毡一层或两层覆盖，样似草原上洒落的莲花。包顶中间装有圆形天窗通烟、通气、采光。包壁安有木框门，向南或向东南开。包内中央设有炉灶或火塘，冬暖夏凉。蒙古包具有适合自然环境、易于拆装、便于搬迁等特点。

蒙古包按哈那多少区分规格。哈那是包毡壁的木制骨架，一组为一个哈那。有十个哈那、八个哈那、六个哈那、四个哈那之分。牧户根据家庭人口、生活状况调剂使用。尽管蒙古包的质量、装饰各有差别，但总体结构都是一样的。

蒙古包的外用品，包括红毡顶、毡顶扶柄、扣绳、毡顶、细绳、捆绳、毡墙、带子、门、门帘等。

红毡顶，方形，四角各对南北东西。房间正中和天窗架的中心对着红毡顶中心。用粗毛绳做边，顶面也用粗毛绳扎云头图案，修饰缝纫。红毡顶用于调节屋内气温，夜间压顶，早晨揭开。红毡顶的四边各有粗毛扣绳，北和西东压着天窗外边套的花边。上有哈那带子作压盖和揭拉时使用。红毡顶有扶柄。用三尺长优良木料制成，系在红毡顶南边粗毛扣绳上，作固定之用。椽子和哈那用扣绳扣紧。屋顶用扎有云头图案的毡子装饰。毡顶子是天窗架的盖，用毡子或芦苇缝成，以适应四季气候变化。毡顶用青布宽沿边、扎云头图案。用芦苇缝制的叫芦苇顶子。冬季防雪，夏季防雨。带子，是捆扎毡墙的粗毛扁绳，分两行拉紧毡墙。门，蒙古包的门，冬季作双重。里门对开，称为风门；外门一扇，在右侧安扭，叫封闭门。门帘分两种，一种是毡子做的，上有精制装饰图案，是冬季用的，另一种芦苇或柳条做的，夏季使用。

蒙古包的内部陈设也别具特色。各种物品大致都有固定的位置，正中央为炉灶，即火撑。火撑在一个家庭占非常重要的位置。火是一个家庭存在和延续的重要标志，是一个家庭兴旺繁荣的象征。蒙古包的西北侧是供奉神像、佛龛、祖先的地方。依次往西南主要是摆放男人们放牧、狩猎的用具。如马鞍、马鞭、弓箭、猎枪等。蒙古包北面放置被桌，紧挨被桌的东北方，是放置女人的箱子的地方，东面摆放绘有各种图案的竖柜，盛装碗盏、锅灶、勺子、茶、奶等。东南侧放置炊具、奶具等。

蒙古族也有选择吉地而居的习惯，修建蒙古包时要考虑到后有"依靠"，前面视线开阔。

民间格言说："不学书也要学坐。"在蒙古包中如何就座，历来被看作是学问和大事。不论什么客人，来到别人家一定要单腿盘坐。包西就座者，应屈左膝；包东就座者，应屈右膝。不仅客人要这样坐，主人看见客人进来以后，也要采取这一坐姿，坐于迎客的座位上，以示彼此尊重。女人在客人面前，多采取一蹲一跪的姿势，以示对客人的尊重和友好。就寝时不论客人和家人，不能将脚伸向佛像、灶火。

蒙古包上的民族图案较多，其装饰主要在套瑙、额人和、围毡和门帘上。常常以犄纹、回纹、卷字纹及其他各种引人注目的民族图案装饰。

蒙古包充分反映了蒙古民族的审美文化。蒙古包的色泽洁白，整个形体为圆状，套瑙与乌尼连接，呈日月射光状，是蒙古族尚圆、尚日月的审美心理表现。

阅读资料 12-1

侗寨鼓楼

鼓楼是侗寨的标志，侗语叫"堂卡"或"堂瓦"。

鼓楼分多柱和独柱两类：多柱即四根主柱十二根衬柱；独柱即由一根中柱支撑，直立于鼓楼中央，直伸顶端，底层四根衬柱。不论何种建筑形式，其顶层均置放齐心鼓，故人们称之为鼓楼。鼓楼是由侗族自己的能工巧匠自行设计，没有图纸，数百根梁、柱、枋的尺寸全凭心中盘算。整体全系木质结构，以杉木凿槽衔接，不用一钉一铆，上下吻合，采用柱杆原理，层层支撑而上。鼓楼造型有三层、五层、七层、九层乃至十余层不等。一般分上、中、下三个部分。

上部为顶尖部，由一根铁柱立于顶盖中央，套上陶瓷宝珠，呈葫芦形，凌空而立。顶盖多为伞形，有四角、六角、八角形状。中部为层层叠楼，形似宝塔楼身。楼体有四角、六角、八角，均为翘角，并雕塑禽兽，神形兼备，栩栩如生。翘角层层叠叠，从上而下，一层比一层大，极为壮观。楼板上绘有龙凤鸟兽、古今人物、花草鱼虫以及侗族生活风俗画，玲珑雅致，五彩缤纷。底部多为正方形，楼四周设有木质长凳，供人歇坐，中间是圆形大火塘。鼓楼建筑独特，引起了国内外有关专家学者的关注。联合国机构一官员称赞说："别具一格的侗族鼓楼建筑艺术，不仅是中国建筑艺术的瑰宝，而且是世界建筑艺术的瑰宝。"

鼓楼是侗寨团结吉祥的象征，兴旺的标志，齐心的表现。因此，有侗寨即有鼓楼，或以房族修建，或几个姓氏合建。鼓楼多建在寨中央，与戏台、歌坪相结合，是集会、议事、文化娱乐的好场所。鼓楼雄伟壮观，蜚声中外，是侗族人民智慧的结晶，给国内外旅游者留下了不可磨灭的印象。

三、节庆景观

我国有56个民族，约有1700多个节日。我国节日多与我国悠久的历史、灿烂的文化和众多的民族有着密切的关系。各种节日在继承、宣扬民族文化，满足人们物质与精神需要，增强民族自信心和凝聚力，进行民族文化教育，繁荣民族地区经济等方面都发挥着重大作用。

1. 汉族的春节和元宵节

春节，俗称过年，是汉族最隆重的传统节日。春节习俗源于古代的腊祭，是一种岁更时驱鬼消灾活动。汉武帝时，在全国实行夏历（农历），确定正月为岁首，正月初一为新年。由于这一天是一年岁月新的更始，因此又称为元旦、元日、元辰、正旦、正元等。每到农历新年，百姓都要庆祝丰收。从此过新年的日期和习俗就一直延续下来。1911年辛亥革命胜利后，开始采用世界通行的公历纪年，遂将公历1月1日定为元旦、新年，将农历正月初一定为春节。

汉族的春节持续时间较长，一般从农历腊月二十三开始，一直到正月十五元宵节结束。节日期间的活动因地而异，民间有腊月二十三祭灶神，俗称"过小年"。除夕是春节活动的高峰，有守岁、包饺子、吃年饭、贴"福"字、贴门神、贴对联、贴年画、贴窗花、放鞭炮、放火焰、点蜡烛、点旺火等活动。正月初一开始，人们要相互拜年、走亲戚、赠送贺年礼品等。节日期间，还开展舞龙、舞狮子、扭秧歌、踩高跷、跑旱船、唱戏、春游等娱乐活动。开展这些活动有一个共同的主题，即辞旧迎新，庆祝丰收，祈望生活幸福，吉祥如意。

元宵节,又称上元节、元夕节、灯节,是汉族的传统节日。元宵节于每年农历正月十五日举行,这天是新年开始后的第一个月圆之日,家人团聚,共度良宵。元宵节起源于汉朝。汉明帝为了提倡佛教,决定于正月十五之夜在宫廷和寺院燃灯礼佛,后来民间竞相仿效,相沿成俗。在元宵节这一天活动很多,有吃元宵、观花灯、猜灯谜、打太平鼓、耍社火、踩高跷、小车会、舞龙、舞狮子、扭秧歌、唱大戏等。节日里,除吃元宵外,各地还有许多不同的饮食习惯,如陕西人吃"元宵菜";河南洛阳、灵宝一带吃枣糕;云南昆明人多吃豆面团等。它寄托着人们祈求新的一年圆满顺遂的心愿。

2. 汉族的端午节和中秋节

农历五月初五为端午节,是我国民间夏季最重要的传统节日。古代"端"与"初"同义,"五"与"午"相通,按地支顺序推算,五月当为午月,故称五月初五为"端午"。此外,端午节还有端阳节、重午节、天中节、五月节、沐兰节等名称。端午节大约始于春秋战国之际,主要源于古人祛邪避瘟、除虫灭害的观念和纪念伟大的爱国诗人屈原的传说。端午前后,天气湿热,瘟疫容易传播流行,由此在民间形成了一系列祛邪避瘟的习俗。端午节起源于纪念楚国爱国诗人屈原于五月初五投汨罗江而死的说法广为流传,因此后人每年在这一天都要举行盛大的纪念活动。端午节这天,人们会举行如吃粽子、插艾蒿、挂菖蒲、戴香袋、挂葫芦、贴钟馗像、饮雄黄酒、系长命缕、煎兰草汤沐浴、赛龙舟、向江中投粽子、踏青等各种活动,以祈求避灾除病、延年益寿和祭吊、纪念屈原。

农历八月十五为中秋节。因农历七、八、九月为秋季,八月十五恰为一秋之中,故名"中秋"。八月是秋季第二个月,故亦称"仲秋节"。八月的天气秋高气爽,十五的月亮皎洁明亮,圆似玉盘,象征着人间的团圆,因此中秋节又称为"团圆节"。中秋节与春节、端午节被称为汉族的三大传统节日。

中秋节的起源与古代的秋祀、拜月习俗有关。秋祀是每年一度的丰收祭祀,秋季庄稼成熟,人们用丰收的果实敬奉神灵以报答神的恩赐。拜月是源于先秦帝王春天祭日、秋天祭月的礼制。后来,人们又将"嫦娥奔月"、"吴刚伐桂"、"玉兔捣药"的神话传说融进了拜月的习俗中,逐渐形成祭月、赏月、吃月饼的风俗。至唐代,登台观月、泛舟赏月、饮酒对月已蔚然成风。北宋时期,将八月十五定为中秋节,此后一直沿袭下来。时至今日,古代的祭月习俗虽然已不多见,但是中秋赏月、吃月饼的习俗仍然十分盛行。中秋之夜,月圆,饼圆,瓜圆,果圆,家人团圆,合家团坐,一边赏月,一边吃月饼。圆圆的月亮,圆圆的月饼,象征着团团圆圆之意。人们借助着各种象征团圆的事物与活动,表达了一个共同的心愿:祈愿家人团圆,生活美满。"月是故乡明",这一天,不能与亲人团圆的游子,思乡之情尤为强烈。

3. 藏族的雪顿节

雪顿节,是藏族人民的重要节日之一,每年藏历七月一日举行,节期四五天。雪顿是藏语译音,意思是"酸奶宴",于是雪顿节便被解释为喝酸奶的节日。

第十二章 民俗文化旅游景观 275

后来逐渐演变成以演藏戏为主，又称"藏戏节"。届时，拉萨市附近的居民，身着鲜艳的节日盛装，扶老携幼，提上酥油桶，带上酥油茶，来到罗布林卡宫及周围的树林草丛。在繁茂的树荫下，搭起帷幕，在绿茵上，铺上地毯，摆上果品佳肴，席地而坐，边饮边谈，载歌载舞，观看藏戏，享受节日的欢乐。下午各家开始串帷幕做客。主人向来宾敬三口干一杯的"松准聂塔"（酒礼），同时唱不同曲调的劝酒歌。歌罢，客人将酒三口饮完。敬酒声、祝福声、欢笑声经久不息。夜幕降临，篝火殷红，欢乐的舞蹈踏着鼓点刚劲的节奏，时而轻歌曼舞，时而鼓声阵阵，歌声时而婉转悠扬，时而铿锵有力。男女老少无不沉浸在一片欢乐的气氛中，尽情享受大自然无比宽宏的恩赐。

4. 傣族的泼水节

泼水节，亦称浴佛节，是傣族人民古老的最富有民族特点的传统节日，也是傣历新年，公历四月即清明节后第七天开始举行，历时三至四天。每年的这天清晨，虔诚的佛教徒沐浴更衣，在佛寺院中心用沙堆成宝塔，围坐在宝塔四周听佛僧诵经布道，祈祷丰年。之后，全寨人民各挑水一担，泼在佛像身上，为佛洗尘。随后，身着节日盛装的傣族男女老少从四面八方敲着锣鼓，打着象脚鼓涌向街头，伴随着"水、水、水"的欢呼声，互相追逐，把一盆盆圣洁的水泼向对方，以示美好的祝愿，边泼边歌舞，越泼越高兴，鼓声、锣声、泼水声和欢笑声响成一片。对过往行人和远来的客人也要泼水，表示祝福。节日期间，还要赛龙船、放高升、赛诗、跳舞，青年男女趁过节"丢包"定情。夜晚，燃放五颜六色的烟花，大家围着熊熊的篝火，载歌载舞，欢闹通宵。

阅读资料 12-2

漓江民俗风情园

漓江民俗风情园位于漓江与小东江的交汇处，园中集中展示了广西壮族自治区四个主要少数民族（壮、侗、苗、瑶）的民族建筑、民俗民风及文化，是一处融观赏性和参与性于一体的综合娱乐场所。

园内杉木青瓦，屋檐层叠，古朴典雅的民族寨楼，鼓楼和风雨桥，极富民俗色彩的图腾柱群；醇香的过寨酒，独特的民族婚礼"背新娘"，浓厚质朴的民俗气息。广场演出原始粗犷，场景壮观，有壮族的板鞋舞，苗族的芦笙踩堂，侗族的多耶等参与性节目；斗鸡、斗马、上刀山、射弩等民族游乐活动充满刺激和奇趣；综合演出厅每晚都有一台具有浓郁少数民族地方色彩的歌舞表演、硬气功、绝技表演和民族服饰展示。

风情园现已接待了首届中国金鸡、百花电影节开幕式；第一、第二、第五届山水旅游节等大型活动，深受中外游客的好评和喜爱。

本章小结

民俗文化是广大劳动人民所创造和传承的民间文化,是在共同地域形成的积久成习的文化传统。民俗文化旅游景观是指民俗文化中具有旅游观赏价值、供游人体验或参与的人文景观。民俗文化景观可分为民居、服饰与民间工艺美术;习俗、节日礼仪与庆典活动;民俗游艺与竞技活动;民俗信仰与祭祀活动四类。

民俗文化旅游景观具有审美功能、娱乐功能、文化功能、教育功能等旅游功能,具有生活美、形象美、色彩美、艺术美等美学价值。

我国具有鲜明特色的民俗文化景观有以下几种。

艺术景观:景德镇瓷器、宜兴陶器、潍坊风筝、杨柳青年画

民居景观:北京四合院、乔家大院、陕北窑洞、福建土楼、傣家竹楼、蒙古包

节庆景观:春节和元宵节、端午节和中秋节、藏族的雪顿节、傣族的泼水节

重点内容

民俗文化旅游景观的含义　民俗文化旅游景观的旅游功能　民俗文化旅游景观的审美　景德镇瓷器　北京四合院

案例分析

中国民俗文化村

中国民俗文化村是国内第一个荟萃各民族民间艺术、民俗风情和民居建筑于一园的大型文化游览景区,它占地20万平方米,村内24个各具有特色的山寨、庭院和街市按原貌以1∶1的比例建成,并以"源于生活、高于生活、汇集精华、有所取舍"为建村原则,从不同角度多侧面地反映了中国丰富多彩的民俗文化。

村寨的风情表演、中心剧场的民族歌舞表演和民族文化广场的大型广场艺术汇演,从三个不同层次将民族歌舞艺术的神韵展示得淋漓尽致。开业以来,中国民俗文化村陆续推出的《中华百艺盛会》、《四季回旋曲》、《八面来风》、《蓝太阳》、《新中华百艺盛会》及新近推出的《绿宝石》均受到当代中国舞蹈界和社会各界一致好评,堪称中国民族歌舞艺术的精品。同时五十六个民族风格迥异的节日庆典活动也在中国民俗文化村进行

得红红火火,傣族的泼水节、彝族的火把节、苗族的芦笙节以及华夏民族大庙会等活动将游客带入了一个迷人的民族文化空间。"二十四个村寨,五十六族风情",中国民俗文化村以其原汁原味的民族风情、辉煌壮观的广场汇演、优美和谐的旅游氛围吸引着世界各地的每一位游客。

思考:中国民俗文化村的旅游功能和欣赏价值。

基本训练

1. 判断题

(1)"新平冶陶,始于汉世",可见景德镇早在汉代就开始生产陶瓷。

(2)作为旅游对象的民俗文化景观主要是民俗文化中具有参与性的部分。

(3)潍坊是名扬中外的"世界风筝都",每年5月下旬举办潍坊国际风筝会。

(4)杨柳青年画名目浩繁,分为:神话故事、历史典故、师祖神、仕女、娃娃、吉祥图案、山水花卉等,其中尤以神话故事画最具代表力。

(5)窑洞民居历史悠久。它最初起源于古猿人的"仿兽穴居"。

(6)山西祁县晋商乔家大院可谓黄土高原上的"紫禁城"。

(7)傣家竹楼的造型属干栏式建筑,它的房顶呈"八"字形。

(8)泼水节,亦称浴佛节。人们把一盆盆圣洁的水泼向对方,以示美好的祈祷。

(9)雪顿是藏语译音,意思是"羊肉宴",后来逐渐演变成以演藏戏为主,又称"藏戏节"。

2. 选择题

(1)傣族妇女穿的是(   )。

A. 百褶裙   B. 花筒裙   C. 连衣裙   D. 旗袍

(2)宜兴向有"(   )"之称。

A. 江南雄镇   B. 茶都   C. 陶都   D. 茶山

(3)景德镇瓷器享有"(   )"的美誉。

A. 薄如纸   B. 声如磬   C. 明如镜   D. 白如玉

(4)北京四合院多为坐北朝南,(   )角开门。

A. 东南   B. 西南   C. 西北   D. 东北

(5)蒙古族的那达慕大会,最精彩的内容是草原特有的(   )三项竞技比赛活动。

A. 赛马   B. 射箭   C. 拳击   D. 摔跤

3. 简答题

(1)什么是民俗文化旅游景观?

(2)民俗文化旅游景观是如何分类的?

（3）民俗文化旅游景观的旅游功能是什么？
（4）民俗文化旅游景观有哪些美学价值？
（5）我国著名的民俗文化旅游景观有哪些？

4. 实训题

（1）根据所学的相关理论，试分析民俗文化旅游景观的异同。

（2）就本章所介绍的我国著名的民俗文化旅游景观，选出你最喜欢的景观并分析其旅游功能及欣赏意义。

参 考 文 献

[1] 史晓东主编. 世界旅游文化大典. 北京：中国财政经济出版社，2001.
[2] 孙全治，林占生主编. 旅游文化. 郑州：郑州大学出版社，2006.
[3] 民族知识丛书编委会. 民族知识丛书. 北京：民族出版社，2004.
[4] 甘枝茂，马耀峰主编. 旅游资源与开发. 南京：南开大学出版社，2000.
[5] 刘振礼，王兵主编. 新编中国旅游地理. 南京：南开大学出版社，2001.
[6] 张凌云主编. 旅游景区景点管理. 北京：旅游教育出版社，2004.
[7] 崔进主编. 旅游文化纵览. 北京：中国旅游出版社，2000.
[8] 陈鸣. 使用旅游美学. 广州：华南理工大学出版社，2004.
[9] 马莹，马国清主编. 新编旅游美学. 北京：中国旅游出版社，2005.
[10] 沙润主编. 旅游景观美学. 南京：南京师范大学出版社，2004.
[11] 陈福义，范保宁. 中国旅游资源学. 北京：中国旅游出版社，2002.
[12] 王柯平主编. 旅游美学新编. 北京：旅游教育出版社，2002.
[13] 张志宇主编. 中国旅游景观. 北京：旅游教育出版社，2004.
[14] 庞规荃主编. 中国旅游地理学. 北京：旅游教育出版社，2003.
[15] 窦志平，邓清南主编. 中国旅游地理. 重庆：重庆大学出版社，2003.
[16] 李辉主编. 旅游景观鉴赏. 北京：民族出版社，2005.
[17] 马跃主编. 中国国家地理. 北京：光明日报出版社，2004.
[18] 林婉如，罗兹柏主编. 中国旅游地理. 大连：东北财经大学出版社，2002.
[19] 周艺文主编. 一生必去的30个地方. 长沙：湖南地图出版社2001.

图0-1 漓江

图0-2 长城

图0-3 黄山

图0-4 华山

图0-5　西湖

图0-6　苏州园林

图0-7　亚龙湾

图1-1　华山

图1-2 衡山

图1-3 恒山悬空寺

图1-4 黄山

图2-1 桂林山水

图2-2　五大连池

图2-3　镜泊湖

图4-1　蜀南竹海

图4-2　九寨沟

图6-1 淝水之战古战场

图7-1 京杭大运河

图7-2 坎儿井

图7-3 天坛

图8-1　金刚宝座塔

图8-2　圆明园

图8-3　留园

图9-1　浦东

图9-2　大三八

图9-3　丽江古城

图9-4　西递

图9-5　周庄

图10-1　莫高窟

图10-2　云冈石窟

图11-1　明十三陵

图12-1　乔家大院

图12-2　陕北窑洞

图12-3　福建土楼

图12-4　傣家竹楼